NOMOSPRAXIS

Ronald Richter
Rechtsanwalt und Fachanwalt für Steuerrecht

Die neue soziale Pflegeversicherung – PSG I, II und III

Pflegebegriff | Vergütungen | Potenziale

2. erweiterte Auflage

Deutscher Anwaltverein
Arbeitsgemeinschaft
Sozialrecht

Die Deutsche Nationalbibliothek verzeichnet diese Publikation in
der Deutschen Nationalbibliografie; detaillierte bibliografische
Daten sind im Internet über http://dnb.d-nb.de abrufbar.

ISBN 978-3-8487-3719-2

2. erweiterte Auflage 2017

Vorwort

Die rund einjährige Vorbereitungzeit auf den Start des neuen Pflegebedürftigkeitsbegriffes sowie der Übergangsregelungen zum 1.1.2017 wurde augenscheinlich von allen Beteiligten gut genutzt. So wurde insbesondere deutlich, an welchen Stellen der Gesetzgeber nachzubessern hatte. Das dritte Pflegestärkungsgesetz (PSG III) brachte so neben den erwarteten Änderungen des Rechts der Sozialhilfe im Bereich der Hilfe zur Pflege viele weitere Detailänderungen. Diese betrafen namentlich das Übergangsrecht, insbesondere im stationären Bereich, die Abrechnungsprüfung als schnelle Antwort des Gesetzgebers auf die Presseberichte zum organisierten Abrechnungsbetrug in der ambulanten Pflege, dem Ansatz der Personalkosten für Einrichtungen, die keinen Tarif anwenden und die Modellprojekte zur Beratung in der Pflege durch den Träger der Sozialhilfe.

Deutlich wurde im vergangenen Jahr aber auch, welche Probleme insbesondere die unbestimmten Rechtsbegriffe wie „überwiegend selbstständig" und „überwiegend unselbstständig" in der praktischen Abgrenzung machen sowie die Anwendung des einrichtungseinheitlichen Eigenanteils, indem vor allem die gesetzlichen Regelungen zur taggenauen Abrechnung einerseits und gesetzlichen Monatspauschalen andererseits aufeinanderprallten. Die dafür gefundene Lösung kann nur übergangsmäßig gelten, da sie für die Verbraucherinnen und Verbraucher kaum verständlich ist. Warum zahlt ein Heimbewohner aus Gründen des Verbraucherschutzes in einem Februar mit 28 Tagen nun 30,42 Tagessätze?

Deutlich wurde vor allem aber auch, was noch zu tun ist. Die drei Pflegestärkungsgesetze bringen so das gesetzgeberische Handeln nicht zum Abschluss, sondern offenbaren die Lücken, die noch vorhanden sind bzw. erst durch die Neuregelungen geschaffen wurden.

Alle diese Neuerungen, Problemstellungen und Rechtsfragen wurden bearbeitet und – wenn möglich – einer ersten Lösung zugeführt. Um den Umfang des Buches nicht zu erweitern, wurde davon abgesehen, den Gesetzestext abzudrucken. Dieser ist inzwischen sowohl gedruckt als auch online verfügbar. Bitte nutzen Sie dafür die Juris-Version unter www.gesetze-im-internet.de/SGB_11.

Die aufgeworfenen praktischen Fragen müssen nun teilweise gerichtlich geklärt werden. Ein solches Vorgehen ist bei einem neuen System völlig normal und gehört zur rechtsstaatlichen Auseinandersetzung dazu, ist also kein gesetzgeberischer Makel. Auch ein so komplexes System wie die soziale Pflegeversicherung ist ein „lernendes System". Allerdings wissen wir alle, dass zum Lernen auch die Ruhe, die Zeit und die Gelassenheit gehören. Nach meinen Erfahrungen dauert es bei Neuregelungen rund vier Jahre, bis diese in der Praxis sicher verankert sind. Wenn aber der Gesetzgeber jedes Jahr Änderungen vornimmt und die Stellschrauben neu justiert, kann das System insgesamt nicht lernen, sondern ist in ständiger Aufregung. Die Pflegebranche insgesamt erlebt diese Aufregungen nun seit Jahren. Alle Seiten tun also gut daran, nicht immer nach gesetzlichen Neuregelungen zu rufen. Dabei stehen aber einige Regelungsbereiche noch aus, die auf eine Regelung warten. Dies sind namentlich:

- Die Komplettüberarbeitung des einrichtungseinheitlichen Eigenanteils, der weder in der Praxis, noch vom Verbraucherschutz her funktioniert.

- Die Modellprojektbeschreibung für die Beratung durch die Träger der Sozialhilfe in den §§ 123 und 124 SGB XI scheint völlig missraten zu sein. Es ist davon auszugehen, dass noch vor dem Ende der Legislaturperiode eine Änderung vorgenommen wird.

- Die Personalschlüssel müssen vom Gesetzgeber vorgegeben werden. Das föderale System hat so große Unterschiede hervorgebracht, dass das verfassungsrechtliche Gebot der einheitlichen Lebensverhältnisse bedroht zu sein scheint.

- Die Selbstverwaltung kommt mit den notwendigen Änderungen der Rahmenverträge nach § 75 SGB XI, den Pflegetransparenzvereinbarungen und anderen nicht nach. Wesentliche Entscheidungen hat ohnehin der Gesetzgeber zu treffen. Daher wünscht man sich an diesen Stellen ein klares Wort.

- Die Frage der Behandlungspflege im stationären Bereich ist neu zu stellen. Und zwar nicht nur in Hinblick auf die außerklinische Intensivpflege.

- Die Entrümpelung der Rahmenverträge und der Vergütungsvereinbarungen muss auf die Tagesordnungen der Bundesländer. Längst geht es nicht mehr um die Frage danach, welches Personal welche Verrichtungen übernehmen darf oder die verstaubte Fachkraftquote. Es geht um die Frage, ob überhaupt Personal vorhanden ist, um die pflegerischen Tätigkeiten zu übernehmen.

In Hinblick auf die Bundestagswahl im Herbst dieses Jahres ist davon auszugehen, dass eineinhalb Jahre gesetzgeberische Ruhe, jedenfalls bei größeren Gesetzesvorhaben, herrschen wird. Diese Ruhe ist zu nutzen, um das jetzige System zur Praxisreife zu bringen. Ich hoffe, dass die Ausführungen ein wenig dazu beitragen.

Ich danke den vielen Leserinnen und Lesern für die praktischen Hinweise, die ich zur ersten Auflage erhalten habe. Wir haben das Stichwortregister erweitert und auch wieder ein Paragraphenregister beigefügt, für dessen Erstellung und Betreuung danke ich meiner Frau – *Inka Richter* – sehr. Die notwendigen Schreibarbeiten erledigte gewohnt souverän Frau *Sabrina Schmidt*. Die Betreuung und insbesondere die Überwachung des engen Zeitrahmens oblag Frau *Ariane Füner*. Herzlichen Dank!

Ich lerne Neues und sehe die Praxisprobleme vor allem durch Ihre Hinweise und Anregungen. Dazu bin ich für Sie unter ronald.richter@richter-rae.de erreichbar. Herzlichen Dank für Ihre Mühe und Mitarbeit.

Hamburg, im April 2017   *Ronald Richter*

Inhaltsübersicht

Inhaltsverzeichnis

Paragraphen-Register

Die Angaben verweisen auf die Randnummern.

A. Die Zielsetzung der neuen Regelungen

Die soziale und die private Pflegeversicherung haben seit ihrer Einführung zum 1.1.1995 maßgeblich zu einer Verbesserung der Versorgung pflegebedürftiger Menschen und zur Unterstützung pflegender Angehöriger beigetragen. Die Pflegeversicherung wird allerdings allein schon deshalb als Erfolgsmodell bezeichnet, weil das Risiko der Pflegebedürftigkeit in einem eigenständigen Leistungssystem und in einer in der Tradition der deutschen Sozialpolitik stehenden Absicherungsform – als eigenständige **„Fünfte Säule"** des **Sozialversicherungssystems** – überführt werden konnte. Die Pflegebedürftigkeit hat in den seither vergangenen 20 Jahren als eigenständiges soziales (und nicht allein privat abzusicherndes) Risiko die erforderliche öffentliche Anerkennung gefunden. Das Pflegebedürftigkeitsrisiko konnte so vom Ruch der „Armenfürsorge" befreit werden und – zumindest vorübergehend – viele Pflegebedürftige aus der finanziellen Abhängigkeit von der Sozialhilfe befreien.[1]

I. Die allgemeinen Ziele der sozialen Pflegeversicherung

Bis zum Inkrafttreten des SGB XI und den daraus resultierenden Leistungen seit April 2 1995 in der häuslichen Pflege bzw. seit dem 1.7.1996 in der stationären Pflege war die **Hilfe zur Pflege** in der Sozialhilfe (heute geregelt in den §§ 61 ff SGB XII) das wichtigste Instrument zur materiellen Absicherung bei Pflegebedürftigkeit. Dementsprechend ging die Zahl der Hilfeempfänger von in der Spitze rund 675.000 Personen drastisch zurück, nachdem die Pflegeversicherung eingeführt worden war.

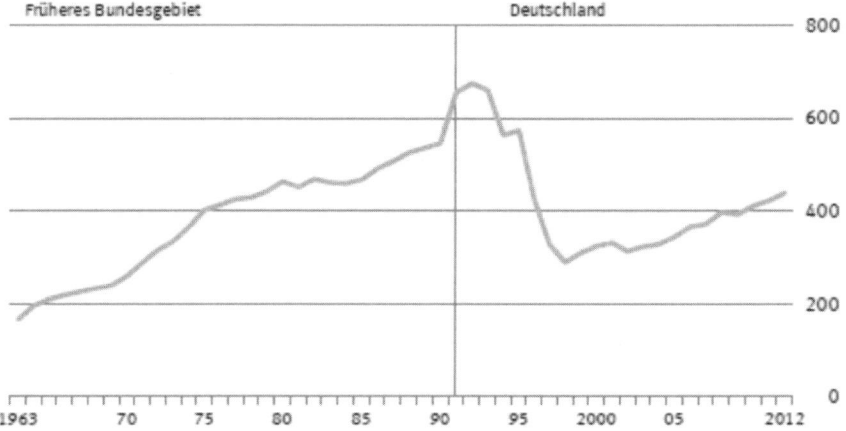

Nach dem starken Rückgang der Empfängerzahlen ist allerdings ein erneuter Anstieg 3 zu verzeichnen. Seit 1999 wächst die Zahl der Leistungsempfänger kontinuierlich an. Im Laufe des Jahres 2012 bezogen 439.000 Personen Hilfe zur Pflege. Gegenüber

---

1 Vgl. zum Fazit: *Bäcker/Naegele/Bispinck/Hofemann/Neubauer*, Sozialpolitik und soziale Lage in Deutschland, Band 1, 2011, 93 f.

1998 ein Anstieg um 52 %.[2] Neben diesem wichtigsten sozialpolitischen Ziel, dem Abbau der pflegebedingten Sozialhilfebedürftigkeit sowie damit deckungsgleich einer Kostenentlastung der Träger der Sozialhilfe, gelten die weiteren **Ziele** der Einführung der sozialen Pflegeversicherung auch heute unvermindert fort, insbesondere

- Ermöglichung eines selbstständigen und selbstbestimmten Lebens trotz Hilfe- und Pflegebedarf (§ 2 SGB XI);

- Vorrang der häuslichen vor der stationären Pflege (§ 3 SGB XI);

- Förderung des familiären, nachbarschaftlichen oder ehrenamtlichen Pflegepotenzials (§ 4 SGB XI);

- Prävention und medizinische Rehabilitation haben Vorrang vor Pflege (§ 5 SGB XI),

- soziale Sicherung und Schutz für pflegende Angehörige in Hinblick auf die Renten- und Unfallversicherung (§ 44 SGB XI);

- Aufbau einer qualitativ hochwertigen professionellen Pflegeinfrastruktur (§§ 9, 69 ff SGB XI);

- Verbesserung der Qualität der Pflege (§§ 112 ff SGB XI);

- Kostenbegrenzung bei den ambulanten, teil- und vollstationären Pflegeleistungen (§ 70 SGB XI).

4   Und schließlich wurde eine „institutionelle Aufwertung der professionellen, weiblich geprägten Pflegearbeit"[3] erreicht und damit auch dem zuvor in Deutschland unbekannten Prozess der **Professionalisierung** und **Akademisierung des Pflegeberufs** der Weg geebnet.

5   Einigkeit besteht jedoch auch in der Frage, dass die soziale Pflegeversicherung weiter an die Erfordernisse des **demografischen Wandels**, die steigende Anzahl insbesondere von Menschen mit demenziellen Erkrankungen sowie an pflegefachliche Entwicklungen angepasst werden muss. Mit den drei Pflegestärkungsgesetzen (PSG I – III)[4] wird vor allem an die kurzfristig wirksamen Leistungsverbesserungen und -flexibilisierungen durch das Pflege-Neuausrichtungsgesetz[5] und auch an die erweiterten Möglichkeiten zur besseren **Vereinbarkeit von Familie, Pflege und Beruf**[6] angeknüpft. Die Neuheiten, insbesondere der neue Begriff der Pflegebedürftigkeit sowie das Neue Begutachtungsinstrument und die sich daraus ergebenden rechtlichen und praktischen Probleme, werden nachstehend ausführlich erörtert.

---

2 Statistisches Bundesamt, Statistik der Sozialhilfe – Hilfe zur Pflege 2012, Wiesbaden 2015, 6.
3 *Auth*, WSI-Mitteilungen 2013, 412.
4 PSG I: BGBl. I 2014, 2222; dazu: *Richter* NJW 2015, 1271; PSG II: BGBl. I 2015, 2424; dazu *Richter* NJW 2016, 598; PSG III: BGBl. I 2016, 3191.
5 BGBl. I 2012, 2246; dazu: *Reimer* SGb 2013, 193.
6 Dazu *Stüben/von Schwanenflügel* NJW 2015, 577.

Die soziale Pflegeversicherung erfuhr seit ihrer Einführung viele Veränderung. Die **6** wichtigsten Änderungen:

	Änderungsgesetz		Datum	BGBl.
1.	SGB XI-Änderungs-gesetz	1. SGB XI-ÄndG	14.6.1996	BGBl. I 1996, 830
	Kernänderung oder -inhalt: Einführung der stationären Leistungen			
2.	Gesetz zur Änderung SGB XI	2. SGB XI-ÄndG	29.5.1998	BGBl. I 1998, 1188
	Kernänderung oder -inhalt: Einführung der Ausbildungsumlage			
3.	SGB XI-Änderungs-gesetz	3. SGB XI-ÄndG	5.6.1998	BGBl. I 1998, 1229
	Kernänderung oder -inhalt: Weiterberechnung der Vergütung bei vorübergehender Abwesenheit			
4.	SGB XI-Änderungs-gesetz	4. SGB XI-ÄndG	21.7.1999	BGBl. I 1999, 1656
	Kernänderung oder -inhalt: Einführung teilweiser Weiterzahlung des Pflegegeldes			
5.	GKV Gesundheitsre-formgesetz 2000	GKVRefG 2000	22.12.1999	BGBl. I 1999, 2626
	Kernänderung oder -inhalt: Änderungen bei der Tagespflege und vollstationären Pflege			
6.	Rehabilitation und Teil-habe behinderter Menschen	SGB XI, Art. 1	19.6.2001	BGBl. I 2001, 1046
	Kernänderung oder -inhalt: Einführung der Schnellbegutachtung			
7.	Pflege-Qualitätssiche-rungsgesetz	PQsG	9.9.2001	BGBl. I 2001, 2320
	Kernänderung oder -inhalt: Einführung der Leistungs- und Qualitätsvereinbarungen (LQV), Pflegestatistik			
8.	Euro-Einführungsgesetz	EuroEG	23.10.2001	BGBl. I 2001, 2702
	Kernänderung oder -inhalt: Anpassung der Leistungen auf den Euro			
9.	Pflegeleistungs-Ergän-zungsgesetz	PflEG	14.12.2001	BGBl. I 2001, 3728
	Kernänderung oder -inhalt: Einführungen der Leistungen bei eingeschränkter Alltagskompetenz			

	Änderungsgesetz		Datum	BGBl.
10.	GKV-Modernisierungs-gesetz	GMG	14.11.2003	BGBl. I 2003, 2190
	Kernänderung oder -inhalt: Einführung von Stellen zur Bekämpfung von Fehlverhalten im Gesundheitswesen			
11.	Gesetz zur Einordnung des Sozialhilferechts in das SGB	SozhiEinOG	27.12.2003	BGBl. I 2003, 3022
	Kernänderung oder -inhalt: Einführung des persönlichen Budgets			
12.	Kinder-Berücksichti-gungsgesetz	KiBG	15.12.2004	BGBl. I 2004, 3448
	Kernänderung oder -inhalt: Einführung eines Beitragszuschusses für „Kinderlose"			
13.	GKV-Wettbewerbsstär-kungsgesetz	GKV-WSG	26.3.2007	BGBl. I 2007, 378
	Kernänderung oder -inhalt: Einführung der integrierten Versorgung, Aufhebung des Vorhabens einer Zahlungspflicht der Krankenkassen für die Behandlungspflege im stationären Bereich			
14.	Pflege-Weiterentwick-lungsgesetz	PflWEG	28.5.2008	BGBl. I 2008, 874
	Kernänderung oder -inhalt: Mehrleistungsbudgets für die gemeinsame Inanspruchnahme von ambulanten und teilstationären Leistungen, Leistungsanhebung bei festgestellter eingeschränkter Alltagskompetenz, Abschaffung der LQV, Einführung der Vergütungszuschläge für zusätzliche Betreuung und Aktivierung, Neufassung der Qualitätsvorschriften, Einführung „Pflege-TÜV			
15.	Gesetz zur Neuregelung der zivilrechtlichen Vorschriften des Heimgesetzes		29.7.2009	BGBl. I 2009, 2319
	Kernänderung oder -inhalt: Änderung der Regelungen über die Qualitätsprüfungen			
16.	Pflege-Neuausrichtungs-Gesetz	PNG	23.10.2012	BGBl. I 2012, 2246
	Kernänderung oder -inhalt: Einführung der Übergangsregelung für Leistungen bei eingeschränkter Alltagskompetenz ohne Pflegestufe im ambulanten und teilstationären Bereich, Einführung eines Wohngruppenzuschlags sowie eines Gründungszuschusses, Einführung eines Zuschusses für eine private Pflegeergänzungsversicherung			

	Änderungsgesetz		Datum	BGBl.
17.	Erstes Pflegestärkungs-gesetz	PSG I	17.12.2014	BGBl. I 2014, 2222
	Kernänderung oder -inhalt: Änderungen der Leistungshöhen, Einführung eines Pflegevorsorgefonds			
18.	Zweites Pflegestärkungs-gesetz	PSG II	21.12.2015	BGBl. I 2015, 2424
	Kernänderung oder -inhalt: Neufassung des Pflegebedürftigkeitsbegriffs, Änderung der Zusammensetzung des Gesamt-Heimentgeltes			
19.	Drittes Pflegestärkungs-gesetz	PSG III	28.12.2016	BGBl. I 2016, 3191
	Kernänderung oder -inhalt: Anpassung der Regelungen des SGB XII auf den neuen Pflegebedürftigkeitsbegriff, 60 Modellprojekte der Länder zur Verbesserung der Beratung			

II. Die Probleme des derzeitigen Begriffs der Pflegebedürftigkeit

Bislang erfolgte die Einstufung Pflegebedürftiger abhängig von der – sowohl in der 7 Fachwelt als auch bei den Betroffenen und ihren Angehörigen kritisierten – vielfach minutengenauen **Ermittlung des Zeitaufwands** für die Pflege in den eng körperbezogenen Verrichtungen der Körperpflege, Ernährung und Mobilität durch Laien, meist den pflegenden Angehörigen. Pflegebedürftig war nach bisheriger Definition, wer wegen einer körperlichen, geistigen oder seelischen Krankheit oder Behinderung im Bereich der Körperpflege, der Ernährung, der Mobilität und der hauswirtschaftlichen Versorgung auf Dauer – voraussichtlich aber für mindestens sechs Monate – in erheblichem oder höherem Maße auf Hilfe Dritter angewiesen ist. Wird bei diesen Verrichtungen zeitlich ein Hilfebedarf festgestellt, der täglich im Wochendurchschnitt[7] 90 Minuten beträgt, wobei auf die Grundpflege mehr als 45 Minuten entfallen muss, so ist die Person nach bisherigem Recht pflegebedürftig. Diese Festlegungen bilden die zentralen Eckpfeiler für das Begutachtungsverfahren und unterscheiden die soziale Pflegeversicherung von vielen anderen nationalen Sicherungssystemen im internationalen Vergleich.[8] Gleichzeitig muss jedoch beachtet werden, dass das SGB XI Begrenzungen, die sich mitunter in anderen Ländern finden und als Grundsatzfragen der **Langzeitpflege** diskutiert werden,[9] nicht kennt: Für den Kreis der Anspruchsberechtigten existieren keine Altersgrenzen. Die Gewährung von Leistungen wird im Grundsatz nicht vom Institutionalisierungsrisiko abhängig gemacht (etwa die ambulante Versorgung durch zugelassene Leistungserbringer oder der Übergang in eine stationäre Langzeitversorgung). Die Bemessung von Leistungsansprüchen erfolgt un-

---

7 Gemeint ist: „der tägliche Aufwand im Wochendurchschnitt", so BSG 17.6.1999 – B 3 P 10/98 R.
8 Innerhalb der EU ist die Pflegebedürftigkeit („Long-term Care") Bestandteil der gegenseitigen Koordination der Sozialversicherungssysteme und Informationen zur sozialen Sicherheit, abrufbar in der Datenbank der Kommission MISSOC.
9 Ausführlich WHO, Key Policy Issues in Long-term Care, Genf 2003.

abhängig von der finanziellen Situation der Betroffenen. Leistungsansprüche bestehen unabhängig vom familiären Umfeld (z.b. Gleichbehandlung von Alleinlebenden und Personen, die von Angehörigen versorgt werden).[10]

8   Der bisher gesetzlich geltende **Pflegebedürftigkeitsbegriff** des SGB XI war von Anfang an umstritten. Die Pflegewissenschaft lehnte den Begriff als zu eng, zu verrichtungsbezogen und zu einseitig somatisch ab. Dabei verstärkte sich die **Kritik** zunehmend mit der Entwicklung der **Pflegetheorien** durch die in den vergangenen 20 Jahren verstärkt entstandenen akademischen Pflegewissenschaften.[11] Als Probleme waren bald erkannt: Das Leistungsangebot orientiert sich primär an Bedarfslagen, die der Pflegebedürftigkeitsbegriff des SGB XI in den Mittelpunkt stellt. Indirekte Wirkungen zeitigt der bisherige Pflegebedürftigkeitsbegriff sogar bis in die methodischen Grundlagen der Pflege hinein: Die **Pflegeplanung und -dokumentation** in vielen Pflegeeinrichtungen orientiert sich derzeit stark an den Verrichtungen, die bei der Einschätzung von Pflegebedürftigkeit nach dem SGB XI berücksichtigt werden. Ein weitergehendes Verständnis von Pflege findet auf dieser Ebene und auch im Bewusstsein vieler in den Pflegeberufen Tätigen vielfach wenig Raum.[12] Während von pflegewissenschaftlicher Seite der einzuschätzende Hilfebedarf pflegebedürftiger Menschen auf einem differenzierten Menschenbild beruht, wird auf der anderen Seite seine „Verrechtlichung" in der Sozialgesetzgebung unter anderem verknüpft mit einer **ökonomischen Feinsteuerungsaufgabe** und der Verteilung knapper Mittel. Mit anderen Worten: Der Begriff der Pflegebedürftigkeit im SGB XI war 20 Jahre so eng gefasst, weil vermeintlich für dieses Solidarsystem keine weiteren Mittel zur Finanzierung von Pflegebedürftigkeit aufgebracht werden können.[13]

9   Dabei ist heute allerdings vielfach vergessen, dass zwar das Kriterium der Hilfebedürftigkeit auf **Dauer** der Pflegebedürftigkeit immanent ist,[14] allerdings in den vorangegangenen gesetzlichen Begriffsbeschreibungen der Pflegebedürftigkeit nicht immer sechs Monate umfassen musste.[15] Vor allem aber, dass die Dominanz des Zeitbezugs bei der Bemessung des Pflegebedarfs sich erst in der letzten Phase des Gesetzgebungsverfahrens zur Einführung des SGB XI durchgesetzt hat.[16] Der **Zeitbezug** stand zunächst nicht im Gesetz, sondern wurde zunächst in den Pflegebedürftigkeitsrichtlinien geregelt.[17] Im ursprünglichen Entwurf wies der spätere § 15 SGB XI keinen Abs. 3 auf und verzichtete auf eine zeitliche Festlegung für verschiedene Pflegestufen, ent-

---

10 Vgl. dazu *Wingenfeld, Büscher, Schaeffer*, Recherche und Analyse von Pflegebedürftigkeitsbegriffen und Einschätzungsinstrumenten, Berlin 2011, 21 f.

11 *Moers/Schaeffer*, in: *Rennen-Allhoff/Schaeffer*, Pflegetheorien, Weinheim 2003, 33 ff.; *Moers/Schaeffer*, Die Schwester/Der Pfleger 2006, 1050 und 2007, 70.

12 Ausführlich zum Ganzen: *Bartholomeyczik/Hunstein/Koch/Zegelin-Abt*, Zeitrichtlinien zur Begutachtung des Pflegebedarfs, Frankfurt am Main 2001; *Schaeffer/Ewers*, Ambulant vor stationär, Bern 2002.

13 Abschlussbericht der Enquête-Kommission „Situation und Zukunft der Pflege", Landtag NRW, Düsseldorf 2005, 35; *Schneekloth/Müller*, Wirkungen der Pflegeversicherung, Baden-Baden 2000, erklären dies vor allem mit fehlenden Daten zum Ausmaß der Pflegebedürftigkeit bei Einführung der sozialen Pflegeversicherung auch in der Pflegewissenschaft.

14 BT-Drucks. 12/5262, 95.

15 LSG Baden-Württemberg 30.9.1963 – L 5 b V 331/63; Bundesministerium für Gesundheit und soziale Sicherheit, Kommentar zum BVG, Bonn 2003, § 35 Rn. 11; ausführlich: *Richter*, RsDE 76 (2014), 33.

16 *Udsching* in: Festschrift für Krasney, 1997, 677.

17 Zu den verfassungsrechtlichen Bedenken: *Udsching*, VSSR 1996, 276.

scheidend war allein die **Quantität des Hilfebedarfs**,[18] alles weitere sollte die Verordnung des Bundesministerium für Arbeit und Sozialordnung aufgrund der Ermächtigung in § 16 SGB XI a.f. und die Richtlinien nach § 17 SGB XI a.f. regeln.[19] Da aber die Richtlinien der Spitzenverbände der Krankenkassen bzw. inzwischen der Pflegekassen als Verwaltungsvorschriften keine authentischen Auslegungen des Gesetzes[20] enthalten, können sie die gesetzlichen Regelungen weder einschränken noch erweitern,[21] sondern lediglich konkretisieren. Denn den Richtlinien kommt kein Rechtsnormcharakter zu, so dass aus Gründen der Transparenz und Rechtssicherheit eine Übernahme in das Gesetz selbst erfolgen musste.[22] Allerdings regelte der strenge Zeitbezug des § 15 Abs. 3 SGB XI a.f. eine scheinrationale Größe, deren Wirkung in der Praxis dadurch gemildert wurde, dass jedenfalls von Seiten der Rechtsprechung nicht beanstandet wurde, wenn Gutachter und Pflegekassen im Grenzfall einen großzügigen Maßstab anwendeten und den Leistungsanspruch nicht an wenigen Minuten scheitern ließen.[23]

Der eng **somatische Begriff** der Pflegebedürftigkeit führte mit der Verrichtungsbezogenheit dazu, dass Menschen mit körperlichen Beeinträchtigungen gegenüber Menschen mit kognitivem und psychischem Hilfebedarf tendenziell bevorteilt wurden; sie erreichten im Durchschnitt höhere Pflegestufen als Personen mit vorrangig kognitiven oder psychischen Beeinträchtigungen und damit häufig höhere Leistungsansprüche. Zudem ist der bisherige Pflegebedürftigkeitsbegriff **defizitorientiert**, erfasst die relevanten Aspekte von Pflegebedürftigkeit nicht umfassend und ist damit nach dem aktuellen Stand medizinisch-pflegerischer Erkenntnisse nicht ausreichend pflegefachlich fundiert. 10

III. Der Änderungsbedarf und die tatsächlichen Änderungen

Fasst man die Diskussionen um die soziale Pflegeversicherung seit ihrer Einführung 11 zusammen, so lassen sich verschiedene Diskussionsfelder ermitteln, die in ihrer Gesamtheit die gesamte Bandbreite der pflegerischen Versorgung der Bundesbürger abdecken. Dabei zeigt sich auch, welche Wünsche und Forderungen aller Beteiligten durch die Änderungen des Zweiten Pflegestärkungsgesetzes (PSG II) aufgenommen und in gesetzliche Regelungen umgesetzt werden konnten.

1. Das System der Pflege

Das allgemeinste Diskussionsfeld gilt dem **Pflegesystem**, also dem Prozess der Pflege 12 selbst. Hier geht es um den Zugang der Pflegebedürftigen in das System der sozialen Pflegeversicherung und um die angemessene Erbringung von Pflege- und Betreuungsleistungen. Inhaltlich lässt sich dieser Debattenteil so strukturieren:

---

18 BT-Drucks. 12/5262 [zu § 13 Entwurf], 14, 97 f.
19 §§ 16, 17 SGB XI in der Fassung vom 26.5.1994 (BGBl. I, 1014), gültig von 1.1.1995 bis 24.6.1996.
20 Vergleiche dazu bereits BSG 14.1.1958 – 11/8 RV 991/55 = BSGE 6, 252; BSG 4.9.1958 – 11/8 RV 1091/55 = BSGE 8, 130; BSG 4.9.1958 – 11/9 RV 50/57 = BSGE 8, 140; BSG 22.4.1959 – 11 RV 1212/58 = BSGE 9, 295.
21 BSG 27.5.1959 – 9 RV 1062/57 = BSGE 10, 51.
22 BT-Drucks. 13/4091, 41.
23 BSG 7.7.2005 – B 3 P 8/04 R = BSGE 95, 57.

13 Kontrovers diskutiert wurden die **gesetzlichen Rahmenbedingungen**, die den generellen Rahmen für die **Leistungserbringung** setzen, vor allem die unterschiedlichen Pflegeleistungen für Versicherte mit somatischen oder psychischen Defiziten. Einhellig wurde die einseitige Defizitorientierung des bisherigen Pflegebedürftigkeitsbegriffs anhand der Verrichtungen im Ablauf des täglichen Lebens kritisiert, die weder die Selbstständigkeit des Einzelnen noch die Teilhabe am sozialen Leben in der Gemeinschaft förderte. Da die Umsetzung der konkreten Begutachtungen aufgrund der Grundlagen der neuen Pflegegrade und der in der Begutachtungsrichtlinie beschriebene Ablauf immer Ausfluss der gesetzlichen Regelung ist, bestehen hohe Erwartungen an die konkrete Ausgestaltung des Begutachtungsinstruments in der konkreten Begutachtungssituation.

14 Vereint sind alle Akteure im Pflegesystem beim Wunsch nach **Entbürokratisierung** der Leistungsfeststellung und -erbringung sowie nach zuverlässiger Qualitätssicherung und -prüfung.

2. Die Finanzierung

15 Fasst man die finanziellen Themenstellungen zusammen, so ergibt sich ein unterschiedliches Bild. Einhellig unproblematisch in der Diskussion war dabei die Erhöhung der gesetzlich geregelten **Beitragssätze**. Weder bei den beitragszahlenden Arbeitnehmerinnen und Arbeitnehmern noch von Seiten der Arbeitgeberverbände gab es hinsichtlich der schrittweisen Erhöhungen nennenswerte kritische Stimmen, anders als bei der Einführung der sozialen Pflegeversicherung im Jahre 1994. Spekuliert wurde höchstens darüber, ob die jetzigen Erhöhungen ausreichen, um die zukünftigen finanziellen Herausforderungen des demographischen Wandels bewerkstelligen zu können. Ebenso im Kern unumstritten ist die **Dynamisierung** der Pflegeleistungen. Hier bleiben die gesetzlichen Regelungen allerdings hinter dem allgemeinen Diskussionsstand und den kritischen Stimmen zurück. Kritisiert wird insbesondere, dass die nur alle drei Jahre stattfindende Dynamisierung der weiterhin notwendigen Lohnentwicklung der Pflegekräfte nicht nachkommen wird und so die Lohnentwicklung in der Pflege hinter anderen Branchen zurückbleiben muss. Eine solche Entwicklung würde die Gewinnung von Pflegekräften weiter erschweren und den **Mangel an Pflegekräften** festschreiben.

16 Ausgesprochen kontrovers wurde das Konzept eines **Pflegevorsorgefonds** diskutiert. Außerhalb des politischen Raums waren kaum befürwortende Meinungsäußerungen zu vernehmen. Allerdings wurde diesem Thema der mittelfristigen Finanzvorsorge insgesamt wenig Beachtung geschenkt, ebenso die nur in Wahlkampfzeiten zu vernehmende Diskussion um die Überführung der sozialen Pflegeversicherung in eine **Bürgerversicherung**. Ähnlich verhalten war die Diskussion um die Frage, ob die soziale Pflegeversicherung weiterhin als sogenannte Teil- oder künftig als Vollkaskoversicherung ausgestaltet werden soll.

17 Als dringlicher wurde in der allgemeinen Diskussion eingestuft, dass es eine gute und zuverlässig zu planende **finanzielle Ausstattung der Leistungserbringer** und damit eine kurz- und mittelfristig tragfähige Finanzierung der Pflege insgesamt vorgesehen wird.

Auch insoweit wurde die Diskussion um die finanzielle Lage überlagert von der Diskussion um die Bezahlung der Pflegekräfte.

3. Der Prozess der Gesetzgebung

Kritisch diskutiert wurde vor allem die Frage, warum die Umsetzung des jetzigen Reformvorhabens nach Vorliegen der Berichte des Beirats im Jahre 2009[24] so lange auf sich warten ließ. Dabei streben nahezu alle Beteiligten seit langem eine Überarbeitung des Pflegebedürftigkeitsbegriffs an, wollten jedoch vor einer gesetzlichen Änderung des geltenden Pflegebedürftigkeitsbegriffs und des Begutachtungsverfahrens zunächst Handlungsoptionen in Modellprojekten erarbeitet[25] und erprobt[26] sehen. Dabei war auch die Frage zu klären, wie sich die Änderung vor allem finanziell auf die Pflegeversicherung und/oder andere Sozialleistungsbereiche auswirkt. **18**

Ähnlich kritisch wird gesehen, dass letztlich lediglich der Konsens des Expertenbeirats umgesetzt und eine echte Erprobungsphase nicht vorgeschaltet wurde. So wird es nach Auffassung der kritischen Stimmen allein dadurch zu einer Fehlsteuerung kommen müssen, weil wichtige Informationen und Vereinbarungen, wie etwa die **Personalbemessung** und wissenschaftlich nachvollziehbare **Personalbemessungssysteme**, bei der Umstellung fehlen. Ebenso kritisch wird gesehen, dass die Beteiligung der Kommunen und Bundesländer bei der Planung von Pflegeeinrichtungen, der Beratung der Bürgerinnen und Bürger und der Ko-Finanzierung über die Hilfe zur Pflege nicht in ein einheitliches Gesetzgebungsverfahren einbezogen wurde, sondern insoweit ein weiteres Drittes Pflegestärkungsgesetz (PSG III)[27] notwendig war [→ Rn. 31 ff]. **19**

An diesen Stellen – fehlende Aussagen zur Personalbemessung und Verschiebung der Klärung der Schnittstellen zwischen Hilfe zur Pflege und **Eingliederungshilfe** – bestehen im Prozess der Umstellung auf den neuen Pflegebedürftigkeitsbegriffs die größten Gefahren, dass die Erwartungen insofern enttäuscht werden und die Reform so teilweise scheitern könnte. **20**

---

24 Bericht des „Beirats zur Überprüfung des Pflegebedürftigkeitsbegriffs" vom 29.1.2009. In diesem wurden konzeptionelle Überlegungen zu einem neuen Pflegebedürftigkeitsbegriff und einem neuen Begutachtungsverfahren zur Feststellung der Pflegebedürftigkeit nach dem SGB XI aufgezeigt sowie weitere Empfehlungen abgegeben. Der Umsetzungsbericht des Beirats wurde im Mai 2009 veröffentlicht.

25 Der neue Expertenbeirat legte am 27.6.2013 den „Bericht zur konkreten Ausgestaltung des Pflegebedürftigkeitsbegriffs" vor. Dabei hat der Expertenbeirat Veränderungen am Begutachtungsinstrument und an der Bewertungssystematik vorgenommen, um die Defizite bei bestimmten Personengruppen, beispielsweise Kindern, die noch nicht sprechen können oder schwerstbehinderte Personen, zu beheben.

26 In dieser Legislaturperiode wurden zur Vorbereitung des Pflegestärkungsgesetz II am 8.4.2014 zwei Erprobungsstudien gestartet, um die praktischen Auswirkungen des neuen Pflegebedürftigkeitsbegriffes vor dessen gesetzlicher Einführung zu testen: Zum einen die „Evaluation des Neuen Begutachtungsassessments (NBA) – Erfassung von Versorgungsaufwänden in stationären Einrichtungen", wobei bundesweit in rund 40 Pflegeheimen bei 1.600 Bewohnerinnen und Bewohnern untersucht wurde, welche Leistungen sie bisher aus den Pflegestufen bekommen und welche Leistungen und welchen Pflegegrad sie nach dem Begutachtungsinstrument bekommen würden, und zum anderen die sog. „Praktikabilitätsstudie", in der das durch den 2. Expertenbeirat geänderte Begutachtungsinstrument bundesweit bei 2.000 pflegebedürftigen Menschen praktisch erprobt wurde.

27 BGBl. I 2016, 3191.

4. Die Pflegenden bzw. der Fachkräftemangel

21 Obwohl weder die Pflegestärkungsgesetze I bis III als auch der neue Pflegebedürftigkeitsbegriff und das Begutachtungsinstrument naturgemäß das Personalthema der Pflegenden im Pflegesystem direkt thematisieren konnten, zeigen sich die größten Verwerfungen in den Diskussionen bei dem Thema des **Fachkräftemangels.** Dabei geht die allgemeine Sorge um, wie angesichts des bestehenden und zunehmenden Fachkräftemangels die Pflegeleistungen in naher Zukunft qualitätsvoll erbracht werden können. In engem Zusammenhang mit dieser Diskussion steht die Stärkung des Berufsbildes der Altenpflege, insbesondere in Hinblick auf die insoweit überlagernde Diskussion durch ein neues **Pflegeberufegesetz,**[28] mit dem die bislang getrennten dreijährigen Ausbildungen der Altenpflege, der Krankenpflege sowie der Kinderkrankenpflege zu einer einzigen dreijährigen **generalisierten Pflegeausbildung** verschmolzen werden sollen.

22 Ein weiterer großer Diskussionspunkt stellt die **Personalbemessung** und ein wissenschaftlich fundiertes **Personalbemessungssystem** dar. Den erhofften Schritt wagt der Gesetzgeber nicht und überlässt die Personalbemessung wiederum der pflegerischen Selbstverwaltung. Die Einrichtung einer wissenschaftlichen Expertenkommission (vgl. § 113 c SGB XI [→ Rn. 367]) mit einer Berichtspflicht zum 30.6.2020 dürfte lediglich das „Feigenblatt" für das gesetzgeberische Versagen an dieser Stelle sein. So sind die Verbände der Pflegekassen und die Verbände der Leistungserbringer vorrangig in den einzelnen Bundesländern aufgerufen, die Landes-Rahmenverträge nach § 75 SGB XI zügig neu zu verhandeln und dabei zeitgemäße **Pflegepersonalschlüssel** festzulegen. Die bisherigen stammen aus der Anfangszeit der Pflege und bilden weder den sich in den letzten 20 Jahren dramatisch veränderten versorgten Personenkreis noch die sonstige allgemeine **Arbeitsverdichtung** ab.[29] Ebenso wird eine Unterscheidung der Einsatzbereiche und Anforderungen in der Unterscheidung der Pflegefachkräfte, von den Betreuungskräften, den pflegenden Angehörigen und den ehrenamtlich Tätigen vermisst.[30]

---

28 Dazu: Entwurf eines Gesetzes zur Reform der Pflegeberufe (Pflegeberufereformgesetz), BT-Drucks. 18/7823: Die bisherigen drei Ausbildungen in der Pflege (Gesundheits- und Krankenpflege, Gesundheits- und Kinderkrankenpflege und Altenpflege) sollen zu einer generalistisch ausgerichteten Pflegeausbildung zusammengeführt werden. Die Grundlage für die zu treffenden Finanzierungsentscheidungen bildet ein Forschungsgutachten zur Finanzierung des neuen Pflegeberufsgesetzes (Juni 2013). Die aufgrund entsprechender Modellklauseln im Kranken- und im Altenpflegegesetz durchgeführten Modellvorhaben haben gezeigt, dass eine dreijährige einheitliche Pflegeausbildung im Sinne eines neuen, zusammengeführten Pflegeberufs gerade die Kompetenzen vermitteln kann, die für zunehmend komplexer werdende Pflegesituationen und unterschiedlicher Pflegekontexte besonders wichtig sind. Hierzu zählen eine hohe Analyse- und Reflexionsfähigkeit, Flexibilität sowie hohe Motivation und Befähigung zum lebenslangen Lernen. Der Gesetzentwurf wurde in erster Lesung (Plenarprotokoll des Deutschen Bundestags 18/162, S. 15957 – 15975) ausführlich beraten und den Ausschüssen zugewiesen. Einen abschließenden Bericht und eine Beschlussempfehlung hat der federführende Ausschuss für Gesundheit bisher nicht veröffentlicht.
29 Dazu: *Moritz,* Staatliche Schutzpflichten gegenüber pflegebedürftigen Menschen, Baden-Baden (Dissertation) 2013; Besprechung und Zusammenfassung: *Richter,* Altenheim Heft 4/2014, 44 – Fazit der Dissertation: Weitere Untätigkeit in diesem Bereich wird durch einen Gang nach Karlsruhe bestraft! – Die daraufhin eingelegte Verfassungsbeschwerde hat die 1. Kammer des 1. Senats als unzulässig verworfen (BVerfG [1. Kammer], Nichtannahme-Beschl. v. 11.1.2016 – 1 BvR 2980/14, da eine Verletzung einer grundrechtlichen Schutzpflicht durch grundgesetzwidriges Unterlassen des Gesetzgebers sowie die eigene und gegenwärtige Betroffenheit nicht deutlich gemacht werden konnte. Für einen Schutz gegen grundrechtswidrige Pflegemaßnahmen sind nach Auffassung des BVerfG vorrangig die Sozialgerichte als Fachgerichte zuständig.
30 Dazu ausführlich: *Hoffmeister/Hille* NJW 2015, 3753.

5. Die vorgesehenen Änderungen

Zukünftig soll eine umfassende, ressourcenorientierte und pflegefachlich fundierte Er- 23
fassung des **Grades der Selbstständigkeit** aller Pflegebedürftigen erfolgen, unabhängig
davon, ob sie vorrangig körperlich, kognitiv oder psychisch beeinträchtigt sind. Damit soll bewirkt werden, dass die pflegerische Versorgung auf dem aktuellen Stand
medizinisch-pflegerischer Erkenntnisse **ressourcenorientiert** ausgerichtet werden
kann. Es erfolgt so eine Gleichbehandlung körperlicher, kognitiver und psychischer
Beeinträchtigungen und Fähigkeitsstörungen bei der Einstufung in einen Pflegegrad
und der davon abhängigen Höhe des Leistungsanspruchs.[31]

Die Erweiterung der für die Einstufung berücksichtigten Bereiche, die über eine bloße 24
Zusammenführung der bisherigen Verrichtungen der **Grundpflege**, also der Körperpflege, Ernährung und Mobilität, sowie der Bereiche der **Alltagskompetenz** nach
§ 45a Abs. 2 SGB XI a.F., weit hinausgeht, bedarf auch eines erweiterten Begutachtungsverfahrens, dem **Begutachtungsinstrument** (**BI**). Dabei aber wurde die Aufgabe
des MDK bzw. der unabhängigen Sachverständigen nicht einfach um die hinzutreten-
den Module erweitert, sondern traten weitere Ziele hinzu, die eine Feststellung der
individuellen Fähigkeiten und der individuellen Bedürfnisse des Versicherten ermöglichen sollen. Diese Änderungen machten weitere Änderungen und Ergänzungen des
SGB XI erforderlich. Ziel ist es, mit einer Begutachtung des Versicherten dessen Hilfebedarf möglichst individuell und konkret zu ermitteln, insbesondere:

- einen Präventions- und Rehabilitationsbedarf des pflegebedürftigen Menschen
  feststellen,

- die erweiterten, in der Begutachtung erfassten Aspekte der Pflegebedürftigkeit für
  die Beratung und Pflegeplanung, die verpflichtend wird, bereitzustellen und

- schließlich Erkenntnisse für die konkrete Pflege, deren Qualitätssicherung und
  Qualitätsberichterstattung zu gewinnen.

Dabei wurde nicht als ausreichend angesehen, die leistungsrechtlichen Tatbestände 25
allein technisch an die neue Begutachtungssystematik anzupassen. **Ziel** des Gesetzgebers ist es vielmehr, die soziale Pflegeversicherung bereits jetzt auf künftige Herausforderungen vorzubereiten: Die Leistungen der sozialen Pflegeversicherung sollen
passender als bisher auf die **Versorgungsbedürfnisse** der hilfebedürftigen Menschen
ausgerichtet und gestaltet werden. Bereits das bisher geltende Recht sah eine Vielfalt
an differenzierten Leistungen auch für Menschen mit kognitiven Defiziten vor. Insgesamt sieht § 28 SGB XI 19 (!) verschiedene Leistungen der sozialen Pflegeversicherung vor, die wahlweise oder neben einander bestehen. Allein aufgrund dieser großen
Anzahl an Auswahlmöglichkeiten für den Versicherten bzw. seine Angehörigen ist die
unabhängige Beratung von so entscheidender Bedeutung. Die Zahl der Menschen mit
demenziellen Veränderungen oder eingeschränkter Alltagskompetenz wird allerdings
weiter steigen und ihre Bedarfe werden in Zukunft noch wesentlich differenzierter
ausfallen. Der neue Pflegebedürftigkeitsbegriff soll einen **Paradigmenwechsel** initiie-

---

31 BT-Drucks. 18/5926, 60.

ren, der eine noch stärker personenzentrierte, bedarfsgerechte und aktivierende Pflege ermöglicht. Die Ausgestaltung des Leistungsrechts in der Pflegeversicherung wird eine noch differenziertere Leistungs- und Angebotspalette ermöglichen, die eine **wohnort-nahe Pflege** sowohl für Menschen mit körperlichen Einschränkungen, als auch für Menschen mit kognitiven Beeinträchtigungen unterstützt.[32]

26 Die leistungsrechtlichen Neuregelungen durch die drei Pflegestärkungsgesetze, also die verschiedenen Ansprüche der Versicherten, sind dabei nicht isoliert zu sehen, sondern stellen insbesondere zusammen mit dem Pflege-Neuausrichtungsgesetz[33] eine **konzeptionelle Einheit** dar. Bereits mit dem Pflege-Neuausrichtungsgesetz wurden wesentliche Vorschläge des Expertenbeirates[34] im Vorgriff auf den neuen Pflegebedürftigkeitsbegriff ab dem Jahr 2013 umgesetzt. Aus heutiger Sicht wegweisend war der Einstieg in die Leistungsgewährung von Versicherten mit einem Pflegebedarf unterhalb der Pflegestufe I, aber mit eingeschränkter Alltagskompetenz durch § 123 SGB XI a.F., die Flexibilisierung der Leistungen, die zu einer stärkeren Berücksichtigung der konkreten Wünsche der Versicherten bzw. ihrer Angehörigen bei der Leistungswahl und -gewährung führte und die Ermöglichung neuer Modellvorhaben wie die Regelung des § 124 SGB XI a.F. Das PSG I erweiterte diese Regelungen und erreichte so eine **Gleichstellung** von somatisch und gerontopsychiatrisch beeinträchtigten Versicherten. Daneben wurden die Betreuungs- und Entlastungsleistungen für alle Pflegebedürftigen geöffnet, den Bezug des Wohngruppenzuschlags erleichtert und die Wahlmöglichkeiten zwischen den verschiedenen Leistungen gestärkt. Alle diese Leistungsverbesserungen bleiben erhalten und als Regelleistungen in das Leistungsrecht integriert.

27 Die gesetzliche Neuregelung soll auch dazu dienen, den **Leistungskatalog** der Pflegeversicherung zu vereinfachen und für die Leistungsberechtigten und Rechtsanwender transparenter und leichter handhabbar zu machen. So sollen die Änderungen zudem zur Verwaltungsvereinfachung und Entlastung insbesondere der Pflegebedürftigen von Bürokratie beitragen. Einem Vorhaben, von dem man bereits jetzt sagen kann, dass es nicht gelungen ist.

IV. Der Zeitplan zur Umsetzung

28 Der Gesetzentwurf[35] eines **Zweiten Pflegestärkungsgesetzes** (PSG II) wurde am 7.9.2015 in den Deutschen Bundestag eingebracht und am 25.9.2015 – zeitgleich mit dem Bundesrat – in erster Lesung beraten. Nach der Stellungnahme des Bundesrates und der Gegenäußerung der Bundesregierung[36] wurde die Beschlussfassung des Gesundheitsausschusses des Deutschen Bundestages[37] am 13.11.2015 in zweiter und

---

32 BT-Drucks. 18/5926, 61.
33 BGBl. I 2012, 2246; dazu: *Reimer* SGb 2013, 193.
34 Bericht des Expertenbeirats zur Ausgestaltung des neuen Pflegebedürftigkeitsbegriffs vom 27.6.2013.
35 Entwurf der Bundesregierung: BT-Drucks. 18/5926 = BR-Drucks. 354/15.
36 BT-Drucks. 18/6182.
37 BT-Drucks. 18/6688; die Änderungsvorschläge der Opposition (DIE LINKE – BT-Drucks. 18/5110; BÜNDNIS 90/DIE GRÜNEN – BT-Drucks. 18/6066) wurde mit der Regierungsmehrheit im Gesundheitsausschuss abgelehnt.

dritter Lesung beraten und angenommen. Der Bundesrat stimmte am 18.12.2015 unter Annahme einer Entschließung zu.[38] Die Veröffentlichung erfolgte am 28.12.2015.[39]

Der Gesetzentwurf[40] eines **Dritten Pflegestärkungsgesetzes** (PSG III) wurde am 29 5.9.2016 in den Deutschen Bundestag eingebracht und am 23.9.2015 – zeitgleich mit dem Bundesrat – in erster Lesung beraten. Nach der Stellungnahme des Bundesrates und der Gegenäußerung der Bundesregierung[41] wurde die Beschlussfassung des Gesundheitsausschusses des Deutschen Bundestages[42] am 3.12.2016 in zweiter und dritter Lesung beraten und angenommen. Der Bundesrat stimmte am 16.12.2016 zu. Die Veröffentlichung erfolgte am 28.12.2016.[43]

Da der Prozess der Einführung eines neuen Pflegebedürftigkeitsbegriffs und eines 30 neuen Begutachtungsverfahrens aufgrund seiner Komplexität ein enges Zusammenwirken aller Beteiligten in allen Phasen erforderten, wurden durch § 17 a Abs. 3 SGB XI a.F.[44] strukturierende Regelungen geschaffen, um den GKV-Spitzenverband darin zu unterstützen, die gesetzten Ziele zu erreichen. Diese **Vorschaltregelung** schaffte die gesetzliche Grundlage für die notwendigen Vorbereitungsmaßnahmen zur Einführung des neuen Pflegebedürftigkeitsbegriffs. So konnte mit der Erarbeitung der **Begutachtungsrichtlinie** bereits Mitte 2015 begonnen werden. Der Expertenbeirat zur konkreten Ausgestaltung des Pflegebedürftigkeitsbegriffs hatte die notwendige Vorbereitungszeit auf mindestens 18 Monateveranschlagt und in einer sog. „Roadmap" zusammengefasst.[45] Dabei umfasst die Vorbereitung der Begutachtungsrichtlinie folgende Einzelschritte:

- die Erarbeitung der Begutachtungs-Richtlinien,
- die Durchführung des Beteiligungsverfahrens,
- die Genehmigung durch das Bundesministerium für Gesundheit,
- die Entwicklung eines Schulungskonzeptes,
- die Schulung der Gutachterinnen und Gutachter und
- die Erstellung der Begutachtungs-Software.

Der GKV-Spitzenverband hat unter Beteiligung des MDK und der anderen im Gesetz genannten Beteiligten aufgrund der §§ 17, 15 Abs. 4, 18 Abs. 3 Satz 11, Abs. 5 a, 18 Abs. 6 und 6 a, 53 a SGB XI sowie § 17 a SGB XI a.F. am 15.4.2016 die Richtlinien zum Verfahren der Feststellung der Pflegebedürftigkeit sowie zur pflegefachlichen Konkretisierung der Inhalte des Begutachtungsinstruments (**Begutachtungs-Richtlini-**

---

38 PlenarPr. 940, 513 B.
39 BGBl. I 2015, 2424.
40 Entwurf der Bundesregierung: BT-Drucks. 18/9518 = BR-Drucks. 410/16.
41 BT-Drucks. 18/9959.
42 BT-Drucks. 18/10510; die Änderungsvorschläge der Opposition (DIE LINKE – BT-Drucks. 18/8725; BÜNDNIS 90/DIE GRÜNEN – BT-Drucks. 18/9668) wurde mit der Regierungsmehrheit im Gesundheitsausschuss abgelehnt.
43 BGBl. I 2016, 3191.
44 I.d.F. durch das PräventionsG, BGBl. I 2015, 1368.
45 Bericht des Expertenbeirats v. 27.6.2013, 92 f.

en – BRi) beschlossen. Diese Richtlinien gelten für alle Anträge auf Leistungen der Pflegeversicherung, die ab 1.1.2017 gestellt werden.[46]

V. Ziele und weitere Änderungen durch das PSG III

31   Aufgrund der **weitgehenden Begriffsidentität** zwischen dem Recht der Pflegeversicherung (SGB XI) und der Hilfe zur Pflege nach den §§ 61 ff SGB XII sowie dem Bundesversorgungsgesetz (BVG) ist sowohl die Sozialhilfe als auch die soziale Entschädigung nach dem BVG unmittelbar von der Entscheidung über einen neuen Pflegebedürftigkeitsbegriff und ein neues Begutachtungsinstrument betroffen. Dies umfasst sowohl die gesetzlichen Regelungen zu den Voraussetzungen von Pflegebedürftigkeit und dem neuen Begutachtungsverfahren als auch die leistungsrechtliche Hinterlegung. Darüber hinaus enthält der neue Pflegebedürftigkeitsbegriff **Teilhabe**-Elemente, die eine Abgrenzung der Leistungen der Hilfe zur Pflege zu den Leistungen der **Eingliederungshilfe** erfordern. Die Schnittstellen zur Eingliederungshilfe für Menschen mit Behinderungen werden sich nach Einschätzung des Expertenbeirats weiter verschärfen; sie sind im Rahmen der Einführung des neuen Pflegebedürftigkeitsbegriffs zu lösen.[47]

Mit dem neuen Pflegebedürftigkeitsbegriff ist auch zukünftig keine Vollabsicherung des Pflegerisikos durch die Leistungen der sozialen Pflegeversicherung beabsichtigt. Die Höhe der Versicherungsleistungen nach dem SGB XI bleibt vielmehr auf gesetzlich festgesetzte Höchstbeträge begrenzt (**Teilleistungssystem**). Bei den Pflegebedürftigen kann daher auch nach Einführung des neuen Pflegebedürftigkeitsbegriffs im SGB XI ein darüber hinausgehender Bedarf an Pflegeleistungen bestehen, der bei finanzieller Bedürftigkeit durch die Sozialhilfe im Rahmen der Hilfe zur Pflege gedeckt werden muss. Darüber hinaus werden auch weiterhin die Kosten für Unterkunft und Verpflegung von der gesetzlichen Pflegeversicherung nicht übernommen. Im Fall der finanziellen Bedürftigkeit werden daher auch diesbezüglich die Kosten von den Trägern der Sozialhilfe regelmäßig zu tragen sein. Im Fall stationärer Versorgung in einer Pflegeeinrichtung sind Sonderregelungen zu beachten. Die begrenzten Leistungen der sozialen Pflegeversicherung werden somit auch in Zukunft das ergänzende System der Hilfe zur Pflege erfordern, damit der pflegerische Bedarf von Pflegebedürftigen im Fall der finanziellen Bedürftigkeit umfassend sichergestellt ist. Sowohl rechtssystematisch als auch im Sinne der Pflegebedürftigen ist somit auch weiterhin eine (weitgehende) Identität der Pflegebedürftigkeitsbegriffe unabdingbar.[48]

Da Pflege eine gesamtgesellschaftliche Aufgabe ist, leisten neben der sozialen Pflegeversicherung auch Kommunen und die Länder einen Beitrag zur pflegerischen Versorgung. Zur weiteren Verbesserung wurde vorgeschlagen, dass Kommunen insbesondere bei der Planung und der Entwicklung der Pflegestruktur vor Ort[49] gestärkt werden

---

46   Das Bundesministerium für Gesundheit hat den Richtlinien mit Schreiben vom 17.6.2016 mit Auflagen zugestimmt. Die Auflagen wurden fristgerecht umgesetzt.
47   Vgl. Abschlussbericht des Expertenbeirats, Seite 10, Ziffer 19.
48   BT-Drucks. 18/9518, 43.
49   Vgl. 7. Bericht zur Lage der älteren Generation in der Bundesrepublik Deutschland „Sorge und Mitverantwortung in der Kommune – Aufbau und Sicherung zukunftsfähiger Gemeinschaften", BT-Drucks. 18/10210.

müssen. Vor dem Hintergrund der demografischen Entwicklung soll der föderalen Aufgabenteilung folgend die Steuerung, Kooperation und Koordination von Beratung und Pflege vor Ort ergänzt werden. Ziel ist es dabei, die Voraussetzungen dafür zu verbessern, dass pflegebedürftige Menschen so lange wie möglich zu Hause in ihrem gewohnten Umfeld verbleiben können.[50]

Zudem werden bestehende Instrumente zur Prävention, Aufdeckung und Bekämpfung von **Abrechnungsbetrug** ergänzt und zwar sowohl im Bereich der gesetzlichen Krankenversicherung (SGB V) als auch im Bereich der sozialen Pflegeversicherung. Die aufeinander abgestimmten Regelungen zielen insbesondere darauf ab, bestehende Vorschriften bei den Qualitätsprüfungen, vor allem im Bereich der häuslichen Krankenpflege (HKP), weiterzuentwickeln. Mit der Erweiterung der Aufgaben des MDK in Bezug auf Leistungen der HKP um **systematische Qualitäts- und Abrechnungsprüfungen** werden die Patienten und ihre Angehörigen, aber auch die korrekt arbeitende und abrechnende große Mehrheit der Pflegedienste künftig besser vor Falschabrechnungen und dem möglichen kriminellen Handeln einzelner Anbieter geschützt. Gleichzeitig werden Instrumente der Qualitätsprüfung im Bereich der Pflege insgesamt weiterentwickelt sowie die Landesrahmenverträge nach § 75 SGB XI um Vorschriften zu Vertragsvoraussetzungen und Vertragserfüllung ergänzt.[51]

VI. Erste Bewertung

Die Reform der sozialen Pflegeversicherung durch die Pflegestärkungsgesetze PSG I   **32** bis III wird in der Praxis gleichgesetzt mit der Reform des Pflegebedürftigkeitsbegriffs sowie des Neuen Begutachtungsinstruments. Alle anderen strukturellen Änderungen treten in der Wahrnehmung dahinter zurück. Daher ist vor den übertriebenen Erwartungen an die praktischen Wirkungen des neuen Pflegebedürftigkeitsbegriffs über die Einstufung in einen Pflegegrad hinaus zu warnen. Der neue Pflegebedürftigkeitsbegriff und das neu gefasste Einstufungsverfahren werden durch die **Übergangsrechte** und die Regelungen zum Schutz des Besitzstandes erst allmählich wirken. So hat es den Anschein, dass insbesondere bei den von Pflege bedrohten Versicherten, ihren Angehörigen, aber auch den Verantwortlichen in den Pflegeeinrichtungen das Ziel und Ergebnis dieser Reform mit Erwartungen überfrachtet wird, die nicht erfüllt werden können. Daher soll an dieser Stelle im Anschluss an *Rothgang* und *Hasseler*[52] insbesondere vor drei Mythen dieser Reform gewarnt werden.

Mythos I: Jetzt erhalten Menschen mit Demenz endlich angemessene Leistungen aus   **33** der sozialen Pflegeversicherung.

Bei Einsetzung des ersten Beirats zum Pflegebedürftigkeitsbegriff[53] im Jahr 2006 waren tatsächlich eklatante **Benachteiligungen** von Menschen mit **Demenz** zu beobach-

---

50 Siehe auch Empfehlungen der Bund-Länder-Arbeitsgruppe zur Stärkung der Rolle der Kommunen in der Pflege vom 12. Mai 2015 [abrufbar unter http://www.landkreistag.de/images/stories/pressemitteilungen/St%C3%A4rkung_der_Rolle_der_Kommunen_in_der_Pflege.pdf].
51 BT-Drucks. 18/9518, 43.
52 *Rothgang/Hasseler* u.a. Das NBA funktioniert, Altenheim Heft 8/2015, 20.
53 Bericht des „Beirats zur Überprüfung des Pflegebedürftigkeitsbegriffs" vom 29.1.2009.

ten. Personen mit eingeschränkter Alltagskompetenz erhielten bis zum 30.6.2008 – heute unvorstellbar – nach § 45 b Abs. 1 Satz 1 SGB XI a.F.[54] zur Finanzierung zusätzlicher Betreuungsleistungen einen Betreuungsbetrag in Höhe von bis zu 460,00 € je Kalenderjahr. Voraussetzung für den Bezug dieser finanziell wohl kaum wahrnehmbaren Leistung war, dass neben der festgestellten eingeschränkten Alltagskompetenz ein Pflegebedarf mindestens der Pflegestufe I bestand. Erst durch die Leistungsausweitungen für diesen Personenkreis im Pflege-Weiterentwicklungsgesetz (2008) und im Pflege-Neuausrichtungsgesetz (2013) ist diese „**Ungleichbehandlung**"[55] zu erheblichen Teilen aufgehoben. Insofern können die Pflegestärkungsgesetze für Menschen mit Demenz nur noch begrenzte Leistungsverbesserungen bringen. Zu hohe Erwartungen sollten frühzeitig ausgeräumt werden, um die ansonsten vorprogrammierte Enttäuschung der betroffenen Personen und ihrer Angehörigen einzudämmen.[56]

34　*Mythos II:* Der neue Pflegebedürftigkeitsbegriff sorgt für ein Ende der sog. „Minutenpflege".

Die Frage, ob bei den neu festzulegenden Voraussetzungen für abgestufte Leistungen der Pflegeversicherung auf den Faktor **Zeit** als Bemessungsgröße verzichtet werden kann, ist mehrfach durchaus kontrovers diskutiert worden. Dem Faktor Zeit kommt bei der Feststellung von Pflegebedürftigkeit aber schon im jetzigen System eine ambivalente Bedeutung zu: Einerseits kann nicht verkannt werden, dass Pflege eine Dienstleistung ist, die nach ihrem zeitlichen Umfang vergütet wird. Dementsprechend wird auch der zusätzliche finanzielle Aufwand, den ein Pflegebedürftiger bewältigen muss, maßgebend durch den zeitlichen Umfang der erforderlichen Hilfeleistungen bestimmt. Das von der Pflegeversicherung versicherte Risiko steht deshalb mit dem Faktor Zeit in einem untrennbaren Zusammenhang. Andererseits ist der Faktor Zeit ungeeignet, um eines der wesentlichen Ziele der Reform, nämlich die **Einbeziehung von psychisch-kognitiven Störungen** in den Begriff der Pflegebedürftigkeit, sachgerecht umzusetzen. Denn der allgemeine Aufsichts- und Betreuungsbedarf etwa zur Vermeidung von Selbst- oder Fremdgefährdung besteht in der Regel schon bei leichteren Formen derartiger Störungen (etwa Demenz) nahezu rund um die Uhr. Nach bisheriger Systematik müssten deshalb derart Betroffene stets der Pflegestufe III zugeordnet werden, obgleich allein die zeitliche und örtliche Bindung der Pflegeperson eine solche Einstufung nicht rechtfertigt. Darüber hinaus ist der Faktor Zeit mit dem Stichwort „**Minutenpflege**" zu einem die gesamte Pflegeversicherung desavouierenden Begriff gemacht worden. Zudem ist die Zeit nur auf den ersten Blick ein leicht fassbares und überprüfbares Kriterium.[57]

54　Die §§ 45 a und 45 b SGB XI wurden durch das Pflege-Leistungsergänzungsgesetz vom 14.12.2001, BGBl. I 2001, 3728 eingefügt und galten in dieser Fassung bis zum 30.6.2008.
55　BSG 26.11.1998 – B 3 P 13/97 R sah in der Ungleichbehandlung aufgrund der damaligen gesetzlichen Grundlage keinen Verstoß in verfassungsrechtlicher Hinsicht.
56　So *Rothgang* u.a. Versorgungsaufwände in stationären Pflegeeinrichtungen, Schriftenreihe Modellprogramm zur Weiterentwicklung der Pflegeversicherung Band 13, 2015, 124 f.
57　Bericht des „Beirats zur Überprüfung des Pflegebedürftigkeitsbegriffs" vom 29.1.2009, 44 f.

Dabei wird vor allem übersehen, dass zwar für die Einstufung in die Pflegestufen Mi- 35
nuten zu zählen waren und natürlich jede Minute Grundpflege zählte, um die Ein-
gangsschwelle von mindestens 45 Minuten in § 15 Abs. 3 Nr. 1 SGB XI a.F. zu erreichen. Die „**Minutenpflege**", die auch despektierlich „Rennpflege" genannt wird,
kommt aber nicht aus den Minuten für die Einstufung und mithin auch nicht aus
dem Pflegebedürftigkeitsbegriff, sondern allein aus der **Personal-Einsatzplanung** und
den **Vergütungsregelungen**. Dabei wurden in der Vergangenheit zwei Probleme sicht-
bar:

In der ambulanten Pflege ist dies vor allem die sog. **Erlösorientierte Einsatzplanung**. 36
Dabei werden Einsätze so geplant, dass ein von der Pflegeeinrichtung intern verwen-
deter Stunden- (oder Minuten-) Satz der Planung zugrunde gelegt wird, um einen bestimmten Leistungskomplex beim Pflegekunden erbringen zu können. Steigt nun –
aufgrund steigender Personal- oder Sachkosten – der **interne Verrechnungssatz**, während der mit den Pflegekassen verhandelte Preis nicht oder nicht in diesem Maße anstieg, so wurde schlicht die Einsatzzeit, also die für die Pflege des Kunden zur Verfügung stehenden Minuten gekürzt. Dieses Phänomen führte vor allem dazu, dass alle
Beteiligten in der Pflege den zunehmenden Leistungsdruck, die **Arbeitsverdichtung**
und die immer weniger zur Verfügung stehende Zeit beklagten. Zwar war und ist die
Herleitung der Umsatzgenerierung eines Leistungserbringers aus der Einstufung des
Kunden schon immer falsch gewesen,[58] was sich vor allem bei der Diskussion der
Zeitvergütung im ambulanten Bereich gezeigt hat.[59] Hervorzuheben ist aber, dass die
neue Einstufungssystematik der Pflegegrade an diesem Leistungssystem nichts ändert.
Lediglich das zur Verfügung stehende Budget des Pflegebedürftigen erhöht sich mög-
licherweise. Mehr Zeit erhalten die Pflegekräfte allerdings nur, wenn auch die mit den
Pflegekassen und dem Träger der Sozialhilfe vereinbarten Vergütungen für einzelne
Leistungen, also Leistungskomplexe oder Zeiteinheiten, steigen. Beispielhaft kann gesagt werden, dass der versicherten Pflegekunden weiterhin die sog. „kleinen Morgentoilette" benötigt; ob aufgrund einer Pflegestufe oder eines Pflegegrades, ist nicht erheblich. Entscheidend ist die dafür kalkulierte Einsatzzeit.

Für die stationären Einrichtungen sind der **Personalschlüssel** bzw. die verhandelten 37
Äquivalenzziffern entscheidend, insbesondere die Koppelung von Pflegesätzen, Bele-
gung und Pflegepersonal. Die nicht nur subjektiv wahrgenommene Arbeitsverdichtung auch bei der stationären Pflege wäre vor allem mit einer wissenschaftlichen Feststellung und Überarbeitung der Pflegepersonalschlüssel korrigiert worden. Die derzeitigen Personalschlüssel stammen aus den Rahmenverträgen nach § 75 SGB XI auf
Ebene der einzelnen Bundesländer aus dem Beginn der Pflegeversicherung. Obwohl
sich der betreute Personenkreis und das Arbeitsumfeld in den letzten Jahren völlig
verändert haben, sind die Personalschlüssel in vielen Bundesländern gleichgeblieben.
Diese nun einfach auf die umgerechneten Pflegegrade zu übertragen, erscheint gera-

---

58 Man beachte dazu nur den wörtlichen Hinweis „Die Zeitorientierungswerte enthalten keine Vorgaben für
    die personelle Besetzung von ambulanten, teil- oder vollstationären Pflegeeinrichtungen und lassen keine
    Rückschlüsse hierauf zu." in den Begutachtungs-Richtlinien 2013, 88.
59 Dazu ausführlich *Richter* GuP 2014, 1; *ders.* PflR 2014, 551.

dezu fahrlässig. Gleichwohl wurde die Neuregelung jedenfalls durch den Bundesgesetzgeber zunächst zurückgestellt. § 113 c SGB XI will die wissenschaftliche Begleitung zu dieser Frage bis zum 30.6.2020 vertagen.

38 *Mythos III:* Der neue Pflegebedürftigkeitsbegriff führt zu einem neuen Pflegeverständnis.

Wie bereits bezüglich der sog. „Minutenpflege" ausgeführt, ändert die Einführung der Pflegegrade und des Neuen Begutachtungsinstruments die Leistungserbringung nicht. Selbstverständlich muss auch derzeit schon die Pflege auf dem allgemein anerkannten **Stand der medizinisch-pflegerischen Erkenntnisse** erfolgen (§ 11 Abs. 1 Satz 1 SGB XI) – unabhängig vom Verfahren zur Ermittlung der Leistungsansprüche. Nach der Umstellung des Pflegebedürftigkeitsbegriffs sind weitere Änderungen notwendig, um ein möglicherweise erweitertes Pflegeverständnis auf der Grundlage des Neuen Begutachtungsinstruments in den Pflegealltag einzubeziehen. Für die weiteren Regelungen, insbesondere die Neufassung der Maßstäbe und Grundsätze nach § 113 SGB XI und Neuverhandlung der **Rahmenverträge nach § 75 SGB XI,** sind aber auch die Pflegekassen auf der jeweiligen Bundeslandebene einzubeziehen und vor allem in der Pflicht. Hier wäre es von Vorteil, wenn der Bundesgesetzgeber ein waches Auge auf die Vertragsverhandlungen wirft, um ggf. nachzusteuern.

39 Bei einer solchen kritischen ersten Bewertung muss aber hervorgehoben werden, dass der neue Pflegebedürftigkeitsbegriff und das Neue Begutachtungsinstrument ein wichtiger Schritt zur Fortentwicklung der sozialen Pflegeversicherung werden. Die soziale Pflegeversicherung wird mit den Änderungen tatsächlich weitgehend neu geschrieben oder wie es jetzt neudeutsch heißt, zur **„Pflegeversicherung 2.0".** Ebenso wichtig aber ist auch die Erkenntnis, dass weitere Umsetzungsschritte folgen müssen, um den Erfolg dann auch zu sichern.

B. Der (neue) Pflegebedürftigkeitsbegriff

Der zentrale Begriff des Pflegerechts ist die legal, also im Gesetz selbst definierte **Pflegebedürftigkeit**, die weiterhin in den §§ 14 und 15 SGB XI geregelt wird. Damit bleibt auch künftig die gewohnte Struktur erhalten. § 14 SGB XI definiert den Begriff der Pflegebedürftigkeit, während § 15 SGB XI die Schwere und damit den **Grad** der Pflegebedürftigkeit sowie das Begutachtungsverfahren regelt. Ergänzt werden beide Vorschriften durch zwei gesetzliche Anlagen zu § 15 SGB XI, die die Berechnung der Pflegegrade regeln und sicherstellen sollen. Mit der Neuregelung der §§ 14 und 15 SGB XI werden die in den letzten Jahren getrennten Feststellungen zur Pflegebedürftigkeit in Hinblick auf die gewöhnlichen und regelmäßig wiederkehrenden **Verrichtungen** im Ablauf des täglichen Lebens nach § 14 Abs. 4 SGB XI a.F. und die erheblich **eingeschränkte Alltagskompetenz** nach § 45 a Abs. 2 SGB XI a.F. erstmalig zusammengefasst und damit einheitliche Anspruchsvoraussetzung für die im SGB XI geregelten Leistungen geschaffen. Pflegebedürftige sind danach Personen, die gesundheitlich bedingte Beeinträchtigungen der Selbstständigkeit oder der Fähigkeiten aufweisen und deshalb der Hilfe durch andere bedürfen. Weitere Voraussetzungen sind die Zuerkennung eines Pflegegrades mit dem neuen Begutachtungsinstrument, unabhängig davon, ob der Schwerpunkt ihrer Beeinträchtigungen im körperlichen, kognitiven oder psychischen Bereich liegt, und eine Dauer der Beeinträchtigung von mindestens 6 Monaten. 40

Die grundlegende Änderung des Begriffs der Pflegebedürftigkeit lässt sich aus der Gegenüberstellung der Gesetzesfassung des § 14 Abs. 1 SGB XI in der Fassung bis 31.12.2016 mit der Fassung seit dem 1.1.2017 ersehen: 41

Wurde bisher stets die „Falsche", nämlich die familiäre, nachbarschaftliche oder sonstige ehrenamtliche Pflegeperson bei der Einstufung angesehen, um dadurch festzustellen wie viele Minuten für die grundpflegerischen Verrichtungen, also die gewöhnlichen und regelmäßig wiederkehrenden Verrichtungen im Ablauf des täglichen Lebens, benötigt werden, um die Defizite des Pflegebedürftigen auszugleichen, richtet sich nun der Blick auf den Versicherten selbst, um zu fragen: Wie selbstständig ist dieser? Welche Fähigkeiten bestehen?

[Fassung bis 31.12.2016:]	*[Fassung ab 1.1.2017:]*
§ 14 Begriff der Pflegebedürftigkeit	**§ 14 Begriff der Pflegebedürftigkeit**
(1) [1]Pflegebedürftig im Sinne dieses Buches sind Personen, die wegen einer körperlichen, geistigen oder seelischen Krankheit oder Behinderung für die gewöhnlichen und regelmäßig wiederkehrenden Verrichtungen im Ablauf des täglichen Lebens auf Dauer, voraussichtlich für mindestens sechs Monate, in erheblichem oder höherem Maße (§ 15) der Hilfe bedürfen.	(1) [1]Pflegebedürftig im Sinne dieses Buches sind Personen, die gesundheitlich bedingte Beeinträchtigungen der Selbständigkeit oder der Fähigkeiten aufweisen und deshalb der Hilfe durch andere bedürfen. [2]Es muss sich um Personen handeln, die körperliche, kognitive oder psychische Beeinträchtigungen oder gesundheitlich bedingte Belastungen oder Anforderungen nicht selbstständig kompensieren oder bewältigen können. [3]Die Pflegebedürftigkeit muss auf Dauer, voraussichtlich für mindestens sechs Monate, und mit mindestens der in § 15 festgelegten Schwere bestehen.

42   Die Feststellung von Pflegebedürftigkeit in einem der neuen **Pflegegrade** soll dazu füh-
     ren, dass alle Antragsteller eine pflegefachlich fundierte, differenzierte und der
     Schwere ihrer jeweiligen Beeinträchtigungen und Fähigkeitsstörungen entsprechende
     Eingruppierung erhalten. Viele Pflegebedürftige, insbesondere solche mit vorrangig
     kognitiven oder psychischen Beeinträchtigungen, erzielen dadurch – jedenfalls im
     häuslichen und teilstationären Versorgungsbereich – auch höhere Leistungsansprüche
     [→ Rn. 259]. Damit steht vielen Pflegebedürftigen ein **Mehr an Leistungen** zur Verfü-
     gung. Dies kann eine weitere Verbesserung der pflegerischen Versorgung und entlas-
     tet Pflegebedürftige und ihre Familien ermöglichen.[60] Zugleich wurde der neue Pfle-
     gebedürftigkeitsbegriff soweit konkretisiert und hinsichtlich der wesentlichen Aspek-
     te von Pflegebedürftigkeit abschließend gefasst, dass der Gesetzgeber keine unkon-
     trollierte Ausweitung des Personenkreises der Anspruchsberechtigten befürchtet, die
     die Solidargemeinschaft über das vernünftige Maß einer Teilabsicherung des Risikos
     der Pflegebedürftigkeit belasten könnte. Eine Vollabsicherung des Risikos einer Pfle-
     gebedürftigkeit ist auch mit dem neuen Pflegebedürftigkeitsbegriff nicht beabsich-
     tigt,[61] die soziale Pflegeversicherung bleibt ein Teilleistungssystem.

I. Die wesentlichen Neuerungen des Pflegebedürftigkeitsbegriffs im Überblick

43   ■ Wie bisher sind vier Voraussetzungen zu prüfen: 1. Das Vorhandensein von Be-
        einträchtigungen der Selbstständigkeit oder Fähigkeitsstörungen; 2. die Beein-
        trächtigungen können nicht selbstständig kompensiert werden, so dass personelle
        Hilfen notwendig sind; 3. diese bestehen auf Dauer und 4. in der in § 15 SGB XI
        beschriebenen Schwere.

     ■ Die Aufgabe der „Verrichtungsbezogenheit", also des Bedarfs an gewöhnlichen
        und regelmäßig wiederkehrenden Verrichtungen im Ablauf des täglichen Lebens
        (§ 14 Abs. 4 SGB XI a.F.), und Hinwendung zu einer Feststellung der Beeinträch-
        tigungen der Selbstständigkeit oder Fähigkeitsstörungen i.S.d. § 14 Abs. 2 SGB XI
        [→ Rn. 49 ff].

     ■ Maßgeblich für die Zuordnung eines Pflegegrads sind die pflegefachlich begrün-
        deten Kriterien folgender sechs Bereiche: Mobilität, kognitive und kommunikati-
        ve Fähigkeiten, Verhaltensweisen und psychische Problemlagen, Selbstversorgung,
        Bewältigung von und selbstständiger Umgang mit krankheits- und therapiebe-
        dingten Anforderungen und Belastungen und die Gestaltung des Alltagslebens
        und sozialer Kontakte.

     ■ Die Leistungen der ärztlich verordneten Behandlungspflege bleiben in vollstatio-
        nären Einrichtungen Bestandteil des Pflegeversicherungsbudgets.

     ■ Der Bedarf an Hauswirtschaftlicher Versorgung spielt bei der Zuweisung zu
        einem Pflegegrad künftig keine Rolle mehr. Kann die Haushaltsführung nicht
        mehr ohne fremde Hilfe bewältigt werden, soll diese Beeinträchtigung der Selbst-

---

60 BT-Drucks. 18/5926, 108.
61 Vgl. BT-Drucks. 18/5926, 109.

ständigkeit bei den Einzelkriterien der in § 14 Abs. 2 SGB XI geregelten Bereiche berücksichtigt werden.

- Eine Vollabsicherung des Pflegerisikos ist auch mit dem neuen Begriff der Pflegebedürftigkeit nicht beabsichtigt.

II. Die Definition der „Pflegebedürftigkeit"

Pflegebedürftige sind nach § 14 Abs. 1 SGB XI Personen, **die Beeinträchtigungen der**   44
Selbstständigkeit oder Fähigkeitsstörungen nach näherer Bestimmung des § 14 Abs. 2 SGB XI aufweisen und deshalb der Hilfe durch andere bedürfen. Der Hilfebedarf muss auf den Beeinträchtigungen der Selbstständigkeit oder den Fähigkeitsstörungen beruhen, andere Ursachen für einen Hilfebedarf – etwa die bisher festzustellende **Krankheit** i.S.d. § 14 Abs. 2 SGB XI a.F. – bleiben außer Betracht. Die Beeinträchtigungen der Selbstständigkeit und Fähigkeitsstörungen werden personenbezogen und unabhängig vom jeweiligen (Wohn-)Umfeld ermittelt.[62]

Es muss sich um Personen handeln, die körperliche oder psychische Schädigungen,   45
Beeinträchtigungen körperlicher oder kognitiver oder psychischer Funktionen sowie gesundheitlich bedingte Belastungen oder Anforderungen **nicht selbständig kompensieren** oder bewältigen können. Die Beeinträchtigungen der Selbstständigkeit oder die Fähigkeitsstörungen und der Hilfebedarf durch andere müssen auf **Dauer**, voraussichtlich für mindestens sechs Monate, und zumindest in der in § 15 SGB XI beschriebenen **Schwere** bestehen.

Damit wurden der Begriff der **Pflegebedürftigkeit** und damit auch seine Legaldefiniti-   46
on gegenüber der bisherigen Begriffsdefinition des § 14 Abs. 1 SGB XI a.F. deutlich erweitert. Er bezieht zukünftig unter anderem solche Personen mit ein, deren erheblich eingeschränkte Alltagskompetenz bisher nach § 45 a Abs. 2 SGB XI a.F. gesondert festgestellt wurde.

Wie bisher, soll eine Pflegebedürftigkeit nur dann solidarisch abgesichert werden,   47
wenn die Problemlagen längerfristig und nicht nur gelegentlich bestehen. Das Kriterium der Beeinträchtigungen oder die Fähigkeitsstörungen auf **Dauer** ist der Pflegebedürftigkeit immanent.[63] Zeitliche Untergrenze sind Beeinträchtigungen der Selbstständigkeit oder Fähigkeitsstörungen mit einem daraus resultierendem personellen Hilfebedarf, die voraussichtlich für mindestens sechs Monate vorliegen. Die Entscheidung über das Vorliegen einer voraussichtlich längerfristigen Pflegebedürftigkeit kann bereits vor Ablauf von sechs Monaten getroffen werden, wenn die Dauerhaftigkeit vorhersehbar ist. Dauerhaftigkeit ist auch dann gegeben, wenn die verbleibende Lebensspanne möglicherweise weniger als sechs Monate beträgt.[64]

Hinweis zur Prozesstaktik: Maßgeblich für die Darlegung im Widerspruchs- bzw. sozialgerichtlichen Verfahren ist stets die vorausschauende Sicht zum **Zeitpunkt**

---

62 BT-Drucks. 18/5926, 109.
63 BT-Drucks. 12/5262, 95.
64 BT-Drucks. 18/5926, 109.

der Antragstellung, auch wenn der tatsächliche Geschehensablauf diese Prognose nicht bestätigt.[65]

Daher sind medizinische und pflegerische Aussagen (etwa Entlassungsberichte, Pflegetagebücher u.ä.) zur Dauer des Pflegebedarfs zum frühestmöglichen Zeitpunkt zu erheben.

48 Der Bundesgesetzgeber hegt den Wunsch, dass der neue Begriff der Pflegebedürftigkeit auch die pflegerische Versorgung modernisiert. Er soll pflegefachlich auf dem aktuellen Stand sein, berücksichtigt alle relevanten Aspekte von Pflegebedürftigkeit umfassend (beispielsweise neben kognitiven und psychischen Beeinträchtigungen auch erstmals die Bewältigung von und den Umgang mit krankheits- und therapiebedingten Belastungen und Anforderungen) und ist an den (verbliebenen) **Ressourcen und Fähigkeiten** des Pflegebedürftigen, nicht vorrangig an seinen Defiziten orientiert. Damit soll der neue Begriff der Pflegebedürftigkeit handlungsleitend für moderne und pflegefachlich fundierte Leistungen und eine entsprechende Leistungserbringung wirken. Der Begriff ist für andere Sozialleistungssysteme rechtlich ohne ausdrückliche Verweisung nicht verbindlich und nur hinsichtlich seiner fachlichen Grundlegung als Beitrag zur einem fachlich geprägten, umfassenden Verständnis von Pflegebedürftigkeit anzusehen.[66] Die ursprünglich diskutierte Idee, den Pflegebedürftigkeitsbegriff für alle Sozialrechtsbereiche im SGB I verbindlich zu regeln, ist damit aufgegeben worden. Damit bestehen aber die strukturellen Wechselwirkungen auf andere Sozialleistungsbereiche, insbesondere die Abgrenzung innerhalb der Sozialhilfe zwischen Eingliederungshilfe (§§ 53 ff SGB XII) und der Hilfe zur Pflege (§§ 61 ff SGB XII) fort. Der Beirat[67] hatte aufgrund der engen Verzahnung und durch die vielen Berührungspunkte der Leistungen nach dem SGB IX, XI und XII ein **Gesamtkonzept** angemahnt. Die rechtliche Brisanz besteht in Folgendem: Die im Fürsorgerecht verankerten Leistungen der Eingliederungshilfe als Teilhabeleistungen nach dem SGB IX sind grundsätzlich gegenüber anderen Sozialversicherungsleistungen nachrangig. Im Leistungsgeschehen aber sind die Teilhabeleistungen hingegen umfassender ausgestaltet. Aufgaben und Ziele der Teilhabe (§ 10 SGB I, § 4 SGB IX) überlagern so die in § 2 Abs. 1 SGB XI umschriebene Zielsetzung der Pflege, besonders auch unter dem neuen, nun stark erweiterten Pflegebedürftigkeitsbegriff. Da aber der neue Pflegebedürftigkeitsbegriff zweifelsohne Teilhabe-Elemente enthält, die eine Abgrenzung der Leistungen der Hilfe zur Pflege (§§ 61 ff SGB XII) zu den Leistungen der Eingliederungshilfe (§§ 53, 54 SGB XII) erfordern, haben sich an der Schnittstelle zu den Leistungen der Hilfe zur Pflege und der Eingliederungshilfe Verschiebungen der Leistungszuständigkeiten und deswegen Anpassungsbedarfe ergeben, die gesetzlich zu regeln sind.

Mit dem neuen Pflegebedürftigkeitsbegriff ist auch zukünftig keine Vollabsicherung des Pflegerisikos durch die Leistungen der sozialen Pflegeversicherung beabsichtigt. Die Höhe der Versicherungsleistungen nach dem SGB XI ist auf gesetzlich festgesetzte

---

65 BSG 17.3.2005 – B 3 P 2/04 R.
66 BT-Drucks. 18/5926, 109.
67 Bericht des Beirats zur Überprüfung des Pflegebedürftigkeitsbegriffs, Januar 2009, 60.

Höchstbeträge begrenzt (Teilleistungssystem). Bei den Pflegebedürftigen kann daher auch nach Einführung des neuen Pflegebedürftigkeitsbegriffs im SGB XI ein darüber hinausgehender Bedarf an Pflegeleistungen bestehen, der bei finanzieller Bedürftigkeit durch die **Sozialhilfe** im Rahmen der Hilfe zur Pflege gedeckt werden muss. Darüber hinaus werden die Kosten für Unterkunft und Verpflegung von der gesetzlichen Pflegeversicherung nicht übernommen (§ 4 Abs. 2 SGB XI), das heißt, im Fall der finanziellen Bedürftigkeit der Pflegebedürftigen werden im Regelfall auch diese Kosten von den Trägern der Sozialhilfe zu tragen sein. Die begrenzten Leistungen der sozialen Pflegeversicherung werden somit auch in Zukunft das **ergänzende System** der Hilfe zur Pflege erfordern, damit der pflegerische Bedarf von Pflegebedürftigen im Fall ihrer finanziellen Bedürftigkeit umfassend sichergestellt ist. Sowohl rechtssystematisch als auch im Sinne der Pflegebedürftigen ist somit auch weiterhin eine (weitgehende) Identität der Pflegebedürftigkeitsbegriffe unabdingbar,[68] die das Pflegestärkungsgesetz III notwendig werden ließ.

III. Die Beeinträchtigungen und Fähigkeitsstörungen

Maßgeblich für das Vorliegen von Pflegebedürftigkeit sind Beeinträchtigungen der **49** Selbstständigkeit oder Fähigkeitsstörungen, die in sechs Module gegliedert sind. Die in § 14 Abs. 2 SGB XI aufgezählten sechs Module, in denen der Grad der individuellen Beeinträchtigungen und Fähigkeitsstörungen ermittelt wird, umfassen jeweils eine Gruppe artverwandter Aktivitäten, Fähigkeiten oder einen Lebensbereich. Sie stellen einen **abschließenden Katalog** der zu berücksichtigenden Aktivitäten und Fähigkeiten, bei denen Beeinträchtigungen und Fähigkeitsstörungen für die Feststellung von Pflegebedürftigkeit maßgebend sein sollen, dar. Der abschließende Charakter ist erforderlich, weil die Zuordnung zu unterschiedlichen Leistungsgruppen (Pflegegrade, → Rn. 196 ff) aus einer Gesamtschau aller zu berücksichtigenden Bereiche abgeleitet wird.[69] Dabei findet zum Leidwesen der Praxis nicht einfach eine Ableitung aus den Feststellungen statt. Stattdessen werden die Kriterien zunächst in Einzelpunkte und dann in gewichtete Punkte umgerechnet. Wie noch zu zeigen sein wird, ist unter allen denkbaren Modellen das Komplizierteste gesetzlich geregelt worden.

1. Modul 1 – Mobilität

Der Bereich „**Mobilität**" deckt weitgehend die vom bisherigen Begutachtungsinstru- **50** ment erfassten Verrichtungen der Mobilität (§ 14 Abs. 4 Nr. 3 SGB XI a.F.) ab. Allerdings ist der Wortlaut der einzelnen bisherigen Verrichtungen und nun der Kriterien nicht mehr der Umgangssprache entnommen, sondern bemüht sich in allen Kriterien der sechs Module um eine Begrifflichkeit aus pflegefachlicher Sicht, nämlich die Fähigkeit zur Fortbewegung sowie zur Lageveränderung des Körpers. Damit wird eine Funktion und eine personale Ressource von zentraler Bedeutung pflegegradrelevant: Beeinträchtigungen der Fähigkeit, sich fortzubewegen, wirken sich in nahezu allen Lebensbereichen aus und sind in vielen Fällen ausschlaggebend für den Verlust von

---

68 BT-Drucks. 18/9518, 2.
69 BT-Drucks. 18/5926, 110.

Selbstständigkeit bei der Durchführung anderer Aktivitäten oder als Ressource zur Kompensation und Bewältigung anderer gesundheitlicher Beeinträchtigungen. Dies ist einer der Gründe, weshalb die Mobilität in einem eigenständigen Modul bewertet werden soll und nicht zusammen mit den anderen Aktivitäten der bisherigen Grundpflege nach § 14 Abs. 4 SGB XI a.F. (Körperpflege und Ernährung) im Modul 4 – Selbstversorgung aufgeführt wird. Im Bereich der Mobilität werden nach § 14 Abs. 2 Nr. 1 SGB XI folgende Beeinträchtigungen der Selbstständigkeit oder Fähigkeitsstörungen gezählt:

- Positionswechsel im Bett,
- Halten einer stabilen Sitzposition,
- Umsetzen,
- Fortbewegen innerhalb des Wohnbereiches und
- Treppensteigen.

51 **Praxishinweis:** Im Modul 1 geht es ausschließlich um die Frage, ob die Person in der Lage ist ohne personelle Unterstützung eine **Körperhaltung** einzunehmen/ zu wechseln und sich fortzubewegen. Zu beurteilen sind also lediglich Aspekte wie Körperkraft, Balance, Bewegungskoordination und nicht die zielgerichtete Fortbewegung.

Folgen kognitiver Beeinträchtigungen wie Planung, Steuerung und Durchführung motorischer Handlungen werden an anderer Stelle beurteilt. Gleiches gilt etwa für eine mangelnde Eigenmotivation oder **Antriebslosigkeit**, die im Modul 3 (F.4.3.11) festgestellt wird.

52 Wie bei allen weiteren Modulen des § 14 Abs. 2 SGB XI wird auch im Modul 1 – Mobilität darauf verzichtet, sämtliche Handlungen zu berücksichtigen, die man als **Teilaspekte** der pflegerischen Mobilität bezeichnen könnte. Vielmehr sind diejenigen Handlungen ausgewählt worden, denen für die Selbstständigkeit im Bereich der häuslichen Mobilität exemplarisch eine entscheidende Bedeutung zukommt.

53 **Praxishinweis:** Für die Umgliederung des bisherigen Mobilitäts-Kriteriums des § 14 Abs. 4 Nr. 3 SGB XI a.F. „Aufstehen und Zubettgehen" in die nach § 14 Abs. 2 Nr. 1 SGB XI geltenden neuen Mobilitätskriterien gilt folgendes:

Das bisher zusammengefasste Kriterium „**Aufstehen und Zubettgehen**" wird in die Handlungen „**Positionswechsel im Bett**", dem Sitzen auf der Bettkante („**Halten einer stabilen Sitzposition**") und dem Aufstehen aus sitzender Position („**Umsetzen**") aufgeteilt und beurteilt, in welchem Teilbereich die Selbstständigkeit eingeschränkt ist.

54 Auch die verschiedenen **Formen des Transfers** werden nicht gesondert bewertet. Zwar besteht in jeder individuellen Pflegeplanung der Bedarf differenzierte Informationen beispielsweise zum Transfer Bett – Stuhl, Stuhl – Rollstuhl oder Rollstuhl –

Toilettensitz zu erfassen, weil sie darüber Auskunft geben bzw. abschätzbar machen, in welchen Situationen welche Hilfestellung für den Bewohner oder Kunden erforderlich ist. Für eine allgemeine Beurteilung der Mobilität zum Zweck der Bemessung von Leistungsansprüchen wurde diese Differenzierung jedoch nicht als erforderlich angesehen.

Gleichwohl wird bei der **Pflegeplanung** der Mobilität eine besondere Aufmerksamkeit 55 zuteil, nicht zuletzt auch im Hinblick auf aktivierende und mobilitätsfördernde Maßnahmen im Rahmen der täglichen Pflege. Eine fachgerechte Pflege ist auf Informationen und Einschätzungen angewiesen, die weit umfangreicher und differenzierter sind als die vom Modul 1 – Mobilität gelieferten Ergebnisse. Die Begutachtungsergebnisse geben somit nur einen **ersten Anhaltspunkt** für den Grad der Mobilitätsbeeinträchtigungen, aus dem sich für die Pflegeeinrichtung ableiten lässt, ob und inwieweit ein weitergehendes Assessment erforderlich ist. Unter Berücksichtigung der Qualität des pflegerischen Assessments und des Informationsprofils der **Pflegedokumentation**, wie sie in der heutigen Praxis der vollstationären und ambulanten Pflege üblich ist, fällt die Beurteilung der inhaltlichen Reichweite des Moduls 1 – Mobilität allerdings anders aus. Insbesondere in Einrichtungen, deren Pflegeplanung und Pflege-Assessment auf einer **AEDL-Systematik**[70] [→ Rn. 180] beruhen, finden sich nicht selten deutlich allgemeinere Formen der Beurteilung als im neuen Begutachtungsinstrument. Für solche Einrichtungen wird das Modul 1 – Mobilität trotz der Begrenzung auf zentrale Merkmale durchaus eine Bereicherung bei der Erstellung der Pflegeplanung sein.[71]

2. Modul 2 – Kognitive und kommunikative Fähigkeiten

Die Bereiche Modul 2 – **Kognitive und kommunikative Fähigkeiten** und Modul 3 – 56 **Verhaltensweisen und psychische Problemlagen** erfassen grundsätzlich diejenigen Aktivitäten und Fähigkeiten, die bisher (größtenteils) im Rahmen der Feststellung einer erheblich **eingeschränkten Alltagskompetenz** im Fragenkatalog des § 45 a Abs. 2 SGB XI a.F. erfasst wurden, allerdings in pflegefachlich geänderter und umfassenderer Art und Weise. Es handelt sich bei den Feststellungen nicht um eine „Aktivität" oder einen „Lebensbereich", sondern um basale geistige Funktionen, deren Beeinträchtigung in aller Regel weitreichende Selbstständigkeitseinbußen zur Folge haben. Betroffen sind dann nicht nur einzelne Aktivitäten des selbstständigen Lebens. Kognitive Einbußen können einen umfangreichen Unterstützungsbedarf nach sich ziehen, der die Begleitung in der gesamten Lebensführung umfasst. Im Rahmen des Begutachtungs-Assessments sind die Feststellungen insbesondere für die Berücksichtigung des Bedarfs an psychosozialer Unterstützung von Bedeutung („Allgemeine Beaufsichtigung und Betreuung"). Darüber hinaus finden die Feststellungen der Kriterien aus dem Modul 2 – Kognitive und kommunikative Fähigkeiten im Zusammenhang mit der Einschätzung von Risiken (**Prävention**) und **Rehabilitationsfähigkeit** Verwen-

---

70 Aktivitäten und existentielle Erfahrungen des Lebens – AEDL; Pflegekonzept nach *Krohwinkel*, 1984 und 1993: Mobilität = „sich bewegen (können)".
71 Dazu: *Wingenfeld/Büscher/Gansweid*, Das neue Begutachtungsinstrument zur Feststellung von Pflegebedürftigkeit 2011, 64.

dung. Im Bereich der kognitiven und kommunikativen Fähigkeiten werden nach § 14 Abs. 2 Nr. 2 SGB XI folgende Beeinträchtigungen der Selbstständigkeit oder Fähigkeitsstörungen gezählt:

- Erkennen von Personen aus dem näheren Umfeld,

- örtliche Orientierung,

- zeitliche Orientierung,

- Erinnern an wesentliche Ereignisse oder Beobachtungen,

- Steuern von mehrschrittigen Alltagshandlungen,

- Treffen von Entscheidungen im Alltagsleben,

- Verstehen von Sachverhalten und Informationen,

- Erkennen von Risiken und Gefahren,

- Mitteilen von elementaren Bedürfnissen,

- Verstehen von Aufforderungen,

- Beteiligen an einem Gespräch.

57 Das Modul 2 – Kognitive und kommunikative Fähigkeiten ist erkennbar in **zwei Teile** untergliedert. Die Beschreibung der einzelnen Kriterien des Moduls und deren nähere inhaltliche Ausgestaltung sind der Begutachtungsrichtlinie zu entnehmen. Die aus dem Modellprogramm zur Weiterentwicklung der Pflegeversicherung ermittelten Angaben und Hinweise können als Orientierung dienen.[72]

58 **Praxishinweis:** Der erste Teil der Kriterien enthält folgende Fragestellungen:

- Mit **„Erkennen von Personen aus dem näheren Umfeld"** sind Menschen gemeint, zu denen im Alltag regelmäßig ein direkter Kontakt besteht. Dazu gehören Familienmitglieder, Nachbarn, ggf. aber auch die Pflegekräfte eines ambulanten Dienstes oder einer stationären Pflegeeinrichtung.

- **„Örtliche Orientierung"** bedeutet die Fähigkeit, sich in der räumlichen Umgebung zurechtzufinden, andere Orte gezielt aufzusuchen und zu wissen, wo man sich befindet.

- **„Zeitliche Orientierung"** bedeutet die Fähigkeit, zeitliche Strukturen zu erkennen. Dazu gehören Uhrzeit, Tagesabschnitte, Jahreszeiten und die zeitliche Abfolge des eigenen Lebens.

- **„Erinnern an wesentliche Ereignisse oder Beobachtungen"** stellt eine Leistung des Gedächtnisses dar, also die Fähigkeit, Ereignisse oder Beobachtungen zu erinnern. Von Belang sind dabei sowohl kurz zurückliegende Ereignisse oder Beobachtungen (gleicher Tag), als auch solche aus ferner Vergangenheit (beispielsweise wichtige biografische Daten).

---

72 *Wingenfeld/Büscher/Gansweid,* Das neue Begutachtungsinstrument zur Feststellung von Pflegebedürftigkeit 2011, 64 f.

- „**Steuern von mehrschrittigen Alltagshandlungen**" beschreibt die Fähigkeit, mehrschrittige Alltagshandlungen in der richtigen Reihenfolge auszuführen. Gemeint sind Handlungen, die täglich oder nahezu täglich im Lebensalltag vorkommen und die eine Abfolge von Teilhandlungen umfassen.

- „**Treffen von Entscheidungen im Alltagsleben**" bezieht ebenfalls nur alltägliche Entscheidungen mit ein. Dazu gehören beispielsweise die dem Wetter angepasste Auswahl von Kleidung, die Entscheidung über die Durchführung von Aktivitäten wie Einkaufen, Familienangehörige oder Freunde anrufen, einer Freizeitbeschäftigung nachgehen und Ähnliches.

- „**Verstehen von Sachverhalten und Informationen**" bedeutet Situationen, Ereignisse oder schriftliche/mündliche Informationen aufzunehmen und richtig zu deuten.

- Mit „**Erkennen von Risiken und Gefahren**" sind Risiken und Gefahren in der häuslichen wie auch in der außerhäuslichen Umgebung angesprochen. Dazu gehören beispielsweise Strom- und Feuerquellen, Barrieren und Hindernisse auf dem Fußboden bzw. auf Fußwegen, eine problematische Beschaffenheit des Bodens (z.B. erhöhtes Sturzrisiko durch Glätte) oder Gefahrenzonen in der außerhäuslichen Umgebung (verkehrsreiche Straßen, Baustellen etc.).

Der zweite Teil des Moduls 2 – Kognitive und kommunikative Fähigkeiten enthält **59** drei Aspekte der interpersonellen Kommunikation:

- Zum „**Mitteilen von elementaren Bedürfnissen**" gehört beispielsweise die Fähigkeit, Hunger, Durst, Schmerz, Frieren, Erschöpfung äußern zu können, bei Sprachstörungen ggf. durch Laute, Mimik und/oder Gestik bzw. unter Nutzung von Hilfsmitteln auf Bedürfnisse aufmerksam zu machen, Zustimmung oder Ablehnung auszudrücken.

- Zum „**Verstehen von Aufforderungen**" gehört die Fähigkeit, Aufforderungen und Bitten zu alltäglichen Grundbedürfnissen wie beispielsweise Essen, Trinken, Kleiden, Beschäftigen erkennbar zu verstehen. Neben kognitiven Beeinträchtigungen sind hier auch Hörstörungen zu berücksichtigen.

- „**Beteiligen an einem Gespräch**" meint die Fähigkeit, in einem Gespräch Gesprächsinhalte aufzunehmen und sinngerecht zu antworten und zur Weiterführung des Gesprächs Inhalte einzubringen. Auch hierbei sind die Auswirkungen von Hör- und Sprachstörungen zu berücksichtigen.

In der bisherigen Versorgungspraxis werden die vorgenannten Kriterien bisher nur **60** von wenigen Einrichtungen in der Pflegeplanung mit diesem Differenzierungsgrad erfasst. Für die Erstellung einer individuellen **Pflegeplanung** dürften über die Kriterien des Moduls 2 – Kognitive und kommunikative Fähigkeiten nur noch wenige ergänzende Einschätzungen erforderlich sein. Von Bedeutung ist allerdings, dass mit dem neuen Begutachtungsverfahren keine individuellen **biografischen Informationen** erfasst werden. Solche Informationen sind unverzichtbar, wenn dem professionellen

Grundsatz einer **biografieorientierten Pflege** kognitiv beeinträchtigter Personen gefolgt und eine nachhaltige Verankerung psychosozialer pflegerischer Interventionen im Versorgungsalltag erreicht werden sollen. Aktivierung und Förderung der verbliebenen kognitiven Ressourcen kommen ohne solche Informationen nicht aus.

3. Modul 3 – Verhaltensweisen und psychische Problemlagen

61 **Problematische Verhaltensweisen** oder **herausforderndes Verhalten**[73] spielen in fast allen Bereichen der Altenpflege, insbesondere in der stationären Pflege, eine zunehmend wichtige Rolle. Hintergrund ist in erster Linie die wachsende Zahl demenziell Erkrankter. Auch im Blick auf die Bemessung von Leistungsansprüchen verdienen Verhaltensweisen, aus ähnlichen Gründen wie kognitive Fähigkeiten, besondere Beachtung. Bedingt durch kognitive Einbußen oder psychische Probleme kann eine Person ihr Verhalten nicht mehr bzw. nur noch begrenzt autonom steuern und an Umgebungsbedingungen oder Umweltanforderungen „anpassen".[74] Im Bereich der Verhaltensweisen und psychischen Problemlagen werden nach § 14 Abs. 2 Nr. 3 SGB XI folgende Beeinträchtigungen der Selbstständigkeit oder Fähigkeitsstörungen gezählt:

■ Motorisch geprägte Verhaltensauffälligkeiten,

■ nächtliche Unruhe,

■ selbstschädigendes und autoaggressives Verhalten,

■ Beschädigung von Gegenständen,

■ physisch aggressives Verhalten gegenüber anderen Personen,

■ verbale Aggression,

■ andere pflegerelevante vokale Auffälligkeiten,

■ Abwehr pflegerischer oder anderer unterstützender Maßnahmen,

■ Wahnvorstellungen,

■ Sinnestäuschungen,

■ Ängste,

■ Antriebslosigkeit bei depressive Stimmungslage,

■ sozial inadäquate Verhaltensweisen,

■ sonstige pflegerelevante inadäquate Handlungen.

---

73 Zum Begriff und adäquatem Pflegeverständnis: *Bartholomeyczik* u.a., Rahmenempfehlungen zum Umgang mit herausforderndem Verhalten bei Menschen mit Demenz in der stationären Altenpflege, 2006.

74 Eine „verstehende Diagnostik" findet sich etwa im bedürfnisorientierten NDB-Verhaltensmodell; vgl. *Algase* u.a., Need-driven dementia-compromised behavior (NDB), American Journal of Alzheimer's Disease 12/1996, 10. Die beobachteten Verhaltensauffälligkeiten sind demnach Ausdruck unerfüllter Bedürfnisse bzw. psychischer oder körperlicher Problemlagen, die vom Pflegebedürftigen als belastend empfunden werden, aber aufgrund fehlender individueller Ressourcen nicht selbstständig bewältigt werden können. Das Modell plädiert für einen Perspektivenwechsel, wonach Verhaltensauffälligkeiten primär nicht als irrationales, destruktives oder störendes Krankheitssymptom aufgefasst werden sollten, sondern als bedeutungsvoller Ausdruck unbewältigter Problemlagen, gewissermaßen als verschlüsselte Botschaft kognitiv beeinträchtigter Personen und damit Anlass und Auslöser für einen Unterstützungsbedarf.

Auch die einzelnen Kriterien des Moduls 3 – Verhaltensweisen und psychische Problemlagen – werden in der Begutachtungsrichtlinie weiter konkretisiert.

62

Praxishinweis:[75]

■ Zu den **„motorisch geprägten Verhaltensauffälligkeiten"** gehören beispielsweise das (scheinbar) ziellose Umhergehen in der Wohnung oder Einrichtung sowie der Versuch desorientierter Personen, ohne Begleitung die Wohnung/Einrichtung zu verlassen, ebenso allgemeine Rastlosigkeit in Form von ständigem Aufstehen und Hinsetzen oder Hin- und Herrutschen auf dem Sitzplatz oder im Bett;

■ Zur **„nächtlichen Unruhe"** können von einem nächtlichen Umherirren oder nächtliche Unruhephasen bis hin zur Umkehr des Tag-Nacht-Rhythmus (Wach-Sein in der Nacht, Schlafen während des Tages) gezählt werden;

■ **„Selbstschädigendes und autoaggressives Verhalten"** äußern sich etwa in Selbstverletzungen durch Gegenstände, sich absichtlich auf den Boden fallen lassen, essen oder trinken ungenießbarer Substanzen, sich selbst schlagen und sich selbst mit den Fingernägeln oder Zähnen verletzen;

■ **„Beschädigung von Gegenständen"** meint aggressive, auf Gegenstände gerichtete Handlungen: Gegenstände wegstoßen oder wegschieben, gegen Gegenstände schlagen, das Zerstören von Dingen (z.B. Zerreißen) sowie das Treten nach Gegenständen;

■ **„Physisch aggressives Verhalten gegenüber anderen Personen"** beschreibt nach Personen schlagen oder treten, andere mit Zähnen oder Fingernägeln verletzen, andere stoßen oder wegdrängen, Verletzung anderer durch Gegenstände;

■ Die **„verbale Aggression"** äußert sich in verbalen Beschimpfung oder Bedrohung anderer Personen;

■ **„Andere pflegerelevante vokale Auffälligkeiten"** meint lautes Rufen, Schreien, Klagen ohne nachvollziehbaren Grund, vor sich hin schimpfen/fluchen, seltsame Laute von sich geben, ständiges Wiederholen von Sätzen/Fragen;

■ Die **„Abwehr pflegerischer oder anderer unterstützender Maßnahmen"** wird deutlich in der Ablehnung von Unterstützung (z.B. bei der Körperpflege), Verweigerung der Nahrungsaufnahme, Medikamenteneinnahme oder anderer notwendiger Verrichtungen, Manipulation an Vorrichtungen wie beispielsweise Katheter, Infusion, Sonden-ernährung;

■ **„Wahnvorstellungen"** und **„Sinnestäuschungen"** beschreiben visuelle, akustische oder andere Halluzinationen; Vorstellung, mit Verstorbenen oder imagi-

---

75 *Wingenfeld/Büscher/Gansweid,* Das neue Begutachtungsinstrument zur Feststellung von Pflegebedürftigkeit 2011, 71–73.

nären Personen (etwa Gestalten aus biblischen Geschichten oder Märchen) in Kontakt zu stehen; Vorstellung, verfolgt/bedroht/bestohlen zu werden;

■ Als **„Ängste"** gelten die Äußerung von starken Ängsten oder Sorgen, Erleben von Angstattacken, erhöhte Ängstlichkeit bei der Durchführung von Pflegemaßnahmen oder im Kontakt mit anderen Personen;

■ Eine **„Antriebslosigkeit bei depressiver Stimmungslage"** könnte sich dahingehend äußern, dass der Pflegebedürftige kaum Interesse an der Umgebung aufzubringen scheint, kaum Eigeninitiative für Aktivitäten oder Kommunikation aufbringt und Aufforderungen, um etwas zu tun, benötigt, er traurig wirkt und/oder apathisch, er am liebsten das Bett nicht verlassen möchte;

■ **„Sozial inadäquate Verhaltensweisen"** liegen etwa vor bei distanzloses Verhalten, auffälliges Einfordern von Aufmerksamkeit, sich zu unpassenden Gelegenheiten auskleiden, unangemessenes Greifen nach Personen, unangemessene körperliche oder verbale sexuelle Annäherungsversuche;

■ **„Sonstige pflegerelevante inadäquate Handlungen"** äußern sich beispielsweise am ständigen Nesteln an der Kleidung, ständiges Wiederholen der gleichen Handlung (Manierismen), planlose Aktivitäten, Verstecken oder Horten von Gegenständen, Kotschmieren.

63 Eine systematische Einschätzung der Ausprägung von Verhaltensweisen und psychischen Problemlagen in den genannten Dimensionen wurde durch ambulante und stationäre Pflegeeinrichtungen bisher in der Breite, von speziellen Wohn- und Lebensbereichen abgesehen, nur äußerst selten vorgenommen. Der Verzicht auf eine Dokumentation hatte vor allem im ambulanten Bereich vorwiegend datenschutzrechtliche Gründe, um psychische Problemlagen nicht für andere, familiäre oder nachbarschaftliche Pflegepersonen ohne Zustimmung des pflegebedürftigen Kunden zu offenbaren. Problematisch dürfte sein, dass bislang auch kaum für den Versorgungsalltag geeignete Assessment-Instrumente zur Verfügung stehen. Das Modul 3 – Verhaltensweisen und psychische Problemlagen wird zukünftig insofern eine wichtige Erweiterung des Assessments im Rahmen des Prozesses zur Erstellung einer individuellen **Pflegeplanung** darstellen. Ähnlich wie im Fall des Moduls 2 – Kognitive und kommunikative Fähigkeiten gilt allerdings auch hier, dass bedarfs- und bedürfnisgerechte pflegerische Maßnahmen ergänzende Informationen und Einschätzungen voraussetzen. **Biografische Informationen** sind hier ebenso von Bedeutung wie die Einschätzung von Umgebungsfaktoren.

4. Modul 4 – Selbstversorgung

64 Der Bereich „Selbstversorgung" deckt weitgehend die vom bisherigen Begutachtungsinstrument erfassten **Verrichtungen** der Körperpflege und Ernährung (§ 14 Abs. 4 Nr. 1 und Nr. 2 SGB XI a.F.) ab. Der Begriff „Selbstversorgung" wurde aus dem englischen „self care" abgeleitet. Der Begriff wird in internationalen Klassifikationssyste-

men[76] für körperbezogene Funktionen („bodyfunctions") außerhalb der Mobilität verwendet. Zur Selbstversorgung gehören dementsprechend die Bereiche Körperpflege, An- und Auskleiden, Ernährung sowie Ausscheiden. In den meisten Fällen sind diese Inhalte deckungsgleich mit Handlungen, die mit „**Aktivitäten des täglichen Lebens**" Formulierungen angesprochen werden. Der Begriff hat daher den Vorteil, in heutigen Pflegeplanungen häufig vorgenommen fehlerhaften Gleichsetzungen der Alltagsverrichtungen und der **AEDL**[77] von vornherein auszuschließen. Im Bereich der Selbstversorgung werden nach § 14 Abs. 2 Nr. 4 SGB XI folgende Beeinträchtigungen der Selbstständigkeit oder Fähigkeitsstörungen gezählt:

Der Bereich **Körperpflege** besteht aus folgenden Kriterien: 65

- Waschen des vorderen Oberkörpers,
- Körperpflege im Bereich des Kopfes (Kämmen, Zahnpflege/Prothesenreinigung, Rasieren),
- Waschen des Intimbereichs,
- Duschen oder Baden einschließlich Waschen der Haare.

Der Bereich **An- und Auskleiden** ist aufgeteilt auf: 66

- An- und Auskleiden des Oberkörpers,
- An- und Auskleiden des Unterkörpers.

Der Bereich **Ernährung** wird abgebildet mit den Kriterien: 67

- mundgerechtes Zubereiten der Nahrung und Eingießen von Getränken,
- Essen,
- Trinken,
- Besonderheiten bei Sonden- und bei parenteraler Ernährung.

Neben der motorischen Fähigkeit, Speisen und Getränke zum Mund zu führen, ist an dieser Stelle auch zu beurteilen, ob nach **individuellen Bedürfnissen** situationsgerecht und ausreichend Nahrung aufgenommen wird.

Der Bereich **Ausscheiden** wird erfasst anhand der Kriterien: 68

- Benutzen einer Toilette oder eines Toilettenstuhls,
- Bewältigen der Folgen einer Harninkontinenz und Umgang mit Dauerkatheter oder Urostoma,
- Bewältigen der Folgen einer Stuhlinkontinenz und Umgang mit Stoma.

Ergänzend werden das Ausmaß der **Inkontinenz** und eine ggf. vorliegende künstliche   69 Harnableitung bzw. ein Colo-/Ileostoma erfasst. Für diesen Bereich ist also nicht nur die Fähigkeit der selbstständigen Toilettenbenutzung relevant, sondern auch der Umgang mit den Folgen einer Inkontinenz oder mit besonderen Versorgungsformen wie

---

76 Beispielsweise in der International Classification of Functioning, Disability and Health (ICF), WHO 2002.
77 S. hierzu Fn. 70.

suprapubischem oder transurethralem Dauerkatheter oder künstlichem Harnleiter-
oder Darmausgang.

70 **Praxishinweis:** Bei der Verrichtung der Toilettengänge spielte bisher die Frage
der **Häufigkeit** in den Begutachtungen eine besonders wichtige Rolle. Hier muss
nun umgedacht werden: Auf die Häufigkeit der Durchführung kommt es (Ausnahme ist das Modul 5) künftig nicht mehr an. Festzustellen ist lediglich, ob der
Versicherte die Selbstständigkeit oder Fähigkeit noch besitzt.

71 Da es im neuen Begutachtungsinstrument keine Bedeutung hat, wie viel **Zeit** für Pflegeleistungen aufgewendet wird und in welcher Häufigkeit diese anfallen, ist eine voll-
ständige Erfassung aller möglicherweise vorkommenden Pflegehandlungen entbehrlich. Die Abbildung anhand weniger **exemplarischer Aktivitäten** lässt Rückschlüsse
auf Fähigkeiten bzw. Beeinträchtigungen auch bei anderen Aktivitäten zu.

72 **Praxishinweis:** Exemplarisch lässt sich an der Auswahl der in den Modulen geregelten Kriterien der einschränkende Charakter der neuen Feststellung der Pflegebedürftigkeit in Pflegegraden hinsichtlich der somatischen (körperlichen) Defizite
nachvollziehen:

Während das „**Waschen des vorderen Oberkörpers**" wohl auch im fortgeschritte-
nen Stadium der körperlichen Einschränkungen praktisch möglich sein dürfte,
werden die regelmäßig auch am Beginn des Pflegebedarfs feststellbaren Kriterien
„**Waschen der Füße**" oder „**Waschen des hinteren Oberkörpers (Rücken)**" ausdrücklich nicht abgefragt. So wird (subtil) vermindert, dass Bewertungspunkte im Bereich der Selbstversorgung in einem (nach Sicht des Gesetzgebers zu) frühen Stadium des Hilfebedarfs erzielt werden können.

73 Die mit Modul 4 – Selbstversorgung berücksichtigten Aktivitäten stellen in der Praxis
derzeit den umfangreichsten Teil einer individuellen **Pflegeplanung** dar. Benötigt werden wohl weitergehende Einschätzungen des Hautzustands (Körperpflege), des
Mund-/Zahn- und Ernährungsstatus, der Besonderheiten bei kombinierter Nahrungsaufnahme (oral und Sonde), eventueller Störungen im Bereich von Ausscheidungen
und einige weitere Punkte mehr. Zwar erfolgen hierzu auch im Rahmen der Befunderhebung gutachterliche Feststellungen, doch sind diese größtenteils kein Ersatz für
das pflegerische Assessment im Rahmen der Erstellung oder Evaluation der Pflegeplanung. Auch biografische Informationen sind in diesem Zusammenhang zur Sicherstellung einer bedürfnisgerechten Pflege wichtig; sie können mit dem Begutachtungsinstrument nicht erfasst werden. Allerdings liefern die Einschätzungsergebnisse einige
(grobe) Hinweise auf Ansatzpunkte für die ressourcenfördernde „aktivierende" Pflege. Weitere wichtige Hinweise könnten sich aus den Feststellungen des MDK-Gut-
achters zur Abklärung des **Rehabilitationsbedarfs** ergeben. Hier wären Ansatzpunkte
für die Ressourcenförderung anhand der Begutachtungsergebnisse direkt ablesbar,
wenn sie denn fachgerecht erhoben wurden, wie § 18 a SGB XI er bereits fordert.

5. Modul 5 – Bewältigung von und selbstständiger Umgang mit krankheits- oder therapiebedingten Anforderungen und Belastungen

Der Bereich „Umgang mit krankheits-/therapiebedingten Anforderungen und Belastungen" erfasst im Rahmen der Begutachtung durch den bisherigen Pflegebedürftigkeitsbegriff nicht berücksichtigte Aktivitäten und Fähigkeiten. Sie sind dem Themenkreis der **selbstständigen Krankheitsbewältigung** zuzuordnen, und zwar insbesondere der „krankheitsbezogene Arbeit", die direkt auf die Kontrolle von Erkrankungen und Symptomen sowie auf die Durchführung therapeutischer Interventionen bezogen ist. **74**

Hierbei geht es ausdrücklich nicht darum, den Bedarf an Maßnahmen der **häuslichen** **Krankenpflege** bzw. **Behandlungspflege** nach dem § 37 SGB V einzuschätzen.[78] Insoweit gilt § 13 Abs. 2 SGB XI uneingeschränkt fort. Die Leistungen der häuslichen Krankenpflege nach § 37 SGB V bleiben weiterhin von den Regelungen im SGB XI unberührt. Dabei wird die Trennungsanordnung des Gesetzgebers hinsichtlich der Leistungen des SGB V und des SGB XI sogar erweitert. Obwohl der **Verrichtungsbezug** der Feststellung des Pflegebedarfs und mithin § 15 Abs. 3 Satz 2 SGB XI a.F. wegfällt, wurde die Regelung zum Schutz der Ansprüche der Versicherten auf häusliche Krankenpflege nach § 37 SGB V in den § 13 Abs. 2 Satz 2 SGB XI übernommen: Daher bleiben auch krankheitsspezifische Pflegemaßnahmen, soweit diese im Rahmen der häuslichen Krankenpflege nach § 37 SGB V zu leisten sind, durch die Regelungen im SGB XI uneingeschränkt erhalten. Die Leistungen nach § 37 SGB V werden auch weiterhin in der häuslichen Versorgung von der gesetzlichen Krankenversicherung erbracht; in der vollstationären Versorgung – sollte nicht ein Fall des § 37 Abs. 2 Satz 3 SGB V, also ein besonders hoher Bedarf an medizinischer Behandlungspflege die auf Dauer, voraussichtlich für mindestens sechs Monate, vorliegen – im Rahmen des § 43 SGB XI von der Pflegeversicherung. **75**

An dieser Stelle muss nochmals deutlich gemacht werden, um jedem Missverständnis vorzubeugen: Wenngleich die in Modul 5 aufgeführten Aktivitäten auf den ersten Blick wie eine Aufzählung von Maßnahmen der **Behandlungspflege** erscheinen, geht es ausdrücklich **nicht** um die Einschätzung des Bedarfs an **ärztlich verordneten Pflegeleistungen** nach dem SGB V. Ein Großteil der hier aufgeführten Maßnahmen und Handlungen kann von erkrankten Personen eigenständig durchgeführt werden, sofern sie über die dazu nötigen Ressourcen verfügen, d. h. über körperliche und kognitive Fähigkeiten, spezifische Fertigkeiten, Motivation, Kenntnisse. Dies gilt auch für Maßnahmen, die nur selten von den Erkrankten selbst durchgeführt werden, wie beispielsweise das Absaugen von Sekret oder die regelmäßige Einmalkatheterisierung. Mit dem Bereich ist daher häufig ein Hilfebedarf bei der Anleitung und Motivation oder Schulung verknüpft.[79] Im Bereich des Umgangs mit krankheits-/therapiebedingten Anforderungen und Belastungen werden nach § 14 Abs. 2 Nr. 5 SGB XI folgende Beeinträchtigungen der Selbstständigkeit oder Fähigkeitsstörungen gezählt: **76**

---

78 BT-Drucks. 18/5926, 110.
79 Vgl. BT-Drucks. 18/5926, 110.

77   Das Modul 5 beinhaltet verschiedenste krankheitsbezogene Aktivitäten und Maßnahmen. Im Gegensatz zu den anderen Modulen können hier allerdings immer nur einige (meist wenige) und niemals alle Kriterien zutreffen. Aus diesem Grund musste eine Methode der Einschätzung konstruiert werden, die sich von den bislang vorgestellten Modulen deutlich abhebt. Daher werden innerhalb des Moduls vier Bereiche unterschieden.

78   Zum ersten Bereich gehören die Beeinträchtigungen der Selbstständigkeit oder Fähigkeitsstörungen in Bezug auf:

- Medikation,

- Injektionen,

- Versorgung intravenöser Zugänge,

- Absaugen oder Sauerstoffgabe,

- Einreibungen sowie Kälte- und Wärmeanwendungen,

- Messung und Deutung von Körperzuständen,

- körpernahe Hilfsmittel.

79   Der zweite Bereich umfasst die Beeinträchtigungen der Selbstständigkeit oder Fähigkeitsstörungen in Bezug auf:

- Verbandswechsel und Wundversorgung,

- Wundversorgung bei Stoma,

- regelmäßige Einmalkatheterisierung und Nutzung von Abführmethoden,

- Therapiemaßnahmen in häuslicher Umgebung.

80   Zum dritten Bereich gehören die Beeinträchtigungen der Selbstständigkeit oder Fähigkeitsstörungen in Bezug auf:

- zeit- und technikintensive Maßnahmen in häuslicher Umgebung,

- Arztbesuche,

- Besuche anderer medizinischer oder therapeutischer Einrichtungen.

81   Der vierte Bereich umfasst schließlich die Beeinträchtigungen der Selbstständigkeit oder Fähigkeitsstörungen in Bezug auf:

- das Einhalten einer Diät oder anderer krankheits- oder therapiebedingter Verhaltensvorschriften.

Der vierte Bereich fällt ein wenig aus dem Rahmen und umfasst nur die Frage nach der Selbstständigkeit bei der Einhaltung einer Diät oder anderer Verhaltensvorschriften. Vorschriften zur Ernährung dürften einer der am häufigsten vorkommenden Fälle dieser Art sein. Sollte es sich um eine andere Verhaltensvorschrift handeln, so ist diese im Begutachtungsbogen im Klartext anzugeben.

82   Die Bündelung der Kriterien bzw. die **Unterteilung** dieser Bereiche orientiert sich größtenteils am **zeitlichen Aufwand**, den sie mit sich bringen. Die ersten sieben Kriterien umfassen Handlungen, die für gewöhnlich innerhalb einiger weniger Minuten

vollführt werden können und in der Regel mehrmals täglich durchgeführt werden müssen. Die Kriterien des zweiten Bereichs beinhalten ebenfalls Maßnahmen, die in dieser Hinsicht Gemeinsamkeiten aufweisen, aber doch einen höheren Zeitaufwand mit sich bringen. Sie können zwar auch täglich vorkommen, in der Regel jedoch nicht mit der Häufigkeit der Aktivitäten des ersten Bereichs. Die Kriterien des dritten Bereichs (und das zusätzliche das Kriterium für die **Begutachtung von Kindern** [→ Rn. 211 ff]) erstrecken sich auf vergleichsweise aufwendige Handlungen, meist verbunden mit der Notwendigkeit, die Wohnung zu verlassen. Teilweise ergeben sich erhebliche Belastungen durch häufige und/oder ausgedehnte **Arzt- und Therapiebesuche**. Diese Belastung entsteht in besonderer Weise auch für die Angehörigen durch eine notwendige Begleitung bei diesen Besuchen. Eine Differenzierung der Besuche von medizinischen Einrichtungen ist angezeigt, weil sich beispielsweise Besuche bei Physiotherapeuten in ihrem zeitlichen Aufwand deutlich unterscheiden vom Besuch spezialisierter Einrichtungen (Dialyse oder bestimmte onkologische Behandlungen), für die teilweise noch zusätzlich erhebliche Wegstrecken zurückgelegt werden müssen.

Die im Rahmen von Modul 5 erfassten Informationen bieten bereits eine gute Grundlage für die Erstellung einer **Pflegeplanung**, da hier sowohl die entsprechende Aktivität als auch ihre Häufigkeit erfasst ist. Bei dem Hilfebedarf, der hier entsteht, handelt es sich vielfach um edukative und beratende Interventionen, die die genannten Anpassungsprozesse einer Person an das Leben mit der **Krankheit** und ihren Konsequenzen befördern und unterstützen sollen. Sie sind vor allem auf die Stärkung der **Selbstmanagementkompetenzen** einer Person ausgerichtet. Der Charakter dieser Interventionen unterscheidet sich von den häufig kompensatorischen Interventionen, die in der heutigen Pflegepraxis durchgeführt werden. Dementsprechend erlangt das Kriterium der Dauerhaftigkeit einer Beeinträchtigung bzw. Intervention hier besonderes Gewicht. Die dargelegten Beeinträchtigungen benötigen vielfach Interventionen, die per definitionem einen vorübergehenden Charakter haben. Für die Erstellung einer Pflegeplanung ist es daher wichtig, in diesem Modul nicht nur für die kompensatorische Unterstützung zur Durchführung einer Aktivität Sorge zu tragen, sondern auch die Notwendigkeit beratender und edukativer Interventionen einzuschätzen.[80]   **83**

Hinweis zum Umgang mit Modul 5 – Bewältigung von und selbstständiger Umgang mit krankheits- oder therapiebedingten Anforderungen und Belastungen: **84**

■ Für die Feststellung eines Kriteriums innerhalb des Moduls 5 ist **keine ärztliche Verordnung notwendig**.

■ Die Feststellung eines Kriteriums innerhalb des Modul 5 **schließt eine ärztliche Verordnung gem. § 37 Abs. 2 SGB V nicht aus**, wie § 13 Abs. 2 SGB XI ausdrücklich anordnet.

---

[80] *Wingenfeld/Büscher/Gansweid*, Das neue Begutachtungsinstrument zur Feststellung von Pflegebedürftigkeit 2011, 92 f.

- ■ Die familiäre oder sonstige ehrenamtliche **Pflegeperson** kommt für Leistungen der Behandlungspflege nur in Betracht, wenn die Voraussetzungen des § 37 Abs. 3 SGB V (insbesondere ein Zusammenleben im gleichen Haushalt)[81] erfüllt sind. Die schon berüchtigte Argumentation der DAK (vgl. die Abbildung) ist auch nach neuem Recht rechtswidrig.

85 Ein Beispiel aus der „**Ablehnungswelle der DAK**" von ärztlichen Verordnungen der häuslichen Krankenpflege, wenn der Versicherte Leistungen der sozialen Pflegeversicherung in Form der Geldleistung nach § 37 SGB XI bezog oder ein Angehöriger als Pflegeperson im Einstufungsgutachten des MDK aufgeführt worden war. Nach der Befürchtung vieler Beobachter der Pflegeszene könnte dies lediglich der „Pre-Test" einzelner Krankenkassen für das Genehmigungs-/Ablehnungsverhalten der Verordnungen häuslicher Krankenpflege nach Einführung des neuen Pflegebedürftigkeitsbegriffs und des Moduls 5 gewesen sein.[82]

---

81 BSG 30.3.2000 – B 3 KR 23/99 R = BSGE 86, 101 gilt noch immer und gleichfalls das dort vorgestellte Prüfungsschema: 1. Lebt der pflegende Angehörige im Haushalt; 2. Kann dieser in dem erforderlichen Umfang die Pflege erbringen; 3. besteht beim Angehörigen eine aktive Pflegebereitschaft (im Intimbereich – „jeder Eingriff in den Körper": Pflege im Genitalbereich, Setzen von Injektionen – ist keine Begründung für Verweigerung der Übernahme der häuslichen Krankenpflege erforderlich; ansonsten (z.B. Medigabe) ist eine nachvollziehbare Begründung notwendig – aber: eine Überforderung oder anderweitige Pflege reicht als Begründung aus); und schließlich 4. die passive Pflegebereitschaft beim Versicherten.
82 Zum Ganzen: *Richter* Häusliche Pflege Heft 12/2015, 20.

DAK-Gesundheit Postzentrum, 22789 Hamburg

Postanschrift: Gesetzliche Krankenversicherung
DAK-Gesundheit Postzentrum
22789 Hamburg
Telekontakt: Telefon: 06271 947520
24 Stunden an 365 Tagen
Telefax: 06271 94752-7090
E-Mail: service███████@dak.de
Internet: www.dak.de
persönlicher Kontakt: Bahnhofstr. 1
69412 Eberbach
Mo: 13:00 - 16:00 Uhr
Di: 09:00 - 13:00 Uhr
Do: 09:00 - 13:00 und 14:00 - 16:00 Uhr

unser Zeichen: K-███████████-740313-91999-█
Datum: ██.██.████

Versicherte(r): ███████████████████████
Anschrift: Schulstr. 22, ████████████████

Kostenübernahme für häusliche Krankenpflege

Sehr geehrter Herr We███████

die DAK-Gesundheit übernimmt für o.g. Versicherten die Kosten der Häuslichen Krankenpflege durch einen ambulanten Vertragspflegedienst wie folgt:

Leistung	Häufigkeit		von	bis
Arzneien verabreichen und überwachen	3 x tgl.	7 x wtl.	01.07.15	31.07.15
Arzneien verabreichen und überwachen: morgens und mittags	2 x tgl.	7 x wtl.	01.08.15	31.12.15
Blutzucker messen	3 x tgl.	7 x wtl.	01.07.15	31.07.15
Blutzucker messen, morgens und mittags	2 x tgl.	7 x wtl.	01.08.15	31.12.15
Injektion, s.c.: Liprolog/Lantus	3 x tgl.	7 x wtl.	01.07.15	31.07.15
Injektion, s.c. morgens und mittags	2 x tgl.	7 x wtl.	01.08.15	31.12.15

Die Kosten für folgende Leistungen werden nicht übernommen:

abgelehnte Leistung	Begründung
Leistungen ab 01.08.2015	Unser/e Versicherte/r bezieht Leistungen der Pflegeversicherung. Es sind Pflegepersonen/Angehörige vorhanden, die die erforderlichen Leistungen abends erbringen können. Nach Stellungnahme des Medizinischen Dienstes der Krankenversicherung kann die abendliche Insulingabe auch nach 17 Uhr gegeben werden, da es zu den Mahlzeiten verabreicht wird und das ist nicht zwingend 17 Uhr erforderlich.

6. Modul 6 – Gestaltung des Alltagslebens und sozialer Kontakte

Das Modul „Gestaltung des Alltagslebens und sozialer Kontakte" bildet Bereiche des Alltagslebens ab, die von der Pflegeversicherung bisher weitgehend ausgeklammert waren. Die weiteren Aktivitäten und Fähigkeiten fielen bisher unter eine über die **konkrete Anleitung** und **Beaufsichtigung** bei Verrichtungen hinausgehende Betreuung und allgemeine Beaufsichtigung, die ausdrücklich nicht zu den maßgeblichen Hilfeleistungen des bisherigen Pflegebedürftigkeitsbegriffs gehörte.[83] **86**

Zur Gestaltung des Alltagslebens gehören die psychisch-kognitiven Fähigkeiten, nach individuellen Gewohnheiten den Tagesablauf bewusst zu gestalten oder einen Tag-Nacht-Rhythmus einzuhalten, die tägliche Routine und andere Aktivitäten zur Beschäftigung zu planen, aber auch über den Tag hinaus in die Zukunft zu planen. Er- **87**

---

83 BT-Drucks. 18/5926, 110.

gänzend dazu wird in diesem Modul die Gestaltung **sozialer Kontakte** berücksichtigt. Sie umfasst den direkten Kontakt im Gespräch mit Angehörigen, Pflegepersonen oder Besuchern und die Kontaktpflege außerhalb des direkten Umfelds. Dies beinhaltet die Organisation von Besuchen oder Telefon-, Brief- oder Mail-Kontakte mit Freunden und Bekannten. Im Bereich der Gestaltung des Alltagslebens und sozialer Kontakte werden nach § 14 Abs. 2 Nr. 6 SGB XI folgende Beeinträchtigungen der Selbstständigkeit oder Fähigkeitsstörungen gezählt:

- Gestaltung des Tagesablaufs und Anpassung an Veränderungen,

- Ruhen und Schlafen,

- sich beschäftigen,

- Vornehmen in die Zukunft gerichteter Planungen,

- Interaktion mit Personen im direkten Kontakt,

- Kontaktpflege zu Personen außerhalb des direkten Umfeldes.

88 Bisher werden von diesen Kriterien – wenn überhaupt – der Bedarf an allgemeiner Beaufsichtigung und Betreuung in der **Pflegedokumentation** geplant. Insbesondere in den Bereichen Tagesgestaltung, Beschäftigung und Kontaktpflege sind künftig erheblich mehr und differenziertere Informationen über die individuellen Bedürfnisse und Gewohnheiten erforderlich, um eine bedarfs- und bedürfnisgerechte Pflege planen zu können.

IV. Die Formen der Hilfeleistungen

89 Die bisherigen Formen der **Hilfeleistung** (Unterstützung, unmittelbare Erledigung für den Pflegebedürftigen im Sinne einer Kompensation oder Anleitung und Beaufsichtigung, § 14 Abs. 3 SGB XI a.F.) bleiben erhalten, sind aber kein Bestandteil des Pflegebedürftigkeitsbegriffs mehr, sondern werden durch das Leistungsrecht der Pflegeversicherung definiert. Dabei entfällt mit dem bisherigen Pflegebedürftigkeitsbegriff auch die Beschränkung auf Kompensation von oder Anleitung und Beaufsichtigung bei den Verrichtungen des täglichen Lebens.[84] Insgesamt werden mit den neu einbezogenen bzw. erweiterten Aspekten von Pflegebedürftigkeit gerade in den Modulen 2 – „Kognitive und kommunikative Fähigkeiten", 3 – „Verhaltensweisen und psychische Problemlagen", 5 – „Bewältigung von und selbstständiger Umgang mit krankheits- oder therapiebedingten Anforderungen und Belastungen" und 6 – „Gestaltung des Alltagslebens und sozialer Kontakte" die Aktivitäten und Fähigkeiten zukünftig stärker betont, die auch eine stärkere Akzentuierung der Hilfe und **Ressourcenstärkung** durch Anleitung, Motivation und Schulung nach sich ziehen. Eine Anleitung im Sinne der aktivierenden Pflege bleibt Bestandteil der Leistungserbringung.

---

84 BT-Drucks. 18/5926, 110.

V. Die Haushaltsführung und die außerhäuslichen Aktivitäten

Die bisher in § 14 Abs. 4 Nr. 4 SGB XI a.f. geregelte **hauswirtschaftliche Versorgung** 90
spielt künftig für die Feststellung der Pflegebedürftigkeit und die Eingruppierung in
einen Pflegegrad keine Rolle mehr. Dies bedeutet aber nicht, dass die Führung des
Haushaltes keine Aufgabe der sozialen Pflegeversicherung ist. Beeinträchtigungen der
Selbstständigkeit oder der Fähigkeiten, die dazu führen, dass die **Haushaltsführung**
nicht mehr ohne Hilfe bewältigt werden kann, werden nach § 14 Abs. 3 SGB XI bei
den Kriterien der sechs Module nach § 14 Abs. 2 SGB XI berücksichtigt. In der pflegefachlichen Entwicklung des neuen Begriffs der Pflegebedürftigkeit wurden neben
den in § 14 Abs. 2 SGB XI aufgezählten sechs Bereichen, in denen der Grad der individuellen Beeinträchtigungen und Fähigkeitsstörungen ermittelt wird, und die damit
den abschließenden Katalog der zu berücksichtigenden Aktivitäten und Fähigkeiten,
bei denen Beeinträchtigungen und Fähigkeitsstörungen für die Feststellung von Pflegebedürftigkeit maßgebend sein sollen, darstellen, zwei weitere Bereiche als Module
sieben und acht entwickelt, die Aspekte der Hilfebedürftigkeit pflegebedürftiger Menschen beinhalten: Außerhäusliche Aktivitäten und Haushaltsführung.

Mit § 14 Abs. 3 SGB XI wird daneben klargestellt, dass die **Beeinträchtigungen der** 91
Selbstständigkeit und die **Fähigkeitsstörungen**, die dazu führen, dass die Haushaltsführung nicht mehr ohne Hilfe bewältigt werden kann, bereits im Rahmen der Bereiche nach § 14 Abs. 2 SGB XI und entsprechend bei den Erhebungen der Module 1
bis 6 im jeweils betroffenen Bereich erfasst werden. Damit bleiben die entsprechenden Beeinträchtigungen der Selbstständigkeit und Fähigkeitsstörungen für die Beurteilung des Grades der Pflegebedürftigkeit relevant, werden aber über andere Kriteri-
en als bisher erhoben.[85]

Beispiel: Kognitive Beeinträchtigungen, die in den Bereich „kognitive und kommunikative
Fähigkeiten" nach § 14 Abs. 2 Nr. 2 SGB XI erfasst werden, führen zwangsläufig dazu, dass
zugleich auch die Fähigkeit zur eigenständigen Haushaltsführung beeinträchtigt ist.

Damit die gleichen Beeinträchtigungen und Fähigkeitsstörungen **nicht doppelt erfasst** 92
und gewertet werden, werden die Beeinträchtigungen bei der Haushaltsführung gesondert – außerhalb des Pflegebedürftigkeitsbegriffs – erhoben (§ 18 Abs. 5 a
SGB XI). Die in diesen beiden Bereichen ermittelten Hilfebedarfe sind gleichwohl von
großer Bedeutung für die Bewältigung der Pflegesituation, die Verbesserung der häuslichen Versorgung und damit die Stärkung der Selbstständigkeit der Pflegebedürftigen. Sie dienen einerseits als Grundlage für eine differenzierte Hilfe- und **Pflegepla-**
nung, andererseits bieten sie Anhaltspunkte für den Leistungsumfang der Hilfen bei
der Haushaltsführung. Hilfen bei der Haushaltsführung werden daher auch weiterhin
als Leistung der sozialen Pflegeversicherung gewährt.

So wird letztlich zwischen der „Hilfebedürftigkeit" und der „Pflegebedürftigkeit" un- 93
terschieden. Pflegebedürftig sind diejenigen Versicherten, die in den Modulen 1 bis 6
Beeinträchtigungen oder Defizite der Selbstständigkeit aufweisen und zumindest

---

85 BT-Drucks. 18/5926, 110.

einen Pflegegrad 1 erreichen. Stets zu fragen ist nach der Neufassung des § 14 Abs. 1 SGB XI, nach der „Hilfebedürftigkeit". Bezugspunkt der Erfassung eines Pflegebedarfs sind nicht mehr die Verrichtungen des § 14 Abs. 4 SGB XI a.F. („Körperpflege, Ernährung, Mobilität"), sondern stets ein **personeller Hilfebedarf** in Bezug auf die Selbstständigkeit und die Fähigkeiten. Besteht kein personeller Hilfsbedarf, dann gilt der Versicherte aufgrund des Vermögens zur Kompensation und Eigenbewältigung als selbstständig. Dieser Hilfebedarf muss auch im Bereich der Haushaltsführung (Modul 8) und bei den außerhäuslichen Aktivitäten (Modul 7) vorliegen, obwohl die Module 7 und 8 bei der Ermittlung der Pflegebedürftigkeit und der Eingruppierung in einen der Pflegegrad außer Betracht bleiben.

94 Im Rahmen der Begutachtung haben also der MDK oder die von der Pflegekasse beauftragten Gutachter neben den in § 14 Abs. 2 SGB XI geregelten Bereichen des **Pflegebedürftigkeitsbegriffes** auch die Beeinträchtigung der Selbstständigkeit und Fähigkeitsstörungen in den Bereichen **außerhäusliche Aktivitäten** und **Haushaltsführung** festzustellen, um mit diesen Informationen eine umfassende Beratung und das Erstellen eines individuellen **Versorgungsplanes** nach § 7a SGB XI [→ Rn. 384 ff] oder für das **Versorgungsmanagement** nach § 11 Abs. 4 SGB V zu ermöglichen. Daher sind Informationen über Beeinträchtigungen der Selbstständigkeit und Fähigkeitsstörungen in den Bereichen außerhäusliche Aktivitäten und Haushaltsführung regelhaft im Rahmen der Begutachtung zu erheben.[86] Diese sollen in der konkreten individuellen **Pflegeplanung**, aber auch in der Beratung und Versorgungsplanung wie beim Versorgungsmanagement herangezogen werden können.

1. Modul 7 – Außerhäusliche Aktivitäten

95 Modul 7 – Außerhäusliche Aktivitäten umfasst zwei wichtige Bereiche. Der erste beinhaltet mehrere Aspekte der außerhäuslichen Mobilität, der zweite einen Ausschnitt der Aktivitäten, die in der ICF[87] in den Kapiteln „bedeutende Lebensbereiche" und „Gemeinschafts-, soziales und staatsbürgerliches Leben" enthalten sind. Sämtliche der berücksichtigten Aktivitäten haben eine soziale Komponente bzw. einen Bezug zu sozialen Aktivitäten (anders als etwa ein Spaziergang durch den Wald). Dabei geht es hier um die Möglichkeit der tatsächlichen **Teilnahme** bzw. Durchführung der Aktivität. Dabei ist nach § 18 Abs. 5a Satz 3 Nr. 1 SGB XI im Einzelnen auf die folgenden Aktivitäten und Fähigkeiten abzustellen:

96 Der erste Bereich, die **Fortbewegung** im außerhäuslichen Bereich, beinhaltet folgende Kriterien:

- Verlassen des Bereichs der Wohnung oder der Einrichtung,

- Fortbewegen außerhalb der Wohnung oder der Einrichtung,

- Nutzung öffentlicher Verkehrsmittel im Nahverkehr,

- Mitfahren in einem Kraftfahrzeug.

---

86 BT-Drucks. 18/5926, 117.
87 International Classification of Functioning, Disability and Health (ICF), WHO 2002.

Der zweite zentrale Bereich, die außerhäuslichen Aktivitäten im engeren Sinne, besteht aus: 97

- Teilnahme an kulturellen, religiösen oder sportlichen Veranstaltungen,

- Besuch von Schule, Kindergarten, Arbeitsplatz, einer Werkstatt für behinderte Menschen oder Besuch einer Einrichtung der Tages- oder Nachtpflege oder eines Tagesbetreuungsangebotes,

- Teilnahme an sonstigen Aktivitäten mit anderen Menschen.

Auch die Kriterien des Moduls 7 – Außerhäusliche Aktivitäten werden als versorgungsrelevante Informationen in die Begutachtungsrichtlinie konkreter gefasst. Der nachfolgende Praxishinweis dient daher der Erläuterung und einem ersten Verständnis.   98

Praxishinweis:[88]

- Das Kriterium „**Teilnahme an Veranstaltungen**" umfasst Aktivitäten, bei denen in der Regel eine größere Anzahl an Personen versammelt ist. Dazu gehören der Besuch eines Theaters oder von Konzerten, von Gottesdiensten oder anderen religiösen Veranstaltungen sowie von Sportveranstaltungen. Für die Teilnahme an Veranstaltungen ist es erforderlich, sich längere Zeit selbstständig oder in Begleitung in einer größeren Ansammlung von Menschen aufhalten zu können.

- Beim Kriterium „**Besuche**" geht es vor allem um Lebensbereiche, die durch Bildung, Arbeit und Beschäftigung gekennzeichnet sind. Für einige dieser Aktivitäten ist es charakteristisch, dass spezielles Personal die Durchführung von Aktivitäten unterstützt und ggf. steuert.

- Das Kriterium „**Teilnahme an sonstigen Aktivitäten mit anderen Menschen**" schließlich bezieht sich auf soziale Aktivitäten außerhalb des engeren Familienkreises. Dazu gehören Besuche bei Freunden und Bekannten, verschiedenste Formen der Freizeitgestaltung sowie die Beteiligung an verbandlichen oder vereinseigenen Aktivitäten, zu denen auch Selbsthilfeinitiativen gezählt werden. Zu berücksichtigen sind hier die altersspezifisch unterschiedlichen Formen sozialer Aktivitäten mit anderen Menschen. Bei Kindern geht es daher auch um Begegnungen und Spiel mit anderen Kindern.

Die Einschätzung der außerhäuslichen Aktivitäten ergibt ein relativ deutliches Bild   99
der vorhandenen Möglichkeiten und der individuellen Situation eines Menschen in diesem Bereich. Für die **Pflegeplanung** ist es darüber hinaus wichtig, etwas über das Wissen um entsprechende Möglichkeiten, die Motivation zur Beteiligung an außerhäuslichen Aktivitäten, das Vertrauen in die eigenen Fähigkeiten und die Nutzung entsprechender Hilfsmittel zu erfahren. Wissen bezieht sich dabei darauf, ob der hil-

---

88 *Wingenfeld/Büscher/Gansweid*, Das neue Begutachtungsinstrument zur Feststellung von Pflegebedürftigkeit 2011, 97.

febedürftige Mensch weiß, dass sich entsprechende Möglichkeiten bieten. Die Motivation ist von diesem Wissen in hohem Maße abhängig, darüber hinaus aber auch von anderen Faktoren beeinflusst. Hinsichtlich des Vertrauens in die eigenen Fähigkeiten sowie die Nutzung von Hilfsmitteln ist zu fragen, ob und in welcher Weise hier bereits Unterstützung erfolgt ist und sich daraus ggf. ein weiterer Unterstützungsbedarf ergibt. Hinsichtlich der möglichen Hilfen in diesem Bereich dürfte es sich in vielen Fällen um Hilfen handeln, die der **persönlichen Assistenz** zuzuordnen sind.

2. Modul 8 – Haushaltsführung

100 Das Modul 8 – Haushaltsführung umfasst zum einen die **typischen Hausarbeiten**, die bisher in § 14 Abs. 4 Nr. 4 SGB XI a.F. berücksichtigt werden, zum anderen aber auch die Regelung der für die alltägliche Lebensführung notwendigen geschäftlichen Belange. Es ist in diesem Zusammenhang erneut unerheblich, ob Einbußen der Selbstständigkeit aufgrund von körperlichen oder von kognitiven Beeinträchtigungen bestehen. Einschränkungen in der Haushaltsführung sind häufig die ersten Zeichen einer sich abzeichnenden Abhängigkeit von personeller Hilfe. Im Unterschied zu den anderen Modulen sind zur Kompensation (Übernahme der Aktivitäten) keine pflegerischen Hilfen oder Betreuungsleistungen erforderlich, sondern hauswirtschaftliche Tätigkeiten und ggf. soziale Unterstützung. Nach § 18 Abs. 5 a Satz 3 Nr. 2 SGB XI ist im Einzelnen auf die folgenden Aktivitäten und Fähigkeiten abzustellen:

- Einkaufen für den täglichen Bedarf,

- Zubereitung einfacher Mahlzeiten,

- einfache Aufräum- und Reinigungsarbeiten,

- aufwendige Aufräum- und Reinigungsarbeiten einschließlich Wäschepflege,

- Nutzung von Dienstleistungen,

- Umgang mit finanziellen und Behördenangelegenheiten.

101 Es wurden diejenigen Aktivitäten erfasst, die besonders wichtig sind, um im eigenen Haushalt verbleiben zu können. Das Kochen von kompletten **Mahlzeiten** wird bewusst nicht gewertet, da die diesbezüglichen Fähigkeiten und Gewohnheiten in der Bevölkerung sehr unterschiedlich verteilt sind. Mit dem Erwärmen von vorgekochten Mahlzeiten oder Fertiggerichten ist jedoch eine weitgehend selbstständige (wenn vielleicht auch nicht eben sehr befriedigende) Ernährung möglich. Für die alltägliche Lebensführung ist es aber ebenso erforderlich, finanzielle und geschäftliche Belange regeln zu können. So kann eine **selbstbestimmte Haushaltsführung** lange erhalten bleiben, wenn die Fähigkeit besteht, pflegerische oder haushaltsnahe Dienstleistungen wie Pflegedienst, Haushaltshilfen, Essen auf Rädern, Wäscherei, Handwerker, Friseur, Fußpflege zu organisieren und zu steuern. Zur Regelung des Alltagslebens gehört auch die Fähigkeit, übliche Bankgeschäfte zu erledigen (Girokonto, Miete zahlen) oder zu entscheiden, ob z.B. genügend Bargeld im Hause ist, eine Rechnung bezahlt werden muss, und ggf. die dazu notwendigen Schritte einzuleiten oder durchzufüh-

ren. Im Umgang mit staatlichen und kommunalen Behörden sowie Sozialversicherungsträgern ist zu entscheiden, ob ein Antrag gestellt oder ein Behördenbrief beantwortet werden muss und ggf. die notwendigen Schritte einzuleiten oder durchzuführen sind.

> **Praxishinweis:** Einbußen in diesem Bereich der Haushaltsführung treten in der Regel sehr früh auf und können als **Alarmzeichen** für sich abzeichnende Pflegebedürftigkeit genutzt werden, um frühzeitig präventive Maßnahmen einzuleiten. **102**

VI. Weitere Einbeziehung der Behandlungspflege im Bereich der stationären Pflege

Mit der Einführung des neuen Pflegebedürftigkeitsbegriffs sind **keine Leistungsverschiebungen** zwischen der sozialen Pflegeversicherung und der gesetzlichen Krankenversicherung verbunden. Versicherte, die stationäre Pflegeleistungen in Anspruch nehmen, haben daher auch weiterhin keinen Anspruch auf Behandlungspflege im Sinne des § 37 SGB V, da auch nach dem 1.1.2017 die Leistungen der medizinischen Behandlungspflege zum Leistungsbereich der Pflegekassen zählen, § 43 Abs. 2 Satz 1 SGB XI. Der Anspruch auf häusliche Krankenpflege gegenüber der gesetzlichen Krankenversicherung in Einrichtungen ist insoweit zu beschränken, als nach den gesetzlichen Bestimmungen Anspruch auf die Erbringung medizinischer Behandlungspflege durch die Einrichtung besteht.[89] **103**

Allerdings ergeben sich aus den neuen Begrifflichkeiten im SGB XI notwendige Änderungen im SGB V. Der Anspruch auf häusliche Krankenpflege in der gesetzlichen Krankenversicherung umfasste **verrichtungsbezogene krankheitsspezifische Pflegemaßnahmen** auch in den Fällen, in denen dieser Hilfebedarf bei der Feststellung der Pflegebedürftigkeit nach den §§ 14 und 15 SGB XI zu berücksichtigen war. Da der Begriff der Verrichtungen in Zukunft im SGB XI nicht mehr verwandet wird, ist eine Anpassung erforderlich, um die bisherige Leistungszuständigkeit der gesetzlichen Krankenversicherung unter Verwendung der neuen Begrifflichkeiten zutreffend abzubilden. Hierzu ist zu berücksichtigen, dass die Beeinträchtigungen, die zu einem Hilfebedarf bei den bisher in § 14 Abs. 4 SGB XI a.F. genannten Verrichtungen führen, innerhalb der sechs Bereiche des neuen § 14 Abs. 2 SGB XI weitestgehend in den Modulen 1 (Mobilität) und 4 (Körperpflege, Ernährung) enthalten sind [→ Rn. 282 ff]. Daher wurde in § 13 Abs. 2 Satz 2 SGB XI der Begriff der **krankheitsspezifischen Pflegemaßnahme** geregelt, die ebenfalls unberührt bleibt, soweit diese im Rahmen der häuslichen Krankenpflege nach § 37 SGB V zu leisten ist. **104**

---

89 BSG 25.2.2015 – B 3 KR 10/14 R = PflR 2015, 471 m. Anm. *Richter*.

C. Das Neue Begutachtungsinstrument

I. Die wesentlichen Neuerungen des Begutachtungsinstruments im Überblick

Durch den neuen Begriff der Pflegebedürftigkeit und das auf dieser Basis entwickelte **105** neue Begutachtungsinstrument wird Pflegebedürftigkeit anders als bisher ermittelt. Geändert haben sich sowohl:[90]

- die **Sichtweise** (Blick auf den Grad der vorhandenen Selbstständigkeit bei der Durchführung von Aktivitäten oder der Gestaltung der in § 14 Abs. 2 SGB XI genannten sechs Bereiche statt defizitorientiert auf den Hilfebedarf der in § 14 Abs. 4 Nr. 1–3 SGB XI a.F. geregelten Verrichtungen),

- der **Differenzierungsgrad** (differenzierte Erfassung der Beeinträchtigungen der Selbstständigkeit statt pflegewissenschaftlich nicht sachgerechter Einschätzung des Zeitaufwands für Laienpflege bei eng definierten Verrichtungen als Bemessungsgröße für die Einordnung in eine Pflegestufe),

- die **pflegefachliche Fundierung** (das neue Begutachtungsinstrument bezieht den internationalen Stand der pflegerischen Erkenntnisse ein),

- der **Umfang der erfassten Aspekte** von Pflegebedürftigkeit (Erweiterung um auf Aktivitäten und Fähigkeiten im Bereich der kognitiven und kommunikativen Fähigkeiten, Verhaltensweisen und psychischen Problemlagen, des Umgangs mit krankheits- und therapiebedingten Anforderungen und Belastungen und der Gestaltung des Alltagslebens und sozialer Kontakte statt Bezug auf eng definierte Verrichtungen) als auch

- die **Einstiegsschwelle** (Pflegebedürftigkeit besteht zukünftig grundsätzlich bereits ab Pflegegrad 1, für den vielfach geringere Beeinträchtigungen ausreichen als für die Schwelle der erheblichen Pflegebedürftigkeit der bisherigen Pflegestufe I).

Der neue Pflegebedürftigkeitsbegriff und das neue Begutachtungsinstrument stehen in **106** einem **untrennbaren fachlichen Zusammenhang.** Das neue Begutachtungsinstrument greift die Elemente des neuen Pflegebedürftigkeitsbegriffs aus § 14 Abs. 2 SGB XI auf und konkretisiert diese nach § 15 Abs. 2 SGB XI für die Zwecke der Begutachtung im Rahmen der Pflegeversicherung. Der neue Begriff der Pflegebedürftigkeit wurde zusammen mit dem dazu gehörenden **Neuen Begutachtungsinstrument** über einen Zeitraum von acht Jahren durch mehrere wissenschaftliche Studien erarbeitet und durch zwei Expertenbeiräte begleitet. Für die Diskussion und die praktische Umsetzung der gesetzlichen Änderungen durch den Pflegebedürftigkeitsbegriff und die Einführung des Neuen Begutachtungsinstrument liegen eine Vielzahl von Vorarbeiten durch das Bundesministerium für Gesundheit, von diesem eingesetzte Expertenbeiräte und Berichte über Modellprojekte vor. So kann auf eine gesicherte Datenbasis zurückgegriffen werden. Hervorzuheben ist der Bericht des Beirats zur Überprüfung des Pflegebedürftigkeitsbegriffs vom 26.1.2009 sowie der Umsetzungsbericht des Beirats vom 20.5.2009. Der Bericht des erneuten Expertenbeirats zur konkreten Ausgestaltung

---

90 Dazu BT-Drucks. 18/5926, 111.

des Pflegebedürftigkeitsbegriffs vom 27.6.2013 sowie die vom Bundesgesundheitsminister am 8.4.2014 erteilten Aufträge zur Erprobung in zwei Studien, nämlich der Evaluation des Neuen Begutachtungsinstrument und die Erfassung von Versorgungsaufwänden in stationären Einrichtungen[91] sowie die sogenannte Praktikabilitätsstudie.[92]

107 § 15 Abs. 2 SGB XI enthält die gesetzlichen Regelungen für die Umsetzung des Neuen Begutachtungsinstruments im Rahmen der Pflegeversicherung. Es handelt sich dabei um ein **lernendes System**, nicht um ein starres, einmal und auf Dauer festgelegtes Instrument.[93] In jedem Modul nach § 14 Abs. 2 SGB XI sind für die in den Bereichen genannten Kriterien die in Anlage 1 zu § 15 SGB XI dargestellten Kategorien vorgesehen. Die Kategorien stellen die in ihnen zum Ausdruck kommenden verschiedenen **Schweregrade der Beeinträchtigungen** der Selbstständigkeit oder der Fähigkeiten dar. Den Kategorien werden in Bezug auf die einzelnen Kriterien pflegefachlich fundierte Einzelpunkte zugeordnet, die aus Anlage 1 zu § 15 SGB XI ersichtlich sind. In jedem Modul werden die jeweils erreichbaren Summen aus Einzelpunkten nach den in der Anlage 2 zu § 15 SGB XI festgelegten Punktbereichen gegliedert und gewichtet.

108 Nach § 17 Abs. 1 SGB XI erhält der Spitzenverband Bund der Pflegekassen die Aufgabe, in den Begutachtungs-Richtlinien nach § 17 SGB XI **pflegefachliche Konkretisierungen** der Inhalte des Begutachtungsinstruments und zum Verfahren der Feststellung der Pflegebedürftigkeit vorzunehmen, um eine einheitliche Rechtsanwendung in der Begutachtungspraxis zu erreichen. Die pflegefachliche Konkretisierung betrifft insbesondere die pflegefachlichen Beschreibungen der Kriterien des § 14 Abs. 2 SGB XI für die Zwecke des Begutachtungsinstruments, für die Erstellung des Begutachtungsformulars sowie das Erstellen der dafür erforderlichen Ausfüllanleitungen und Manuale auf pflegefachlicher Basis. Die pflegefachliche Konkretisierung dient unter anderem auch der Schulung der Gutachter und der Erstellung der entsprechenden technischen Umsetzung der Begutachtungs-Software.[94] Die bisherigen **Härtefall-Regelungen** und damit die Notwendigkeit für die Erstellung entsprechender Richtlinien entfallen. An ihre Stelle treten in § 15 Abs. 4 SGB XI die neuen Bestimmungen zu Pflegebedürftigen mit besonderen Bedarfskonstellationen, die einen spezifischen, außergewöhnlich hohen Hilfebedarf mit besonderen Anforderungen an die pflegerische Versorgung aufweisen.[95]

II. Regelung der Module in Anlage 1 zu § 15 SGB XI

109 Die in §§ 14 Abs. 2, 15 Abs. 2 SGB XI aufgelisteten sechs Bereiche, in denen der Schweregrad der individuellen Beeinträchtigungen der Selbstständigkeit oder der Fä-

---

91 „Evaluation des Neuen Begutachtungsassessments (NBA) – Erfassung von Versorgungsaufwänden in stationären Einrichtungen", wobei bundesweit in rund 40 Pflegeheimen bei 1.600 Bewohnerinnen und Bewohnern untersucht wurde, welche Leistungen sie bisher aus den Pflegestufen bekommen und welche Leistungen und welchen Pflegegrad sie nach dem Begutachtungsinstrument bekommen würden.
92 „Praktikabilitätsstudie", in der das Begutachtungsinstrument bundesweit bei 2.000 pflegebedürftigen Menschen praktisch erprobt wurde.
93 BT-Drucks. 18/5926, 112.
94 BT-Drucks. 18/5926, 115.
95 BT-Drucks. 18/5926, 116.

higkeiten ermittelt wird, umfassen jeweils eine Gruppe artverwandter Kriterien oder einen Lebensbereich. Sie stellen einen **abschließenden Katalog** der zu berücksichtigenden Kriterien dar, anhand derer Beeinträchtigungen der Selbstständigkeit oder der Fähigkeiten festgestellt werden sollen. Der abschließende Charakter ist erforderlich, weil die Zuordnung zu unterschiedlichen Leistungsgruppen (Pflegegraden) aus einer Gesamtschau aller zu berücksichtigenden Bereiche und Kriterien abgeleitet wird. Die **modulare Struktur** des Neuen Begutachtungsinstruments erlaubt über die Zusammenfassung von gleichartigen Kriterien oder der Kriterien eines Lebensbereichs eine zusammenfassende Betrachtung einzelner Lebensbereiche des Pflegebedürftigen. Zudem werden die Module im Verhältnis zueinander gewichtet. Zentrales **Ziel** ist, dass körperliche, kognitive und psychische Beeinträchtigungen anhand eines übergreifenden Maßstabs, der Schwere der Beeinträchtigungen der Selbstständigkeit und der Fähigkeiten in ein Verhältnis gestellt werden, das die verschiedenen Arten von Beeinträchtigungen angemessen berücksichtigt und eine im Vergleich angemessene Einstufung sicherstellt. Damit sollen vorrangig körperlich beeinträchtigte Pflegebedürftige und vorrangig kognitiv oder psychisch beeinträchtigte Pflegebedürftige in der Pflegeversicherung vergleichbar berücksichtigt und Zugang zu Leistungen haben. Die Differenzierung nach der Schwere der Beeinträchtigungen der Selbstständigkeit oder der Fähigkeiten ist ein durchgehendes Leitmotiv des Instruments. So werden sowohl die Einzelpunkte, Summe der Punkte und gewichtete Punkte jeweils nach der Schwere differenziert und begrifflich einzelnen Kategorien zugeordnet. Die genauen Bezeichnungen der Kategorien sowie die Einzelpunkte, Summe der Einzelpunkte und gewichtete Punkt in jedem Modul sind in den Anlagen 1 und 2 zu § 15 SGB XI festgelegt.[96]

1. Modul 1 – Einzelpunkte im Bereich der Mobilität

Zur Einschätzung im Modul 1 wird die **vierstufige Standardskala** verwendet (Merkmalsausprägungen: „selbstständig"; „überwiegend selbstständig"; „überwiegend unselbstständig"; „unselbstständig"). Der Gutachter hat also für jedes der fünf Merkmale den **Grad der Selbstständigkeit** der betreffenden Person anzugeben. Die Einschätzung richtet sich in diesem Fall ausschließlich auf die körperliche Fähigkeit, sich fortzubewegen. In dieser Hinsicht besteht ein Unterschied gegenüber mehreren anderen Modulen, bei denen es für die Einschätzung ohne Bedeutung ist, ob die Beeinträchtigung der Selbstständigkeit durch körperliche oder durch kognitive/psychische Faktoren ausgelöst wird. Dies gilt auch für die außerhäusliche Mobilität in Modul 7, in dem beispielsweise zu berücksichtigen ist, ob im außerhäuslichen Bereich eine Begleitung durch andere Personen aus Sicherheitsgründen erforderlich ist.[97] Äußere, von der Person des Antragstellers losgelöste Faktoren werden bei der Einschätzung nicht berücksichtigt.

110

---

96 BT-Drucks. 18/5926, 112.
97 *Wingenfeld/Büscher/Gansweid*, Das neue Begutachtungsinstrument zur Feststellung von Pflegebedürftigkeit 2011, 97.

111   **Praxishinweis:** Das Kriterium „**Fortbewegen innerhalb des Wohnbereichs**" spricht die Fähigkeit an, sich über kurze Strecken fortbewegen zu können, sich also im Alltagsleben von einem Zimmer in ein anderes zu bewegen, unabhängig von der Größe einer Wohnung oder des Wohnbereichs in einer stationären Pflegeeinrichtung, ggf. unter Nutzung von Hilfsmitteln (z.B. Stock, Rollator, Rollstuhl, andere Gegenstände). Die individuelle Wohnsituation findet keine Berücksichtigung. Andere Fähigkeiten, etwa zur räumlichen Orientierung, werden an anderer Stelle geprüft (hier in Modul 2 [F.4.2.2]).

112   **Praxishinweis:** Dies gilt ebenso für das „**Treppensteigen**". Es ist für die Feststellung des Kriteriums unerheblich, ob in der Wohnung oder einer stationären Einrichtung eine Treppe vorhanden ist oder nicht. Entscheidend bleibt allein die Frage, inwieweit jemand (noch) fähig wäre, eine Treppe zwischen zwei Wohnetagen zu bewältigen.

113   Gleiches gilt für die Verwendung von **Hilfsmitteln,** denen im Bereich der Mobilität ein besonders hoher Stellenwert zukommt. Eine Person gilt auch dann als selbstständig, wenn sie zwar körperlich beeinträchtigt ist, die betreffende Handlung jedoch unter Nutzung eines Hilfsmittels ohne Unterstützung durch andere Personen ausführen kann, sich also beispielsweise selbstständig mit dem Rollstuhl oder mit Gehhilfen fortbewegen kann.

Ziffer	Kriterien	Selbstständig	überwiegend selbstständig	überwiegend unselbstständig	unselbstständig
1.1	Positionswechsel im Bett		1	2	3
1.2	Halten einer stabilen Sitzposition		1	2	3
1.3	Umsetzen		1	2	3
1.4	Fortbewegen innerhalb des Wohnbereiches		1	2	3
1.5	Treppensteigen		1	2	3

114   Das Modul umfasst fünf Kriterien, deren Ausprägungen in den folgenden Kategorien mit den nachstehenden Punkten gewertet werden:

selbstständig:	0 Punkte
überwiegend selbstständig:	1 Punkt
überwiegend unselbstständig:	2 Punkte
unselbstständig:	3 Punkte

115   Das Begutachtungsinstrument beinhaltet in der Konkretisierung durch die Anlage 1 zu § 15 SGB XI an mehreren Stellen abgewandelte Formen dieser **Skala.** Durchgängig gilt bei diesen Skalen, dass der **Grad der Beeinträchtigung** mit dem jeweiligen Punkt-

wert steigt. „0" bedeutet also stets, dass keine Beeinträchtigungen bzw. sonstige Probleme bestehen.[98]

0 = selbstständig

Die Person kann die Aktivität in der Regel selbstständig durchführen. Möglicherweise ist die Durchführung erschwert oder verlangsamt oder nur unter Nutzung von Hilfsmitteln möglich. Entscheidend ist jedoch, dass die Person (noch) **keine personelle Hilfe** benötigt. Vorübergehende oder nur vereinzelt auftretende Beeinträchtigungen sind nicht zu berücksichtigen. 116

1 = überwiegend selbstständig

Die Person kann den größten Teil der Aktivität selbstständig durchführen. Dementsprechend entsteht nur **geringer/mäßiger Aufwand für die Pflegeperson**, und zwar in Form von motivierenden Aufforderungen, Impulsgebung, Richten/Zurechtlegen von Gegenständen oder punktueller Übernahme von Teilhandlungen der Aktivität. Überwiegend selbstständig ist eine Person also dann, wenn lediglich folgende Hilfestellungen erforderlich sind: 117

- „**Unmittelbares Zurechtlegen/Richten von Gegenständen**" meint die Vorbereitung einer Aktivität durch Bereitstellung sächlicher Hilfen, damit die Person die Aktivität dann selbstständig durchführen kann. Dabei wird vorausgesetzt, dass die Umgebung des Antragstellers so eingerichtet wird, dass die Person so weit wie möglich selbstständig an alle notwendigen Utensilien herankommt und diese nicht jedes Mal angereicht werden müssen. Wenn dies aber nicht ausreicht (z.B. die Seife nicht von der Ablage am Waschbecken genommen werden kann, sondern direkt in die Hand gegeben werden muss), führt diese Beeinträchtigung zur Bewertung überwiegend selbstständig.

- „**Impulsgebung/Aufforderung**" bedeutet, dass die Pflegeperson (ggf. auch mehrfach) einen Anstoß geben muss, damit der Betroffene die jeweilige Tätigkeit allein durchführt.

- Auch wenn nur „**einzelne Handreichungen**" erforderlich sind, ist die Person als überwiegend selbstständig zu beurteilen (punktueller Hilfebedarf, der lediglich an einzelnen Stellen des Handlungsablaufs auftritt).

- „**Einzelne Hinweise**" zur Abfolge der Einzelschritte meint, dass zwischenzeitlich immer wieder ein Anstoß gegeben werden muss, dann aber Teilverrichtungen selbst ausgeführt werden können.

- „**Unterstützung bei der Entscheidungsfindung**" bedeutet, dass z.B. verschiedene Optionen zur Auswahl angeboten werden, die Person danach aber selbstständig handelt.

- „**Partielle Beaufsichtigung und Kontrolle**" meint die Überprüfung, ob die Abfolge einer Handlung eingehalten wird (ggf. unter Ein- oder Hinleitung zu weiteren

---

98 Zu folgenden: *Wingenfeld/Büscher/Gansweid*, Das neue Begutachtungsinstrument zur Feststellung von Pflegebedürftigkeit 2011, 225–227.

Teilschritten oder Aufforderung zur Vervollständigung) sowie die Kontrolle der korrekten und sicheren Durchführung. Hierzu gehört auch die Überprüfung, ob Absprachen eingehalten werden. Auch wenn eine Person eine Aktivität ausführen kann, aber aus nachvollziehbaren Sicherheitsgründen die Anwesenheit einer anderen Person benötigt, trifft die Bewertung „überwiegend selbstständig" zu.

2 = überwiegend unselbstständig

118 Die Person kann die Aktivität nur zu einem geringen Anteil selbstständig durchführen. Es sind aber **Ressourcen vorhanden**, so dass sie sich beteiligen kann. Dies setzt ggf. ständige Anleitung oder aufwendige Motivation auch während der Aktivität voraus. Teilschritte der Handlung müssen übernommen werden. Zurechtlegen und Richten von Gegenständen, Impulsgebung, wiederholte Aufforderungen oder punktuelle Unterstützungen reichen nicht aus. Alle genannten Hilfeformen können auch hier von Bedeutung sein, reichen allerdings allein nicht aus. Weitergehende Unterstützung umfasst vor allem:

- „**Motivation**" im Sinne der motivierenden Begleitung einer Aktivität (notwendig vor allem bei psychischen Erkrankungen mit Antriebsminderung).

- „**Anleitung**" bedeutet, dass die Pflegeperson den Handlungsablauf nicht nur anstoßen, sondern die Handlung demonstrieren und/oder lenkend begleiten muss. Dies kann insbesondere dann erforderlich sein, wenn der Betroffene trotz vorhandener motorischer Fähigkeiten eine konkrete Aktivität nicht in einem sinnvollen Ablauf durchführen kann.

- „**Ständige Beaufsichtigung und Kontrolle**" unterscheidet sich von der „partiellen Beaufsichtigung und Kontrolle" nur durch das Ausmaß der erforderlichen Hilfe. Es ist ständige und unmittelbare Eingreifbereitschaft erforderlich.

- „**Übernahme**" eines erheblichen Teils der Handlungsschritte durch die Pflegeperson.

3 = unselbstständig

119 Die Person kann die Aktivität in der Regel nicht selbstständig durchführen bzw. steuern, auch nicht in Teilen. Es sind **kaum oder keine Ressourcen** vorhanden. Motivation, Anleitung und ständige Beaufsichtigung reichen auf keinen Fall aus. Die Pflegeperson muss alle oder nahezu alle Teilhandlungen anstelle der betroffenen Person durchführen.

120 **Praxishinweis:** Die vorstehenden Hinweise zu Art und Ausmaß erforderlicher Hilfen und der Zusammenhang mit dem **Grad der Selbstständigkeit** sind als Orientierungshilfen zu verstehen. Entscheidend für die Einstufung ist die Frage, ob:

- die gesamte (oder nahezu gesamte) Aktivität,

- der größte Teil einer Aktivität,

- der geringere Teil einer Aktivität oder

- kein nennenswerter Anteil der Aktivität

selbstständig ausgeführt werden kann. Nur wenn die Beurteilung dieser Frage mit Unsicherheit verbunden ist, sollte die Einschätzung in einem zweiten Schritt anhand der erforderlichen Formen der Unterstützung erfolgen.

Der Grad der Beeinträchtigung der Selbstständigkeit ist zwar anhand einer umfassen- **121** den Würdigung aller Umstände zu ermitteln,[99] entscheidend ist aber der personelle Hilfebedarf, so dass – ähnlich wie bisher – die Pflegeperson in den Blick genommen wird. Daher ist folgende **Checkliste** bei der Einschätzung der Selbstständigkeit zu bearbeiten:

1. Schritt: Benötigt die Person überhaupt personelle Hilfe bei der Aktivität?

   Nein >>> selbstständig:

   Ja >>>   ☒$_0$ ☐$_1$ ☐$_2$ ☐$_3$

2. Schritt: Kann sie sich nennenswert an der Aktivität beteiligen?

   Nein >>> unselbstständig:

   Ja >>>   ☐$_0$ ☐$_1$ ☐$_2$ ☒$_3$

3. Schritt: Entscheidung zwischen überwiegend selbstständig und überwiegend unselbstständig

                                       ☐$_0$ ☐◄►☐$_2$ ☐$_3$

Die vorhersehbaren positiven Effekte des neuen Begriffs der Pflegebedürftigkeit und die Konzentration der Beurteilung auf die Selbstständigkeit und Fähigkeiten des Versicherten sind die Stärke der neuen Regelung, gleichzeitig aber ein Schwachpunkt. Die **unbestimmten Rechtsbegriffe** des Grades der Selbstständigkeit von „selbstständig" bis „unselbstständig" über die Grade „überwiegend selbstständig" und „überwiegend unselbstständig" bedürfen der Konkretisierung durch die Rechtsprechung der Sozialgerichte. Ähnlich wie in der Anfangszeit der sozialen Pflegeversicherung werden sonst gleich gelagerte Einzelfälle unterschiedlichen Graden der Selbstständigkeit zugeordnet. Dabei wird dieses Problem in zweifacher Weise abgeschwächt: Zum einen erfolgt in den nächsten Jahren eine begriffliche Konkretisierung durch die Rechtsprechung, zum anderen sind viele Unschärfen bei der Abgrenzung insbesondere zwischen „überwiegend selbstständig" und „überwiegend unselbstständig" in Hinblick auf die Gewichtungsstufe (vgl. Anlage 2 zu § 15 SGB XI) nicht relevant und müssen – jedenfalls für den Pflegegrad – nicht weiter aufgeklärt werden.

Bleiben wir bei unserem Beispiel des **Fortbewegens innerhalb des Wohnbereichs** [F. **122** 4.1.4]:

Selbstständig: Die Person kann sich ohne Hilfe durch andere Personen fortbewegen.

---

99 *Wingenfeld*, Gesundheit und Gesellschaft 2013, 8.

Überwiegend selbstständig: Die Person kann die Aktivität überwiegend selbstständig durchführen. Hilfe ist erforderlich i.S.v. Bereitstellen von Hilfsmitteln (Rollator, Gehstock, Rollstuhl), Beobachtung aus Sicherheitsgründen oder gelegentlichem Stützen/Unterhaken.

Überwiegend unselbstständig: Gehen in der Wohnung ist nur mit Stützung oder Festhalten der Person möglich.

Unselbstständig: Die Person muss getragen oder im Rollstuhl geschoben werden.

123   **Praxishinweis:** Die Feststellung des Pflegebedarfs an Hand des Begutachtungsinstruments erfolgt aufgrund der vierstufigen Skala („Selbstständig ...Unselbstständig) und nicht durch Messung des Zeitbedarfs der Pflegeperson zur Durchführung der Pflege.

Am Beispiel **Fortbewegens innerhalb des Wohnbereichs** [F.4.1.4]:

Bisher festgestellt als Verrichtung „**Gehen**" (§ 14 Abs. 4 Nr. 3 SGB XI a.F.) bzw. in der Pflegepraxis als „**Transfer**": Zu prüfen war stets wie viele Verrichtungen des „Transfer" pro Tag für Toilettengänge, Gänge ins Badezimmer bzw. die Küche/Speisesaal usw. notwendig waren, um daraus den zeitlichen Bedarf pro Tag abzuleiten.

Neu kommt es allein auf den **Grad der Selbstständigkeit** an, also die Frage, ob die Tätigkeit des **Fortbewegens innerhalb des Wohnbereichs** selbstständig oder nicht durchgeführt werden kann.

Ein Zeitbezug ist nicht mehr vorhanden, so dass die Frage der zeitlichen Bindung der Pflegekraft künftig (für die Feststellung des Pflegegrades) nicht mehr relevant ist.

124   Dieser Paradigmenwechsel ist auch an den Formularen des MDK zur Einstufung bzw. Bestimmung des Pflegegrades ablesbar:[100]

4.1   Körperpflege

Hilfebedarf bei(m)	Nein	Form der Hilfe					Häufigkeit pro		Zeitaufwand pro Tag (Min.)
Waschen							Tag	Woche	
Ganzkörperwäsche (GK)		U	TÜ	VÜ	B	A			
Waschen Oberkörper (OK)		U	TÜ	VÜ	B	A			
Waschen Unterkörper (UK)		U	TÜ	VÜ	B	A			
Waschen Hände/Gesicht (HG)		U	TÜ	VÜ	B	A			

---

100   Bisheriges Formular (Zeitbezug): Begutachtungsrichtlinie 2013, 104; künftiges Formular (Grad der Selbstständigkeit): Modul 1 Anlage 1 zu § 15 SGB XI.

Modul 4: Einzelpunkte im Bereich der Selbstversorgung

Ziffer	Kriterien	selbständig	überwiegend selbständig	überwiegend un- selbständig	unselbständig
4.1	Waschen des vorderen Ober- körpers	0	1	2	3
4.2	Körperpflege im Bereich des Kopfes (Kämmen, Zahn- pflege/ Prothesenreinigung, Rasieren)	0	1	2	3
4.3	Waschen des Intimbereichs	0	1	2	3
4.4	Duschen und Baden ein- schließlich Waschen der Haare	0	1	2	3

Praxishinweis: Die bisher gewohnten ersten beiden Prüfungsschritte der Plausi- bilitätskontrolle eines MDK-Gutachtens (Kontrolle auf Rechenfehler und Anwen- dung der **Erschwernisfaktoren**) entfallen.   125

2. Modul 2 – Einzelpunkte im Bereich der kognitiven und kommunikativen Fähigkeiten

Im Modul 2 wird eine an die **Standardskala** angelehnte, ebenfalls vierstufige Skala   126 verwendet. Sie zielt allerdings nicht auf die Erfassung des Grades der Selbstständig- keit, sondern des Ausmaßes, in dem die jeweilige Fähigkeit vorhanden ist. Somit lau- ten die **Merkmalsausprägungen**: vorhanden/unbeeinträchtigt, größtenteils vorhanden, in geringem Maße vorhanden und nicht vorhanden.

Praxishinweis: Als Beispiel soll das Kriterium „**örtliche Orientierung**" [F.4.2.2] die-   127 nen:

Bei „**vorhandener**" **örtlicher Orientierung** kann die Frage, in welcher Stadt, auf welchem Stockwerk und ggf. in welcher Einrichtung sich die Person befindet, kor- rekt beantwortet werden. Außerdem werden regelmäßig genutzte Räumlichkei- ten (beispielsweise eigenes Wohnzimmer, Küche etc.) stets erkannt. Ein Verirren in den Räumlichkeiten der eigenen Wohnung (oder des Wohnbereichs in einer Einrichtung) kommt nicht vor, und die Person findet sich auch in der näheren außerhäuslichen Umgebung zurecht. Sie weiß beispielsweise, wie sie zu benach- barten Geschäften, zu einer Bushaltestelle oder zu einer anderen nahe gelegenen Örtlichkeit gelangt.

Bei „**größtenteils vorhandener**" Fähigkeit bestehen Schwierigkeiten, sich in der außerhäuslichen Umgebung zu orientieren. In den eigenen Wohnräumen existie- ren solche Schwierigkeiten hingegen nicht.

Eine „**in geringem Maße vorhandene**" Fähigkeit bedeutet, dass die Person auch in einer gewohnten Wohnumgebung Schwierigkeiten hat, sich zurechtzufinden. Re- gelmäßig genutzte Räumlichkeiten und Wege in der Wohnumgebung werden nicht immer erkannt.

Bei „**nicht vorhandener**" Fähigkeit ist die Person selbst in der eigenen Wohnumgebung regelmäßig auf Unterstützung angewiesen.

128

Ziffer	Kriterien	Fähigkeit vorhanden/unbeeinträchtigt	Fähigkeit größtenteils Vorhanden	Fähigkeit in geringem Maße vorhanden	Fähigkeit nicht vorhanden
2.1	Erkennen von Personen aus dem näheren Umfeld		1	2	3
2.2	Örtliche Orientierung		1	2	3
2.3	Zeitliche Orientierung		1	2	3
2.4	Erinnern an wesentliche Ereignisse oder Beobachtungen		1	2	3
2.5	Steuern von mehrschrittigen Alltagshandlungen		1	2	3
2.6	Treffen von Entscheidungen im Alltag		1	2	3
2.7	Verstehen von Sachverhalten und Informationen		1	2	3
2.8	Erkennen von Risiken und Gefahren		1	2	3
2.9	Mitteilen von elementaren Bedürfnissen		1	2	3
2.10	Verstehen von Aufforderungen		1	2	3
2.11	Beteiligen an einem Gespräch		1	2	3

129 Das Modul umfasst elf Kriterien, deren Ausprägungen in den folgenden Kategorien mit den nachstehenden Punkten gewertet werden:

Die Fähigkeit ist

vorhanden/unbeeinträchtigt:	0 Punkte
größtenteils vorhanden:	1 Punkt
in geringem Maße vorhanden:	2 Punkte
nicht vorhanden:	3 Punkte

3. Modul 3 – Einzelpunkte im Bereich der Verhaltensweisen und psychische Problemlagen

Die Kriterien der Verhaltensweisen im Modul 3 werden zur Unterscheidung **nicht** an   130
Hand von Graden der Selbstständigkeit eingeschätzt, was unüblich und messmetho-
disch auch wenig empfehlenswert – da eine subjektive Einschätzung vorliegen würde
– ist, sondern nach einer vierstufigen Skala zur Erfassung der **Auftretenshäufigkeit**
mit folgenden Merkmalsausprägungen: nie, selten, häufig oder täglich.

Ziffer	Kriterien	nie oder sehr selten	Selten	häufig	täglich
3.1	Motorisch geprägte Verhaltens-auffälligkeiten		1	3	5
3.2	Nächtliche Unruhe		1	3	5
3.3	Selbstschädigendes und auto-aggressives Verhalten		1	3	5
3.4	Beschädigen von Gegenständen		1	3	5
3.5	Physisch aggressives Verhalten gegenüber anderen Personen		1	3	5
3.6	Verbale Aggression		1	3	5
3.7	Andere pflegerelevante vokale Auffälligkeiten		1	3	5
3.8	Abwehr pflegerischer und anderer unterstützender Maßnahmen		1	3	5
3.9	Wahnvorstellungen		1	3	5
3.10	Ängste		1	3	5
3.11	Antriebslosigkeit bei depressiver Stimmungslage		1	3	5
3.12	Sozial inadäquate Verhaltens-weisen		1	3	5
3.13	Sonstige pflegerelevante inad-äquate Handlungen		1	3	5

Mit diesem Modul wird die Häufigkeit des Auftretens von bestimmten Verhaltens-   131
weisen bzw. von psychischen Problemlagen erfasst und in den folgenden Kategorien
mit den nachstehenden Punkten gewertet:

nie oder sehr selten:	0 Punkte
selten (ein- bis dreimal innerhalb von zwei Wochen):	1 Punkt
häufig (zweimal bis mehrmals wöchentlich, aber nicht täglich):	3 Punkte
täglich:	5 Punkte

Anders als ursprünglich geplant,[101] werden einzelne, besonders entscheidende oder   132
zeitintensive Kriterien nicht gesondert gewichtet, also die **Merkmalsausprägungen** bei
einigen Verhaltensweisen nicht mit höheren Punktwerten versehen. Dies galt namentlich für die Merkmale „**Nächtliche Unruhe**" und „**Selbstschädigendes und autoag-**

---

101 *Wingenfeld/Büscher/Gansweid*, Das neue Begutachtungsinstrument zur Feststellung von Pflegebedürftigkeit 2011, 73.

gressives Verhalten". Dabei war pflegewissenschaftlich erwartet worden, dass diese Verhaltensweisen auch praktisch schon für sich genommen einen erheblichen Unterstützungsaufwand erforderlich machen. So wäre beispielsweise das mehrmals wöchentliche Auftreten von selbstverletzendem Verhalten anders zu bewerten als vokale Auffälligkeiten, die mit der gleichen Häufigkeit auftreten. Der Gesetzgeber hat in der Festsetzung des Modul 3 in Anlage 1 zu § 15 SGB XI auf eine automatische, also unabhängig vom Vorliegen weiterer **Verhaltensauffälligkeiten**, Zuordnung der höchsten Stufe der Gesamtbewertung von Verhaltensauffälligkeiten verzichtet und folgt so den Ergebnissen im Pretest.[102] Die Ergebnisse des Pretests zeigen zum einen, dass selbstschädigendes Verhalten bei älteren Pflegebedürftigen nur sehr selten auftritt und beide Verhaltensweisen fast immer in Kombination mit anderen Verhaltensauffälligkeiten anzutreffen sind. Dadurch werden die betreffenden Personen auch ohne eine besondere Gewichtung dieser Merkmale in Modul 3 adäquat bewertet.

133 **Praxishinweis:** Zu beachten ist, dass auch im Modul 3 stets die Frage nach dem **personellen Hilfebedarf** im Vordergrund steht, um den Grad der Fähigkeiten zu beurteilen.

Beispiel: **Wahnvorstellungen** [F.4.3.9] beziehen sich nach der Begutachtungsrichtlinie auf die Vorstellung, mit Verstorbenen oder imaginären Personen in Kontakt zu stehen oder auf die Vorstellung, verfolgt, bedroht oder bestohlen zu werden. Hört also der Bewohner A Stimmen von imaginären Personen und setzt sich – werden die Stimmen ihm zu laut – selbst seine Kopfhörer auf, um die Stimmen mit Musik zu dämpfen, so besteht kein personeller Hilfebedarf und daher wird die Verhaltensauffälligkeit nicht gezählt.

134 Die gesetzlich geregelte Skala interpretiert **problematische Verhaltensweisen** als Ausdruck einer Beeinträchtigung der **Selbststeuerungskompetenz**.[103] Ihre Ausprägungen stellen dementsprechend eine Aussage dazu dar, in welchem Maße eine Beeinträchtigung der Selbststeuerungskompetenz auf der Verhaltensebene vorliegt. Grundsätzlich erfolgt auch in Modul 3 zunächst eine Addition der Punktwerte aller 13 Kriterien. Die Unterscheidung der fünf Schweregrade muss allerdings aus inhaltlichen Gründen anders als im Falle des Moduls 1 – Mobilität oder Moduls 2 – kognitiven/kommunikativen Fähigkeiten festgelegt werden. So berechtigt unter inhaltlichen Gesichtspunkten allein der Umstand, dass eine Person beispielsweise täglich motorisch geprägte Verhaltensauffälligkeiten und verbal-aggressives Verhalten aufweist, zur Feststellung „schwerste[r] Beeinträchtigung der Selbststeuerungskompetenz", wenngleich bei der

---

102 *Wingenfeld/Büscher/Gansweid*, Das neue Begutachtungsinstrument zur Feststellung von Pflegebedürftigkeit 2011, 74 – 77.

103 „Selbststeuerungskompetenz" wird in der Beschreibung zur Überprüfung des Neuen Begutachtungsinstruments verstanden als die Fähigkeit, das eigene Verhalten adäquat an äußere oder innere Anforderungen, äußere oder innere Belastungen oder Risiken anzupassen. Mit dem Verweis auf „innere" Anforderungen und Belastungen werden auch die Steuerung der Bedürfnisbefriedigung und der Umgang mit Gefühlsregungen einbezogen (vgl. ausführlich *Hurrelmann*, Gesundheitssoziologie, 2000, 87 und 107).

Einschätzung möglicherweise nur 10 von theoretisch möglichen 65 [13 Kriterien x jeweils 5] Punkten erreicht werden.

Eine systematische Einschätzung der Ausprägung von Verhaltensweisen und psychischen Problemlagen in den genannten Dimensionen wird derzeit in der **Pflegeplanung** durch ambulante und stationäre Pflegeeinrichtungen nur äußerst selten vorgenommen. Problematisch ist, dass bislang auch kaum für den Versorgungsalltag geeignete Assessment-Instrumente zur Verfügung stehen. Das Modul 3 kann insofern eine wichtige Erweiterung des Assessments im Rahmen des individuellen Pflegeprozesses darstellen, wird aber vor allem im häuslichen Bereich zu **Umsetzungsproblemen bei der Feststellung des Bedarfs** führen. Es ist kaum vorstellbar, dass der vom MDK zu Prüfende auf diese Fragen verwertbare (wahrheitsgemäße) Antworten gibt bzw. geben kann. Auch die ehrenamtlichen, meist familiären Pflegepersonen bedürfen umfangreicher und einfühlsamer Aufklärungen auch zum pflegerelevanten Hintergrund der geprüften Kriterien, bevor die Angaben validierbar und verwertbar werden. Ähnlich wie im Fall des Moduls 2 – kognitiven Fähigkeiten gilt allerdings auch hier, dass bedarfs- und bedürfnisgerechte pflegerische Maßnahmen ergänzende Informationen und Einschätzungen voraussetzen. **Biografische Informationen** sind hier ebenso von Bedeutung wie die **Einschätzung von Umgebungsfaktoren**. 135

> **Praxishinweis:** Der Gutachter hat zu erheben, an welchen Maßstäben und wie der Wahrheitsgehalt etwa zu Fragen des Kriteriums „**Physisch aggressives Verhalten gegenüber anderen Personen**" [F.4.3.5] beurteilt und welche Informationsquellen dafür genutzt werden sollen. 136
>
> Der Gesetzgeber hat das Problem erkannt und durch § 17 Abs. 1a Satz 1 SGB XI veranlasst, dass der Spitzenverband Bund der Pflegekassen bis zum 31.7.2018 Richtlinien zur einheitlichen Durchführung der Pflegeberatung erlässt. Die **Pflegeberatungs-Richtlinien** sind nach § 7a SGB XI für die Pflegeberater und Pflegeberaterinnen der Pflegekassen, die Beratungsstellen nach § 7b Abs. 1 Satz 1 Nr. 2 SGB XI sowie der Pflegestützpunkte nach § 7c SGB XI unmittelbar verbindlich [→ Rn. 384 ff].
>
> Des Weiteren wird der praktische Nutzen des neuen Pflegegrades 1 deutlich, der nach § 28a Abs. 1 Nr. 1 SGB XI vor allem **Beratungsleistungen** für (bisher) nicht professionell gepflegte Versicherte vorsieht [→ Rn. 224].

4. Modul 4 – Einzelpunkte im Bereich der Selbstversorgung

Das Modul Selbstversorgung umfasst mit Ausnahme der hauswirtschaftlichen Tätigkeiten sämtliche **Verrichtungsbereiche**, anhand derer bei der bisherigen Begutachtung nach den §§ 14, 15 SGB XI a.F. Pflegebedürftigkeit eingeschätzt wurde. Zur Einschätzung wird größtenteils die vierstufige Standardskala verwendet mit den Merkmalsausprägungen: „selbstständig"; „überwiegend selbstständig"; „überwiegend unselbstständig" oder „unselbstständig". Die Bewertungssystematik im Falle des Moduls Selbstversorgung ist ein wenig komplizierter als in den anderen Bereichen, da hier eine Gewichtung der Kriterien vorgenommen wird. Die Definition der Gewichtungen 137 wurde vorrangig aus inhaltlichen Überlegungen abgeleitet. So ist es evident, dass die **Nahrungsaufnahme** bei der Versorgung Pflegebedürftiger im Vergleich zu den anderen Hilfen den größten Unterstützungsumfang mit sich bringt.

Ziffer	Kriterien	selbstständig	überwiegend selbstständig	überwiegend unselbstständig	unselbstständig
4.1	Waschen des vorderen Oberkörpers		1	2	3
4.2	Körperpflege im Bereich des Kopfes (Kämmen, Zahnpflege/Prothesenreinigung, Rasieren)		1	2	3
4.3	Waschen des Intimbereichs		1	2	3
4.4	Duschen und Baden einschließlich Waschen der Haare		1	2	3
4.5	An- und Auskleiden des Oberkörpers		1	2	3
4.6	An- und Auskleiden des Unterkörpers		1	2	3
4.7	Mundgerechtes Zubereiten der Nahrung und Eingießen von Getränken		1	2	3
4.8	Essen		3	6	9
4.9	Trinken		2	4	6
4.10	Benutzen einer Toilette oder eines Toilettenstuhls		2	4	6
4.11	Bewältigen der Folgen einer Harninkontinenz und Umgang mit Dauerkatheter und Urostoma		1	2	3
4.12	Bewältigen der Folgen einer Stuhlinkontinenz und Umfang mit Stoma		1	2	3

138 Das Modul umfasst zwölf Kriterien:

Die Ausprägungen der Kriterien 4.1 bis 4.7, 4.11 und 4.12 werden in den folgenden Kategorien mit den nachstehenden Punkten gewertet:

selbstständig:	0 Punkte
überwiegend selbstständig:	1 Punkt
überwiegend unselbstständig:	2 Punkte
unselbstständig:	3 Punkte

Die Ausprägungen des Kriteriums 4.8 werden wegen seiner besonderen Bedeutung   **139**
für die pflegerische Versorgung in den folgenden Kategorien mit den nachstehenden
Punkten („Faktor 3") gewertet:

selbstständig:	0 Punkte
überwiegend selbstständig:	3 Punkt
überwiegend unselbstständig:	6 Punkte
unselbstständig:	9 Punkte[104]

Die Ausprägungen der Kriterien 4.9 und 4.10 werden wegen ihrer besonderen Bedeu-   **140**
tung für die pflegerische Versorgung in den folgenden Kategorien mit den nachstehenden Punkten („Faktor 2") stärker gewertet:

selbstständig:	0 Punkte
überwiegend selbstständig:	2 Punkt
überwiegend unselbstständig:	4 Punkte
unselbstständig:	6 Punkte[105]

Die Einzelpunkte für die Kriterien 4.11 und 4.12 gehen in die Berechnung nur ein,   **141**
wenn bei der Begutachtung beim Versicherten darüber hinaus die Feststellung „überwiegend inkontinent" oder „vollständig inkontinent" getroffen wird oder eine künstliche Ableitung von Stuhl oder Harn erfolgt, wie die Anlage 1 zu § 15 SGB XI regelt.

Die Ausprägungen des Kriteriums 4.13 werden mit folgenden Kategorien gewertet: **142**

Ziffer	Kriterien	Entfällt	Teilweise	vollständig
4.13	Ernährung parenteral oder über Sonde		1	2

Das Kriterium ist mit „**entfällt**" (0 Punkte) zu bewerten, wenn eine regelmäßige und   **143**
tägliche **parenterale Ernährung** oder **Sondenernährung** auf Dauer, voraussichtlich für
mindestens sechs Monate, nicht erforderlich ist. Kann die parenterale Ernährung
oder Sondenernährung ohne Hilfe durch andere selbstständig durchgeführt werden,
werden ebenfalls keine Punkte vergeben.

Das Kriterium ist mit „**teilweise**" (6 Punkte) zu bewerten, wenn eine parenterale Er-   **144**
nährung oder Sondenernährung zur Vermeidung von Mangelernährung mit Hilfe
täglich und zusätzlich zur oralen Aufnahme von Nahrung oder Flüssigkeit erfolgt.

Das Kriterium ist mit „**vollständig**" (3 Punkte) zu bewerten, wenn die Aufnahme von   **145**
Nahrung oder Flüssigkeit **ausschließlich oder nahezu ausschließlich** parenteral oder
über eine Sonde erfolgt. Bei einer vollständigen parenteralen Ernährung oder Sonde-

---

104 Die abweichende Darstellung in der Gesetzesbegründung BT-Drucks. 18/5926, 50 ist erkennbar einem
     Übernahmefehler wegen einer einfachen Kopierung eines Textbausteins geschuldet. Die erhöhten Punkt-
     werte sind der Tabelle des Gesetzgebers entnommen.
105 Die abweichende Darstellung in der Gesetzesbegründung BT-Drucks. 18/5926, 50 ist erkennbar einem
     Übernahmefehler wegen einer einfachen Kopierung eines Textbausteins geschuldet. Die erhöhten Punkt-
     werte sind der Tabelle des Gesetzgebers entnommen.

nernährung werden weniger Punkte vergeben als bei einer teilweisen parenteralen Ernährung oder Sondenernährung, da der oft hohe Aufwand zur Unterstützung bei der **oralen Nahrungsaufnahme** im Fall ausschließlich parenteraler oder Sondenernährung weitgehend entfällt. Dadurch wird die tatsächliche Versorgungssituation von Pflegebedürftigen, die neben oder anstelle einer oralen Nahrungsaufnahme eine Ernährung über eine Sonde oder zum Beispiel einen **Portkatheter** benötigen, besser abgebildet und zugleich vermieden, dass durch hohe Einzelpunkte Anreize für den Einsatz von parenteraler oder Sondenernährung gesetzt werden.[106]

146 Die mit dem Modul berücksichtigten Aktivitäten stellen in der Praxis derzeit den umfangreichsten Teil einer individuellen **Pflegeplanung** dar. Die Ergebnisse des neuen Begutachtungsinstruments bieten in dieser Hinsicht eine erste Einschätzung, sind aber sicherlich ergänzungsbedürftig. Wie umfangreich solche Ergänzungen ausfallen, lässt sich allerdings nicht pauschal beantworten. Dies hängt vor allem davon ab, inwieweit die Pflegeplanung dem Grundsatz folgt, sich auf fachlich wesentliche Aspekte zu konzentrieren und bürokratischen Ballast zu vermeiden.[107]

147 Benötigt werden etwa weitergehende Einschätzungen des Hautzustands (Körperpflege), des Mund-/Zahn- und Ernährungsstatus, der Besonderheiten bei kombinierter Nahrungsaufnahme (oral und Sonde), eventueller Störungen im Bereich von Ausscheidungen. Zwar erfolgen hierzu auch im Rahmen der Befunderhebung gutachterliche Feststellungen, doch sind diese größtenteils kein Ersatz für das pflegerische Assessment im Rahmen des Pflegeprozesses. Auch biografische Informationen sind in diesem Zusammenhang wichtig, auch zur Sicherstellung einer bedürfnisgerechten Pflege. Sie können mit dem Begutachtungsinstrument allein nicht erfasst werden. Allerdings liefern die Einschätzungsergebnisse einige (grobe) Hinweise auf Ansatzpunkte für die **ressourcenfördernde „aktivierende" Pflege**. Insbesondere die Merkmalsausprägungen „überwiegend selbstständig" und „überwiegend unselbstständig" sollten zu einer genaueren Prüfung dieses Aspekts veranlassen. Den Regeln zur Verwendung des Instruments entsprechend ist auch bei der Einschätzung „überwiegend unselbstständig" davon auszugehen, dass bei der betreffenden Person noch Ressourcen vorhanden sind. Weitere wichtige Hinweise ergeben sich aus den Feststellungen des Gutachters zur Abklärung des Rehabilitationsbedarfs. Hier wären Ansatzpunkte für die Ressourcenförderung anhand der Begutachtungsergebnisse direkt ablesbar.

5. Modul 5 – Einzelpunkte im Bereich der Bewältigung von und selbstständiger Umgang mit krankheits- oder therapiebedingten Anforderungen

148 Die Merkmalsausprägungen in diesem Modul unterscheiden sich zumeist erheblich von den Ausprägungen in anderen Modulen. Für die ersten drei Bereiche ist zunächst anzugeben, ob die Aktivität oder Maßnahme überhaupt vorkommt. Ist das nicht der Fall, wird dies über die Angabe „Entfällt" vermerkt, wonach keine weiteren Feststel-

---

106 BT-Drucks. 18/6688, 148.
107 *Wingenfeld/Büscher/Gansweid,* Das neue Begutachtungsinstrument zur Feststellung von Pflegebedürftigkeit 2011, 83 nennen beispielsweise: die Dokumentation überflüssiger Informationen, Absicherung jeder einzelnen geplanten Pflegemaßnahme mit einem Pflegeziel oder Durchführung von Beurteilungen, die für die Maßnahmenplanung oder Evaluation des Pflegeprozesses irrelevant sind.

lungen zu dem betreffenden Kriterium erforderlich sind. Anderenfalls ist einzuschätzen, ob sie selbstständig durchgeführt werden kann. Abweichend von den anderen Modulen ist dabei nicht vorgesehen, verschiedene Grade der Selbstständigkeit zu dokumentieren. Da in diesem Modul in aller Regel nur wenige Kriterien eine Rolle spielen, ist die Bewertungssystematik darauf ausgerichtet, die Häufigkeit des Vorkommens einer Aktivität und damit den **Zeitbezug** mit einzubeziehen. Kann daher eine Aktivität oder Maßnahme nicht selbstständig durchgeführt werden, so ist die Häufigkeit der erforderlichen Hilfe durch andere Personen einzutragen (Anzahl pro Tag, Woche oder Monat).[108]

Praxishinweis: Nochmals zur Klarstellung: Es kommt darauf an, ob der Versicherte die Anforderungen selbstständig erledigen kann und **nicht**, ob ein behandelnder Arzt die Verrichtung etwa der „Medigabe" [F.4.5.1] verordnet hat!   149

150

Ziffer	Kriterien	entfällt oder selbstständig	Häufigkeit der Hilfe (Anzahl)		
			Täglich	wöchentlich	monatlich
	in Bezug auf				
5.1	Medikation				
5.2	Injektionen (subcutan oder intramuskulär)				
5.3	Versorgung intravenöser Zugänge (Port)				
5.4	Absaugen und Sauerstoffgabe				
5.5	Einreibung oder Kälte- und Wärmeanwendungen				
5.6	Messung und Deutung von Körperzuständen				
5.7	Körpernahe Hilfsmittel				
Summe aller Häufigkeiten der Kriterien 5.1 bis 5.7					
Einzelpunkte		entfällt oder seltener als einmal täglich	ein- bis dreimal täglich	vier- bis achtmal täglich	mehr als achtmal täglich
			1	2	3

Für jedes der Kriterien 5.1 bis 5.7 wird zunächst die **Häufigkeit** ermittelt, mit der die   151
betreffenden Maßnahmen durchgeführt werden (Maßnahmen/Kriterien pro Monat). Berücksichtigt werden nur die Maßnahmen, die vom Versicherten nicht selbstständig durchgeführt werden können. Die Zahl der Maßnahmen wird summiert (z.B.: dreimal Medikamentengabe und einmal Blutzuckermessen pro Tag entspricht vier Maßnahmen pro Tag oder 120 Maßnahmen monatlich). Diese Häufigkeit wird umgerech

---

108 *Wingenfeld/Büscher/Gansweid*, Das neue Begutachtungsinstrument zur Feststellung von Pflegebedürftigkeit 2011, 87–88.

net in einen Durchschnittswert (z.B. pro Tag, pro Woche, pro Monat). Danach gelten in den folgenden Kategorien die nachstehenden Punkte:

für die Kriterien 5.1 bis 5.7:

152 Durchschnittliche Häufigkeit der Maßnahmen:

seltener als einmal täglich:	0 Punkte
ein- bis dreimal täglich:	1 Punkt
vier- bis achtmal täglich:	2 Punkte
mehr als achtmal täglich:	3 Punkte

153 **Praxishinweis:** Es wird sich in der Praxis der stationären Pflege die Frage stellen, ob die Einrichtungen – von ärztlichen Verordnungen/Anordnungen abgesehen – für die Erbringung von Kriterien (beispielsweise die Medikation [F.4.5.1] oder das Anziehen der Kompressionsstrümpfe [F.4.5.7]) zuständig sein können, die der MDK bei der Feststellung des Pflegegrades nicht berücksichtigt hat, da der Bewohner mit „entfällt/selbstständig" bewertet wurde.[109]

154 Einzelpunkte für die Kriterien der Ziffern 5.8 bis 5.11

Ziffer	Kriterien in Bezug auf	entfällt oder selbstständig	Häufigkeit der Hilfe (Anzahl)		
			Täglich	wöchentlich	monatlich
5.8	Verbandswechsel und Wundversorgung				
5.9	Versorgung Stoma				
5.10	Regelmäßige Einmalkatheterisierung und Nutzung von Abführmethoden				
5.11	Therapiemaßnahmen in häuslicher Umgebung				
Summe aller Häufigkeiten der Kriterien 5.8 bis 5.11					
		entfällt oder seltener als einmal wöchentlich	ein- bis mehrmals wöchentlich	ein- bis unter dreimal täglich	mindestens dreimal täglich
Einzelpunkte			1	2	3

für die Kriterien 5.8 bis 5.11:

155 Durchschnittliche Häufigkeit der Maßnahmen:

seltener als einmal pro Woche:	0 Punkte
einmal oder mehrmals wöchentlich:	1 Punkt
ein- bis zweimal täglich:	2 Punkte
mindestens dreimal täglich:	3 Punkte

---

109 Für das Haftungsrecht hat der BGH 28.4.2005 – III ZR 399/04 = BGHZ 163, 53 eine ähnliche Fragestellung verneint.

Einzelpunkte für die Kriterien der Ziffern 5.12 bis 5.K

Ziffer	Kriterien	entfällt oder selbstständig	Täglich	wöchentliche Häufigkeit multipliziert mit	monatliche Häufigkeit multipliziert mit
	in Bezug auf				
5.12	Zeit- und technikintensive Maßnahmen in häuslicher Umgebung		60	8,6	2
5.13	Arztbesuche			4,3	1
5.14	Besuch anderer medizinischer oder therapeutischer Einrichtungen (bis zu drei Stunden)			4,3	1
5.15	Zeitlich ausgedehnte Besuche anderer medizinischer oder therapeutischer Einrichtungen (länger als drei Stunden)			8,6	2
5.K	Besuche von Einrichtungen zur Frühförderung bei Kindern			4,3	1

für die Kriterien 5.12 bis 5.15 und 5.K:

Betrachtet wird hier ein **Zeitraum** von einem Monat. Eine Maßnahme innerhalb dieses Zeitraums wird mit einem Punkt gewertet. Findet eine Maßnahme regelmäßig wöchentlich statt, wird sie entsprechend mit 4,3 Punkten gewertet. Handelt es sich um besonders zeitaufwändige Besuche bei Ärzten oder Einrichtungen oder um zeit- und technikintensive Maßnahmen in häuslicher Umgebung, werden sie doppelt gewertet (8,6 bzw. 2). **156**

Praxishinweis: Eine wichtige Erweiterung des Feststellungskriteriums: Bisher wurden – aufgrund der wörtlichen Fassung des § 15 Abs. 3 Satz 1 SGB XI a.F. – nur Verrichtungen gezählt, die mindestens **wöchentlich** anfielen. Die Zeiten für nur 14-tägig notwendige Arzt- oder Therapiebesuche wurden so bisher nicht gezählt. **157**

Die Werte der Kriterien 5.12 bis 5.15 – bei Kindern bis 5.K – werden addiert. **158**

Summe			Einzelpunkte
	bis unter	4,3	
4,5	bis unter	8,6	1
8,6	bis unter	12,9	2
12,9	bis unter	60	3
	60		6

159 Einzelpunkte für das Kriterium der Ziffern 5.16

Ziffer	Kriterien	entfällt oder selbstständig	überwiegend selbstständig	überwiegend unselbstständig	unselbstständig
5.16	Einhalten einer Diät und anderer krankheits- oder therapiebedingter Verhaltensvor- schriften		1	2	3

160 Die Merkmalsausprägungen des vierten Bereichs sind wiederum angelehnt an die aus anderen Modulen vertraute Skala zur Selbstständigkeit. Analog der Gesamtlogik des Moduls wird auch hier ergänzend erfasst, ob eine Diät oder andere Verhaltensvorschriften tatsächlich vorliegen oder nicht. Dementsprechend ist eine der folgenden Möglichkeiten festzustellen:

■ Entfällt/nicht erforderlich

■ Selbstständig

■ Überwiegend selbstständig (bei gelegentlicher Erinnerung/Anleitung)

■ Überwiegend unselbstständig (benötigt meistens Anleitung)

■ Unselbstständig (benötigt immer Anleitung)

161 Die Besonderheit des Moduls 5 besteht vor allem darin, dass der Punktwert das Resultat aus zwei unabhängigen Größen ist dem:

■ dem Ausmaß der krankheits- und therapiebedingten Anforderungen und Belastungen und

■ dem Grad der Selbstständigkeit.

162 Beide zusammengenommen bestimmen das Ausmaß der Abhängigkeit von Personenhilfe und damit die Einbußen der Selbstständigkeit. Insofern liegt dem Einschätzungsergebnis in diesem Modul zwangsläufig **ein etwas anderes Verständnis** von Selbstständigkeit zugrunde. So gilt die Selbstständigkeit einer Person mit starken kognitiven Einbußen im Umgang mit einer Erkrankung auch dann als wenig beeinträchtigt, wenn die Abhängigkeit von personeller Hilfe nur deshalb so gering ist, weil sich die spezifischen krankheitsbedingten Anforderungen auf die tägliche Einnahme eines Medikaments beschränken. In anderen Fällen kann eine Person zwar bei alltäglichen Aktivitäten wesentlich selbstständiger, wegen komplexer krankheitsbedingter Anforderungen jedoch zugleich in weit höherem Maße von der Hilfe anderer Personen abhängig sein. Aufgrund dieser Zusammenhänge ist auch **keine lineare Beziehung** zu den Ergebnissen der Einschätzungen in den anderen Modulen zu vermuten.[110]

163 Die im Rahmen des Moduls 5 erfassten Informationen bieten bereits eine gute Grundlage für die Erstellung einer **Pflegeplanung,** da hier sowohl die entsprechende Aktivität als auch ihre Häufigkeit erfasst ist. Die Bedeutung der Kriterien für den Be-

---

110 *Wingenfeld/Büscher/Gansweid,* Das neue Begutachtungsinstrument zur Feststellung von Pflegebedürftigkeit 2011, 91 f.

darf an pflegerischer Hilfe kann nicht unterschätzt werden, doch gehen pflegewissenschaftliche Ansätze deutlich über die Feststellungen in Modul 5 hinaus. So benennt *Orem*[111] beispielsweise als krankheitsbedingte **Selbstpflegeerfordernisse:**

- das Bemühen um angemessene medizinische Unterstützung;

- die Auswirkungen und Resultate bestehender Krankheiten einschließlich ihrer Einflüsse auf die Entwicklung wahrzunehmen und ihnen entgegenzuwirken;

- die effektive Durchführung medizinisch verordneter Maßnahmen, auch im Hinblick auf die Prävention spezifischer Krankheitserscheinungen;

- Veränderung des Selbstkonzepts und Selbstbildes im Sinne einer Akzeptanz der eigenen Person und des Angewiesenseins auf fremde Hilfe;

- die Anpassung der Lebensführung an ein Leben mit den Auswirkungen von Krankheit und therapeutischen Maßnahmen.

Für die Erstellung einer **Pflegeplanung** ist es daher wichtig, in diesem Modul nicht nur für die kompensatorische Unterstützung zur Durchführung einer Aktivität Sorge zu tragen, sondern auch die Notwendigkeit beratender und edukativer Interventionen einzuschätzen.   164

6. Modul 6 – Einzelpunkte im Bereich der Gestaltung des Alltagslebens und sozialer Kontakte

Zur Einschätzung wird die vierstufige Standardskala verwendet (Merkmalsauspra   165
gungen: „selbstständig"; „überwiegend selbstständig"; „überwiegend unselbstständig"; „unselbstständig"). Die pflegefachliche Einschätzung richtet sich in diesem Fall überwiegend auf die **psychisch-kognitiven Fähigkeiten des Planens und Gestaltens.** Es werden aber auch körperliche Beeinträchtigungen berücksichtigt, die die Selbstständigkeit bei der Umsetzung der geplanten Aktivitäten einschränken und damit personelle Hilfe erforderlich machen (z.B. Wählen einer Telefonnummer oder Bereitlegen von Materialien). Es erfolgt eine einfache Summierung der Punktwerte aller Kriterien.

> **Praxishinweis:** Trotz der besonderen Belastung durch eine Störung der Nachtru   166
> he wurde das Kriterium **„Ruhen und Schlafen"** [F.4.6.2] nicht höher gewertet, da
> häufige **„nächtliche Unruhe"** [F.4.3.2] zusätzlich in Modul 3 Berücksichtigung fin
> det.

---

111 Vgl. ausführlich: *Orem*, Strukturkonzepte der Pflegepraxis, 1997.

Ziffer	Kriterien	selbstständig	überwiegend selbstständig	überwiegend unselbstständig	unselbstständig
6.1	Gestaltung des Tagesablaufs und Anpassung an Veränderungen		1	2	3
6.2	Ruhen und Schlafen		1	2	3
6.3	Sich beschäftigen		1	2	3
6.4	Vornehmen von in die Zukunft gerichteten Planungen		1	2	3
6.5	Interaktion mit Personen im direkten Kontakt		1	2	3
6.6	Kontaktpflege zu Personen außerhalb des direkten Umfelds		1	2	3

168 Das Modul umfasst sechs Kriterien, deren Ausprägungen in den folgenden Kategorien mit den nachstehenden Punkten gewertet werden:

selbstständig:	0 Punkte
überwiegend selbstständig:	1 Punkt
überwiegend unselbstständig:	2 Punkte
unselbstständig:	3 Punkte

169 Die für dieses Modul erforderlichen Leistungen haben den Charakter von **allgemeiner Beaufsichtigung** und **Betreuung**. Insbesondere in den Bereichen Tagesgestaltung, Beschäftigung und Kontaktpflege sind erheblich mehr und differenziertere Informationen über die individuellen Bedürfnisse und Gewohnheiten erforderlich, um eine bedarfs- und bedürfnisgerechte Pflege planen zu können.

III. Der Änderungsbedarf der Pflegedokumentation

170 Auch in Fragen zur effizienten Ausgestaltung der **Pflegedokumentation** soll der Perspektivwechsel des neuen Pflegebedürftigkeitsbegriffs Wirkung entfalten. Gegenwärtige Formen der Dokumentation werden in der fachlichen Diskussion vielfach kritisiert, weil sie – ähnlich wie das heutige Begutachtungsverfahren – zu sehr auf den Nachweis einzelner **Verrichtungen** abzielen und zu wenig personenbezogen und auf die Ergebnisse pflegerischen Handelns eingehen.[112]

---

112 BT-Drucks. 18/5926, 2.

84

Die nähere Beschreibung der Pflegedokumentation nehmen die **Maßstäbe und** 171
Grundsätze[113] für die ambulante, für die teilstationäre und für die stationäre Pflege
vor. In diesen Vereinbarungen sind nach § 113 Abs. 1 Satz 2 und 3 SGB XI insbesondere auch Anforderungen an eine praxistaugliche, den **Pflegeprozess** unterstützende
und die **Pflegequalität** fördernde Pflegedokumentation zu regeln. Die Anforderungen
dürfen über ein für die Pflegeeinrichtungen vertretbares und wirtschaftliches Maß
nicht hinausgehen und sollen den Aufwand für Pflegedokumentation in ein angemes-
senes Verhältnis zu den Aufgaben der pflegerischen Versorgung setzen.

Praxishinweis: Die **Maßstäbe und Grundsätze** für die stationäre Pflege sind bis 172
zum 30.6.2017, die Maßstäbe und Grundsätze für die ambulante Pflege bis zum
30.6.2018 neu zu fassen (§ 113 Abs. 1 Satz 3 SGB XI).

Unbestritten ist die Dokumentation von Pflegeleistungen ein selbstverständlicher und 173
unentbehrlicher Bestandteil der Erbringung der Pflegeleistungen. Sie dient dazu, eine
professionelle und nach dem allgemein anerkannten Stand medizinisch-pflegerischer
Erkenntnisse auf den Pflegebedürftigen bezogene individuelle Pflege durchzuführen
und nachzuweisen. Pflegekräfte sollen dabei aber nicht durch **überflüssige Bürokratie**
gebunden werden, sondern in erster Linie für die Pflege und Betreuung der pflege-
und hilfebedürftigen Menschen zur Verfügung stehen. Daher wird den Vertragsparteien die Aufgabe übertragen, dass die pflegerischen Tätigkeiten zur Sicherstellung
der Versorgung und der zeitliche Aufwand für die Pflegedokumentation in ein ange-
messenes Verhältnis gestellt werden. Sie soll die Einführung neuer **Dokumentations-**
systeme in Pflegeeinrichtungen fördern.[114]

Mittelpunkt der pflegefachlichen Kontroverse um eine bürokratische, die wirkliche 174
Pflege unterdrückende Pflegedokumentation ist die Einschätzung von pflegesensiblen
Risiken und Phänomenen sowie die (bisher) zu umfangreiche Dokumentation. Die
geradezu angstbesetzte und offensichtlich fremdbestimmte Diskussion hierzu ist ge-
prägt durch viele Spannungsfelder, aus denen heraus jeweils Anforderungen an die
Pflegedokumentation gestellt werden. Dies sind **haftungsrechtliche Hinweise**, Instrumente und Verfahren der **externen Qualitätssicherung**, insbesondere häufig sich wi-
dersprechenden Anforderungen von Seiten des MDK und der Heimaufsicht, fehlendes fachliches Wissen und Missverständnisse in der Übermittlung der Funktion und
praktischen Anwendung von pflegewissenschaftlichen Instrumentarien sowie Vorgaben des **internen Qualitätsmanagements**.[115] Dabei sind viele Probleme der Pflegedokumentation durchaus hausgemacht. Bereits die Struktur der gängigen, händisch zu
führenden oder in die EDV integrierte Dokumentationssysteme und die durch die
strukturellen Vorgaben „erzwungenen" Abbildungsversuche der Pflegewirklichkeit

---

113 Maßstäbe und Grundsätze für die Qualität und Qualitätssicherung sowie für die Entwicklung eines ein-
richtungsinternen Qualitätsmanagements nach § 113 SGB XI in der ambulanten Pflege vom 27.5.2011; …
in der teilstationären Pflege (Tagespflege) vom 10.12.2012; … in der stationären Pflege vom 27.5.2011.
114 BT-Drucks. 18/6688, 135.
115 Abschlussbericht Projekt „Praktische Anwendung des Strukturmodells – Effizienzsteigerung der Pflegedokumentation in der ambulanten und stationären Langzeitpflege", 2014, 11.

führen zu Dokumentationsproblemen und Unübersichtlichkeiten für die Anwendung in der Praxis. Einerseits lassen sich in manchen Systemen die einzelnen Handlungsschritte des Pflegeprozesses nur fragmentarisch darstellen und nachvollziehen, andererseits neigen einige Systeme zur völligen Überfrachtung mit Formularen, die zu **Doppeldokumentationen** geradezu auffordern. Das so wichtige wechselseitige Zusammenwirken der unterschiedlichen Schritte einer Pflegedokumentation erschließt sich den Anwendern in der Praxis so nur wenig bis gar nicht.[116]

175 Die **Maßstäbe und Grundsätze** regeln in Ziff. 3.1.3 (stationär) sowie 3.2.1.2 (ambulant) das derzeit geltende Dokumentationssystem. Dieses beinhaltet zu den folgenden fünf Bereichen Aussagen; innerhalb dieser Bereiche werden alle für die Erbringung der vereinbarten Leistungen notwendigen Informationen im Rahmen des **Pflegeprozesses** erfasst und bereitgestellt. Diese Bereiche sind:

- Stammdaten,
- Pflegeanamnese/Informationssammlung inkl. Erfassung von pflegerelevanten Biografiedaten,
- Pflegeplanung,
- Pflegebericht,
- Leistungsnachweis.

176 Diese fünf Bereiche sind von der Definition und ihrer Aufgabe innerhalb der **Pflegedokumentation** klar voneinander getrennt. So hat etwa der **Pflegebericht** das Ziel, aktuell auftretende Probleme, deren Verlaufsbeschreibung sowie die Beschreibung des Befindens des Pflegebedürftigen zu erfassen. Der Pflegebericht weist – sofern keine Besonderheiten zu verzeichnen sind – keine täglichen Eintragungen auf. Die Dokumentation der erbrachten Pflege erfolgt auf dem Leistungs- bzw. Durchführungsnachweis. Gleichwohl haben in den letzten Jahren viele Pflegeeinrichtungen, nicht zuletzt aus dem Motiv heraus, bei den Qualitäts- und Transparenzprüfungen „auf der sicheren Seite" zu sein, die Dokumentation ausgeweitet. So gilt in vielen Pflegeeinrichtungen die Anweisung, auch im Pflegebericht täglich Eintragungen vorzunehmen.[117]

177 **Praxishinweis:** Die häufig anzutreffenden Eintragungen in der Pflegedokumentation *„Pflege nach Plan", „nichts Besonderes"* oder ähnliches sind rechtlich stets entbehrlich.

178 Insbesondere soll die vom Pflegebevollmächtigten der Bundesregierung *Karl-Josef Laumann* seit Ende 2014 im Rahmen eines Projektes unterstützte flächendeckende Einführung einer vereinfachten Pflegedokumentation (**Strukturmodell**) in ambulanten und stationären Pflegeeinrichtungen ermöglicht werden. Bei dem neuen (sog. *Beikirch-*) **Modell** der Pflegedokumentation geht es um ein grundlegend verändertes Ver-

---

116 So bereits: *Bruckner*, ua., Grundsatzstellungnahme Pflegeprozess und Dokumentation des MDS, 2005, 8.
117 Selbstverständlichkeiten sind weder leistungs- noch haftungsrechtlich dokumentationspflichtig: u.a. BGH 24.1.1984 – VI ZR 203/82 = NJW 1984, 1403; 18.3.1986 – VI ZR 215/84 = NJW 1986, 2365; 2.6.1987 – VI ZR 174/86 = NJW 1988, 762.

ständnis bei der inhaltlichen Ausrichtung der Pflegedokumentation, aus der sich viele Veränderungen für deren Art und Umfang ergeben. Mit dem Strukturmodell erhält die Pflegepraxis erstmals bundesweit eine verlässliche, das heißt mit den Kosten- und Einrichtungsträgern sowie den Prüfinstanzen konsentierte und hinsichtlich wichtiger Rechtsfragen[118] geprüfte Richtschnur zur angemessenen und sachgerechten Gestaltung der Pflegedokumentation. Auf dieser Grundlage kann **überflüssiger Dokumentationsaufwand** erheblich reduziert werden, ohne fachliche Standards zu vernachlässigen, die Qualität der pflegerischen Versorgung zu gefährden oder **haftungsrechtliche Risiken** aufzuwerfen.[119]

Die gravierendste Änderung der Pflegedokumentation durch das **Strukturmodell** gegenüber der Dokumentation mittels **AEDL** ist der Aufbau einer **strukturierten Informationssammlung (SIS)**, die im Rahmen des Erstgespräches eingesetzt wird. Den individuellen Wünschen und Vorstellungen der Pflegebedürftigen zu einem selbstbestimmten Leben (auch bei gesundheitlichen Einschränkungen) sowie ihre Wahrnehmungen zur individuellen Situation und den persönlichen Vorstellungen von Hilfe und Pflege soll bewusst Raum gegeben und aktiv aufgegriffen werden. Diese narrativ erzählten Informationen sollen schriftlich und ungefiltert festgehalten werden.   179

Die Dokumentationen aufgrund der Aktivtäten und existenziellen Erfahrungen des Lebens (**AEDL**) brachte der Pflege insgesamt anfangs unabweisbar einen Schub hinsichtlich der Qualität und der Orientierung weg von rein medizinischen hinzu mehr pflegerischen Belangen. Allerdings hatten sich die **13 Aktivitäten** als zu starr und letztlich ungeeignet zur individuellen Erfassung gezeigt. So wurde letztlich der Versuch, durch Bildung von Clustern die Aktivitäten griffiger zu formulieren, aufgegeben.   180

Die 13 Aktivitäten sind folgende:

1. Kommunizieren können

2. Sich bewegen können

3. Vitale Funktionen des Körpers aufrechterhalten können

4. Sich pflegen können

5. Essen und trinken können

6. Ausscheiden können

7. Sich kleiden können

8. Ruhen und schlafen können

9. Sich beschäftigen können

10. Sich als Mann/Frau fühlen können

11. Für Sicherheit in der Umgebung sorgen können

---

118 Vgl. *Bachem*, u.a., Notwendiger Umfang der Pflegedokumentation aus haftungsrechtlicher Sicht, SGb 2014, 130.
119 BT-Drucks. 18/6688, 135.

12. Soziale Bereiche des Lebens sichern können

13. Mit existenziellen Erfahrungen des Lebens umgehen können

181 Mit der **entbürokratisierten Pflegedokumentation** sollte insbesondere auch die Einbeziehung des pflegebedürftigen Kunden in den Pflegeprozess neu austariert werden. Der Kunde oder Bewohner soll partnerschaftlich in den gesamten Prozess der Pflege einbezogen werden. Zum anderen soll die **strukturierte Informationssammlung** die neuen sechs Module abbilden und so die **13 AEDL** ersetzen. Die Schrittfolge besteht nur noch aus vier Phasen und nicht mehr aus sechs. Zur Entbürokratisierung, insbesondere im stationären Bereich sollte **Einzelnachweis** für die Grundpflege entfallen und in den Pflegeberichten nur dann Eintragungen vorgenommen werden, wenn es Abweichungen von der Planung oder der Routine gibt.

182 **Praxishinweis:** Die grundpflegerischen Einzelleistungen müssen im ambulanten Bereich weiter erfasst werden, um die Abrechnung sicherzustellen. Für die strukturierte Informationssammlung (SIS) wurden in Anlehnung zu den sechs neuen Modulen folgende pflegerelevante Kontextkategorien gebildet:

1. Kognition und Kommunikation

2. Mobilität und Bewegung

3. Krankheitsbezogene Anforderungen und Belastungen

4. Selbstversorgung

5. Leben in sozialen Beziehungen

6. Für die ambulante Pflege kommt die „Haushaltsführung" hinzu

183 Den Ablauf der Pflegedokumentation zeigt das Schaubild aus dem stationären Bereich: Die Strukturierte Informationssammlung (**SIS**) ist die Zusammenfassung von Analyse, Biographie und Pflegeplanung. Diese wird fortlaufend angefasst. Zeitgleich bei Aufnahme des Kunden und Bewohners erfolgt ein **initiales Assessment,** also ein kurzer Check, ob das betreffende Risiko vorliegt. Nur dann, wenn ein Risiko sich dabei bestätigt oder weitere Erhebungen notwendig erscheinen, wird eine tiefvergehende Untersuchung (Assessment) durchgeführt.[120]

---

120 *Beikirch* u.a., Abschlussbericht „Praktische Anwendung des Strukturmodells – Effizienzsteigerung der Pflegedokumentation in der ambulanten und stationären Langzeitpflege" 2014, 74.

Strukturmodell Pflegedokumentation – Stationäre Pflege

Empfehlung der Ombudsfrau zur Entbürokratisierung der Pflege auf der Grundlage von Expertenberatungen

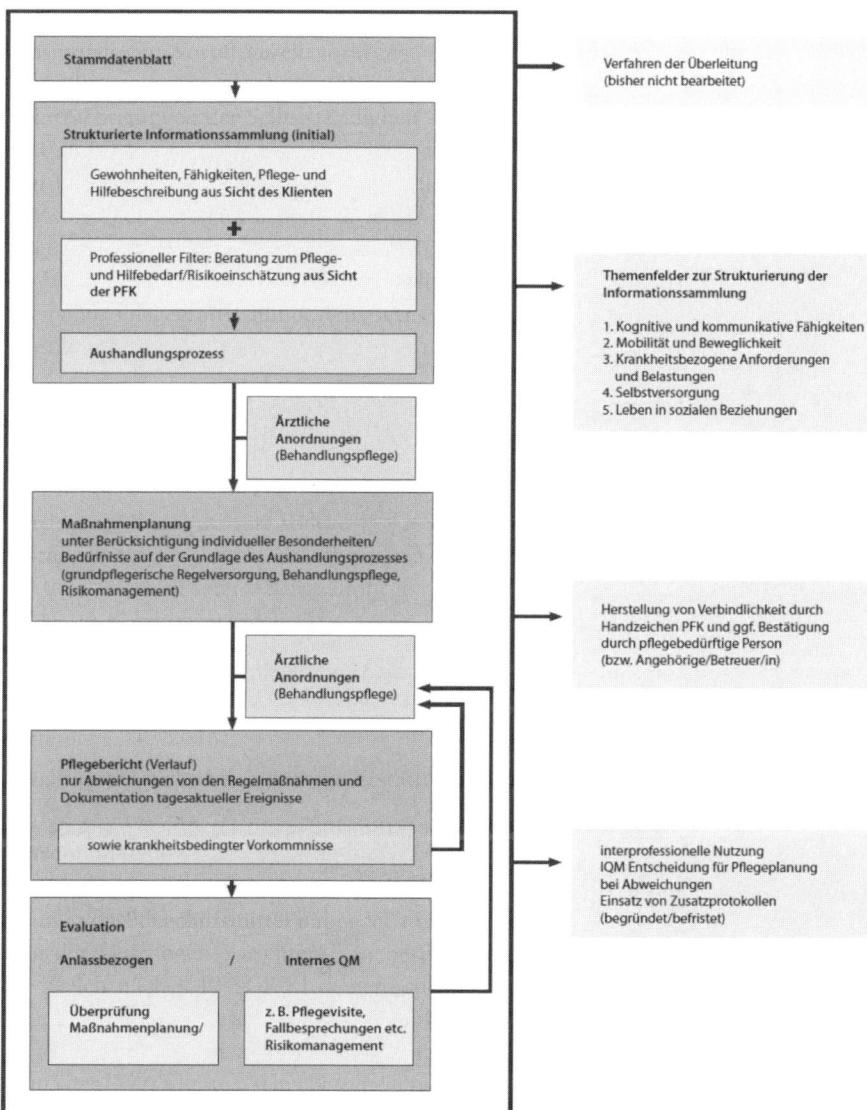

Dabei sollen die Wünsche und Bedürfnisse des Pflegekunden durch aktive Ansprache   184
ermittelt, aber dann ohne Übersetzung in die pflegerische Fachsprache erfasst werden. Verzichtet wird auf die Formulierung von Pflegezielen aus pflegefachlicher Sicht,
da sich die **Ziele aus den konkreten Wüschen** der pflegebedürftigen Kunden ableiten
sollen. Die Maßnahmenplanung ist als chronologische Ablauf für die Früh-, Spät-

und Nachtschicht aus dem pflegerischen, den hauswirtschaftlichen und den betreuenden Maßnahmen zusammenzustellen und schließlich wird das Erfasste anlassbezogen oder im Rahmen von Fallbesprechungen oder Pflegevisiten nach einem routiniertem Schema evaluiert.

D. Die Pflegegrade

I. Die wesentlichen Neuerungen der Pflegegrade im Überblick

■ Die bisher (einschließlich der in der Praxis (und nicht im Gesetz) verwendeten   **185**
Pflegestufe 0, dem Härtefall und der zwei Stufen eingeschränkter Alltagskompetenz) 13 verschiedenen Alternativen zur „Eingruppierung" Pflegebedürftiger und/
oder erheblich in der Alltagskompetenz Eingeschränkter wird die Feststellung des
Pflegebedarfs auf die Pflegegrade 2 bis 5 mit Leistungen sowie dem Pflegegrad 1
vor allem mit Beratungsansprüchen **konzentriert**.

■ Die Eingruppierung in einen Pflegegrad erfolgt nicht durch Addition der Einzelpunkte der Kriterien der 6 Module, sondern durch **Gewichtung der Einzelergeb-
nisse**.

II. Die Gewichtung der Einzelfeststellung in den Modulen

Die Berechnung des für die Zuordnung zu einem Pflegegrad relevanten Gesamtpunkt-   **186**
werts erfolgt mit Hilfe einer mehrschrittigen Berechnungsfolge auf Basis der in Anlage 2 zu § 15 SGB XI geregelten Bewertungssystematik. Wesentlich ist dabei die **Umrechnung** der Punktbereiche der Einzelpunktwerte der Kriterien der sechs relevanten
Module in gewichtete Punktwerte. Die Beeinträchtigungen der Selbstständigkeit und
Fähigkeitsstörungen werden in den Modulen für jede Aktivität und Fähigkeit der Kriterien des § 14 Abs. 2 SGB XI erhoben und nach dem Grad ihrer Ausprägung festgestellt. In den Modulen 1, 2, 4 und 6 ist für jede Beeinträchtigung der Selbstständigkeit und Fähigkeitsstörung eine Skalierung von vier Schweregraden vorgesehen. Die
Entscheidung für diese Viererskala war das Ergebnis allgemeiner methodischer Überlegungen und einer Analyse der Skalen, die in anderen international verwendeten Instrumenten zur Feststellung von Pflegebedürftigkeit Anwendung finden. Die **Skalen**
messen in den Modulen 1, 4 und 6 den **Grad der Selbstständigkeit** einer Person (bei
einer Aktivität/im Lebensbereich), im Modul 2 wird die **Intensität einer funktionalen
Beeinträchtigung** (kognitive/kommunikative Fähigkeiten) und im Modul 3 die Häufigkeit des Auftretens (**Verhaltensweisen**) gemessen. Im Modul 5 wird aus pflegefachlichen Gründen ausnahmsweise eine Kombination der Kategorien Vorkommen, **Häufigkeit des Auftretens** und Selbstständigkeit bei der Durchführung der Aktivitäten verwendet.

Maßgeblich für die Zuordnung der Pflegegrade ist die Prüfung auf Basis der **Begut-   **187**
achtungs-Richtlinien**, § 17 Abs. 1 SGB XI. Die Einschätzung erfolgt personenbezogen
und unabhängig vom individuellen (Wohn-)Umfeld.

> **Praxishinweis:** Wie bisher auch gelten die gleichen Feststellungen zur Ermitt-   **188**
> lung des Pflegegrades **unabhängig** von einer ambulanten, teil- oder (voll-) statio-
> nären Versorgungsform.

189   Für jedes Kriterium in einem Modul ist im **Neuen Begutachtungsinstrument** ein Einzelpunkt vorgesehen. Die Einzelpunkte eines Moduls werden nach dem Schweregrad der Beeinträchtigung der Selbstständigkeit oder Fähigkeitsstörung einem von fünf Punktbereichen zugeordnet; jedem Punktbereich wiederum ein gewichteter Punktwert (Bewertungssystematik). Aus den gewichteten Punktwerten wird der **Gesamtpunktwert** auf einer Skala von 0 bis 100 Punkten errechnet.[121]

190   Diese Berechnungsfolge und die **Bewertungssystematik** einschließlich der **Gewichtung** der Module bewirkt, dass der Gesamtpunktwert und damit Grad der Pflegebedürftigkeit (Pflegegrad) sich nicht unmittelbar durch Summierung aller Einzelpunktwerte ergibt. Anders als bisher ist eben nicht mehr „eine Minute = eine Minute", sondern jetzt muss das Ergebnis der Addition der Einzelpunkte in einem 2. Schritt gewichtet werden. Die Gewichtung der Module erfolgt auf der Basis von empirischen Erkenntnissen und sozialpolitischen Überlegungen der Vorstudien seit Vorlage des Berichts der Expertenkommission zum Pflegebedürftigkeitsbegriff. Die Gewichtung bewirkt, dass der Pflege- und Betreuungsaufwand von Personen mit körperlichen Defiziten einerseits und kognitiven oder psychischen Defiziten andererseits sachgerecht und angemessen bei der Bildung des Gesamtpunktwerts berücksichtigt wird. So wird auch der Tatsache Rechnung getragen, dass die Module 4 – Selbstversorgung und 1 – Mobilität in etwa die bisher relevanten Verrichtungen der **Grundpflege** des § 14 Abs. 4 Nr. 1–3 SGB XI a.F. abdecken. Sie haben nach pflegefachlicher und pflegepraktischer Einschätzung für die Ausprägung von Pflegebedürftigkeit und die Leistungserbringung weiterhin zentrale Bedeutung und erhalten daher insgesamt eine **Gewicht von 50 %** (Selbstversorgung 40 % und Mobilität 10 %). Den Modulen 2 und 3 – Kognition und Verhalten einerseits und 6 – Gestaltung des Alltagslebens und soziale Kontakte andererseits erhalten zusammen einen Anteil von 30 %. Die Gewichtung des Moduls 5 – Selbstständigkeit im Umgang mit krankheits- und therapiebedingten Anforderungen wird aus pflegefachlichen Gründen mit 20 % angesetzt.

---

121   BT-Drucks. 18/5926, 112 f.

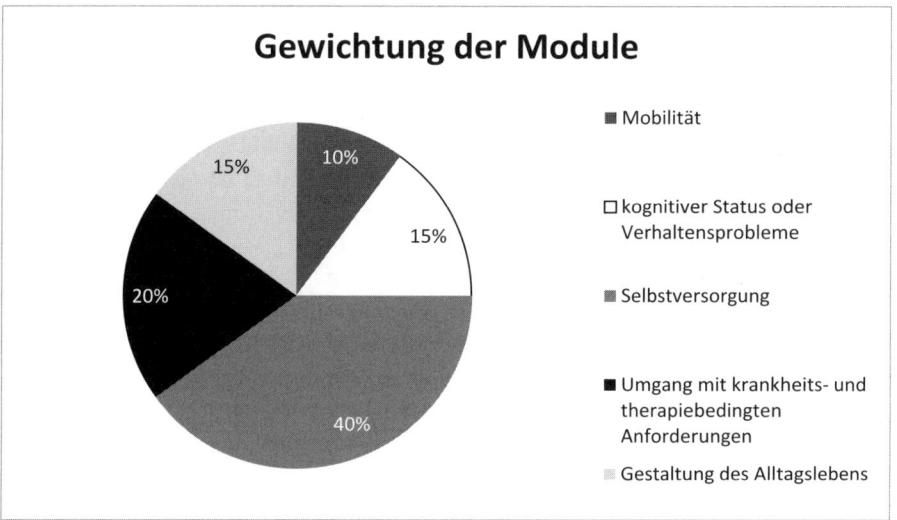

Eine Besonderheit besteht bei der **Teilsummenbildung** für die Module 2 – Kognitive   **191** und kommunikative Fähigkeiten und 3 – Verhaltensweisen und psychische Problemlagen: Hier gehen nicht die Teilsummenwerte für die einzelnen Module, sondern nur der jeweils **höchste Wert** in die Bewertung ein. Ein Grund hierfür ist, dass beide Module einen psychosozialen Unterstützungsbedarf nach sich ziehen, der sich nicht einzelnen Handlungen zuordnen lässt. Ist zum Beispiel eine Pflegeperson in der Wohnung des Pflegebedürftigen tagsüber anwesend und liegen Beeinträchtigungen und Fähigkeitsstörungen aus den Modulen 2 und 3 vor, resultiert die grundsätzliche Notwendigkeit zur Anwesenheit der Pflegeperson nicht entweder aus Modul 2 oder 3, sondern kann auch aus beiden resultieren, ohne dass ein Modul vorrangig den Anlass hierfür gibt. Zudem sollen kognitive und psychische Problemlagen **nicht mehrfach gewertet** werden. Daher kommt hier nur der jeweils höchste Wert aus einem der beiden Module 2 oder 3 zum Tragen. Da es aber vorkommen kann, dass nur Probleme in Modul 2 oder nur in Modul 3 vorliegen, und die Trennung pflegefachlichen Differenzierungen entspricht, werden die Bereiche auf zwei Module verteilt.[122]

Der Pflegegrad hängt von der Schwere der Pflegebedürftigkeit (§ 1 Abs. 4 SGB XI)   **192** und daher nach dem neuen Verständnis von Pflegebedürftigkeit von der Schwere der **Beeinträchtigungen der Selbstständigkeit** ab. Zukünftig gibt es weniger,[123] aber konzentriertere Abstufungen der Pflegebedürftigkeit als bisher. Die neuen Pflegegrade sind wegen den vielfältigen Veränderungen beim Pflegebedürftigkeitsbegriff und beim

---

122 BT-Drucks. 18/5926, 113.
123 Die verwirrende und im Vergleich zur derzeitigen Praxis und Gesetzeslage sogar falsche Erläuterung des
     Gesetzgebers in seinen Presseinformationen und beispielsweise BT-Drucks. 18/5926, 113 beruht auf der
     sehr plakativen Betrachtung, bisher gäbe es drei Pflegestufen und künftig fünf Pflegegrade. Dabei werden
     insbesondere die Kombinationen von Pflegestufen und eingeschränkter Alltagskompetenz über § 123
     SGB XI a.F. übersehen, der seit dem 1.1.2013 den somatischen und den psycho-sozialen Hilfebedarf verkoppelte.

Neuen Begutachtungsinstrument mit den bis Ende 2016 geltenden Pflegestufen nur sehr eingeschränkt vergleichbar.

193   **Praxishinweis:** Der erste Eindruck täuscht gleichwohl nicht, dass Versicherte, die „lediglich" einen **somatischen** (körperbezogenen) **Hilfebedarf** haben, künftig schwerer in einen höheren Pflegegrad eingestuft werden, da nur die Module 1 – Mobilität und 4 – Selbstversorgung angesprochen werden.[124]

194   Daher wird bei der Umstellung nicht einfach die Zahl der Pflegestufen erhöht, sondern die Pflegegrade stellen ein neues, eigenes und differenzierteres System der Einstufung dar. Gleich geblieben ist, dass diejenigen, die schwerer von Pflegebedürftigkeit betroffen sind, höhere Leistungen erhalten als diejenigen, die weniger schwer betroffen sind.

III. Gewichtung durch Anlage 2 zu § 15 SGB XI

195

Module	Gewichtung	Keine	1 Geringe	2 Erhebliche	3 Schwere	4 Schwerste	
1 Mobilität	10 %	0–1	2–3	4–5	6–9	10–15	Summe der Punkte im Modul 1
			2,5	5	7,5	10	Gewichtete Punkte im Modul 1
2 Kognitive und kommunikative Fähigkeiten	15 %	0–1	2–5	6–10	11–16	17–33	Summe der Punkte im Modul 2
3 Verhaltensweisen und psychische Problemlagen			1–2	3–4	5–6	7–65	Summe der Punkte im Modul 3
Höchster Wert aus Modul 2 oder Modul 3			3,75	7,5	11,25	15	Gewichtete Punkte für die Module 2 und 3
4 Selbstversorgung	40 %	0–2	3–7	8–18	19–36	37–54	Summe der Punkte im Modul 4
			10	20	30	40	Gewichtete Punkte im Modul 4

---

124 Die Schwellenwerte für die Pflegegrade 1 und 2 sind gegenüber den Empfehlungen des Expertenbeirats von 2013 geringfügig abgesenkt worden, um die Ergebnisse der beiden Erprobungsstudien vom April 2015 zu berücksichtigen, die eine etwas ungünstigere Verteilung der Pflegebedürftigen auf die Pflegegrade ergeben hat als die erste Erprobung in den Jahren 2008/2009. Der Schwellenwert zur Erreichung des Pflegegrades 1 ist das Ergebnis pflegewissenschaftlicher Erkenntnisse und stellt rechnerisch den Mittelwert der von den Beiräten 2009 und 2013 diskutierten Eingangswerte dar. Für die Veränderung gegenüber den Empfehlungen des Expertenbeirats von 2013 ist dabei auch die Überlegung von Bedeutung, Personen mit einsetzender Pflegebedürftigkeit frühzeitig die Inanspruchnahme der präventiv ausgerichteten Leistungen des Pflegegrades 1 zu ermöglichen, BT-Drucks. 18/5926, 113.

Module	Gewichtung	Keine	1 Geringe	2 Erhebliche	3 Schwere	4 Schwerste	
5 Bewältigung von selbstständiger Umgang mit krankheits- und therapiebedingter Anforderungen	20 %		1	2–3	4–5	6–15	Summe der Punkte im Modul 5
			5	10	15	20	**Gewichtete Punkte im Modul 5**
6 Gestaltung des Alltagslebens und soziale Kontakte	15 %		1–3	4–6	7–11	12–18	Summe der Punkte im Modul 6
			3,75	7,5	11,25	15	**Gewichtete Punkte im Modul 6**
7 Außerhäusliche Aktivitäten		·	Die Berechnung einer Modulbewertung ist entbehrlich, da die Darstellung der qualitativen Ausprägungen bei den einzelnen Kriterien ausreichend ist, um Anhaltspunkte für eine Versorgungs- und Pflegeplanung ableiten zu können.				
8 Haushaltsführung							

Praxishinweis: Der 2. Schritt („Gewichtung") zur Ermittlung eines Pflegegrades, die Anwendung der Anlage 2 zu § 15 SGB XI, hat durchaus Tücken, da die Einzelpunkte nicht gleichmäßig auf die Schwere der Beeinträchtigungen verteilt wurden. So sind insbesondere bei den Modulen 3 – Verhaltensweisen und psychische Problemlagen und 5 – Bewältigung von und selbstständiger Umgang mit krankheits- oder therapiebedingten Anforderungen und Belastungen die „**Schnellspuren**" zu beachten: So wird die maximale Punktzahl von 15 gewichteten Punkten bereits mit 7 Einzelpunkten („7 – 65 Einzelpunkten"), also mit knapp 11 % der Höchst(einzel)punktzahl, erreicht. Mit dieser Zuordnung wird einerseits die allgemeine Erschwerung der Pflege durch das in den Kriterien des Moduls 3 abgebildete „**herausfordernde Verhalten**" honoriert und andererseits die Feststellung des Pflegegrades im 2-schrittigen Aufbau beschleunigt. 196

Sind 7 Einzelpunkte im Modul sicher festgestellt, so müssen die weiteren Kriterien nicht mehr bewertet werden. Hinzu kommt durch das besondere Zusammenwirken der Module 2 und 3, dass in einem solchen Fall auch die Kriterien des Modul 2 nicht mehr – für die Feststellung des Pflegegrades – erhoben werden müssen, da in keinem Fall mehr als 15 gewichtete Punkte gezählt werden können.

So ist zu empfehlen, bei einer Feststellung des Pflegegrades mit der Erhebung der Fähigkeiten der Kriterien des Moduls 3 zu beginnen.

IV. Die fünf Pflegegrade

Zur Ermittlung des Pflegegrads sind nach § 15 Abs. 3 SGB XI die bei der Begutachtung festgestellten Einzelpunkte jedes Kriteriums in jedem Modul zu addieren und dem in der Anlage 2 zu § 15 SGB XI festgelegten Punktbereich sowie den sich daraus ergebenden gewichteten Punkten zuzuordnen. Den Modulen 2 und 3 ist ein gemein- 197 samer gewichteter Punkt zuzuordnen, der aus den höchsten gewichteten Punkten entweder des Moduls 2 oder des Moduls 3 besteht. Aus den **gewichteten Punkten** aller Module sind durch Addition die **Gesamtpunkte** zu bilden. Auf der Basis der erreichten Gesamtpunkte sind pflegebedürftige Personen in einen der nachfolgenden Pflegegrade einzuordnen:

1. ab 12,5 bis unter 27 Gesamtpunkten in den Pflegegrad 1: **geringe Beeinträchtigungen** der Selbstständigkeit oder der Fähigkeiten,

2. ab 27 bis unter 47,5 Gesamtpunkten in den Pflegegrad 2: **erhebliche Beeinträchtigungen** der Selbstständigkeit oder der Fähigkeiten,

3. ab 47,5 bis unter 70 Gesamtpunkten in den Pflegegrad 3: **schwere Beeinträchtigungen** der Selbstständigkeit oder der Fähigkeiten,

4. ab 70 bis unter 90 Gesamtpunkten in den Pflegegrad 4: **schwerste Beeinträchtigungen** der Selbstständigkeit oder der Fähigkeiten,

5. ab 90 bis 100 Gesamtpunkten in den Pflegegrad 5: **schwerste Beeinträchtigungen** der Selbstständigkeit oder der Fähigkeiten mit besonderen Anforderungen an die pflegerische Versorgung.

198 Das **Einstufungslineal** dient der leichteren Bestimmung der Gesamtpunkte:

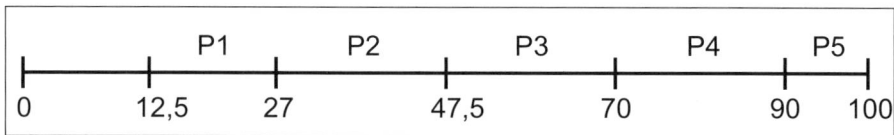

199 **Praxishinweis:** Ein Versicherter mit dem höchsten körperlichen Pflegebedarf wird bisher in Pflegestufe III eingestuft. Künftig erreicht dieser Versicherte die Maximalpunkte in den Modulen 1 – Mobilität und 4 – Selbstversorgung, also maximal 50 Gesamtpunkte (oder: Prozent) und mithin knapp den Sprung in den Pflegegrad 3 allein aus diesen beiden Modulen.

Daneben sind die Kriterien der weiteren Module 2, 3, 5 und 6 zu erheben.

Nachstehend ein tabellarischer Überblick darüber, welche **Voraussetzungen für welche Pflegegrade** erfüllt sein müssen. Die Zeitangaben beruhen auf den bisher ermittelten Richtwerten, die sich aufgrund einer ersten Auswertung des neuen Beurteilungsverfahrens des Bundesministeriums für Gesundheit ergeben haben.[125]

---

125 Abschlussbericht „Analysen für die Entwicklung von Empfehlungen zur leistungsrechtlichen Ausgestaltung des neuen Pflegebedürftigkeitsbegriffs", des Instituts für Pflegewissenschaft an der Universität Bielefeld (IPW) und des MDK Westfalen-Lippe, 2013.

Pflegegrad	Grundpflege	Psychosoziale Hilfe	Nächtliche Hilfe	Anwesenheit am Tag
1	27–60 Min.	Gelegentlich	Nein	Nein
2	30–127 Min.	bis 1 Mal	bis 1 Mal	Nein
2 mit eingeschränkter Alltagskompetenz	8–58 Min.	2 bis 12 Mal	Nein	stundenweise
3	131–278 Min.	2 bis 6 Mal	bis 2 Mal	2 bis 6 Mal
3 mit eingeschränkter Alltagskompetenz	8–74 Min.	6 Mal bis andauernd	bis 2 Mal	6 bis 12 Stunden
4	183 bis 300 Min.	2 bis 6 Mal	2 bis 3 Mal	6 bis 12 Stunden
4 mit eingeschränkter Alltagskompetenz	128 bis 250 Min.	7 bis mehr als 12 Mal	1 bis 6 Mal	Andauernd
5 mit eingeschränkter Alltagskompetenz	245 bis 279 Min.	mehr als 12 Mal	3 Mal	Andauernd

V. Die Härtefallregelung – besondere Bedarfskonstellation

Ergänzend zum neuen System der Pflegegrade wird der Spitzenverband Bund der Pfle- **200** gekassen in § 15 Abs. 4 SGB XI ermächtigt, in den Begutachtungs- Richtlinien nach § 17 Abs. 1 SGB XI **besondere Bedarfskonstellationen** für Pflegebedürftige mit schwersten Beeinträchtigungen und einem außergewöhnlich hohem bzw. intensivem Hilfebedarf mit besonderen Anforderungen an die pflegerische Versorgung auszuweisen. In den Begutachtungs-Richtlinien werden dazu begründete Kriterien festgelegt, nach denen diese Pflegebedürftigen auch unabhängig vom Erreichen des **Schwellenwerts** von 90 Punkten in den Pflegegrad 5 eingestuft werden.

Bei einigen Pflegebedürftigen ist es möglich, dass der Pflegegrad 5 nicht automatisch **201** erreicht wird, obwohl er nach der Schwere der Beeinträchtigung angemessen wäre. Dies liegt daran, dass die jeweiligen gesundheitlichen Probleme sich einer **pflegefachlichen Systematisierung** im neuen Begutachtungsinstrument entziehen; eine regelhafte Einbeziehung wäre nur auf Kosten größerer Verschiebungen in der Bewertung anderer, deutlich häufigerer Fallkonstellationen möglich. Daher wird für wenige, besonders gelagerte Fallkonstellationen die Einstufung in Pflegegrad 5 auch ohne Erreichen des regulären Schwellenwerts ermöglicht. Es handelt sich hierbei nicht um eine Einzelfallregelung oder die Ermächtigung zu einer Einzelfallentscheidung, auch wenn nur sehr wenige Pflegebedürftige von der Regelung betroffen sind, sondern um eine regelhafte **Ergänzung** der Einstufung anhand von Schwellenwerten für seltene Fallkonstellationen.

202   **Praxishinweis:** Das Kriterium der **Gebrauchsunfähigkeit beider Arme und beider Beine** umfasst nach der Begutachtungsrichtlinie F.4.1.6 nicht nur zwingend die Bewegungsunfähigkeit der Arme und Beine, die durch Lähmungen aller Extremitäten hervorgerufen werden kann. In Erweiterung des Beispiels in der Gesetzesbegründung[126] ist ein vollständiger **Verlust der Greif-, Steh- und Gehfunktion** unabhängig von der Ursache zu bewerten. Dies kann z.B. auch bei Menschen im **Wachkoma** vorkommen oder durch hochgradige Kontrakturen, Versteifungen, hochgradigen Tremor und Rigor oder Athetose bedingt sein. Eine Gebrauchsunfähigkeit beider Arme und beider Beine liegt auch vor, wenn eine **minimale Restbeweglichkeit** der Arme noch vorhanden ist, z.B. die Person mit dem Ellenbogen noch den Joystick eines Rollstuhls bedienen kann, oder nur noch unkontrollierbare Greifreflexe bestehen.

203   Erforderlich ist, dass sich das Kriterium im Rahmen der Befunderhebung bei der Begutachtung sicher identifizieren lässt. Im Rahmen der begleitenden fachlichen und wissenschaftlichen Evaluation (§ 18 c SGB XI) soll auch erhoben werden, ob darüber hinaus weitere besondere Bedarfskonstellationen zu prüfen und in die Begutachtungs-Richtlinien nach § 17 Abs. 1 SGB XI aufzunehmen sind.

VI. Ein Beispiel zur Umrechnung

204   **Praxishinweis:** Alle bereits am 31.12.2016 eingestuften Versicherten werden zum Stichtag automatisch umgestellt; für diese besteht absoluter Bestandsschutz. Um sich mit den neuen Vorschriften vertraut zu machen, eignet sich die **exemplarische Umrechnung** von bisher Eingestuften, um so die Weichenstellungen einzelner neuer Regelungen nachzuvollziehen.

Ambulante und stationäre Einrichtungen werden so auch ihre **Pflegedokumentationen** um die bisher nicht so (Module 2 – Kognitive und kommunikative Fähigkeiten [→ Rn. 56 ff, 126 ff] und 3 – Verhaltensweisen und psychische Problemlagen [→ Rn. 61 ff, 130 ff]) oder die gar nicht erhobenen (Modul 5 – Umgang mit krankheits-/therapiebedingten Anforderungen und Belastungen [→ Rn. 74 ff, 148 ff] und 6 – Gestaltung des Alltagslebens und sozialer Kontakte [→ Rn. 86 ff, 165 ff]) Angaben ergänzen müssen.

---

126   BT-Drucks. 18/5926, 114.

Beispiel: M hat – nach den bisherigen Feststellungen zur Einstufung in eine Pflegestufe – **205** einen Pflegebedarf der Verrichtungen des § 14 Abs. 4 SGB XI a.F. bei der

- **Körperpflege:**

Duschen	VÜ (= Vollübernahme)	1 x tägl.	20 Min.
Darm-/Blasenentleerung	TÜ (= Teilübernahme)	7 x tägl.	35 Min.
Waschen der Hände	A (= Anleitung)	10 x tägl.	10 Min.

- **Ernährung**

Mundgerechtes Zubereiten/ Einschenken Getränke	VÜ (= Vollübernahme)	3 x tägl.	15 Min.

- **Mobilität**

Aufstehen/Zubettgehen	TÜ (= Teilübernahme)	4 x tägl.	20 Min.
An- und Auskleiden	VÜ (= Vollübernahme)	6 x tägl.	30 Min.

- **Hauswirtschaftliche Versorgung**   60 Min.

Damit erreicht M in der Grundpflege einen täglichen Bedarf von 130 Minuten und zusätzlich in der Hauswirtschaftlichen Versorgung 60 Minuten, also insgesamt 190 Minuten. Nach § 15 Abs. 1 Nr. 2, Abs. 3 Nr. 2 SGB XI a.F. wurde M daher die **Pflegestufe 2** zuerkannt. Der im Haushalt lebende A gibt M dreimal täglich die benötigten Medikamente und übernimmt das An- und Ausziehen der Kompressionsstrümpfe.

1. Zum Stichtag 1.1.2017 wurde M nach § 140 Abs. 2 Satz 3 Nr. 1 b SGB XI [→ Rn. 344] **automatisch** in den **Pflegegrad 3** übergeleitet.

2. Doch können die bisherigen Feststellungen (wenigstens vorübergehend für einen ersten Umsetzungsschritt) auch für die Zuerkennung eines Pflegegrades genutzt werden?

M hat einen festgestellten Pflegebedarf in der Grundpflege, die in den Modulen 1 – Mobilität und 4 – Selbstversorgung abgebildet werden, so dass zunächst die Zuordnung der Verrichtungen zu den Kriterien der Module vorgenommen werden muss. Der Bedarf an hauswirtschaftlicher Versorgung hat künftig für die Bestimmung des Pflegegrades keine Bedeutung.

Modul 1 – Mobilität

Modul 1: Einzelpunkte im Bereich der Mobilität

Ziffer	Kriterien	selbständig	überwiegend selbständig	überwiegend unselbständig	unselbständig
1.1	Positionswechsel im Bett	0	1	2	3
1.2	Halten einer stabilen Sitzposition	0	1	2	3
1.3	Umsetzen	0	1	2	3
1.4	Fortbewegen innerhalb des Wohnbereichs	0	1	2	3
1.5	Treppensteigen	0	1	2	3

Die bisher festgestellte Verrichtung „**Aufstehen/Zubettgehen**" [→ Rn. 53] wird in die Handlungen „**Positionswechsel im Bett**" [1.1], dem Sitzen auf der Bettkante („**Halten einer stabilen Sitzposition**") [1.2] und dem Aufstehen aus sitzender Position („**Umsetzen**") [1.3] aufgeteilt. Bereits an dieser Stelle zeigt sich, dass das neue Begutachtungsinstrument den pflegerischen Bedarf genauer erfasst. Für jedes der Einzelkriterien wäre jetzt einzuschätzen, welchen Grad der Selbstständigkeit die M bei dem jeweiligen Kriterium hat.

Allein aus Zwecken der weiteren Erläuterung sollen aber keine weiteren Nachforschungen oder Erhebungen angestellt werden, sondern lediglich der Bedarf beim „Umsetzen" [1.3] herangezogen werden, also im Fall der M „überwiegend unselbstständig" oder „unselbstständig". Fällt die Entscheidung auf „überwiegend unselbstständig" so können 2 Einzelpunkte notiert werden; bei „unselbstständig" sind es 3 Einzelpunkte.

Verständnisfrage: Muss ich jetzt weitere Feststellungen treffen, um zu entscheiden ob es 2 oder 3 Einzelpunkte sind?

Die Einzelpunkte sind in einem zweiten Schritt zu gewichten:

Module		Ge-wich-tung	0 Keine	1 Geringe	2 Erheb-liche	3 Schwere	4 Schwerste	
1	Mobilität	10 %	0 – 1	2 – 3	4 – 5	6 – 9	10 – 15	Summe der Punkte im Modul 1
			0	2,5	5	7,5	10	Gewichtete Punkte im Modul 1

Aus den im ersten Schritt bestimmten 2 oder 3 **Einzelpunkten** – bei der exemplarischen Umrechnung kann für einen ersten Überblick ein großzügiger Umrechnungsmaßstab gewählt werden, da es regelmäßig eine erhebliche Spannbreite sowohl bei den Einzelpunkten als auch bei den gewichteten Punkten gibt – werden nach der Gewichtungstabelle (Anlage 2 zu § 15 SGB XI) jeweils **2,5 gewichtete Punkte** für das Modul 1 ausgewiesen.

– Mit anderen Worten (vom Ergebnis her gedacht): Es macht für das Ergebnis der gewichteten Punkte keinen Unterschied, ob 2 oder 3 Einzelpunkte festgestellt werden. Ist dies aber so, dann ist keine weitere Aufklärung notwendig!

206   **Praxishinweis:** Dieser Hinweis zur ergebnisorientierten Feststellung der Beeinträchtigung der Selbstständigkeit und der Fähigkeiten gilt natürlich nur zur Ermittlung des Pflegegrades und nicht für die Erstellung der **Pflegeplanung**!

Modul 4 – Selbstversorgung 207

Modul 4: Einzelpunkte im Bereich der Selbstversorgung

Ziffer	Kriterien	selbständig	überwiegend selbständig	überwiegend un- selbständig	unselbständig
4.1	Waschen des vorderen Ober-körpers	0	1	2	3
4.2	Körperpflege im Bereich des Kopfes (Kämmen, Zahn-pflege/ Prothesenreinigung, Rasieren)	0	1	2	3
4.3	Waschen des Intimbereichs	0	1	2	3
4.4	Duschen und Baden ein-schließlich Waschen der Haare	0	1	2	3
4.5	An- und Auskleiden des Oberkörpers	0	1	2	3
4.6	An- und Auskleiden des Un-terkörpers	0	1	2	3
4.7	Mundgerechtes Zubereiten der Nahrung und Eingießen von Getränken	0	1	2	3
4.8	Essen	0	3	6	9
4.9	Trinken	0	2	4	6
4.10	Benutzen einer Toilette oder eines Toilettenstuhls	0	2	4	6

Die nach dem bisherigen Katalog des § 14 Abs. 4 SGB XI a.F. festgestellten Verrichtungen lassen sich den neuen Kriterien wie folgt zuordnen:

„Duschen" entspricht dem „Duschen ... [4.4]"; die Vollübernahme dürfte für einen Grad der Selbstständigkeit von „unselbstständig" sprechen, also 3 Einzelpunkte bedeuten.

„Darm-/Blasenentleerung" entspricht „Benutzen einer Toilette ... [4.10]"; die Teilübernah-me dürfte für einen Grad der Selbstständigkeit von „überwiegend unselbstständig" und da für dieses Kriterium den Faktor 2 enthält, also für 4 Einzelpunkte sprechen.

„Waschen der Hände" ist aufgrund des exemplarischen Charakters der Kriterien nicht mehr vergeben, daher keine Einzelpunkte für diese Verrichtung.

„Mundgerechtes Zubereiten/Einschenken Getränke" bleibt als Kriterium [4.7]; die Voll-übernahme dürfte für einen Grad der Selbstständigkeit von „unselbstständig" sprechen, also 3 Einzelpunkte bedeuten.

„An- und Auskleiden" wird nun in „... Oberkörper [4.5]" und „... Unterkörper [4.6]" unter-teilt und so sogar zweimal Einzelpunkte vergeben; die Vollübernahme dürfte für einen Grad der Selbstständigkeit von „unselbstständig" sprechen, also 2 x 3 = 6 Einzelpunkte be-deuten.

Aus dem ersten Schritt ergeben sich daher für die Körperpflege 14 – 18 Einzelpunkte. Diese sind im zweiten Schritt zu gewichten:

4 Selbstver- sorgung	40%	0 – 2	3 – 7	8 – 18	19 – 36	37 – 60	Summe der Punkte im Modul 4
		0	10	20	30	40	Gewichtete Punkte im Modul 4

Kaum zu beurteilen ist hingegen der Bedarf des „mundgerechtes Zubereiten/Einschenken Getränke" in Hinblick auf die Selbstständigkeit. Hier müssen weitere Erkenntnisse hinzutreten. Nach der Gewichtungstabelle (Anlage 2 zu § 15 SGB XI) werden aus 14, 15, 16, 17 oder 18 Einzelpunkten jeweils **20 gewichtete Punkte** für Modul 4.

– Auch hier gilt wieder mit anderen Worten (vom Ergebnis her gedacht): Es macht für das Ergebnis der gewichteten Punkte keinen Unterschied, ob 14 oder 18 Einzelpunkte festgestellt werden. Also: In einem solchen Fall ist keine weitere Aufklärung mehr notwendig! Aus den Modulen 1 und 4 erreicht M also vorläufig **22,5 gewichtete Punkte**.

Nach § 15 Abs. 3 SGB XI wäre M daher bei einer Neueinstufung allein aus diesen beiden Modulen dem **Pflegegrad 1** (12,5 bis unter 27 gewichtete Gesamtpunkte) zuzuordnen. M würde in diesem Eingangs-Pflegegrad aber lediglich die Leistungen nach § 28 a SGB XI [→ Rn. 224] erhalten. Das Ergebnis überrascht oder verstört nur auf den ersten Blick. Für die Eingruppierung in einen Pflegegrad sind mit der Umrechnung der bisherigen Verrichtungen der Grundpflege erst 2 Module, nämlich Modul 1 – Mobilität und Modul 4 – Selbstversorgung, angesprochen und damit 50 % der möglichen gewichteten Punkte festgestellt worden. Aufgabe aller Beteiligten ist es, zukünftig auch die weiteren Module und deren Kriterien zu prüfen und festzustellen.

Modul 5 – Umgang mit krankheits-/therapiebedingten Anforderungen und Belastungen

Nach dem Sachverhalt des Beispiels benötigt M dreimal täglich Hilfe bei der Medikation und dem An- und Ausziehen der Kompressionsstrümpfe (also zweimal täglich). Insgesamt benötigt M mithin 5 Maßnahmen täglich.

Modul 5: Einzelpunkte im Bereich der Bewältigung von und selbständiger Umgang mit krankheits- oder therapiebedingten Anforderungen

Ziffer	Kriterien	entfällt oder selbständig	Häufigkeit der Hilfe (Anzahl)		
			täglich	wöchentlich	monatlich
	in Bezug auf				
5.1	Medikation	0	**3 x**		
5.2	Injektionen (subcutan oder intramuskulär)	0			
5.3	Versorgung intravenöser Zugänge (Port)	0			
5.4	Absaugen und Sauerstoffgabe	0			
5.5	Einreibungen oder Kälte- und Wärmeanwendungen	0			
5.6	Messung und Deutung von Körperzuständen	0			
5.7	Körpernahe Hilfsmittel	0	**2 x**		

Summe aller Häufigkeiten der Kriterien 5.1 bis 5.7

	entfällt oder seltener als einmal täglich	ein- bis dreimal täglich	vier- bis achtmal täglich	mehr als achtmal täglich
Einzelpunkte	0	1	2	3

Im weiteren Schritt der Gewichtung werden

5 Bewältigung von und selbständiger Umgang mit krankheits- und therapiebedingten Anforderungen	20%	0	1	2 – 3	4 – 5	6 – 15	Summe der Punkte im Modul 5
		0	5	10	15	20	Gewichtete Punkte im Modul 5

nach der Gewichtungstabelle (Anlage 2 zu § 15 SGB XI) aus 2 Einzelpunkten **10 gewichtete Punkte** für Modul 5.

Aus den Modulen 1, 4 und 5 erreicht M insgesamt also **32,5 gewichtete Punkte**.

Nach § 15 Abs. 3 SGB XI wäre M daher nun dem **Pflegegrad 2** (27 bis unter 47,5 gewichtete Gesamtpunkte) zuzuordnen. Eine Einschränkung der Selbstständigkeit oder der Fähigkeiten der Kriterien der Module 2 und 3 sowie 6 ist zusätzlich festzustellen.

Praxishinweis: Durch den **2-stufigen Aufbau** zur Berechnung des Pflegegrades 208 kommt es **nicht** (immer) auf jeden Einzelpunkt an, sondern nur dann, wenn die Einzelpunkte des Moduls bei der Gewichtung nach Anlage 2 zu § 15 SGB XI an der „**Sprungschicht**" liegen, also ein weiterer Einzelpunkt darüber entscheiden kann, welcher gewichteter Wert dem Pflegegrad zugrunde gelegt wird.

Daher ist bei der Bearbeitung der einzelnen Kriterien eines Moduls im ersten Schritt immer auch zu beachten, ob es auf die genaue Zuordnung – in Hinblick auf die Gewichtung im zweiten Schritt – letztlich ankommt.

209 **Beispiel (Fortsetzung):** Während bei der bisherigen verrichtungsbezogenen Betrachtung der 15 Verrichtungen der Grundpflege ein pflegerischer Bedarf nicht bei verschiedenen Verrichtungen berücksichtigt werden konnte, kann bei der neuen Betrachtung der Lebensbereiche, die durch die Module abgebildet werden, ein Bedarf durchaus mehrfach für die Feststellung der Selbstständigkeit herangezogen werden. Besonders relevant für eine solche zulässige "**Doppel-Verwertung**" ist das zusammenfassende Modul 6 – Gestaltung des Alltagslebens und soziale Kontakte.

Bleiben wir in unserem Praxisbeispiel: Nach **F.4.6.2.** der Begutachtungsrichtlinie ist eine Person "überwiegend selbstständig", die personelle Hilfe beim Aufstehen oder Zu-Bett-Gehen, etwa in Form von Transferhilfen oder zeitlichen Orientierungshilfen beim Wecken oder die Aufforderung schlafen zu gehen oder einzelne Hilfen wie beispielsweise das Abdunkeln des Schlafraumes, benötigt.

Ziffer	Kriterien	selbständig	überwiegend selbständig	überwiegend unselbständig	unselbständig
6.1	Gestaltung des Tagesablaufs und Anpassung an Veränderungen	0	1	2	3
6.2	Ruhen und Schlafen	0	1	2	3
6.3	Sichbeschäftigen	0	1	2	3
6.4	Vornehmen von in die Zukunft gerichteten Planungen	0	1	2	3
6.5	Interaktion mit Personen im direkten Kontakt	0	1	2	3
6.6	Kontaktpflege zu Personen außerhalb des direkten Umfelds	0	1	2	3

Wurde im ersten Schritt ein Einzelpunkt festgestellt, so ist dieses Ergebnis jetzt durch Anwendung der Anlage 2 zu § 15 SGB XI zu gewichten:

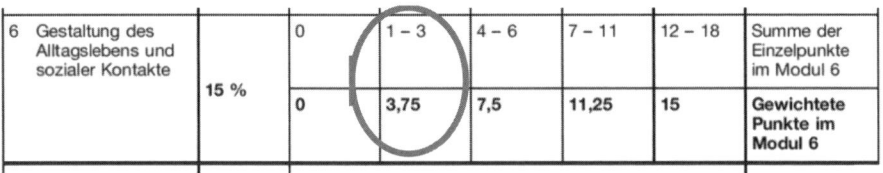

6 Gestaltung des Alltagslebens und sozialer Kontakte	15 %	0	1 – 3	4 – 6	7 – 11	12 – 18	Summe der Einzelpunkte im Modul 6
		0	3,75	7,5	11,25	15	Gewichtete Punkte im Modul 6

Aus Modul 6 würden somit weitere 3,75 gewichtete Punkte zur Zuerkennung eines Pflegegrades hinzuaddiert werden.

210 **Praxishinweis:** Das Modul 6 hat sich als **Plausibilitäts-Check** herausgestellt:

- Sind in den Modulen 1 und 4 Einzelpunkte festgestellt worden, so sind regelmäßig auch die Kriterien 1 und 3 des Moduls 6 betroffen;

- sind in den Modulen 2 und 3 Einschränkungen beschrieben, so werden auch die Kriterien 3 – 6 des Moduls 6 zu prüfen sein.

Sind also im Modul 6 keine Einzelpunkte festgestellt worden, obwohl welche in den Modulen 1 – 4 vorhanden sind, lohnt eine nähere Überprüfung.

E. Die Einstufung von Kindern

Für die Feststellung der Pflegebedürftigkeit von **Kindern** ist wie bisher (§ 15 Abs. 2   **211**
SGB XI a.F.) der **Vergleich** mit altersentsprechend entwickelten Kindern maßgebend,
§ 15 Abs. 6 Satz 1 SGB XI. Dies ist erforderlich, da die Hilfebedürftigkeit altersentsprechend entwickelter Kinder ihrem Entwicklungsstand entspricht und keinen Leistungsanspruch gegen die soziale Pflegeversicherung begründen soll. Nur darüber hinaus gehende Beeinträchtigungen der Selbstständigkeit oder der Fähigkeiten sind für
den Leistungszugang relevant.[127] Die Einschätzung der Pflegebedürftigkeit bei Kindern folgt grundsätzlich den Prinzipien der Erwachsenenbegutachtung, da die für die
Erwachsenen relevanten Kriterien mit nur wenigen Anpassungen auch auf Kinder
und Jugendliche zutreffen.

Die differenziertere Erfassung von Pflegebedürftigkeit soll sich in der Begutachtung   **212**
von Kindern positiv auswirken. Gerade in den besonders wichtigen Bereichen der
Module 2, 3 und 5 werden Bedarfslagen erfasst, die bei der bisherigen Begutachtung
für die Pflegestufen größtenteils unberücksichtigt blieben, für den **Lebens- und Versorgungsalltag** von pflegebedürftigen Kindern und ihren Eltern aber von besonderer
Bedeutung sind. Damit verbessert sich tendenziell die Einstufung pflegebedürftiger
Kinder.[128]

Auch bei pflegebedürftigen Kindern erfolgt daher eine Einstufung anhand der Schwe-   **213**
re der Beeinträchtigungen der Selbstständigkeit oder der Fähigkeiten in fünf Pflegegrade. Bei kleinen Kindern können zwar **besondere Bedarfskonstellationen** vorkommen, diese führen aber nicht zu einem vergleichbar hohen Mehraufwand. **Kleinkin-
der** bedürfen ohnehin der vollständigen Übernahme aller Verrichtungen und der ständigen Beaufsichtigung. Daher ist in den Begutachtungs-Richtlinien nach § 17 Abs. 1
SGB XI jeweils festzulegen, ob und inwieweit eine besondere Bedarfskonstellation
auch für Kinder und bezogen auf welche Altersstufen gelten soll. Beispielsweise ist
eine besondere Bedarfskonstellation die Gebrauchsunfähigkeit beider Arme und beider Beine; diese kann bei Kindern mit **Infantiler Cerebralparese** ab dem Alter von ca.
3 Jahren einen Mehraufwand begründen. Erforderlich ist, dass sich das Kriterium im
Rahmen der Befunderhebung bei der Begutachtung sicher identifizieren lässt. Im
Rahmen der begleitenden Evaluation (§ 18 c SGB XI) soll innerhalb von drei Jahren
auch erhoben werden, ob darüber hinaus weitere besondere Bedarfskonstellationen
zu prüfen und in die Richtlinien nach § 17 Abs. 1 SGB XI aufzunehmen sind.[129]

Da der Bezugspunkt für die Einstufung von Kindern der Vergleich mit einem alterstyp-   **214**
isch entwickelten Kind ohne Beeinträchtigungen ist, ergeben sich für pflegebedürftige **Kinder im Alter von 0 bis 18 Monaten** Besonderheiten. Denn auch Kinder in der
altersentsprechend entwickelten Vergleichsgruppe sind von Natur aus in allen Bereichen des Alltagslebens unselbstständig; erst mit zunehmendem Alter erlangen sie auf-

---

127 BT-Drucks. 18/5926, 114.
128 BT-Drucks. 18/5926, 111.
129 BT-Drucks. 18/5926, 114.

grund von Entwicklungsfortschritten schrittweise eine größere Selbstständigkeit. Da das neue Begutachtungsinstrument die Selbstständigkeit im Vergleich zu altersentsprechend entwickelten Kindern als Maßstab hat, könnten Kinder von 0 bis 18 Monaten ohne eine Sonderregelung regelhaft keine oder nur niedrigere Pflegegrade erreichen, was pflegefachlich und gemessen am Hilfebedarf der Eltern nicht angemessen wäre.

Für pflegebedürftige Kinder im Alter bis zu 18 Monaten (= der Tag, an dem das Kind seinen 18. Lebensmonat vollendet; vgl. §§ 187, 188 BGB) wurden deshalb hinsichtlich ihrer Beurteilung und Einstufung Sonderregelungen getroffen (§ 14 Abs. 2 Nr. 4 SGB XI, § 15 Abs. 6 und Abs. 7 SGB XI). Bei der aufgrund des Alters noch natürlichen hohen Unselbstständigkeit werden bei Kindern im Alter bis zu 18 Monaten nur die **altersunabhängigen Module 3** „Verhaltensweisen und psychische Problemlagen" und 5 „Bewältigung von und selbständiger Umgang mit krankheits- oder therapiebedingten Anforderungen und Belastungen" zur Beurteilung herangezogen. Ebenso ist das Kriterium hinsichtlich des Vorliegens der besonderen Bedarfskonstellation KF. 4.1.6 „Gebrauchsunfähigkeit beider Arme und beider Beine" altersunabhängig immer zu bewerten. Bei Kindern im Alter bis 18 Monate werden die Kriterien 4.1 bis 4.12 durch das Kriterium 4.K ersetzt:

4.K	20 Punkte
Bestehen gravierende Probleme bei einer Nahrungsaufnahme, die einen außergewöhnlichen pflegeintensiven Hilfebedarf im Bereich der Ernährung auslösen	

215 Zudem müssten sie aufgrund der häufigen **Entwicklungsveränderungen** in sehr kurzen Zeitabständen neu begutachtet werden, um die jeweils angemessene Einstufung zu erhalten. Für pflegebedürftige Kinder im Alter von 0 bis 18 Monaten wird daher hinsichtlich ihrer Einstufung in § 15 Abs. 7 SGB XI eine Sonderregelung getroffen: Sie werden – im Sinne einer pauschalierenden Einstufung – regelhaft **um einen Pflegegrad höher** eingestuft als bei der Regelung nach § 15 Abs. 3 SGB XI und können in diesem Pflegegrad ohne weitere Begutachtung bis zum 18. Lebensmonat verbleiben, soweit zwischenzeitlich kein Höherstufungsantrag gestellt wird oder eine Wiederholungsbegutachtung aus fachlicher Sicht notwendig ist. Eine erneute Begutachtung ist aus fachlicher Sicht zu veranlassen, wenn relevante Änderungen zu erwarten sind.

Punkte	0 – unter 12,5	12,5 – unter 27	27 – unter 47,5	47,5 – unter 70	70 – unter 90	90 – 100
Beschreibung	**Kein** Pflegegrad	**Geringe** Beeinträchtigung der Selbstständigkeit oder der Fähigkeiten	**Erhebliche** Beeinträchtigung der Selbstständigkeit oder der Fähigkeiten	**Schwere** Beeinträchtigung der Selbstständigkeit oder der Fähigkeiten	**Schwerste** Beeinträchtigung der Selbstständigkeit oder der Fähigkeiten	**Schwerste** Beeinträchtigung der Selbstständigkeiten mit besonderen Anforderungen an die pflegerische Versorgung
		Pflegegrad 1	**Pflegegrad 2**	**Pflegegrad 3**	**Pflegegrad 4**	**Pflegegrad 5**

Andere Einstufung bei Kleinkindern zwischen 0 und 18 Monaten

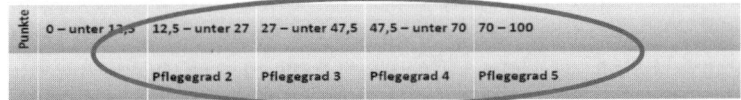

Punkte	0 – unter 12,5	12,5 – unter 27	27 – unter 47,5	47,5 – unter 70	70 – 100
		Pflegegrad 2	**Pflegegrad 3**	**Pflegegrad 4**	**Pflegegrad 5**

Praxishinweis: Eine erneute Begutachtung erfolgt vor Erreichen des 18. Lebens-   216
monats nur, wenn **relevante Änderungen** zu erwarten sind:

Der Gesetzgeber nennt in seiner Begründung insbesondere eine erfolgreiche Operation einer Lippen-Kiefer-Gaumenspalte oder eines angeborenen Herzfehlers.[130]
Es muss sich also immer um eine erhebliche Aufwendung der Krankenkasse handeln, die eine Neubegutachtung durch die Pflegekasse auslösen kann.

Damit wird sichergestellt, dass pflegebedürftige Kinder im Alter von 0 bis 18 Mona-   217
ten einen fachlich angemessenen Pflegegrad erreichen, der die natürlichen Entwick-
lungsschwankungen sowohl bei den pflegebedürftigen Kindern als auch bei der Vergleichsgruppe der altersentsprechend entwickelten Kinder großzügig auffängt.[131] Pflegebedürftige Kinder im Alter bis 18 Monaten werden nach § 15 Abs. 7 SGB XI wie
folgt eingestuft:

1. ab 12,5 bis unter 27 Gesamtpunkten in den Pflegegrad 2,

2. ab 27 bis unter 47,5 Gesamtpunkten in den Pflegegrad 3,

3. ab 47,5 bis unter 70 Gesamtpunkten in den Pflegegrad 4,

4. ab 70 bis 100 Gesamtpunkten in den Pflegegrad 5.

Nach dem 18. Lebensmonat ist eine **reguläre Einstufung** fachlich angemessen, da die   218
Kinder dann aufgrund der gewachsenen Selbstständigkeit der Vergleichsgruppe regu-
lär fachlich angemessene Pflegegrade erreichen und die relevanten Entwicklungsfort-
schritte in kleineren Abständen erfolgen.

Kinder erlernen in unterschiedlichem Alter im Laufe ihrer Entwicklung Fähigkeiten   219
und Selbstständigkeit. Die altersabhängig ermittelten **Grade der Selbstständigkeitsent-
wicklung** bezogen auf die zu beurteilenden Kriterien der Module 1, 2, 4 und 6 sind
im Begutachtungsinstrument für Kinder hinterlegt. Die Aufgabe des Gutachters ist es,
analog zur Erwachsenenbegutachtung die festgestellten Beeinträchtigungen und den
Grad der Selbstständigkeit zu dokumentieren. In den Modulen 3 „Verhaltensweisen

---

130 BT-Drucks. 18/5926, 115.
131 BT-Drucks. 18/5926, 115.

und psychische Problemlagen" und 5 „Bewältigung von und selbständiger Umgang mit krankheits- oder therapiebedingten Anforderungen und Belastungen" gibt es keine Festlegung von Altersgrenzen, da hier krankheits- und therapiebedingte Beeinträchtigungen erfasst werden, die altersunabhängig bei jedem Kind zu bewerten sind. Ebenso ist das Kriterium hinsichtlich des Vorliegens der besonderen Bedarfskonstellation nach § 15 Abs. 4 SGB XI (KF.4.1.6) „Gebrauchsunfähigkeit beider Arme und beider Beine" altersunabhängig zu bewerten.

Die Tabelle endet mit vollendetem 11. Lebensjahr. Ab diesem Alter gilt die Punktesystematik für Erwachsene. Es gilt das Alter am Tag der Begutachtung. Gleichwohl werden bei Antragstellenden von 11 bis 18 Jahren im Sinne einer altersgerechten Formulierung das Begutachtungsformular für Kinder herangezogen, da Antragsteller dieser Altersgruppe in der Regel noch keine abgeschlossene geistige und körperliche Entwicklung aufweisen.

220 **Praxishinweis:** Die Zeitabzugstabelle der bisherigen Begutachtungsrichtlinie war ebenfalls von einem Entwicklungszyklus ausgegangen, der mit der Vollendung des 11. Lebensjahres endete. Verschiedene Sozialgerichte hatten zeitliche Abzüge vom festgestellten Pflegebedarf im Bereich der Grundpflege (jetzt: Kriterien der Module 1 und 4) mit Beginn der Schulpflicht (7. Lebensjahr) abgelehnt.[132] Es wird kritisch zu hinterfragen sein, ob die Entwicklung der Selbstständigkeit wiederum zu spät in der Begutachtungs-Richtlinie angesetzt wird, so dass eine Korrektur durch die Rechtsprechung erforderlich ist.

221 Kinder erlernen in unterschiedlichem Alter im Laufe ihrer Entwicklung Fähigkeiten und Selbstständigkeit. In der folgenden Tabelle ist am Beispiel des Moduls 1 der altersentsprechende Selbstständigkeitsgrad bezogen auf die zu beurteilenden Kriterien abgebildet:

1	Mobilität	Altersentsprechender Selbständigkeitsgrad			
Nr.		unselbständig	überwiegend unselbständig	überwiegend selbständig	selbständig
1.1	Positionswechsel im Bett	unter 1 Monat	von 1 Monat bis unter 3 Monate	von 3 Monaten bis unter 9 Monate	ab 9 Monaten
1.2	Halten einer stabilen Sitzposition	unter 6 Monaten	von 6 Monaten bis unter 8 Monate	von 8 Monaten bis unter 9 Monate	ab 9 Monaten
1.3	Umsetzen	unter 8 Monaten	von 8 Monaten bis unter 9 Monate	von 9 Monaten bis unter 11 Monate	ab 11 Monaten

---

132 SG Dortmund 19.10.1999 – S 39 P 56/97; SG Mannheim 15.3.2002 – S 4 P 1197/01; SG Schleswig 21.11.2002 – S 4 P 21/01; ausführlich: *Richter* Pflegen ambulant 01/2006, 32.

1.4	Fortbewegen innerhalb des Wohnbereichs	unter 12 Monaten	von 12 Monaten bis unter 13 Monate	von 13 Monaten bis unter 18 Monate	ab 18 Monaten
1.5	Treppensteigen	unter 15 Monaten	von 15 Monaten bis unter 18 Monate	von 18 Monaten bis unter 2 Jahren und 6 Monaten	ab 2 Jahren und 6 Monaten

Zur Berechnung des Selbstständigkeitsgrades werden in den altersabhängigen Modu- **222**
len 1 „Mobilität", 2 „Kognitive und kommunikative Fähigkeiten", 4 „Selbstversorgung" und 6 „Gestaltung des Alltagslebens und sozialer Kontakte" für jedes einzelne
Kriterium Punkte vergeben und nach der **neuen Abzugstabelle** festgestellt.

	altersentsprechend entwickeltes Kind „unselbständig" bzw. „Fähigkeit nicht vorhanden"	altersentsprechend entwickeltes Kind „überwiegend unselbständig" bzw. „Fähigkeit in geringem Maße vorhanden"	altersentsprechend entwickeltes Kind „überwiegend selbständig" bzw. „Fähigkeit größtenteils vorhanden"	altersentsprechend entwickeltes Kind „selbständig" bzw. „Fähigkeit vorhanden/unbeeinträchtigt"
zu beurteilendes Kind „unselbständig" bzw. „Fähigkeit nicht vorhanden"	0	1	2	3
zu beurteilendes Kind „überwiegend unselbständig" bzw. „Fähigkeit in geringem Maße vorhanden"		0	1	2
zu beurteilendes Kind „überwiegend selbständig" bzw. „Fähigkeit größtenteils vorhanden"			0	1
zu beurteilendes Kind „selbständig" bzw. „Fähigkeit vorhanden/unbeeinträchtigt"				0

Die Tabellen werden nach folgendem Muster angewandt:

Wird in der Systematik der Erwachsenen eine Doppelwertung (F.4.4.9 und F.4.4.10),
eine Dreifachwertung (F 4.4.8) oder eine andere Bewertung (F.4.4.13) vorgenommen,
so gilt dies für die Einstufung von Kindern entsprechend; ebenso die Gewichtung der
erreichten Einzelpunkte nach Anlage 2 zu § 15 SGB XI. Wenn das Kind also bei dem
Kriterium „Benutzen einer Toilette oder eines Toilettenstuhls" (KF.4.4.10) „überwiegend unselbständig" ist, bei dem altersentsprechend entwickelte Kinder „selbständig"
sind, resultieren für dieses Kriterium 4 Punkte (Doppelbewertung) für die Berechnung der Summe der Einzelpunkte im Modul 4.

Wenn das Kind bei einem zu beurteilenden Kriterium „überwiegend unselbständig"
ist, bei dem altersentsprechend entwickelte Kinder auch „überwiegend unselbständig" sind, resultieren für dieses Kriterium 0 Punkte für die Berechnung der Summe
der Einzelpunkte im jeweiligen Modul.

Wenn bei dem zu beurteilenden Kind die Fähigkeit „in geringem Maße vorhanden" ist, bei dem bei altersentsprechend entwickelten Kindern die Fähigkeit „größtenteils vorhanden" ist, resultiert für diese Fähigkeit 1 Punkt für die Berechnung der Summe der Einzelpunkte im Modul 2.

Besonderheiten zur Modulbewertung im Modul 5 „Bewältigung von und selbständiger Umgang mit krankheits- und therapiebedingten Anforderungen": Bei der Feststellung der Zwischensumme der Kriterien KF.4.5.12 bis KF.4.5.15 ist bei Kindern zusätzlich der Wert für das Kriterium KF.4.5.K (Besuch von Einrichtungen der Frühförderung bei Kindern) zu addieren.

F. Die Leistungen

I. Die wesentlichen Neuerungen im Leistungsrecht im Überblick

- Grundsätzlich werden die Leistungen der Pflegeversicherung nur für die **Pflegegra-** **223** de 2 bis 5 gewährt.[133]

- Pflegebedürftige des **Pflegegrades 1** erhalten nur die in § 28 a SGB XI genannten Leistungen.

- Alle Pflegebedürftigen in häuslicher Pflege der Pflegegrade 1 bis 5 erhalten unabhängig von den bezogenen Leistungen einen **Entlastungsbetrag** von monatlich 125,00 €, § 45 b Abs. 1 Satz 1 SGB XI. Dieser Betrag wird nach § 43 Abs. 3 SGB XI auch stationär versorgten Pflegebedürftigen des Pflegegrades 1 als Zuschuss gewährt.

- Die Leistungen werden über körperbezogene Pflegemaßnahmen und Hilfen bei der Haushaltsführung hinaus auf **pflegerische Betreuungsmaßnahmen** erstreckt.

- Im vollstationären Bereich werden die Leistungsbeträge so gestaffelt, dass sie zusammen mit einem in Pflegegrad 2 bis 5 (absolut) gleich hohen **einrichtungseinheitlichen Eigenanteil** den durchschnittlich anfallenden Aufwand abdecken.

	Pflegesachleistung (§ 36 SGB XI) in EUR pro Monat	Pflegegeld (§ 37 SGB XI) in EUR pro Monat	Leistungen nach § 41 in EUR pro Monat	Leistungen nach § 45 b in EUR pro Monat	Verhinderungspflege nach § 39 SGB XI in EUR pro Jahr	Kurzzeitpflege nach § 42 SGB XI in EUR pro Jahr	Vollstationäre Pflege § 43 SGB XI in EUR pro Monat
Pflegegrad 1	–	–	–	*125*			125
Pflegegrad 2	689	316	689	125	1.612	1.612	770
Pflegegrad 3	1.298	545	1.298	125	1.612	1.612	1.262
Pflegegrad 4	1.612	728	1.612	125	1.612	1.612	1.775
Pflegegrad 5	1.995	901	1.995	125	1.612	1.612	2.005

II. Die Leistungen bei Pflegegrad 1, § 28 a SGB XI

Nach den Erkenntnissen im Vorfeld zur gesetzlichen Neuregelung[134] haben die Perso- **224** nen, die dem künftigen **Pflegegrad 1** (geringe Beeinträchtigung der Selbstständigkeit,

---

133 BT-Drucks. 18/5926, 118.
134 Umsetzungsbericht des Beirats, 2009, 48 f; Bericht des Expertenbeirats zur konkreten Ausgestaltung des neuen Pflegebedürftigkeitsbegriffs, 2013, 41 ff; *Wingenfeld/Gansweid* (2013), 21. Die betrachteten Personen (N = 5) hatten mäßige, rein motorische Einschränkungen aufgrund von Wirbelsäulen-, Gelenkerkrankungen oder Restlähmung nach Schlaganfall, die Probleme mit dem Gehen und Stehen haben. Bei keinem wurde eine eingeschränkte Alltagskompetenz festgestellt. Bei den betrachteten Personen sind aufgrund der motorischen Beeinträchtigungen vor allem Teilhilfen beim Waschen und Kleiden der unteren Extremitäten, beim Verlassen des Hauses und bei der hauswirtschaftlichen Versorgung erforderlich. Der Bedarf an Grundpflege liegt zwischen 27 und 60 Minuten im Tagesdurchschnitt. Die Toilettenbenutzung erfolgt bei allen selbstständig, bei zwei Personen sind Hilfen beim Leeren des Toilettenstuhls erforderlich. Psychosozialer Unterstützungsbedarf besteht nur in geringem Umfang. Nächtlicher Hilfebedarf war bei dieser Per-

vgl. § 15 Abs. 3 Satz 1 Nr. 1 SGB XI [→ Rn. 224]) zugewiesen werden, vor allem einen Hilfe- und Unterstützungsbedarf bei **somatischen Beeinträchtigungen**. Gleichwohl sollen Leistungen zum Zweck der Erhaltung und Wiederherstellung der Selbstständigkeit und der Vermeidung schwererer Pflegebedürftigkeit sowie auf die Gewährleistung und Sicherstellung der **häuslichen Versorgung** hinterlegt werden. Vor diesem Hintergrund stehen für diesen Personenkreis nach § 28 a Abs. 1 SGB XI folgende Leistungen zur Verfügung:

- **Pflegeberatung** gem. der §§ 7 a und 7 b SGB XI,

- einen halbjährlich abzurufenden Beratung in der eigenen Häuslichkeit gem. § 37 Abs. 3 Satz 5 SGB XI („**Beratungsbesuch**"),

- zusätzliche Leistungen für Pflegebedürftige in ambulant betreuten Wohngruppen gem. § 38 a SGB XI („**Wohngruppenzuschlag**"),

- Versorgung mit **Pflegehilfsmitteln** gem. § 40 Abs. 1 bis 3 und 5 SGB XI,

- finanzielle Zuschüsse für Maßnahmen zur Verbesserung des individuellen oder gemeinsamen **Wohnumfeldes** gem. § 40 Abs. 4 SGB XI,

- zusätzliche Betreuung und Aktivierung in stationären Pflegeeinrichtungen gem. § 43 b SGB XI,

- **Pflegekurse** für Angehörige und ehrenamtliche Pflegepersonen gem. § 45 SGB XI.

Diese Aufzählung wurde durch das PSG III[135] erweitert um

- zusätzliche Leistungen bei **Pflegezeit** und kurzzeitiger Arbeitsverhinderung gem. § 44 a SGB XI

225 Diese Leistungsausgrenzung der Personen mit einer festgestellten Pflegebedürftigkeit im Rahmen des Pflegegrades 1 wird damit begründet, dass Hilfsangebote mit **präventivem Charakter** im Vordergrund stehen. Den Pflegebedürftigen im Pflegegrad 1 werden die Leistungen vorrangig im Wege der **Kostenerstattung** – und nicht als Dienst- und Sachleistungen – zur Verfügung gestellt. Unterhalb von Pflegegrad 1 soll es weiterhin wegen des geringen Ausmaßes der Unselbstständigkeit keine Leistungen der Pflegeversicherung geben.[136] Dabei ist insbesondere für die Erbringer ambulanter Pflegedienstleistungen der Personenkreis der mit Leistungen des Pflegegrades 1 ausgestatteten Versicherten so relevant, dass von der Entstehung eines „**neuen Marktsegmentes**" mit dem Angebot von „**Vorpflegeleistungen**" ausgegangen werden kann. Nach den Berechnungen des Beirates zum Pflegebedürftigkeitsbegriff werden

---

sonengruppe nicht feststellbar. Es besteht keine Notwendigkeit der Präsenz außerhalb der pflegerischen Hilfen.

135 BT-Drucks. 18/9518, 68.

136 Es ist aber zu bedenken, dass in der Pflegestufe „0" durch die vorläufige Regelung des § 123 SGB XI a.F. ein Anspruch auf Geld- und Sachleistungen bestand. Allerdings wurde die überwiegende Zahl der Personen, die in Pflegestufe „0" Geld- oder Sachleistungen beziehen (vor allem Personen mit eingeschränkter Alltagskompetenz), durch die Übergangsregelung im Pflegegrad 2 eingestuft. Die unterschiedliche leistungsrechtliche Hinterlegung im Pflegegrad 1 ist aber hinsichtlich ihrer Auswirkungen auf die Hilfe zur Pflege, also der Sozialhilfe, gesondert zu prüfen.

rund 433.150 Versicherte[137] einen Anspruch auf Leistungen nach Pflegegrad 1 haben, davon 233.150 Versicherte, deren Antrag auf Pflegeleistungen bisher abgelehnt wurde und ca. 200.000 Versicherte, die bisher überhaupt keinen Antrag gestellt hatten, da das rein somatische **Defizitprofil** auf den Hilfebedarf nicht zutraf. Die Gruppe der Versicherten mit einem Pflegegrad 1 dürfte im Durchschnitt jünger und mobiler sein, so dass neben der Kostenerstattung für Entlastungsleistungen nach § 45 b SGB XI insbesondere der **Wohngruppenzuschlag** nach § 38 a SGB XI und die **Beratungsbesuche** nach § 37 Abs. 3 SGB XI abgerufen werden können.

Der Leistungsanspruch der dann in Pflegegrad 1 eingestuften Personen verändert sich mit der Neueinstufung, dabei bleiben aber relevante Beeinträchtigungen der Selbstständigkeit mit immerhin unter 27 gewichteten Punkten (ab 27 gewichteten Punkten erfolgt die Einstufung in den Pflegegrad 2). Dabei ist davon auszugehen, dass die Inanspruchnahme von externen Leistungen im Pflegegrad 1 nicht bei 100% liegen wird, da ein großer Teil des Hilfebedarfs über Angehörige und andere ehrenamtliche Pflegepersonen aufgefangen wird. Daher ist besonders kritisch, das die familiären, nachbarschaftlichen und sonstigen ehrenamtlichen Pflegekräfte keine eigenen Leistungen der sozialen Sicherheit (vgl. § 44 SGB XI; [→ Rn. 392 ff]) erhalten. Dennoch gibt es auch im Pflegegrad 1 Personen, die **externe Unterstützungsangebote** in Anspruch nehmen müssen, zum Beispiel weil sie alleinlebend sind.[138] Dieser Personenkreis bleibt damit künftig ohne eine entsprechende leistungsrechtliche Hinterlegung aus den Mitteln der Pflegeversicherung. Können die gleichwohl notwendigen Hilfen nicht selbst finanziert werden, wird der Träger der Sozialhilfe eintreten müssen, obwohl die Auffangklausel des § 61 Abs. 1 Satz 2 SGB XII a.F. mit dem PSG III abgeschafft wurde [→ Rn. 523 ff].

226

Beispiel, Pflegegrad 1: M wird durch einen ambulanten Pflegedienst betreut, der dreimal täglich die benötigten Medikamente gibt und die Kompressionsstrümpfe an- und auszieht. Der Grundpflegebedarf überschreitet 45 Minuten nicht, so dass M derzeit keine Leistungen der Pflegeversicherung erhält. Im Einzelnen wurde ein Bedarf festgestellt bei

227

- ■ **Körperpflege:**

Darm-/Blasenentleerung	TÜ (= Teilübernahme)	7 x tägl.	21 Min.

- ■ **Ernährung**

Mundgerechtes Zubereiten/ Einschenken Getränke	VÜ (= Vollübernahme)	3 x tägl.	15 Min.

- ■ **Hauswirtschaftliche Versorgung**   60 Min.

Damit erreicht M in der Grundpflege einen täglichen Bedarf von 36 Minuten und zusätzlich in der Hauswirtschaftlichen Versorgung zusätzlich 60 Minuten, also insgesamt 96 Minuten. Nach § 15 Abs. 1 Nr. 1, Abs. 3 Nr. 1 SGB XI a.F. fehlt es an der Voraussetzung zum Grundpflegebedarf, so dass M **keine Pflegestufe** erhalten hat.

---

137 Bericht des Expertenbeirats zur konkreten Ausgestaltung des neuen Pflegebedürftigkeitsbegriffs, 2013, 44. Der Bericht des „Beirats zur Überprüfung des Pflegebedürftigkeitsbegriffs" vom 29.1.2009, 59 ging noch von einer Schätzung von 333.000 bis 800.000 Versicherten für einen solchen Pflegegrad 1 aus, wovon jedoch viele Versicherte aufgrund der automatischen Umstellung auf den Pflegegrad mittels sog. Doppelsprung Leistungen nach Pflegegrad 2 erhalten werden.

138 Bericht des Expertenbeirats zur konkreten Ausgestaltung des neuen Pflegebedürftigkeitsbegriffs, 2013, 43.

1. Da bei M zum Stichtag 1.1.2017 weder eine Pflegestufe noch eine eingeschränkte All-tagskompetenz festgestellt wurde, wurde M auch nicht automatisch ein Pflegegrad zuerkannt.

2. Doch welcher Pflegegrad würde bei einer Neueinstufung ab dem 1.1.2017 erreicht wer-den?

Modul 5 – Umgang mit krankheits-/therapiebedingten Anforderungen und Belastungen

M benötigt dreimal täglich Hilfe bei der Medikation und dem An- und Ausziehen der Kom-pressionsstrümpfe (also zweimal täglich). Insgesamt benötigt M mithin 5 x täglich Hilfe. 5 x tägliche Hilfe bedeuten 2 Einzelpunkte; nach der Gewichtungstabelle (Anlage 2 zu § 15 SGB XI) werden aus 2 Einzelpunkten **10 gewichtete Punkte** für Modul 5.

Modul 4 – Selbstversorgung

Die nach dem bisherigen Katalog des § 14 Abs. 4 SGB XI a.F. festgestellten Verrichtungen lassen sich den neuen Kriterien wie folgt zuordnen:

„**Darm-/Blasenentleerung**" entspricht „**Benutzen einer Toilette** … [F.4.4.10]"; die Teilüber-nahme dürfte für einen Grad der Selbstständigkeit von „überwiegend unselbstständig" und da für dieses Kriterium den Faktor 2 enthält, also für 4 Einzelpunkte sprechen.

„**Mundgerechtes Zubereiten/Einschenken Getränke**" bleibt als Kriterium [F.4.4.7]; die Voll-übernahme dürfte für einen Grad der Selbstständigkeit von „unselbstständig" sprechen, also 3 Einzelpunkte bedeuten.

Aus dem ersten Schritt ergeben sich daher 7 Einzelpunkte. Diese sind im zweiten Schritt zu gewichten:

4 Selbstver-sorgung	40%	0 – 2	3 – 7	8 – 18	19 – 36	37 – 60	Summe der Punkte im Modul 4
		0	10	20	30	40	Gewichtete Punkte im Modul 4

Nach der Gewichtungstabelle (Anlage 2 zu § 15 SGB XI) werden aus 7 Einzelpunkten **10 ge-wichtete Punkte** für Modul 4.

Aus den Modulen 4 und 5 erreicht M also insgesamt **20 gewichtete Punkte**.

Nach § 15 Abs. 3 SGB XI wäre M daher dem **Pflegegrad 1** (12,5 bis unter 27 gewichtete Ge-samtpunkte) zuzuordnen und erhielte Leistungen der sozialen Pflegeversicherung.

III. Die Leistungsbudgets

228 Soweit die Leistungsbudgets bisher pflegestufenabhängig waren, wurden sie umge-stellt auf die neue **Einteilung in Pflegegrade**. Die Budgethöhen und die Spreizung der Leistungen orientieren sich im ambulanten Bereich an den bisherigen Leistungsbeträ-gen einschließlich der bisherigen Übergangsleistungen nach § 123 SGB XI a.F.[139] Eine Erhöhung der Budgethöhen und damit der einzelnen Leistungen war eigentlich dem vorherigen Reformgesetzen zur Pflegeversicherung vorbehalten und im Zweiten Pfle-gestärkungsgesetz (PSG II) nicht vorgesehen. Im Detail ergeben sich allerdings auf-grund der **Umrechnung** der bisherigen Pflegestufen in Pflegegrade, insbesondere unter

---

139 BT-Drucks. 18/5926, 119.

Einbezug der vorgenommenen Einstufung einer eingeschränkten Alltagskompetenz, **erhebliche Budgetsteigerungen** für einzelne Versicherte. Dies galt nur für die Leistungsbezieher, die am 31.12.2016 Leistungen erhielten und automatisch nach § 140 Abs. 2 SGB XI von Pflegestufen in Pflegegrade übergeleitet wurden [→ Rn. 344 ff]. So wird die Pflegestufe 1 mit eingeschränkter Alltagskompetenz um zwei Stufen in den Pflegegrad 3 und die Pflegestufe 2 (ohne festgestellte eingeschränkte Alltagskompetenz) um eine Stufe ebenfalls in den Pflegegrad 3 eingestuft. Für den Pflegebedürftigen mit Pflegestufe 2 bedeutet dies eine prozentuale Steigerung des Budgets um 13,46 % (von 1.144,00 € auf 1.298,00 €). Für den Pflegebedürftigen in Pflegestufe 1 und der festgestellten eingeschränkten Alltagskompetenz aber ergibt sich eine Steigerung um 88,39 % (689,00 € auf 1.298,00 €), betrachtet man die Pflegesachleistungen des § 36 SGB XI oder die Tages- und Nachtpflege des § 41 SGB XI. Aber es gibt auch eine **signifikante Absenkung** der vollstationären Leistungen im Vergleich der Pflegestufe 1 zum Pflegegrad 2. Auch diese Absenkung des Leistungsbudgets trifft aufgrund der Übergangsregelung allerdings nur diejenigen, die ab dem 1.1.2017 die vollstationäre Pflege erstmalig wählen. Die Leistungen im Einzelnen:

1. Ambulante (häusliche) Leistungen

a) § 36 SGB XI – ambulante Sachleistungen

Pflegebedürftige der Pflegegrade 2 bis 5 haben bei häuslicher Pflege nach der Neufassung des § 36 Abs. 1 Satz 1 SGB XI Anspruch auf **körperbezogene Pflegemaßnahmen** und **pflegerische Betreuungsmaßnahmen** sowie auf **Hilfen bei der Haushaltsführung** als Sachleistung (**häusliche Pflegehilfe**). Der Anspruch umfasst pflegerische Maßnahmen in den in § 14 Abs. 2 SGB XI genannten Bereichen Mobilität, kognitive und kommunikative Fähigkeiten, Verhaltensweisen und psychische Problemlagen, Selbstversorgung, Bewältigung von und selbstständiger Umgang mit krankheits- oder therapiebedingten Anforderungen und Belastungen sowie Gestaltung des Alltagslebens und sozialer Kontakte.   **229**

Das Konzept des neuen Pflegebedürftigkeitsbegriffes berücksichtigt Beeinträchtigungen der Selbstständigkeit, die Hilfen bei der Anleitung, Motivation und Schulung von Pflegebedürftigen und Pflegepersonen erfordern. Vor diesem Hintergrund wird nunmehr ausdrücklich vorgesehen, dass auch die **fachliche Anleitung** von Pflegebedürftigen und in die Pflege eingebundenen Pflegepersonen einschließlich einer vorhergehenden Problem- und Bedarfseinschätzung Bestandteil der häuslichen Pflegehilfe ist. Pflegekräfte im Rahmen der häuslichen Pflegehilfe sind in aller Regel nur zu bestimmten Tages- oder Nachtzeiten beim Pflegebedürftigen. Situationen beim Pflegebedürftigen, die ein Handeln der an der Pflege Beteiligten erfordern, treten aber häufig auch außerhalb der Anwesenheitszeiten der Pflegekräfte auf. Daher ist es Bestandteil der Leistung, durch pflegefachliche Anleitung der Pflegebedürftigen und der ehrenamtlichen Pflegepersonen diese darin zu unterstützen, auch während Zeiten der Abwesenheit der professionellen Pflegekräfte pflegerelevante Situationen gut bewältigen zu   **230** können. Diese Art der pflegefachlichen Anleitung findet laufend und situationsbezogen im Rahmen der häuslichen Pflegehilfe statt.[140]

231 **Praxishinweis:** Bestandteil der häuslichen Pflegehilfe sind auch die **pflegefachliche Anleitung** von Pflegebedürftigen und Pflegepersonen sowie pflegerische Betreuungsmaßnahmen.

232 **Pflegerische Betreuungsmaßnahmen** umfassen Unterstützungsleistungen zur Bewältigung und Gestaltung des alltäglichen Lebens im häuslichen Umfeld, insbesondere

1. bei der Bewältigung **psychosozialer Problemlagen** oder von Gefährdungen,

2. bei der Orientierung, bei der **Tagesstrukturierung**, bei der **Kommunikation**, bei der Aufrechterhaltung sozialer Kontakte und bei bedürfnisgerechten Beschäftigungen im Alltag sowie

3. durch Maßnahmen zur **kognitiven Aktivierung**.

233 **Pflegerische Betreuungsmaßnahmen** umfassen nach der gesetzlichen Klarstellung in § 36 Abs. 2 Satz 2 SGB XI durch das Votum des Gesundheitsausschusses[141] insbesondere Maßnahmen zur **kognitiven Aktivierung** sowie Unterstützungsleistungen bei der Bewältigung auftretender **psychosozialer Problemlagen** oder von **Eigen- oder Fremdgefährdungen** und bei der Orientierung und der Tagesstrukturierung. Damit soll den individuellen Bedürfnissen stärker Rechnung getragen werden und Aktivitäten wie Musik hören, Zeitung lesen oder das Betrachten von Fotoalben, die allgemein der Kommunikation und der Aufrechterhaltung sozialer Kontakte im Alltag dienen, ermöglicht werden. Pflegerische Betreuungsmaßnahmen können auch durch **Anwesenheit einer geeigneten Pflegekraft**, die jeweils bei Bedarf situationsgerecht Unterstützung leistet, erbracht werden. Psychische Problemlagen sind oft dadurch gekennzeichnet, dass sie einen psychosozialen Unterstützungsbedarf nach sich ziehen. Die pflegerischen Betreuungsmaßnahmen werden in Bezug auf das häusliche Umfeld erbracht. Sie weisen damit einen unmittelbaren Bezug zur Gestaltung des alltäglichen Lebens im Zusammenhang mit einem Haushalt und seiner häuslichen Umgebung auf. Die Maßnahmen erfolgen dementsprechend zur Unterstützung bei der Gestaltung des alltäglichen Lebens in Bezug zum Haushalt und bei Aktivitäten mit engem räumlichem Bezug hierzu. Wie bislang können pflegerische Betreuungsmaßnahmen dabei nicht nur in Bezug auf das häusliche Umfeld des Pflegebedürftigen selbst erbracht werden, sondern beispielsweise auch im häuslichen Umfeld seiner Familie oder anderer nahestehender Menschen oder bei der gemeinsamen Inanspruchnahme häuslicher Pflegehilfe, zum Beispiel im häuslichen Umfeld eines der Beteiligten oder seiner Fami-

---

140 BT-Drucks. 18/6688, 140.
141 Die Ausführungen zum Begriff der pflegerischen Betreuungsmaßnahmen im Rahmen der häuslichen Pflegehilfe in § 36 Abs. 2 SGB XI waren zunächst Teil der Gesetzesbegründung (BT-Drucks. 18/5926, 120); diese werden nun in den Gesetzestext überführt. Inhaltlich sollen hiermit keine Änderungen verbunden sein, BT-Drucks. 18/6688, 140.

lie.[142] Die Leistungen dienen auch der alltäglichen **Freizeitgestaltung** mit Bezug zur Gestaltung des häuslichen Alltags.

Ziel der Regelung ist es, die gesetzliche Gestaltung der **Schnittstellen** zu anderen Sozialleistungssystemen, insbesondere zur Hilfe zur Pflege und Eingliederungshilfe Menschen mit Behinderungen, zu erleichtern und den Leistungsinhalt pflegerischer Betreuungsmaßnahmen für die Bürgerinnen und Bürger sowie für die betroffenen Sozialleistungsträger transparenter darzustellen. Die pflegerischen Betreuungsmaßnahmen beziehen sich daher hingegen **nicht** auf die Unterstützung des Besuchs von Kindergarten oder Schule, der Ausbildung, der Berufstätigkeit oder sonstigen Teilhabe am Arbeitsleben, der Ausübung von Ämtern oder der Mitarbeit in Institutionen oder in vergleichbaren Bereichen. Auch Leistungen, die in den Verantwortungsbereich eines anderen Sozialleistungsträgers fallen, etwa das Verabreichen von Medikamenten im Rahmen der Leistungen der **häuslichen Krankenpflege nach § 37 SGB V**, gehören (unter Berücksichtigung von gesetzlichen Vorschriften, die das Verhältnis der Leistungen der Pflegeversicherung zu anderen Sozialleistungen regeln) nicht zur pflegerischen Betreuung im Sinne dieser Vorschrift. Dies entspricht auch dem Inhalt der pflegerischen Betreuungsmaßnahmen i.S.d. bisherigen § 124 SGB XI a.F., nach dem bereits bislang Anspruch auf Unterstützung und sonstige Hilfen im häuslichen Umfeld bestand, im Besonderen bezüglich der Unterstützung von Aktivitäten im häuslichen Umfeld, die dem Zweck der Kommunikation und der Aufrechterhaltung sozialer Kontakte dienen. Hierzu können beispielsweise auch Spaziergänge in der näheren Umgebung, die Ermöglichung des Besuchs von Verwandten und Bekannten oder die Begleitung zum Friedhof oder zum Gottesdienst beitragen.[143]

§ 36 SGB XI – **ambulante Sachleistungen** (monatliches Leistungsbudget), (in Klammern Werte bis 31.12.2016):

Pflegestufe 0/eA	= Pflegegrad 2	689,00 €	[231,00 €]
Pflegestufe I	= Pflegegrad 2	689,00 €	[468,00 €]
Pflegestufe I/eA	= Pflegegrad 3	1.298,00 €	[689,00 €]
Pflegestufe II	= Pflegegrad 3	1.298,00 €	[1.144,00 €]
Pflegestufe II/eA	= Pflegegrad 4	1.612,00 €	[1.298,00 €]
Pflegestufe III	= Pflegegrad 4	1.612,00 €	[1.612,00 €]
Pflegestufe III/eA	= Pflegegrad 5	1.995,00 €[144]	[1.995,00 €]

b) § 37 SGB XI – ambulante Geldleistungen

Pflegebedürftige der Pflegegrade 2 bis 5 können anstelle der häuslichen Pflegehilfe ein **Pflegegeld** beantragen, wenn die Pflege selbst sichergestellt wird.

In § 37 Abs. 2 Satz 2 SGB XI wird ein Fehler des Ersten Pflegestärkungsgesetz (PSG I) korrigiert, der dazu führte, dass die zeitlichen Höchstgrenzen für die Inanspruchnahme von Verhinderungs- und Kurzzeitpflege einerseits und der Dauer der hälftigen

234

235

236

---

142   BT-Drucks. 18/6688, 141.
143   So bereits BT-Drucks. 17/9369, 53, BT-Drucks. 18/5926, 120.
144   Härtefall nach § 36 Abs. 4 SGB XI a.F..

Pflegegeldfortzahlung während einer Verhinderungs- und Kurzzeitpflege andererseits auseinandergefallen waren. Dies führte in der Praxis zu Umsetzungsschwierigkeiten und Auslegungsproblemen. Daher werden nunmehr die Vorschriften zur hälftigen Fortzahlung des (anteiligen) Pflegegeldes an die flexibilisierten zeitlichen Höchstgrenzen für Kurzzeit- und Verhinderungspflege angepasst, um eventuell auftretende Nachteile für die Versicherten zu vermeiden. Das (anteilige) Pflegegeld wird während einer Kurzzeitpflege nach § 42 SGB XI für bis zu acht Wochen und während einer Verhinderungspflege nach § 39 SGB XI für bis zu sechs Wochen je Kalenderjahr in halber Höhe fortgewährt.[145] § 38 Satz 4 SGB XI übernimmt diese zeitliche Ausweitung für die Berechnung der Kombinationsleistung.[146]

237   **Praxishinweis:** Leistungen der Pflegeversicherung bleiben nach § 13 Abs. 5 Satz 1 SGB XI als Einkommen bei Sozialleistungen, deren Gewährung von anderem **Einkommen** abhängig ist, unberücksichtigt. So sind die Leistungen der Pflegeversicherung für den Pflegebedürftigen weder steuerlich noch bei anderen Sozialleistungen Einkommen.

Für die **Pflegeperson** gilt folgendes:

Einnahmen für Leistungen zu körperbezogenen Pflegemaßnahmen, pflegerischen Betreuungsmaßnahmen oder Hilfen bei der Haushaltsführung bis zur Höhe des Pflegegeldes nach § 37 SGB XI sind nach § 3 Nr. 36 EStG **steuerfrei**. Allerdings nur, wenn diese Leistungen von Angehörigen des Pflegebedürftigen oder von anderen Personen, die damit eine sittliche Pflicht im Sinne des § 33 Abs. 2 EStG gegenüber dem Pflegebedürftigen erfüllen, erbracht werden.

Bei **Sozialleistungen**, deren Gewährung von anderem **Einkommen** abhängig ist, gilt § 1 Arbeitslosengeld II/Sozialgeld-Verordnung in der Fassung ab dem 1.8.2016. Nach deren Regelung in § 1 Abs. 1 Nr. 4 Alg II-V ist das Pflegegeld nicht als Einkommen zu berücksichtigen beim Bezug des Arbeitslosengeldes II („Hartz IV").

238   § 37 SGB XI – ambulante Geldleistungen (monatliches Leistungsbudget), (in Klammern Werte bis 31.12.2016):

Pflegestufe 0/eA	= Pflegegrad 2	316,00 €	[123,00 €]
Pflegestufe I	= Pflegegrad 2	316,00 €	[244,00 €]
Pflegestufe I/eA	= Pflegegrad 3	545,00 €	[316,00 €]
Pflegestufe II	= Pflegegrad 3	545,00 €	[458,00 €]
Pflegestufe II/eA	= Pflegegrad 4	728,00 €	[545,00 €]
Pflegestufe III	= Pflegegrad 4	728,00 €	[728,00 €]
Pflegestufe III/eA	= Pflegegrad 5	901,00 €	[728,00 €]

---

145 BT-Drucks. 18/5926, 92 f.
146 BT-Drucks. 18/5926, 93.

c) § 37 Abs. 3 SGB XI – Beratungsbesuch

Die Vertragsparteien nach § 113 SGB XI werden aufgefordert, gemäß § 113 b SGB XI **239** bis zum 1.1.2018 **Empfehlungen zur Qualitätssicherung** der Beratungsbesuche nach § 37 Abs. 3 SGB XI zu beschließen. Damit sollen die Regelungen zu den **Beratungsbesuchen** behutsam weiterentwickelt werden, um sie an die Erfordernisse anzupassen, die sich aus dem neuen Pflegebedürftigkeitsbegriff ergeben, und zugleich die Qualität der Beratung zu verbessern. Es ist allerdings nicht daran gedacht, die Zielsetzung der Beratung nach dieser Vorschrift grundlegend zu ändern oder zu erweitern. Es soll in der Hauptsache sichergestellt werden, dass die Qualität der selbst sichergestellten Pflege durch eine **individuelle Beratung** gewährleistet bleibt.[147]

Die Ausrichtung der Beratung ist mit der Einführung des neuen Pflegebedürftigkeits- **240** begriffs zudem inhaltlich zu verbreitern. Bislang war die **pflegefachliche Beratung** – entsprechend dem bisherigen Pflegebedürftigkeitsbegriff – häufig auf den Bedarf von somatisch Pflegebedürftigen ausgerichtet. Nunmehr ist vor allem eine **zielgruppenspezifische Beratungskompetenz** erforderlich, die insbesondere auch den Belangen von an **Demenz** erkrankten Menschen in vollem Umfang gerecht werden muss. Um dem neuen Pflegebedürftigkeitsbegriff Rechnung zu tragen, muss sich die pflegefachliche Beratung, anstatt sich auf die pflegefachlichen Belange im herkömmlichen Sinne zu beschränken, künftig also weiterentwickeln und insbesondere in noch stärkerem Maße an den jeweiligen individuellen Pflege- und Betreuungsbedarfen ausgerichtet werden. Die Beratung soll daher je nach dem Bedarf der Pflegebedürftigen Hinweise nicht nur zu Problemlagen im Zusammenhang mit körperlichen Einschränkungen beinhalten, sondern etwa auch zu Fragen, die die Bereiche der kognitiven und kommunikativen Fähigkeiten, der Verhaltensweisen und psychischen Problemlagen, den Bereich der Bewältigung und des selbstständigen Umgangs mit krankheits- oder therapiebedingten Anforderungen und Belastungen sowie den Bereich der Gestaltung des Alltagslebens und sozialer Kontakte betreffen. Sie ist mithin auf die Bedarfslagen auszurichten, die mit dem neuen Pflegebedürftigkeitsbegriff umschrieben sind. Die Beratungsbesuche sollen aber auch Kenntnis über **weitergehende Beratungs- und Schulungsmöglichkeiten** vermitteln. Die Pflegebedürftigen sollen insbesondere aktiv und ausdrücklich auf die Möglichkeit der unentgeltlichen Inanspruchnahme von **Pflegekursen** nach § 45 SGB XI, auch in der eigenen Häuslichkeit, hingewiesen werden.[148]

§ 37 Abs. 3 SGB XI – Beratungsbesuch, (in Klammern Werte bis 31.12.2016):

Pflegegrad 1–3	23,00 €	[22,00 €]
Pflegegrad 4 und 5	33,00 €	[32,00 €]

d) § 38 a SGB XI – Zusätzliche Leistungen in ambulant betreuten Wohngruppen

Neuen Wohnformen kommt in der pflegerischen Versorgung zunehmend ein größeres **241** Gewicht zu. Für viele Menschen bieten sie die Möglichkeit, ihren Wunsch nach häuslicher und individueller Pflege und Betreuung einlösen zu können, so dass die bisheri-

---

147 BT-Drucks. 18/5926, 122 f.
148 BT-Drucks. 18/5926, 123.

ge Polarität von ambulanter und (voll-)stationärer Versorgung aufgebrochen wird. Erkauft wird dieser Zugewinn an tatsächlichen Wahlmöglichkeiten allerdings mit einer zunehmenden rechtlichen Unsicherheit in der Abgrenzung verschiedener Wohnformen. Die Übergänge von einer Wohngemeinschaft mit ambulanten Betreuungshilfen zu einer stationären Einrichtung sind inzwischen fließend. Daher werden in den Landes-Heimgesetzen neben stationären Einrichtungen regelmäßig auch andere Formen des betreuten Wohnens erfasst,[149] und längst nicht alle Formen des betreuten Wohnens weisen eine größere Nähe zur eigenständigen Haushaltsführung auf, als herkömmliche stationäre Einrichtungen. Eine eindeutige Zuordnung jeder Einrichtung entweder als stationäres Heim oder als ambulantes Angebot mit Betreuungshilfen, wird durch die andauernde Entwicklung neuer Wohnformen zunehmend schwierig.[150]

Die schwierige Abgrenzung auch einzelner Wohnformen wird durch den zum 1.1.2013 eingeführten **Wohngruppenzuschlag** in § 38a SGB XI weiter verschärft, weil in der Begrifflichkeit der Wohngemeinschaft oder Wohngruppe leistungs- und ordnungsrechtliche Regelungsbereiche, Bundes- und Landesgesetzgeber zusammenstoßen. Zugleich rückt die Frage nach den Grundlagen der Qualität und Kriterien der Qualitätssicherung und Qualitätsprüfung der pflegerischen Versorgung in den neuen Wohnformen in den Vordergrund. Durch § 113b Abs. 4 Satz 2 Nr. 6 SGB XI werden die Vertragsparteien nach § 113 SGB XI verpflichtet, ein Konzept für eine **Qualitätssicherung in neuen Wohnformen** entwickeln zu lassen, um damit diesem Anliegen und der pflegefachlichen Notwendigkeit zu entsprechen.[151]

242 Bei Auslegungs- und Abgrenzungsfragen ist zunächst auf formale Kriterien abzustellen. Eine **stationäre Leistungserbringung** zeichnet sich dadurch aus, dass eine Bindung an ein Gebäude gegeben sein muss, die Leistungen also in einer Einrichtung erbracht werden, und der Einrichtungsträger die Gesamtverantwortung für die tägliche Lebensführung des Leistungsberechtigten übernimmt. Unter einer Einrichtung wird ein in einer besonderen Organisationsform zusammengefasster Bestand von personellen und sächlichen Mitteln unter verantwortlicher Trägerschaft verstanden, der auf gewisse Dauer angelegt und für einen wechselnden Personenkreis zugeschnitten ist.[152]

Bei **teilstationärer Leistungserbringung** werden die Leistungen in einer Einrichtung erbracht, aber zeitlich begrenzt auf die Zeit der Anwesenheit des Leistungsberechtigten. Der Einrichtungsträger übernimmt die Gesamtverantwortung für die tägliche Lebensführung des Leistungsberechtigten, aber zeitlich begrenzt nur für die Zeit des Aufenthalts des Leistungsberechtigten in der Einrichtung.

Die **ambulante Leistungserbringung** knüpft daran an, dass der Leistungsempfänger ohne organisatorische Anbindung an eine Einrichtung wohnt und in seiner Wohnung

---

149 Ausführlich *Weber* NZS 2011, 650.
150 So wörtlich: BSG 22.4.2015 – B 3 KR 16/14 R = NZS 2015, 617.
151 BT-Drucks. 18/5926, 102.
152 So bereits BVerwG 24.2.1994 – 5 C 24/92 = BVerwGE 95, 149 – Außenwohngruppe; BVerwG 24.2.1994 – 5 C 42/91 – Mobile Betreuung; BSG 13.7.2010 – B 8 SO 13/09 R = BSGE 106, 264 – ambulante Pflege; BSG 23.7.2015 – B 8 SO 7/14 R – betreute Wohnmöglichkeit.

die erforderliche Betreuung erhält. Bei den Betreuen Wohnmöglichkeiten geht es um die wohnbezogene Betreuung des Menschen, der so weit wie möglich befähigt werden soll, alle wichtigen Alltagsverrichtungen in seinem Wohnbereich selbstständig vornehmen zu können, sich im Wohnumfeld zu orientieren oder zumindest dies alles mit sporadischer Unterstützung Dritter erreichen zu können.[153]

Aus den Aktivitäten des Gesetzgebers, wie der Änderung des § 38 a SGB XI kann abgeleitet werden, dass eine großzügige Auslegung geboten ist, da durch die weit gefasste Definition der ambulanten Pflegeeinrichtungen der für eine fortschrittliche Versorgung erforderliche Auf- und Ausbau der pflegerischen Infrastruktur von vornherein für innovative Entwicklungen offen gehalten werden soll.[154] Die Neugründung von ambulanten Wohngemeinschaften nach § 38 a SGB XI ist als sinnvolle **Zwischenform** zwischen der Pflege in der häuslichen Umgebung und der vollstationären Pflege gewollt. Befürwortet wird ein möglichst **flexibles System**, um die Schaffung unterschiedlichster Wohnformen nach dem jeweiligen Bedarf der Pflegebedürftigen zu ermöglichen.[155]

Ziel des Wohngruppenzuschlages ist es, gemeinschaftliche Pflegewohnformen außerhalb der stationären Pflegeeinrichtungen und außerhalb des klassischen betreuten Wohnens leistungsrechtlich besonders zu unterstützen. Besonders in den Blick zu nehmen sind hier **anbieterverantwortete ambulant betreute Wohngruppen**,[156] also Wohngruppen, die nicht von den Bewohnerinnen und Bewohnern und ihren Angehörigen selbst organisiert werden, sondern bei denen ein bestimmter Anbieter oder ein Dritter den in der Wohngruppe lebenden Pflegebedürftigen Leistungen anbietet oder gewährleistet. Auch bei diesen Wohngruppen muss sich aus einer Gesamtschau ergeben, dass es sich weiterhin um eine **ambulante Versorgungsform** handelt, die sich in Anbetracht der insgesamt von dem Anbieter oder Dritten für die Wohngruppenmitglieder angebotenen oder gewährleisteten Leistungen, einschließlich der Leistungen der teilstationären Pflege, von einer vollstationären Versorgung unterscheiden lässt. Kein Kriterium in der Gesamtschau ist die Anwendung des örtlich einschlägigen **Landes-Heimgesetzes**. Das bundesrechtlich geregelte Leistungsrecht des SGB XI und das Ordnungsrecht der Landes-Heimgesetze sind voneinander entkoppelt.[157] Maßgebliches Abgrenzungskriterium ist, dass die ambulante Leistungserbringung nicht tatsächlich weitgehend den Umfang einer stationären Versorgung erreicht und somit eine Situation vermieden wird, in der ein Anbieter der Wohngruppe oder ein Dritter für die Mitglieder der Wohngruppe eine Vollversorgung anbietet. Das zentrale Merkmal einer ambulanten Versorgung ist, dass **regelhaft Beiträge** der Bewohnerinnen und Bewohner selbst, ihres persönlichen sozialen Umfelds oder von bürgerschaftlich Täti-

243

---

153 BSG 25.8.2011 – B 8 SO 7/10 R = BSGE 109, 56 – keine Koppelung von Wohnungsgewährung und Betreuung.
154 VG Aachen 27.8.2013 – 2 K 1488/11; VG Düsseldorf 18.5.2016 – 21 K 5648/14.
155 BT-Drucks. 17/9369, 42.
156 Der zunächst im Entwurf des neuen § 38 a Abs. 1 Satz 1 Nr. 4 SGB XI vorgesehene Klammerzusatz (BT-Drucks. 18/5926, 35) wurde auf Forderung des Bundesrats (18/6182, 14) gestrichen, um zu vermeiden, dass der Begriff „anbieterverantworteten ambulant betreuten Wohngruppe" im Bundesrecht und in den landesheimrechtlichen Regelungen voneinander abweichend ausgelegt wird (BT-Drucks. 18/6688, 141).
157 LSG Niedersachsen-Bremen 20.12.2013 – L 4 KR 354/13 B ER; dazu *Richter* GuP 2014, 77.

gen zur Versorgung notwendig bleiben. Ist nicht vorgesehen, dass sich das soziale Umfeld der in der Wohngruppe lebenden Menschen in die Leistungserbringung und in den Alltag einbringen kann – etwa durch die Sicherstellung der Arztbesuche, die Gestaltung und kleine Reparaturen in der Wohnung, Entscheidungen über neue Bewohnerinnen und Bewohner, die Neuanschaffung von Geräten, den Einkauf von Lebensmitteln oder die Verwaltung der Gruppenkasse – besteht keine mit der häuslichen Pflege vergleichbare Situation.[158]

244   **Praxishinweis:** Auch **Familien,** die zum Zweck der gemeinschaftlich organisierten pflegerischen Versorgung in einer Wohnung zusammen leben, können Anspruch auf einen Wohngruppenzuschlag nach § 38 a SGB XI haben, wenn die weiteren gesetzlichen Voraussetzungen erfüllt sind.[159]

245   Voraussetzung für die Bewilligung des Wohngruppenzuschlags ist, dass in der Wohngruppe mindestens eine Pflegekraft tätig ist – die keine ausgebildete Pflegefachkraft sein muss[160] –, die organisatorische, verwaltende oder pflegerische Tätigkeiten verrichtet (sog. **Präsenzkraft).** Die in § 38 a Abs. 1 Nr. 3 SGB XI genannten unterschiedlichen Aufgaben stehen zwar im Zusammenhang mit der individuellen pflegerischen Versorgung durch die Pflegeperson; die dort genannten Aufgaben gehen aber deutlich darüber hinaus und sind auf die Förderung des gemeinschaftlichen Wohnens ausgerichtet, wie allgemein organisatorische, verwaltende aber auch betreuende Aufgaben, die der Wohngemeinschaft zugutekommen oder die das Gemeinschaftsleben sogar ausdrücklich fördern. Die Verrichtung einer der **alternativ** genannten **Aufgaben** ist bereits ausreichend. Soweit ergänzend auch die hauswirtschaftliche Unterstützung für die Gewährung des Zuschlags in der Norm genannt wird, zählt hierzu die Beaufsichtigung der Ausführung dieser Verrichtung oder die Anleitung zur Selbstvornahme. Deshalb liegt eine hauswirtschaftliche Unterstützung nicht vor, wenn die Reinigungskraft oder eine Kraft, die lediglich hauswirtschaftliche Tätigkeiten verrichtet, diese Tätigkeiten selbst erbringt, ohne den Pflegebedürftigen in diese Tätigkeiten miteinzubeziehen.[161] Neben der Unterstützung durch die Präsenzkraft bleiben aber regelmäßig bei allen Aufgaben – im Sinne einer „geteilten Verantwortung" – Beiträge der Bewohnerinnen und Bewohner selbst, ihres persönlichen und sozialen Umfelds oder von bürgerschaftlich Tätigen zur Versorgung notwendig.[162]

246   **Praxishinweis:** Wird mit einem Träger der Pflegeeinrichtung ein sogenannter **erweiterter Servicevertrag** geschlossen, mit dem die Anwesenheit einer Servicekraft rund um die Uhr zugesichert wird, ist gleichwohl eine **namentliche Benennung** der Präsenz- oder Servicekraft erforderlich.[163]

---

158   BT-Drucks. 18/2909, 41.
159   BSG 18.2.2016 – B 3 P 5/14 R = BSGE (vorgesehen).
160   BT-Drucks. 17/10170, 16.
161   BT-Drucks. 18/2909, 42.
162   BT-Drucks. 18/2909, 41.
163   SG Stralsund 21.9.2016 – S 12 P 5/14 = NZS 2016, 905.

Auch wenn ein solcher Servicevertrag die in der Realität zumeist anzutreffende Verfahrensweise bei der Betreuung pflegebedürftiger Personen darstellt, so hat doch der Gesetzestext eindeutig auf eine namentlich benannte, von den Bewohnern beauftragte Person abgestellt.[164] Dadurch soll einem besonderen Aufwand als Folge der neu organisierten pflegerischen Versorgung der Wohnform Rechnung getragen werden.

Eine **Beauftragung** der Präsenzkraft muss schon nach dem Wortlaut des Gesetzes **gemeinschaftlich** durch alle Bewohner bzw. deren rechtliche Betreuer im Sinne einer sogenannten **Arbeitgebergemeinschaft** erfolgen, unabhängig von der individuellen pflegerischen Versorgung.[165] Bei **Neueinzug** eines Bewohners hat eine **erneute** gemeinschaftliche Beauftragung stattzufinden. Des Weiteren müssen konkret zu verrichtende Aufgaben festgehalten werden und diese sind der Pflegekasse auch auf Aufforderung zur Verfügung zu stellen.[166]   247

Aus der Gesetzesbegründung zu dieser Vorschrift ergibt sich, dass mit dem Wohngruppenzuschlag jene **Aufwendungen** zweckgebunden abgegolten werden sollen, die der Wohngruppe durch die gemeinschaftliche Beauftragung der Präsenzkraft entstehen. Damit soll dem besonderen Aufwand Rechnung getragen werden, die Folge der neu organisierten pflegerischen Versorgung der Wohnform ist. Die Leistung wird pauschal zur eigenverantwortlichen Verwendung für die Organisation sowie Sicherstellung der Pflege in der Wohngemeinschaft gewährt.[167]

Nach § 38 a Abs. 2 SGB XI sind die Pflegekassen berechtigt, zur Feststellung der Anspruchsvoraussetzungen bei dem Antragsteller folgende **Daten** zu erheben, zu verarbeiten und zu nutzen und folgende **Unterlagen** anzufordern. Da insoweit keine Öffnungsklausel („beispielsweise" oder „insbesondere") eingefügt wurde, ist die nachstehende Aufzählung **abschließend**:   248

1. eine formlose Bestätigung des Antragstellers, dass die Voraussetzungen nach § 38 a Abs. 1 Nr. 1 SGB XI („Zahl" der Wohngemeinschaftsmitglieder) erfüllt sind,

2. die Adresse und das Gründungsdatum der Wohngruppe,

3. den Mietvertrag einschließlich eines Grundrisses der Wohnung und den Pflegevertrag nach § 120 SGB XI,

4. Vorname, Name, Anschrift und Telefonnummer sowie Unterschrift der Person nach § 38 a Abs. 1 Nr. 3 SGB XI („Präsenzkraft) und

5. die vereinbarten Aufgaben der Person nach § 38 a Abs. 1 Nr. 3 SGB XI.

---

164 BT-Drucks. 17/9369, 39 f.
165 BSG 18.2.2016 – B 3 P 5/14 R = BSGE (vorgesehen).
166 BT-Drucks. 18/2909, 42.
167 BT-Drucks. 17/9369, 40 f; LSG Berlin-Brandenburg 28.12.2016 – S 30 P 74/16 B ER.

249   Die streitige Frage,[168] ob eine **Anrechnung** der Leistungen der Hilfe zur Pflege nach den §§ 61 ff SGB XII auf die Leistungen nach § 38 a SGB XI ausgeschlossen ist, wird vom Gesetzgeber nicht beantwortet und bleibt insoweit der Entwicklung im Rahmen zukünftiger Gesetzgebungsverfahren vorbehalten.[169]

250   Der neu eingeführte § 38 a Abs. 1 Satz 2 SGB XI **verhindert** die weitere Verknüpfung von Leistungen für Mitglieder von ambulant betreuten Wohngruppen mit Angeboten der **teilstationären Pflege** (§ 41 SGB XI). Primäre Zielsetzung sieht der Gesetzgeber[170] dabei, die Kombination aller möglichen Leistungstatbestände zu verhindern, wenn damit kein erkennbarer Zusatznutzen in der pflegerischen Versorgung erreicht werde. Leistungen der Tages- und Nachtpflege gemäß § 41 SGB XI können neben § 38 a SGB XI nur in Anspruch genommen werden, wenn gegenüber der zuständigen Pflegekasse durch eine **Prüfung des MDK** nachgewiesen ist, dass die Pflege in der ambulant betreuten Wohngruppe ohne teilstationäre Pflege nicht in ausreichendem Umfang sichergestellt ist. Mit dieser Änderung soll derartigen Kombinationsmöglichkeiten der Boden entzogen werden, ohne den Mitgliedern von ambulant betreuten Wohngruppen ohne Ausnahme den Zugang zu Leistungen der teilstationären Pflege zu verschließen. Der MDK soll dazu im Einzelfall prüfen, ob die Inanspruchnahme von Tages- oder Nachtpflege erforderlich ist, damit der betreffende Pflegebedürftige alle von ihm individuell benötigten körperbezogenen Pflegemaßnahmen und pflegerischen Betreuungsmaßnahmen in ausreichendem Umfang erhält. Bei der Prüfung sind sämtliche in der ambulant betreuten Wohngruppe durch die Präsenzkraft gemäß § 38 a Abs. 1 Satz 1 Nr. 3 SGB XI sowie den ambulanten Pflegedienst erbrachten Leistungen sowie etwaiger Entlastungsbedarf anderer Mitglieder der Wohngruppe (beispielsweise: Störungen des Tages- und Nachtrhythmus) zu berücksichtigen.

§ 38 a SGB XI – Zusätzliche Leistungen in ambulant betreuten Wohngruppen, (monatliches Leistungsbudget), (in Klammern Werte bis 31.12.2016):

214,00 €   [205,00 €]

e) § 39 SGB XI – Häusliche Pflege bei Verhinderung der Pflegeperson

251   Der Wortlaut des § 39 SGB XI wird sprachlich klarer gefasst, um die Verständlichkeit der Vorschrift zu erhöhen; eine inhaltliche Änderung ist hiermit nicht verbunden. Die Vorschrift des bisherigen § 39 Abs. 3 SGB XI a.F., nach der der jährliche Leistungsbetrag unter Anrechnung auf den Leistungsbetrag für eine Kurzzeitpflege erhöht werden kann, wird nun § 39 Abs. 2 SGB XI. Durch die Anpassung des Wortlauts wird zudem verdeutlicht, dass die Möglichkeit zur Nutzung von maximal der Hälfte der noch nicht in Anspruch genommenen Mittel der Kurzzeitpflege nach § 42 Abs. 2 Satz 2 SGB XI zugunsten von Leistungen der Verhinderungspflege besteht.[171] Die ent-

---

168   Vgl. für die Anrechnung: SG Berlin 20.1.2015 – S 212 SO 850/14; gegen die Anrechnung: SG Halle Beschl. v. 6.3.2014 – S 24 SO 223/13 ER.
169   BT-Drucks. 18/6688, 141.
170   BT-Drucks. 18/5926, 125.
171   Der Bundesrat hatte angeregt, das volle Budget der Kurzzeitpflege nach § 42 SGB XI auf die Verhinderungspflege übertragen zu können und nicht nur 50% (BT-Drucks. 18/6182, 8), konnte sich allerdings nicht durchsetzen.

sprechende **Flexibilisierung** soll also sowohl in den Fällen der familiären Ersatzpflege als auch in den Fällen der erwerbsmäßig ausgeübten Ersatzpflege gelten.[172]

Der Anspruch auf Verhinderungspflege steht den Pflegebedürftigen zu, die **mindestens**   252
in Pflegegrad 2 eingestuft sind. Der Pflegegrad 2 muss aber nicht bereits während der sechsmonatigen **Vorpflegezeit** vorliegen. Die Vorpflegezeit ist somit etwa auch dann als erfüllt anzusehen, wenn der Pflegebedürftige in dieser Zeit in Pflegegrad 1 (geringe Beeinträchtigungen der Selbstständigkeit oder der Fähigkeiten, vgl. § 15 Abs. 3 Satz 4 Nr. 1 SGB XI) eingestuft war. Dies dient der Unterstützung und Förderung der häuslichen Pflege im Allgemeinen sowie der Pflegebereitschaft von Angehörigen, Freunden oder sonstigen ehrenamtlichen Pflegepersonen im Besonderen: Nach Höherstufung in Pflegegrad 2 muss nicht sechs weitere Monate gewartet werden, bevor der Anspruch auf Verhinderungspflege geltend gemacht werden kann, wenn der Pflegebedürftige bereits mit Pflegegrad 1 mindestens sechs Monate in seiner häuslichen Umgebung gepflegt wurde.[173]

§ 39 SGB XI – Häusliche Pflege bei Verhinderung der Pflegeperson (jährliches Leistungsbudget), (in Klammern Werte bis 31.12.2016):

1.612,00 €   [1.612,00 €]

Wurde noch keine Kurzzeitpflege (§ 42 SGB XI) in Anspruch genommen, kann der Leistungsbetrag – unter Anrechnung auf das Kurzzeitpflegebudget – um bis zu 806,00 € (50 % der Kurzzeitpflege) [806,00 €] auf insgesamt 2.418,00 € [2.418,00 €] erhöht werden.

f) § 40 Abs. 2 SGB XI – Zum Verbrauch bestimmte Pflegehilfsmittel

§ 40 Abs. 2 SGB XI – Zum Verbrauch bestimmte Pflegehilfsmittel, (in Klammern   253
Werte bis 31.12.2016):

Monatlicher Höchstbetrag für die Erstattung der Kosten: 40,00 € [40,00 €]

g) § 40 Abs. 1, 4 SGB XI – Pflegehilfsmittel, Maßnahmen zur Verbesserung des Wohnumfeldes

Die Regelungen für **Maßnahmen zur Verbesserung des Wohnumfeldes** und die Finan-   254
zierung von **Pflegehilfsmittel** haben sich nicht verändert. Allerdings wird die Beantragung der Leistungen erleichtert. Für bestimmte **Hilfsmittel** und **Pflegehilfsmittel**, die den Zielen nach § 40 SGB XI dienen, sollen die im Gutachten zur Feststellung von Pflegebedürftigkeit ausgesprochenen Empfehlungen des MDK zum Hilfsmittel- und Pflegehilfsmittelbedarf zukünftig als **Antrag** des Versicherten auf Leistungen gelten, wenn der Versicherte, sein Betreuer oder sein Bevollmächtigter zustimmt, § 18 Abs. 6 a SGB XI.[174] Die **Zustimmung** des Versicherten erfolgt gegenüber dem Gutachter im Rahmen der Begutachtung und wird im Begutachtungsformular schriftlich dokumentiert. Der Antrag gilt mit Eingang der Ergebnisse des Verfahrens zur Feststel-

---

172 BT-Drucks. 18/5926, 93.
173 BT-Drucks. 18/6688, 142.
174 Diese Änderung sollte ursprünglich zum 1.1.2016 in Kraft treten. Nach Empfehlung des Gesundheitsausschuss wird zur Vorbereitung dieser Regelung Zeit bis zum 1.1.2017 gegeben, BT-Drucks. 18/6688, 133.

lung der Pflegebedürftigkeit sowie der Empfehlungen zur Hilfsmittel- und Pflegehilfsmittelversorgung bei der Pflegekasse als gestellt. Für Hilfsmittel, die der Zuständigkeit der Krankenkasse unterfallen, gilt § 16 Abs. 2 SGB I. Die Pflegekasse hat in ihrem Zuständigkeitsbereich über den so übermittelten Antrag unverzüglich, spätestens mit dem Bescheid über die Feststellung der Pflegebedürftigkeit zu entscheiden. Bis zum 31.12.2020[175] wird mit der gutachterlichen Empfehlung des MDK für die Hilfsmittel, die den Zielen des § 40 SGB XI dienen, die Erforderlichkeit des Hilfsmittels nach § 33 Abs. 1 SGB V und Notwendigkeit der Versorgung mit einem Pflegehilfsmittel nach § 40 SGB XI **vermutet**. Damit ist die fachliche Prüfung grundsätzlich abgeschlossen; eine weitergehende fachliche Überprüfung der Notwendigkeit ist nicht mehr geboten, es sei denn, die Kranken- oder Pflegekasse stellt die **offensichtliche Unrichtigkeit** der Empfehlung fest. Die Vermutung ersetzt nicht die Prüfung der **Wirtschaftlichkeit** durch die Krankenkasse. Voraussetzung für die Leistungsgewährung ist ferner, dass die jeweiligen weiteren leistungs- und versicherungsrechtlichen Voraussetzungen vorliegen. Die gutachterlichen Empfehlungen bei den genannten Hilfsmitteln ersetzen so die ärztliche Therapieentscheidung nach § 33 Abs. 5 a Satz 1 SGB V sowie die ärztliche Verordnung nach § 33 Abs. 5 a Satz 2 SGB V.[176]

255   **Praxishinweis:** Aufgrund des Verzichts auf eine ärztliche Einbindung gilt diese Regelung nur für solche Hilfsmittel und Pflegehilfsmittel, die zur Erleichterung der Pflege oder zur Linderung der Beschwerden des Pflegebedürftigen beitragen oder ihm eine selbstständigere Lebensführung ermöglichend. Dies sind[177]

- **Adaptionshilfen** (Strumpfanziehhilfen, Greifhilfen),

- **Badehilfen** (Badewannenbretter, Badewannenlifter, Duschhocker, fahrbare Duschstühle),

- **Gehhilfen** (Gehböcke, Rollatoren, Deltaräder),

- **Hilfsmittel gegen Dekubitus** (Antidekubitussitzkissen, Antidekubitusauflagen, Antidekubitusmatratzen, aktive und passive Systeme),

- **Inkontinenzhilfen** (Inkontinenzvorlagen, Netzhosen, Inkontinenzpants, Bettschutzeinlagen),

- Kranken- oder Behindertenfahrzeuge (Rollstühle),

- **Krankenpflegeartikel** (behindertengerechte Betten, Stehbetten, Aufrichthilfen, Rückenstützen),

- **Lagerungshilfen** (Beinlagerungshilfen, Lagerungskeile),

- **Mobilitätshilfen** (Drehscheiben, Dreh- und Übersetzhilfen, Rutschbretter, Katapultsitze, Bettleitern),

---

175 BT-Drucks. 18/6688, 139: Für den Bereich der gesetzlichen Krankenversicherung sollen die gesetzliche Vermutung und der Verzicht auf eine ärztliche Verordnung in § 18 Abs. 6 a Satz 5 SGB XI zunächst für einen Zeitraum von drei Jahren erprobt werden.
176 BT-Drucks. 18/5926, 90 f.
177 BT-Drucks. 18/5926, 91.

- Stehhilfen,

- Stomaartikel,

- **Toilettenhilfen** (Toilettensitzerhöhungen, feststehende Toilettenstühle oder Toilettenstühle auf Rollen),

- **Pflegehilfsmittel** zur Erleichterung der Pflege, Pflegehilfsmittel zur Körperpflege oder Hygiene (Urinflaschen, Urinschiffchen, Steckbecken, saugende Bettschutzeinlagen, Kopfwaschsysteme),

- Pflegehilfsmittel zur selbstständigeren Lebensführung oder zur Mobilität, Pflegehilfsmittel zur Linderung von Beschwerden,

- **zum Verbrauch bestimmte Pflegehilfsmittel** (Einmalhandschuhe, Desinfektionsmittel)

- sowie sonstige unmittelbar alltagsrelevante Pflegehilfsmittel.

Die Art, die Ausführung und die benötigte Menge der genannten Hilfsmittel und Pflegehilfsmittel sind vom Gutachter bei der Begutachtung festzulegen. Die Begutachtungs-Richtlinien nach § 17 SGB XI sowie die Hilfsmittel-Richtlinie des Gemeinsamen Bundesausschusses nach § 92 SGB V sind entsprechend anzupassen. Für alle anderen Hilfsmittel (Kommunikationshilfen, Sehhilfen, Orthesen, Prothesen aus dem Bereich des unmittelbaren Behinderungsausgleichs oder für Hilfsmittel, die direkt der Krankenbehandlung und/oder der medizinischen Versorgung zuzuordnen sind wie beispielsweise Beatmungsgeräte oder Elektrostimulationsgeräte) gilt diese Regelung **nicht**. Der Gutachter kann im Gutachten nur eine unverbindliche Versorgungsempfehlung aussprechen. Die leistungsrechtliche Abgrenzung, ob es sich bei der empfohlenen Versorgung um ein Hilfsmittel nach § 33 SGB V oder um ein Pflegehilfsmittel nach § 40 SGB XI handelt, obliegt der Kranken- oder Pflegekasse. In den Fällen der anderen Hilfsmittel sind Art, Ausführung, Menge, Leistungsparameter und Anzahl der Hilfsmittel durch den **behandelnden Arzt** oder Facharzt im Auftrag der Krankenkasse unter Beachtung der Hilfsmittel-Richtlinie des Gemeinsamen Bundesausschusses festzulegen. 256

§ 40 Abs. 4 SGB XI – Maßnahmen zur Verbesserung des Wohnumfeldes, (in Klammern Werte bis 31.12.2016):

4.000,00 € [4.000,00 €]

Leben mehrere Pflegebedürftige in einer Wohngruppe, so ist der Gesamtzuschuss auf 16.000,00 € [16.000,00 €] begrenzt (§ 45 f SGB XI).

h) § 45 b SGB XI – Entlastungsbetrag

Der bisher „Zusätzliche Betreuungs- und Entlastungsleistungen" genannte Anspruch des § 45 b SGB XI wird nun – nach Ansicht des Gesetzgebers besser verständlich – als „**Entlastungsbetrag**" bezeichnet. Der Entlastungsbetrag steht allen Pflegebedürftigen der **Pflegegrade 1 bis 5**, die in der Häuslichkeit versorgt werden, zu und soll Menschen, die als Pflegepersonen Verantwortung übernehmen und im Pflegealltag oftmals 257 großen Belastungen ausgesetzt sind, Möglichkeiten zur Entlastung eröffnen. Außerdem sollen die Leistungen, für die der Entlastungsbetrag eingesetzt wird, darauf ausgerichtet sein, den Pflegebedürftigen Hilfestellungen zu geben, die ihre Fähigkeit zur selbstständigen und selbstbestimmten Gestaltung des Alltags fördern. Auf diese Zielsetzungen soll bei der Leistungserbringung besonderer Wert gelegt werden.[178]

258   **Praxishinweis:** Die bisherige Unterscheidung zwischen Grundbetrag (104,00 €) und **erhöhtem Betrag** (208,00 €) wird aufgegeben; nunmehr erhalten alle Anspruchsberechtigten einen einheitlichen Entlastungsbetrag in Höhe von 125,00 €.

259   Für den mit dem 1.1.2017 abgeschafften erhöhten Betrag von 208,00 € wurde mit § 141 Abs. 2 SGB XI eine eigene Regelung zum Schutz des Besitzstandes geschaffen [→ Rn. 357], damit der Grundsatz, dass keinem Versicherten nach der Reform künftig weniger Leistungen zustehen, gewahrt bleibt. § 141 Abs. 2 Satz 1 SGB XI regelt, dass Versicherte, die am 31.12.2016 einen Anspruch auf den erhöhten Betrag hatten, einen Zuschlag auf den neuen mit 125,00 € dotierten monatlichen einheitlichen Entlastungsbetrag von 83,00 € (208,00 €./. 125,00 €) erhalten, wenn deren Leistungsansprüche nach den §§ 36, 37 und 41 SGB XI ab dem 1.1.2017 nicht um mindestens 83,00 € monatlich gestiegen sind.

Da gerade die ambulanten Leistungen bei einem „Doppelsprung" [→ Rn. 345] aufgrund der eingeschränkten Alltagskompetenz, die für einen erhöhten Betrag im besonderen Maße vorliegen muss, stark steigen, ist der Zuschlag nach § 141 Abs. 2 Satz 1 SGB XI nur für einen überschaubaren Personenkreis relevant. Den Zuschlag erhalten nur diejenigen die neben der eingeschränkten Alltagskompetenz in Pflegestufe III/Härtefall eingestuft waren und somit in den Pflegegrad 5 übergeleitet wurden. Der Leistungsbudgetvergleich für die Sachleistungen des § 36 SGB XI verdeutlicht den Befund (in Klammern das Budget bis 31.12.2016):

Pflegestufe 0/eA	= Pflegegrad 2	689,00 €	[231,00 €]
Pflegestufe I	= Pflegegrad 2	689,00 €	[468,00 €]
Pflegestufe I/eA	= Pflegegrad 3	1.298,00 €	[689,00 €]
Pflegestufe II	= Pflegegrad 3	1.298,00 €	[1.144,00 €]
Pflegestufe II/eA	= Pflegegrad 4	1.612,00 €	[1.298,00 €]
Pflegestufe III	= Pflegegrad 4	1.612,00 €	[1.612,00 €]
Pflegestufe III/eA	= Pflegegrad 5	1.995,00 €	[1.612,00 €]
Pflegestufe III, Härtefall/eA	= Pflegegrad 5	1.995,00 €	[1.995,00 €]

Nur im letzten Fall der Aufstellung – eingeschränkte Alltagskompetenz und Pflegestufe III/Härtefall – erfolgte durch die Reform zum 1.1.2017 keine Ausweitung der Budgets um mindestens 83,00 €.

---

178   BT-Drucks. 18/5926, 132.

Der Entlastungsbetrag des § 45 b SGB XI ist unverändert ein **Kostenerstattungsan-** 260
spruch, der zum Ersatz von Aufwendungen im Zusammenhang mit Leistungen der
Tages- oder Nachtpflege, der Kurzzeitpflege, zugelassener Pflegedienste oder nach
Landesrecht anerkannter niedrigschwelliger Betreuungs- oder Entlastungsangebote
nach § 45 c SGB XI a.F. bzw. Angebote zur Unterstützung im Alltag nach § 45 a
SGB XI eingesetzt werden kann. Allerdings ist die Inanspruchnahme der Leistungen
zugelassener ambulanter Pflegedienste nach § 45 b Abs. 1 Satz 3 Nr. 3 SGB XI für
Pflegebedürftige der Pflegegrade 2 bis 5 weiterhin **beschränkt.** Leistungen im Bereich
des Moduls 4 – Selbstversorgung [→ Rn. 64 ff, 137 ff] bleiben der Abrechnung nach
§ 36 SGB XI vorbehalten und können – wie bislang die Grundpflege, vgl. § 45 b
Abs. 1 Satz 6 SGB XI a.F. – innerhalb des § 45 b SGB XI nicht abgerechnet werden.
Im Umkehrschluss bedeutet diese Regelung, dass Pflegebedürftige des **Pflegegrades 1**
derartige Leistungen des Moduls 4 (Selbstversorgung) aus ihrem Budget des § 45 b
SGB XI beauftragen, abnehmen und entsprechend finanzieren dürfen, da diesem Personenkreis der Sachleistungsanspruch des § 36 SGB XI nicht zusteht.

Praxishinweis: Der Entlastungsbetrag dient nach § 45 b Abs. 1 Satz 3 Nr. 3 SGB XI 261
„den **Leistungen** der ambulanten Pflegedienste **im Sinne des § 36".**

Durch die Integration der bisherigen Leistungen des § 124 SGB XI a.F. in die möglichen Leistungen des § 36 SGB XI ist die Grundverweisung auf die häusliche Pflegehilfe nach § 36 SGB XI umfassend. Dazu gehören nach § 36 Abs. 1 Satz 1 SGB XI:

- körperbezogene Pflegemaßnahmen
- pflegerische Betreuungsmaßnahmen
- Hilfen bei der Haushaltsführung.

Sowie nach § 36 Abs. 2 Sätze 2 und 3 SGB XI:

- die pflegefachliche Anleitung von Pflegebedürftigen und Pflegepersonen,
- Unterstützungsleistungen zur Bewältigung und Gestaltung des alltäglichen
  Lebens im häuslichen Umfeld, insbesondere
- bei der Bewältigung psychischer sozialer Problemlagen und deren Gefähr-
  dung,
- bei der Orientierung, bei der Tagesstrukturierung, bei der Kommunikation, bei
  der Aufrechterhaltung sozialer Kontakte und bei bedürfnisgerechten Beschäftigungen im Alltag sowie
- durch Maßnahmen zur kognitiven Aktivierung.

Dabei bilden die mit den ambulanten Pflegediensten für die Leistungserbringung nach 262
§ 36 SGB XI **vereinbarten Vergütungssätze** nach § 89 SGB XI auch bei einer Leistungserbringung für Pflegebedürftige des Pflegegrades 1 für Leistungen innerhalb des
Modul 4 – Selbstversorgung die **Obergrenze** für die von den Versicherten hierfür zu

entrichtenden Vergütungen.[179] Auch wenn die Inhalte der Leistungen und die Obergrenze der von den Versicherten hierfür zu entrichtenden Vergütungen im Rahmen des § 45 b Abs. 1 Satz 3 Nr. 3 SGB XI aus der Vergütungsvereinbarung des § 89 SGB XI für die Leistungen nach § 36 SGB XI abgeleitet werden, bleibt es dabei, dass es sich beim Entlastungsbetrag des § 45 b SGB XI um einen Kostenerstattungsanspruch handelt.

263 Dieser Hinweis des Gesetzgebers bedeutet allerdings nicht, dass für die Entlastungsleistungen des § 45 b SGB XI künftig ausschließlich die **Vergütungsvereinbarung** nach § 89 SGB XI, die mit den Pflegekassen und dem zuständigen Träger der Sozialhilfe verhandelt und vereinbart wird, gilt und Pflegediensten es seit dem 1.1.2017 nicht mehr gestattet sei, Entlastungsleistungen „**frei kalkuliert**" auf Stundenbasis abzurechnen. Gemeint ist zunächst lediglich, das schon immer geltende sog. **Differenzierungsverbot** (§ 89 Abs. 1 Satz 6 SGB XI), das auch für Versicherte in Pflegegrad 1 gilt. Ist der Preis einer Leistung in der Vergütungsvereinbarung vereinbart worden, so darf nicht danach unterschieden werden, ob ein Versicherter der Pflegegrade 2–5 oder ein Versicherter mit Pflegegrad 5 die Leistung abnimmt und bezahlt. Ebenso regelt § 120 Abs. 4 Satz 2 SGB XI schon immer, dass ambulante Pflegedienste, die das Budget der Sachleistung des § 36 SGB XI ausgeschöpft haben, für die weitere Leistungserbringung gegenüber ihren Kunden den gleichen Betrag in Rechnung stellen wie den Pflegekassen auch.

Beispiel: Rechnet ein Pflegedienst in den ersten 17 Tagen eines Monats den LK „große Morgentoilette" gegenüber der Pflegekasse ab, dann erbringt nach Ausschöpfung des Budgets der Pflegedienst die Leistung dieses LK für den Privatzahler zum gleichen Preis.

Dies ist selbstverständlich und kann mit der Formel „*gleiche Leistung heißt gleicher Preis!*" umschrieben werden. Diese Formel gilt natürlich auch für die Erbringung der Entlastungsleistungen des § 45 b SGB XI für Versicherte im Pflegegrad 1 (auch der Selbstversorgung – Modul 4). In Teilen der Praxis wurden die Ausführungen des Gesetzgebers indessen so interpretiert, dass eine Begrenzung der Vergütungssätze, die den Pflegebedürftigen in Rechnung gestellt werden dürfen, nur für Pflegebedürftige des Pflegegrades 1 gelten soll und darüber hinaus keine Beschränkungen bestünden. Demnach könnte von Pflegebedürftigen ab dem Pflegegrad 2 für inhaltlich identische Leistungen eine Vergütung in völlig unterschiedlicher Höhe verlangt werden, je nachdem, ob die Leistungserbringung nach §§ 36, 41, 42 oder nach § 45 b Abs. 1 Satz 3 SGB XI erfolgt. Die bei einer Leistungserbringung nach § 45 b Abs. 1 Satz 3 SGB XI in Rechnung gestellten Kosten können die für die Erbringung von Sachleistungen nach §§ 36, 41 oder § 42 SGB XI mit den Pflegekassen vereinbarten Vergütungssätze dabei mitunter um ein Vielfaches übersteigen. Dies ist nach Informationen des Bundesministeriums für Gesundheit in der Praxis bei der Erbringung von Leistungen, für die im Recht der Pflegeversicherung das Kostenerstattungsverfahren vorgesehen ist, auch bereits bislang teilweise so gehandhabt worden. Eine entsprechende Praxis wi-

---

179 BT-Drucks. 18/5926, 133.

derspricht sowohl den Belangen der Pflegebedürftigen als auch dem Interesse der Pflegeversicherung.[180]

Aber genauso ist der Umkehrschluss richtig: Ist die **Leistung nicht gleich,** kann ein 264
Preis frei verhandelt und vereinbart werden. Diese eigentliche Selbstverständlichkeit regelt jetzt § 45 b Abs. 4 Satz 1 SGB XI. Dort heißt es: *„Die für die Erbringung von Leistungen nach § 45 b Abs. 1 Satz 3 Nr. 1 bis 4 SGB XI verlangte Vergütung darf die Preise <u>für vergleichbare Sachleistungen</u> von zugelassenen Pflegeeinrichtungen nicht übersteigen."*

Damit soll die eingeführte Ergänzung nunmehr sicherstellen, dass die Vergütungssätze für alle Leistungen, die in § 45 b Abs. 1 Satz 3 SGB XI genannt sind, nicht oberhalb der mit den Pflegekassen für **vergleichbare Leistungen** ausgehandelten Vergütungen zugelassener Pflegeeinrichtungen liegen dürfen. Diese Begrenzung ist im Interesse der Pflegebedürftigen erforderlich, weil die Vergütungssätze für die Leistungen nach § 45 b Abs. 1 Satz 3 SGB XI nicht mit den Pflegekassen, sondern mit den Pflegebedürftigen selbst ausgehandelt werden.[181] Die Bedeutung ist klar: Erbringt der ambulante Pflegedienst Leistungen, die der den Beschreibungen in der Vergütungsvereinbarung nach § 89 SGB XI vergleichbar sind – und dabei ist es egal, ob Leistungskomplexe oder vereinbarte Zeitintervalle abgerechnet werden –, dann darf der ambulante Pflegedienst für die Entlastungsleistungen des § 45 b SGB XI nicht mehr, als mit den Pflegekassen vereinbart, abrechnen. Erbringt der ambulante Pflegedienst hingegen andere Leistungen, so ist der Pflegedienst bei der Vereinbarung mit dem versicherten Kunden (im Rahmen der allgemeinen Vorschriften) frei den Preis zu kalkulieren.

> **Praxishinweis:** Ambulante Pflegedienste, die Entlastungsleistungen nach § 45 b 265
> SGB XI zu einem bestimmten von der Vergütungsvereinbarung mit den Pflegekassen abweichenden Stundensatz vereinbaren wollen, müssen eine **abweichende Leistungsbeschreibung** der angebotenen Leistungen mit dem versicherten Kunden vereinbaren. Sollten der Vergütungsvereinbarung mit den Pflegekassen vergleichbare Leistungen erbracht werden, dürfen auch nur die mit den Pflegekassen verhandelten Sätze abgerechnet werden.

Bei den Leistungen nach § 45 b Abs. 1 Satz 3 Nr. 1 bis 3 SGB XI erfolgt die Erbrin- 266
gung der Leistungen jeweils durch zugelassene Pflegeeinrichtungen, so dass die Pflegekassen die Einhaltung der Vergütungsregelung durch die Leistungserbringer unmittelbar kontrollieren können. Bei der Erbringung von Leistungen nach § 45 b Abs. 1 Satz 3 Nr. 4 SGB XI werden indessen nach **Landesrecht anerkannte Angebote** zur Unterstützung im Alltag tätig. Diese Angebote sind sehr heterogen und die Voraussetzungen für ihre Anerkennung variieren von Bundesland zu Bundesland zum Teil erheblich. Daher ermächtigt § 45 b Abs. 4 Satz 2 SGB XI die Bundesländer Näheres zur Ausgestaltung einer entsprechenden **Begrenzung der Vergütung** bei den nach Landes-

---

180 BT-Drucks. 18/10510, 109.
181 BT-Drucks. 18/10510, 109.

recht anerkannten Angeboten zur Unterstützung im Alltag in den Verordnungen nach § 45 a Abs. 3 SGB XI zu bestimmen. Zur Sicherstellung, dass die Regelung des § 45 b Abs. 4 Satz 2 SGB XI beachtet wird, sind dabei unterschiedliche Instrumente denkbar, die teilweise auch an den Besonderheiten des jeweiligen Angebots oder Anbieters anknüpfen könnten (beispielsweise Professionalität des Angebots oder Anbieters oder Größe des Angebots oder Anbieters). Bei der Ausgestaltung im Landesrecht wird dabei insbesondere darauf zu achten sein, dass rein ehrenamtlich getragene Angebote nicht durch übermäßig belastende Anforderungen überfordert werden.[182]

So wird beispielsweise in § 7 Abs. 4 **AnFöVO-NRW** geregelt, dass der Stundensatz für niederschwellige Angebote nach § 45 b Abs. 1 Satz 3 Nr. 4 SGB XI € 25,00 pro Stunde für nicht tarifgebundene sowie € 28,00 pro Stunde für tarifgebundene Dienste nicht übersteigen darf. In diesem Preis sind alle Nebenkosten, ausgenommen die notwendigen Fahrtkosten, enthalten.

267   **Praxishinweis:** Rechnet ein ambulanter Pflegedienst nun Entlastungsleistungen nach § 45 b Abs. 1 Satz 3 **Nr. 3** SGB XI ab, so gelten die Beschränkungen durch die Landes-Verordnungen in Hinblick auf den Stundensatz nicht. Die Begrenzung gilt nicht für die Leistungen der zugelassenen ambulanten Pflegedienste, sondern nur für die sogenannten niederschwelligen Angebote zur Unterstützung im Alltag, also solche des § 45 b Abs. 1 Satz 3 **Nr. 4** SGB XI.

268   Die Pflegebedürftigen müssen – auch um jederzeit einen Überblick über die bezogenen Leistungen und die Höhe des Entlastungsbetrags, der ihnen noch zur Verfügung steht, zu behalten – eine aussagefähige **Rechnung** sowie ggf. **Quittung** erhalten, die sie bei ihrer Pflegekasse oder ihrem Versicherungsunternehmen zwecks Kostenerstattung einreichen können. Aus der Rechnung muss dabei auch ersichtlich sein, ob und in welchem Umfang im Rahmen der Leistungserbringung nach § 45 b SGB XI ebenfalls Leistungen im Bereich der Selbstversorgung erbracht und abgerechnet werden. Die zivilrechtlich gegebenen Möglichkeiten zur Bevollmächtigung oder **Abtretung** bleiben unberührt, entbinden aber nicht von der umfassenden **Information** der Anspruchsberechtigten über die Leistungen, für die eine Kostenerstattung beantragt wird.[183]

269   Der **Antrag auf Kostenerstattung** muss dabei wie bisher bei der Pflegekasse oder dem Versicherungsunternehmen **nicht** bereits **vor Beginn** des Bezugs von Leistungen nach § 45 b SGB XI gestellt werden. Ausreichend ist vielmehr eine Antragstellung zusammen mit der **Einreichung der Belege** zu den entstandenen Aufwendungen, auch wenn der Anfall der Kosten, deren Erstattung beantragt wird, in der Vergangenheit liegt und vor der (erstmaligen) Beantragung zunächst einige Belege gesammelt worden

---

182   BT-Drucks. 18/10510, 110.
183   BT-Drucks. 18/5926, 133.

sind.[184] Eine Erstattung von Aufwendungen, die im Zusammenhang mit der Inanspruchnahme von Leistungen vor dem grundsätzlichen Bestehen einer Anspruchsberechtigung – also der Feststellung der Pflegebedürftigkeit – auf den Entlastungsbetrag nach § 45 b Abs. 1 SGB XI entstanden sind, bleibt dabei wie bisher ausgeschlossen.[185]

Das Kostenerstattungs- oder Geldleistungsprinzip bedingt ein **zweiteilig gestuften** **270** **Verfahren:**[186] In einem ersten Schritt wird entschieden, ob der Versicherte **dem Grunde nach** leistungsberechtigt ist und wie hoch der Beitrag ausfällt, den er ausschöpfen kann, falls er eines der in § 45 b Abs. 1 Satz 3 SGB XI genannten Pflege- und Betreuungsangebote wahrnimmt. Liegt eine solche grundsätzliche Bewilligungsentscheidung vor, kann der Versicherte die finanzielle Auswirkung der beabsichtig Inanspruchnahme von Leistung nach § 45 b Abs. 1 Satz 3 SGB XI sicher kalkulieren und abschätzen, ob und welchem Umfang er einen eigenen Beitrag aufzubringen haben wird. In einem zweiten Schritt wird dann festgelegt, wie hoch die **Kostenerstattung** für tatsächlich in Anspruch genommene zusätzliche Betreuungsleistungen ausfällt (§ 45 b Abs. 2 Satz 1 SGB XI). Dabei ist der Antrag nach den §§ 33 SGB XI, 19 SGB IV auf den sog. **Grundbescheid** gerichtet, also die Feststellung durch den MDK, dass entweder eine Pflegestufe im Sinne der §§ 14, 15 SGB XI zuerkannt und/oder für den Versicherten festgestellt wird, dass dieser in der Alltagskompetenz erheblich eingeschränkt ist.

Der **Kostenerstattungsanspruch** kann nach § 45 b Abs. 2 Satz 2 SGB XI innerhalb des **271** Kalenderjahres und sogar im folgenden Kalenderhalbjahr in Anspruch genommen werden. Dabei ist die **Fälligkeitsanordnung** des § 41 SGB I zu beachten. Fällig werden die Betreuungs- und Entlastungsleistungen monatlich.

Beispiel 1: X nimmt im März Betreuungsleistungen in Höhe von 800,00 € in Anspruch und reicht die Rechnung über diesen Betrag bei ihrer Pflegekasse ein. Im März sind nur die monatlichen Leistungen des Zeitraums Januar bis März fällig. Daher erhält der Versicherte eine Erstattung von 3 x 104,00 € = 312,00 €.

Beispiel 2: X nimmt die Leistungen erst im Dezember in Höhe von 800,00 € in Anspruch. Da X vorher keine Erstattung erhalten hat, hat er in diesem Zeitpunkt ein Budget von 12 x 104,00 €, gleich 1248,00 €. Die Pflegekasse wird ihm also die 800,00 € erstatten und 448,00 € für den Verbrauch im kommenden Kalenderhabjahr vermerken.

Wegen der zwischenzeitlich eingetretenen Irritationen in Hinblick auf (rechtswidrig) **272** geforderte Antragserfordernisse wird nach § 144 Abs. 3 SGB XI der **Übertragungszeitraum** einmalig **verlängert**, um den Anspruchsberechtigten eine gleichmäßigere Verwendung der zwischen dem 1.1.2015 und 31.12.2016 nicht verbrauchten Leistungsbeträge nach § 45 b Abs. 1 oder Abs. 1 a SGB XI a.F. zu ermöglichen. Für die Verwendung der Mittel stehen damit zwei Jahre zur Verfügung, so dass sie zwischen dem 1.1.2017 und dem 31.12.2018 für eine regelmäßige Entlastung in die individuel-

---

184 Der Gesetzgeber reagiert damit auf die Welle der Ablehnung von Kostenerstattungen nach § 45 b SGB XI durch die Barmer GEK. Diese fordert – als einzige Pflegekasse [warum irren sich nur alle anderen?] – letztlich einen dreifachen Antrag: Erstens einen Antrag auf Einstufung in eine Pflegestufe oder die eingeschränkte Alltagskompetenz, zweitens abstrakt einen Antrag „am 1.1.2015" auf Leistungen nach §§ 45 a, 45 b SGB XI und schließlich drittens einen Antrag auf konkrete Kostenerstattung.
185 BT-Drucks. 18/5926, 133.
186 BSG 12.8.2010 – B 3 P 3/09 R = NZS 2011, 432.

le Versorgung eingeplant werden können. Mit der Regelung in § 144 Abs. 3 SGB XI wird zum einen in der Sache der Übertragungszeitraum für die Mittel verlängert, die innerhalb des normalen Übertragbarkeitszeitraums nach § 45 b Abs. 2 SGB XI nicht ausgeschöpft wurden. Für die Mittel nach § 45 b Abs. 1 und 1 a SGB XI a.F., die nach der Übertragbarkeitsregelung in § 45 b Abs. 2 SGB XI mit Ablauf des 30.6.2016 verfallen sind, konstituiert § 144 Abs. 3 SGB XI zum anderen in der Sache eine neue Anspruchsgrundlage.[187] Denn die an sich bereits verfallenen Mittel können bis zum **31.12.2018** erneut genutzt werden: entweder, um eine nachträgliche Kostenerstattung für bereits bezogene Leistungen zu erhalten, oder, um diese Beträge zum Bezug von Leistungen nach § 45 b Abs. 1 Satz 3 SGB XI einzusetzen.[188]

273   **Praxishinweis:** Durch die Übergangsregelung des § 144 Abs. 3 SGB XI sind folgende Zeiträume zu unterscheiden:

Ansprüche aus § 45 b SGB XI aus dem Jahre 2017 können bis 30.6.2018 abgerufen werden;

Ansprüche aus den Jahren 2015 und 2016 aber bis zum 31.12.2018. So kann es tunlich sein, nicht die ältesten Ansprüche vorrangig zu verbrauchen.

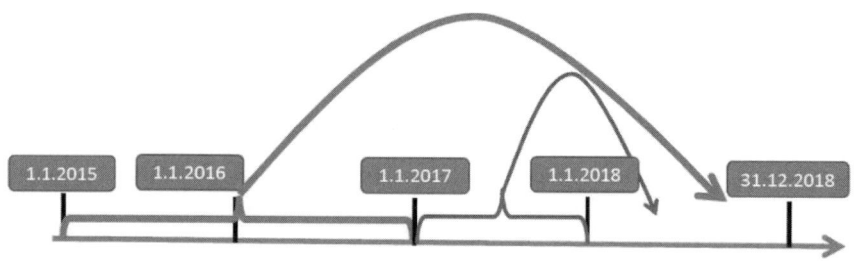

274   Bei Leistungen der Tages- und Nachtpflege sowie der Kurzzeitpflege ist eine Differenzierung danach, ob es sich um Aufwendungen für Leistungen im Bereich der Selbstversorgung handelt, nicht geboten, da es sich in der teil- und vollstationären Pflege jeweils um **einheitliche Gesamtleistungen** handelt, die eine Trennung nach Leistungen im Bereich der körperbezogener Selbstversorgung und solchen im Bereich anderer pflegerischer Maßnahmen nicht zulassen. Bei diesen Leistungen ist vielmehr davon auszugehen, dass sie insgesamt zur Entlastung von pflegenden Angehörigen und vergleichbar nahestehenden Pflegepersonen sowie zur Förderung der Selbstständigkeit und Selbstbestimmtheit der Pflegebedürftigen bei der Gestaltung ihres Alltags beitragen. Gegenüber der bisherigen Rechtslage erfolgt also keine Änderung.[189]

275   Der durch das PSG III angefügte § 45 b Abs. 3 Satz 1 SGB XI übernimmt die Regelung des bisherigen § 13 Abs. 3 a SGB XI a.F., also die **Berücksichtigung** des Entlas-

---

187   BT-Drucks. 18/10510, 125.
188   BT-Drucks. 18/9518, 80.
189   BT-Drucks. 18/5926, 133.

tungsbetrags in anderen Leistungssystemen. Inhaltliche Änderungen sind hiermit nicht verbunden.[190] Die Leistungen nach § 45 b SGB XI finden bei den Fürsorgeleistungen des Trägers der Sozialhilfe als **Hilfe zur Pflege** nach § 13 Abs. 3 Satz 1 SGB XI weiterhin keine Berücksichtigung,[191] werden also auf die Leistungen des Trägers der Sozialhilfe **nicht angerechnet**.

In § 45 b Abs. 3 Satz 2 SGB XI wird zudem ausdrücklich bestimmt, dass § 63 b Abs. 1 Satz 3 SGB XII, nach dem grundsätzlich Leistungen der Hilfe zur Pflege nicht erbracht werden, soweit Pflegebedürftige gleichartige Leistungen nach anderen Rechtsvorschriften erhalten, auf den Entlastungsbetrag nach § 45 b SGB XI keine Anwendung findet. Mit dieser Regelung wird unter anderem sichergestellt, dass der als separater Betrag ausgewiesene Entlastungsbetrag auch bei entsprechenden Empfängern von Fürsorgeleistungen weiterhin insbesondere für die Entlastung von Pflegepersonen **in vollem Umfang** tatsächlich **zur Verfügung** steht, so dass die entsprechende Intention des Expertenbeirats zur konkreten Ausgestaltung des neuen Pflegebedürftigkeitsbegriffs[192] auch in diesen Fällen Wirksamkeit entfaltet.

Der **Entlastungsbetrag** ist gemäß § 45 b Abs. 1 Satz 2 SGB XI zweckgebunden einzusetzen für qualitätsgesicherte Leistungen zur Entlastung pflegender Angehöriger und vergleichbar Nahestehender in ihrer Eigenschaft als Pflegende sowie zur Förderung der Selbstständigkeit und Selbstbestimmtheit der Pflegebedürftigen bei der Gestaltung ihres Alltags. Der Entlastungsbetrag des § 45 b SGB XI soll speziell die Belange der Pflegepersonen angesichts der Belastungen, die mit der Übernahme von Verantwortung für einen Pflegebedürftigen verbunden sind, ansprechen und einen Anreiz geben, sich tatsächlich zu entlasten.[193] Entsprechende Entlastungen des umgebenden Pflegesettings sind im Recht der Sozialhilfe im Bereich der **Hilfe zur Pflege** nicht so ausgeprägt. Die **Fürsorgeleistungen** nach §§ 61 ff SGB XII dienen im Grundsatz dazu, die individuellen Bedarfe des Pflegebedürftigen selbst abzudecken. Der weitere Zweck des Entlastungsbetrags liegt darin, dem Pflegebedürftigen **Unterstützungsleistungen** durch qualitätsgesicherte Angebote zu eröffnen, mit deren Hilfe er seinen Alltag (wieder) möglichst eigenständig selbst bewältigen kann. Auch diese Hilfestellungen bewirken damit eine Entlastung der Pflegepersonen sowie natürlich ebenfalls eine Stärkung der Pflegebedürftigen selbst. Dies erfolgt nach Wunsch des Pflegebedürftigen bzw. der Pflegeperson auch durch eine Unterstützung, die in dieser Form nicht den üblichen Regelleistungen entspricht.

276

§ 45 b SGB XI – Entlastungsbetrag, (in Klammern Werte bis 31.12.2016): Monatlicher Höchstbetrag für die Erstattung der Kosten: 125,00 € [104,00 €]

Der bislang in § 45 b Abs. 3 SGB XI a.F. geregelte Anspruch auf eine Kostenerstattung für Leistungen **niedrigschwelliger Betreuungs- und Entlastungsangebote** unter Anrechnung auf den Leistungsbetrag für ambulante Pflegesachleistungen – maximal

277

---

190 BT-Drucks. 18/9518, 67 und 70.
191 So bereits: SG Berlin, 20.1.2015 – S 212 SO 850/14.
192 Siehe Abschlussbericht des Expertenbeirats vom 27.6.2013, 34.
193 Vgl. dazu: Abschlussbericht des Expertenbeirats vom 27.6.2013, 35.

in Höhe von 40 Prozent des jeweiligen Höchstleistungsbetrags nach § 36 SGB XI – wird nun in § 45 a Abs. 4 SGB XI geregelt. Da dieser Kostenerstattungsanspruch auf einer teilweisen Umwandlung des in § 36 SGB XI für ambulante Pflegesachleistungen vorgesehenen Leistungsbetrags beruht, wird für ihn die Bezeichnung **Umwandlungsanspruch** eingeführt. Dieser Anspruch steht den nach § 36 Abs. 1 SGB XI anspruchsberechtigten Pflegebedürftigen, also den Pflegebedürftigen der Pflegegrade 2 bis 5 zu.[194]

278 Mit § 45 a Abs. 4 Satz 8 SGB XI wird eine Auslegung mancher Pflegekassen korrigiert, die nach Inkrafttreten des Ersten Pflegestärkungsgesetzes (PSG I) aufgetreten ist und hinsichtlich des Entlastungsbetrags und des Umwandlungsanspruchs vom Bestehen eines **Vorrang-Nachrang-Verhältnisses** ausgeht. Dieser die Gestaltungsmöglichkeiten der Versicherten einschränkende Auslegung wurde zunächst durch die Trennung des Regelungsortes von Umwandlungsanspruch in § 45 a Abs. 4 Satz 1 SGB XI und Entlastungsbetrag in § 45 b SGB XI die Grundlage entzogen; beide Leistungsansprüche stehen unabhängig nebeneinander zur Verfügung. Zur Rechtsklarheit hat der Bundesrat allerdings zusätzlich auch eine ausdrückliche Klarstellung im Gesetzeswortlaut vorgeschlagen,[195] so dass keine Anrechnung der Leistungen untereinander erfolgt.

279 Eine Ausnahme von der Nichtanrechnung der Entlastungsleistungen bilden nach § 45 b Abs. 3 Satz 3 SGB XI die Leistungsansprüche nach den §§ 64 i und 66 SGB XII (Entlastungsbetrag bei Pflegegrad 1 und bei den Pflegegraden 2 bis 5), soweit in diesen Anspruchsnormen der Hilfe zur Pflege Leistungen vorgesehen sind, die inhaltlich den Leistungen nach § 45 b Abs. 1 Satz 3 SGB XI deckungsgleich entsprechen. Hinsichtlich dieser Leistungen der Hilfe zur Pflege darf der Entlastungsbetrag nach § 45 b Abs. 1 Satz 1 SGB XI insoweit Berücksichtigung finden und insoweit findet auch § 63 b Abs. 1 SGB XII Anwendung.[196]

280 **Praxishinweis:** Der gesonderte Anspruch auf den Entlastungsbetrag wurde bisher nicht im Rahmen der Hilfe zur Pflege erbracht, da die den Leistungen zugrunde liegenden Beeinträchtigungen nicht vom bisher geltenden Pflegebedürftigkeitsbegriff erfasst wurden.[197] Daher ändert sich inhaltlich aus der Verschiebung der Regelung von § 13 Abs. 3 a SGB XI a.F. in den § 45 b Abs. 3 Satz 1 und 2 SGB XI nichts. Die Entlastungsleistungen sollen grundsätzlich zusätzlich auch vom Träger der Sozialhilfe getragen werden.

Etwas anderes gilt aber im **Zusammenspiel** von § 45 b SGB XI und den Regelungen für Entlastungsleistungen in § 64 i SGB XII (für Pflegegrad 2–5) und § 66 SGB XII (für Pflegegrad 1):

Entscheidend für die Frage, ob beide Entlastungsleistungen aus SGB XI und SGB XII nebeneinander vom Pflegebedürftigen eingesetzt werden können oder

194 BT-Drucks. 18/5926, 132.
195 BT-Drucks. 18/6182, 16, 30; BT-Drucks. 18/6688, 144.
196 BT-Drucks. 18/9518, 70.
197 BT-Drucks. 18/9518, 94.

nach § 45 b Abs. 3 Satz 3 SGB XI eine Anrechnung stattfindet, ist die gesetzliche Leistungsausgestaltung der Ansprüche im Vergleich.

Der **Entlastungsbetrag für den Pflegegrad 1** ist nach § 66 SGB XII zweckgebunden einzusetzen für die Entlastung der pflegenden Angehörigen oder nahestehender Pflegepersonen und bei der Gestaltung des Alltags sowie zur Inanspruchnahme von Leistungen der häuslichen Pflegehilfe im Sinne des § 64 b SGB XII, Maßnahmen zur Verbesserung des Wohnumfeldes nach § 64 e SGB XII, anderen Leistungen nach § 64 f SGB XII, Leistungen zur teilstationären Pflege im Sinne des § 64 g SGB XII und der Inanspruchnahme von Unterstützungsangeboten im Sinne des § 45 a SGB XI. Dieser Inhalt ist mit den **Einsatzmöglichkeiten** in § 45 b Abs. 1 SGB XI zu **vergleichen**, so dass bei den Leistungen der Tages- und Nachtpflege, der häuslichen Pflegehilfe und den niederschwelligen Angeboten eine Anrechnung stattfindet. Nicht hingegen, wenn der Entlastungsbetrag nach § 45 b Abs. 1 Satz 3 Nr. 2 SGB XI für Leistungen der **Kurzzeitpflege** ausgegeben wird, da dann die Leistungen inhaltlich nicht deckungsgleich sind.

Der **Entlastungsbetrag für die Pflegegrade 2–5** nach § 64 i SGB XII ist hingegen wesentlich enger gefasst. Dieser ist zweckgebunden einzusetzen zur Entlastung der pflegenden Angehörigen oder nahestehender Pflegepersonen, bei der Gestaltung des Alltags oder der Inanspruchnahme von Unterstützungsangeboten im Sinne des § 45 a SGB XI. Eine **Anrechnung** der Leistungen des § 45 b SGB XI findet daher lediglich bei den niederschwelligen Unterstützungsleistungen statt, **nicht** hingegen bei einem Einsatz für Leistungen der Tages- und Nachtpflege, der Kurzzeitpflege und der häuslichen Pflegehilfe. Damit sind die Pflegegrade 2–5 bei der Frage der Anrechnung privilegiert. Der gesonderte Anspruch auf den Entlastungsbetrag für Pflegebedürftige der Pflegegrade 2 bis 5 nach § 64 i SGB XII bleibt von den genannten Leistungen unberührt.[198]

In der Praxis sind daher in Fragen der Anrechnung der Entlastungsleistungen nach § 45 b SGB XI auf die §§ 64 i und 66 SGB XII unterschiedlich zu behandeln.

i) § 37 SGB V – Häusliche Krankenpflege

Mit der Einführung des neuen Pflegebedürftigkeitsbegriffs sind **keine Leistungsverschiebungen** zwischen der sozialen Pflegeversicherung und der gesetzlichen Krankenversicherung verbunden. Die Ansprüche der Versicherten auf Leistungen nach dem SGB V bleiben dementsprechend – wie § 13 Abs. 2 SGB XI schon immer klar regelte – **unberührt**. Dies betrifft insbesondere die Leistungen der häuslichen Krankenpflege nach § 37 SGB V. Unverändert gilt dies auch für krankheitsspezifische Pflegemaßnahmen, soweit diese im Rahmen der häuslichen Krankenpflege nach § 37 SGB V zu leisten sind. Nachdem § 37 Abs. 2 Satz 1 letzter Halbsatz SGB V gestrichen wurde, ist dies gesetzlich nun in § 13 Abs. 2 Satz 2 SGB XI geregelt worden.[199]

281

---

198   BT-Drucks. 18/9518, 94.
199   BT-Drucks. 18/5926, 107.

282   **Praxishinweis:** Die Definition der **krankheitsspezifischen Pflegemaßnahmen** wird nun in § 15 Abs. 5 SGB XI vorgenommen, vorher stand diese Regelung in § 15 Abs. 3 Satz 2 und 3 SGB XI a.F.

283   Die Regelung wird bezogen auf den neuen Pflegebedürftigkeitsbegriff unverändert fortgeschrieben.[200] Bei der Begutachtung sind – so § 15 Abs. 5 SGB XI – auch solche **Kriterien zu berücksichtigen**, die zu einem Hilfsbedarf führen, für den Leistungen des SGB V vorgesehen sind. Dies gilt auch für krankheitsspezifische Pflegemaßnahmen. Krankheitsspezifische Pflegemaßnahmen sind Maßnahmen der **Behandlungspflege**, bei denen der behandlungspflegerische Hilfebedarf aus medizinisch-pflegerischen Gründen regelmäßig und auf Dauer untrennbarer Bestandteil einer pflegerischen Maßnahme in den in § 14 Abs. 2 SGB XI genannten sechs Lebensbereichen („Module") ist oder mit einer solchen notwendig in einem unmittelbaren zeitlichen und sachlichen Zusammenhang steht.

284   Der Gesundheitsausschuss des Deutschen Bundestages hat bei den Beratungen zum **Krankenhausstrukturgesetz**[201] überraschend eine seit langem diskutierte Lücke zwischen der gesetzlichen Krankenversicherung und der sozialen Pflegeversicherung geschlossen. Folgender **Lehrbuchfall** liegt der Fragestellung zugrunde:

Die nicht pflegebedürftige – allein lebende – X stürzt unglücklich und bricht sich beide Oberarme. Nach einem dreitätigen Krankenhausaufenthalt wird X mit den in einem Gilchristverband fixierten Oberarmen entlassen. Die Fixierungen sollen 6 Wochen die knöcherne Heilung der Humerusfraktur sicherstellen, dabei ist Krankengymnastik vorgesehen. Wer übernimmt die Pflege, insbesondere Finanzierung der Grundpflege bzw. der hauswirtschaftlichen Versorgung?

Die Lösungsskizze, Behandlungspflege:

Das Tragen des Gilchristverbandes ist zur Sicherung des Ziels der ärztlichen Behandlung erforderlich; ist also **Behandlungspflege** i.S. des § 37 Abs. 2 Satz 1 SGB V. Das im Rahmen der Körperpflege und beim An- und Auskleiden erforderliche An- und Ablegen des Gilchristverbandes ist untrennbarer Bestandteil dieser Verrichtungen, mithin eine **verrichtungsbezogene krankheitsspezifische Pflegemaßnahme**, zu deren Leistung die gesetzliche Krankenversicherung verpflichtet ist.[202]

Die Lösungsskizze Grundpflege, bisher:

1. Leistungen der Pflegeversicherung: Nein, da Bedarf nicht auf Dauer, voraussichtlich für mindestens 6 Monate (vgl. § 14 Abs. 1 SGB XI) besteht. [Hier nur 2, maximal 3 Monate]

2. Krankenversicherung:
   - § 37 Abs. 1 Satz 1 1. Alt. SGB V: Nein, da Krankenhausbehandlung nicht (mehr) erforderlich. [X ist medizinisch versorgt.]
   - § 37 Abs. 1 Satz 1 2. Alt. SGB V: Nein, da das ungeschriebene Tatbestandsmerkmal einer „akuten Erkrankung"[203] nicht besteht.

---

200   BT-Drucks. 18/5926, 114.
201   BT-Drucks. 18/6586, 94.
202   BSG 16.7.2014 – B 3 KR 2/13 R.
203   Vgl. ausführlich: BSG 28.1.1999 – B 3 KR 4/98 R = BSGE 83, 254.

– § 37 Abs. 2 SGB V: Nein, da nach dem Sachverhalt – mit Ausnahme des Gilchristverbandes – keine Behandlungspflege erforderlich ist.

3. Es bleibt also die Selbsthilfe durch Familie oder Nachbarn bzw. die Beauftragung und Selbst-
   zahlung eines Pflegedienstes.

4. [Bei Vorliegen der finanziellen Bedürftigkeit]: Hilfe zur Pflege nach § 61 Abs. 1 Satz 2 SGB XII
   – also der Erweiterung gegenüber den Leistungen der sozialen Pflegeversicherung – möglich.

Durch eine **Erweiterung der Leistungsansprüche** der häuslichen Krankenpflege in   285
§ 37 Abs. 1 a SGB XI haben Versicherte wegen schwerer Krankheit oder wegen akuter Verschlimmerung einer Krankheit, insbesondere nach einem Krankenhausaufenthalt, einen Bedarf an grundpflegerischer und hauswirtschaftlicher Versorgung, wenn
sie sich im Hinblick auf die erheblichen Auswirkungen der Behandlungen zuhause
nicht selbst pflegen und versorgen können. Versicherte bedürfen in dieser Konstellation der Unterstützung durch Leistungen der Grundpflege und/oder der hauswirtschaftlichen Versorgung, soweit nicht andere, insbesondere im Haushalt lebende Personen dies leisten können. Im Rahmen der häuslichen Krankenpflege scheitert die
Kostenübernahme durch die Krankenkasse bisher grundsätzlich daran, dass diese **nur
im Zusammenhang** mit medizinischer **Behandlungspflege** verordnet werden kann.
Ähnliche Versorgungsprobleme können sich insbesondere nach einer ambulanten
Operation oder nach einer ambulanten Krankenhausbehandlung zeigen. In diesen
Fällen kann dies mit erheblichen Nachwirkungen, wie beispielsweise einer Chemo-
therapie, verbunden sein. Im Hinblick auf die bestehenden Leistungen und Leistungsvoraussetzungen der gesetzlichen Krankenversicherung und der sozialen Pflegeversicherung konnte der Versorgungsbedarf der Betroffenen bisher nicht gedeckt werden.
Wenn dieser Bedarf kurzfristiger Natur ist und **nicht die Dauer** von sechs Monaten
übersteigt, haben Versicherte keinen Anspruch auf Leistungen der sozialen Pflegeversicherung. Leistungen der häuslichen Krankenpflege nach § 37 SGB V werden zur
Unterstützung der ärztlichen Behandlung entweder als Krankenhausvermeidungspflege nach Abs. 1 oder als Sicherungspflege nach Abs. 2 im Rahmen des ärztlichen Be-
handlungsplans erbracht. Im Hinblick auf die genannten Versorgungsprobleme wird
mit dem neuen § 37 Abs. 1 a SGB V geregelt, dass Versicherte an geeigneten Orten
i.S.v. § 37 Abs. 1 Satz 1 SGB V wegen schwerer Krankheit oder wegen akuter Verschlimmerung einer Krankheit, insbesondere nach einem Krankenhausaufenthalt,
nach einer ambulanten Operation oder nach einer ambulanten Krankenhausbehandlung, soweit keine Pflegebedürftigkeit i.S.d. §§ 14, 15 SGB XI vorliegt, die **erforderliche Grundpflege** und **hauswirtschaftliche Versorgung** von der zuständigen Krankenkasse erhalten.[204]

Praxishinweis: In § 37 Abs. 1 a SGB V ist für die Gewährung der Grundpflege ein   286
gleichzeitiger Bedarf an medizinischer Behandlungspflege **ausnahmsweise nicht**
erforderlich.

---

204 BT-Drucks. 18/6586, 111.

287 Der **Leistungsumfang** entspricht der bisherigen GKV-Systematik der Grundpflege und der hauswirtschaftlichen Versorgung. Der Anspruch bezieht sich auf diese beiden Leistungsarten, geht folglich auch nicht über sie hinaus. Der Bedarf beruht hier auf den körperlichen Beeinträchtigungen der Versicherten wegen schwerer Krankheit oder wegen akuter Verschlimmerung einer Krankheit, insbesondere nach Krankenhausbehandlung, ambulanter Operation oder ambulanter Krankenhausbehandlung. Bedarfe im Hinblick auf kognitive Beeinträchtigungen werden durch den erweiterten Leistungsanspruch grundsätzlich nicht erfasst. Insbesondere sind mit der Erweiterung keine Leistungsverschiebungen bezüglich der sozialen Pflegeversicherung oder der Eingliederungshilfe (§§ 53, 54 SGB XII) verbunden.

288 Nach § 37 Abs. 1 a Satz 2 SGB V gilt § 37 Abs. 1 Satz 4 und 5 SGB V entsprechend. Folglich besteht der Anspruch nach dem neuen § 37 Abs. 1 a SGB V wie die Krankenhausvermeidungspflege bis zu **vier Wochen** je Krankheitsfall und kann von der Krankenkasse in begründeten Ausnahmefällen nach Einschaltung des Medizinischen Dienstes verlängert werden.

289 **Praxishinweis:** Für die Leistungserbringung dieser Leistungen ist **keine neue vertragliche Regelung** notwendig. Der verhandelte und abgeschlossene Vertrag nach § 132 a SGB V gilt einschließlich der dort geregelten Leistungskomplexe auch für diese Fälle.

290 Mit Einführung des neuen Pflegebedürftigkeitsbegriffs und des damit verbundenen neuen Begutachtungsinstruments richtet sich die Einstufung der Pflegebedürftigen ausschließlich nach dem Grad der Selbstständigkeit. Ein Zeitaufwand für den Hilfebedarf bei der Grundpflege im Rahmen der Begutachtung zur Feststellung von Pflegebedürftigkeit wird daher nicht mehr festgestellt. Für Versicherte mit erheblichem intensivpflegerischen Bedarf – beispielsweise Wachkomapatienten, Patienten mit Amyotropher Lateralsklerose (ALS) in späten Stadien, dauerbeatmete Patienten –, die außerklinisch (ambulant) versorgt werden müssen, wurden bisher nach der sog. **Drachenfliegerrechtsprechung** des BSG[205] bei gleichzeitigem Erbringen von medizinischer Behandlungspflege nach § 37 Abs. 2 SGB V und Grundpflege i.S.v. § 36 SGB XI durch dieselbe Pflegekraft die Zeiten gegeneinander verrechnet.

Die noch dem Drachenflieger-Urteil I zugrunde liegende Annahme, während der Erbringung der Hilfe bei der Grundpflege trete die Behandlungspflege im Regelfall in den Hintergrund, so dass es gerechtfertigt sei, den Kostenaufwand für diese Zeiten allein der sozialen Pflegeversicherung zuzurechnen, vertrat das BSG[206] seit 2010 nicht mehr. Vielmehr stehen die Leistungsansprüche nach § 37 Abs. 2 SGB V und nach § 36 SGB XI grundsätzlich **gleichberechtigt nebeneinander**.

291 Zur Abgrenzung beider Bereiche ist nach Auffassung des BSG wie folgt vorzugehen:

---

205 BSG 17.6.2010 – B 3 KR 7/09 R = BSGE 106, 173; mit Anm. *Richter* GuP 2011, 69.
206 BSG 28.1.1999 – B 3 KR 4/98 R = BSGE 83, 254.

Es ist zunächst von dem im MDK-Gutachten festgestellten Gesamtumfang aller Hilfeleistungen bei der Grundpflege die von der Pflegekasse geschuldete **„reine" Grundpflege** zu trennen und zeitlich zu erfassen. Der so ermittelte Zeitwert ist aber nicht vollständig, sondern nur zur Hälfte vom Anspruch auf die ärztlich verordnete, rund um die Uhr erforderliche Behandlungspflege (einschließlich der verrichtungsbezogenen krankheitsspezifischen Pflegemaßnahmen) abzuziehen, weil während der Durchführung der Grundpflege weiterhin Behandlungspflege – auch als Krankenbeobachtung – stattfindet und beide Leistungsbereiche gleichrangig nebeneinander stehen. Aus der Differenz zwischen dem verordneten zeitlichen Umfang der häuslichen Krankenpflege und der Hälfte des zeitlichen Umfangs der „reinen" Grundpflege ergibt sich der zeitliche Umfang der häuslichen Krankenpflege nach § 37 Abs. 2 SGB V, für den die Krankenkasse einzutreten hat. Die Pflegekasse hat die Kosten der Hälfte des Zeitaufwands der „reinen" Grundpflege zu tragen, jedoch begrenzt auf den Höchstbetrag für die Sachleistungen. Reicht der Höchstbetrag zur Abdeckung dieser Kosten nicht aus, hat der Versicherte den verbleibenden Rest aus eigenen Mitteln aufzubringen; notfalls ist die Sozialhilfe eintrittspflichtig.

Die Grundpflege ist aufzuteilen in ...

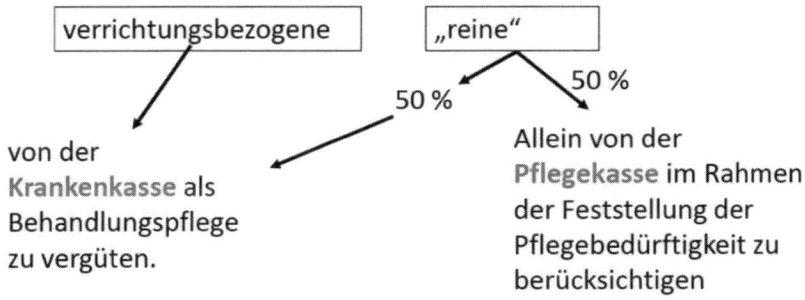

Um auch zukünftig eine Aufteilung der Zeiten, in denen „reine" Grundpflege erbracht und zugleich auch medizinische Behandlungspflege (Krankenbeobachtung) durchgeführt wird, vornehmen zu können, wurden die §§ 17 Abs. 1 b und 18 Abs. 1 a SGB XI geschaffen. In Fällen einer rund um die Uhr erforderlichen intensivpflegerischen ambulanten Versorgung sind die Kosten für diese Zeiten zu gleichen Teilen von Kranken- und Pflegekasse zu übernehmen. Daher kann das MDK-Gutachten nicht mehr für eine zeitbezogene Aufteilung der Kostenträgerschaft herangezogen werden. Zur Umsetzung der Vorgaben des BSG wurde der Spitzenverband Bund der Pflegekassen daher verpflichtet, auf pflegefachlicher Grundlage **Richtlinien** zu entwickeln, mit denen eine **pauschale** und/oder **einzelfallbezogene Feststellung** des Zeit- und damit des Kostenanteils der Pflegeversicherung möglich ist. Bei der Entwicklung der Richtlinien war darauf zu achten, dass die bisherige leistungsrechtliche Zuordnung von Maßnahmen zur Pflegeversicherung und Krankenversicherung unverändert bleibt. Da der Begriff der Grundpflege im Pflegeversicherungsrecht künftig entfällt, ist

292

der Zeitanteil für körperbezogene Pflegemaßnahmen festzustellen. Diese umfassen insbesondere die bisherigen Maßnahmen der Grundpflege. Die Regelung gilt für ambulant versorgte Pflegebedürftige, die einen besonders hohen Bedarf an behandlungspflegerischen Leistungen haben und die Leistungen der häuslichen Pflegehilfe nach § 36 SGB XI und der häuslichen Krankenpflege nach § 37 Abs. 2 SGB V beziehen.[207]

Der Begriff der „Personen mit besonders hohem Bedarf an behandlungspflegerischen Leistungen" wird in der Richtlinie des Gemeinsamen Bundesausschusses über die Verordnung von häuslicher Krankenpflege unter anderem dadurch definiert, dass die „ständige Anwesenheit einer geeigneten Pflegefachkraft oder ein vergleichbar intensiver Einsatz einer Pflegefachkraft" erforderlich ist. Ein solcher vergleichbar intensiver Einsatz einer Pflegefachkraft kann auch dann vorliegen, wenn die Verordnung für häusliche Krankenpflege **weniger als 24 Stunden täglich** umfasst.

293   Die „Intensivpflege" wird durch Ziff. 3 im Geltungsbereich der **Kostenabgrenzungs-Richtlinien**[208] definiert. Ein **besonders hoher Bedarf an medizinischer Behandlungspflege** liegt vor, wenn rund um die Uhr, also 24 Stunden am Tag, die Anwesenheit/Interventionsbereitschaft einer geeigneten Pflegefachkraft zur individuellen Kontrolle und Einsatzbereitschaft und zur Durchführung der notwendigen behandlungspflegerischen Maßnahmen erforderlich ist, da wegen der Schwere und Dauer der Erkrankung akute gesundheits- oder lebensgefährdende Veränderungen der Vitalfunktionen mit der Notwendigkeit zur sofortigen medizinischen Intervention zu unvorhersehbaren Zeiten wiederkehrend eintreten können. Einem 24-Stunden-Bedarf in diesem Sinne steht nicht entgegen, wenn die Versorgung stundenweise anderweitig, etwa durch Angehörige, übernommen wird.

Vor dem Hintergrund, dass die Regelungen der §§ 14, 15 SGB XI keine zeitorientierte und verrichtungsbezogene Begutachtung zur Feststellung der Pflegebedürftigkeit mehr vorsehen, wird der durch die Pflegeversicherung zu tragende Anteil **pauschal** festgelegt. Dabei wird jedem Pflegegrad ein bestimmter Minutenwert zugeordnet, für den die Pflegeversicherung aufzukommen hat. Grundlage hierfür sind die den Kranken- und Pflegekassen in 2016 vorliegenden Daten („**Bestandsfälle**") bezogen auf die Zeitaufwände der „reinen" Grundpflege unter Berücksichtigung der jeweils zuerkannten Pflegestufe. Die ermittelten Minutenwerte entsprechen den Zeitanteilen, die nach dem bis 31.12.2016 gültigen Verfahren vom verordneten zeitlichen Umfang der häuslichen Krankenpflege abzuziehen waren. Unter Beachtung der Überleitungsregelung nach § 140 Abs. 2 SGB XI wurden die ermittelten Zeitanteile der „reinen" Grundpflege je Pflegestufe auf die Systematik der Pflegegrade übertragen. Anschließend wurden je Pflegegrad Mittelwerte errechnet. Durch das so entwickelte Verfahren soll sichergestellt werden, dass die bisherige leistungsrechtliche Zuordnung von Maßnahmen zwischen Kranken- und Pflegeversicherung unverändert bleibt. Zudem werden die Vorgaben des BSG zur Kostenaufteilung in Fällen der über 24 Stunden

---

207   BT-Drucks. 18/9083, 33.
208   Richtlinien des GKV-Spitzenverbandes zur Kostenabgrenzung zwischen Kranken- und Pflegeversicherung bei Pflegebedürftigen, die einen besonders hohen Bedarf an behandlungspflegerischen Leistungen haben nach § 17 Abs. 1 b SGB XI vom 16.12.2016.

täglich erforderlichen häuslichen Krankenpflege weiterhin umgesetzt und auf die im Rahmen des neuen Pflegebedürftigkeitsbegriffs eingeführten Pflegegrade übertragen.

Folgende **pauschale Minutenwerte** sind nach Ziff. 6 Kostenabgrenzungs-Richtlinie für die Feststellung des Zeitanteils, für den die Pflegeversicherung die Kosten zu tragen hat, zugrunde zu legen: **294**

	Pauschale Minutenwerte:
Pflegegrad 2	37
Pflegegrad 3	76
Pflegegrad 4	104
Pflegegrad 5	141

Diese pauschalen Minutenwerte sind bei gleichzeitiger Erbringung von medizinischer Behandlungspflege nach § 37 Abs. 2 SGB V und körperbezogenen Pflegemaßnahmen i.S.v. § 36 SGB XI durch dieselbe Pflegekraft vom Zeitaufwand, den die gesetzliche Krankenversicherung zu tragen hat, in Abzug zu bringen. Wenn die Versorgung stundenweise anderweitig, beispielsweise durch Angehörige, übernommen wird, sind die pauschalen Minutenwerte anteilig nach kaufmännischer Rundung in Abzug zu bringen.

Einer Kostenabgrenzungs-Richtlinie, einem Fortbestand der vielfach kritisierten Drachenflieger-Rechtsprechung und einer Rückkehr zu der Feststellung von Minutenwerten – sei es auch nur in Form der Pauschalen – hätte es nicht bedurft. Längst war vielfach festgestellt worden, dass der Anspruch auf häusliche Krankenpflege nach § 37 Abs. 2 SGB V und die Leistungen der Pflegeversicherung nach §§ 36, 37 SGB XI insoweit nach Leistungserbringung und Zuständigkeit getrennt uneingeschränkt nebeneinander stehen.[209]   **295**

j) § 38 SGB V – Haushaltshilfe

Der Anspruch auf **Haushaltshilfe** in § 38 SGB V war in den vergangenen Jahren **nahezu leer gelaufen,** da ein Anspruch nur bestand, wenn im Haushalt ein Kind lebt, das bei Beginn der Haushaltshilfe das zwölfte Lebensjahr noch nicht vollendet hat oder das behindert und so auf Hilfe angewiesen ist. Mit der Änderung in § 38 Abs. 1 Satz 3 SGB V wird der Anspruch auf Haushaltshilfe ergänzt, um Versorgungsproblemen im Falle schwerer Krankheit oder wegen akuter Verschlimmerung einer Krankheit zu begegnen. Die Regelung steht damit im unmittelbaren Zusammenhang mit   **296**

---

209 LSG Hessen 9.12.2010 – L 1 KR 187/10 und 189/10; ebenso wohl: BVerfG 10.3.2008 – 1 BvR 2925/07; im Ergebnis ebenso: LSG Schleswig-Holstein 12.11.2008 – L 5 B 476/08 KR ER; LSG Niedersachsen–Bremen 20.1.2010 – L 4 KR 332/07.

dem neuen § 37 Abs. 1 a SGB V [→ Rn. 285 ff], der in demselben Versorgungskontext eine **Anspruchsergänzung** der häuslichen Krankenpflege hinsichtlich Grundpflege und hauswirtschaftlicher Versorgung vorsieht. In den insoweit relevanten Konstellationen entsteht für Menschen in der eigenen Häuslichkeit ohne Unterstützungspotentiale durch Personen in ihrem sozialen Umfeld nach einer stationären Krankenhausbehandlung oftmals eine **Versorgungslücke**. Hintergrund ist eine gesellschaftliche Entwicklung, in der familiäre Strukturen derartige Bedarfssituationen weit weniger als in der Vergangenheit aufzufangen vermögen. Konkret betroffen sind insbesondere Personen, die bis zum Abschluss des Genesungsprozesses häufig nicht in der Lage sind, sich zu versorgen und den Alltag zu bewältigen, entweder weil sie allein leben oder der Ehegatte oder der Lebenspartner beziehungsweise Verwandte berufstätig sind. Ein ähnliches Problem besteht auch bei Alleinerziehenden mit einer schweren Erkrankung oder akuter Verschlimmerung einer Erkrankung, die aufgrund ihrer Erkrankung oder der Verschlimmerung nicht in der Lage sind, die hauswirtschaftliche Versorgung und Betreuung ihrer Kinder sicherzustellen.[210]

297   Vor diesem Hintergrund wird der **Pflichtleistungsanspruch** nach § 38 Abs. 1 SGB V, der keine Kernleistung der Krankenbehandlung, sondern eine versicherungsfremde Leistung darstellt, für die genannten Konstellationen im Sinne der Versicherten **moderat erweitert**. Danach erhalten Versicherte auch dann Haushaltshilfe, wenn ihnen die Weiterführung des Haushalts wegen schwerer Krankheit oder wegen akuter Verschlimmerung einer Krankheit, insbesondere nach einem Krankenhausaufenthalt, nach einer ambulanten Operation oder nach einer ambulanten Krankenhausbehandlung, nicht möglich ist, längstens jedoch für die Dauer von **vier Wochen**. Ein besonderer Fall mit einer zeitlich erweiterten Leistung ist nach § 38 Abs. 1 Satz 4 SGB V gegeben, wenn im Haushalt ein Kind lebt, das bei Beginn der Haushaltshilfe das zwölfte Lebensjahr noch nicht vollendet hat oder das behindert und auf Hilfe angewiesen ist. In diesem Fall verlängert sich der erweiterte Leistungsanspruch auf Haushaltshilfe auf längstens **26 Wochen**. Es wird typisierend davon ausgegangen, dass dieser Zeitraum geeignet und erforderlich ist, um den Versorgungsbedarf in diesen Fällen wirksam abzudecken.[211]

2. Teilstationäre Leistungen und Kurzzeitpflege

a) § 41 SGB XI – Tages- und Nachtpflege

298   Die Leistungen der Tages- und Nachtpflege nach § 41 SGB XI sind für Pflegebedürftige der **Pflegegrade 2 bis 5** eröffnet. Im Übrigen erfolgt durch das Zweite Pflegestärkungsgesetz (PSG II) keine Änderung. Die teilstationäre Pflege dient der Unterstützung und Sicherstellung der häuslichen Versorgung. Gesetzessystematisch stellt sie aber eine Form der stationären Versorgung dar, bei der während des Aufenthaltes in der Einrichtung eine **umfassende Versorgung** zu gewährleisten ist. Dies spiegelte sich bereits im bisher geltenden Leistungsrecht zumindest insoweit wider, als von der Pfle-

---

210 BT-Drucks. 18/6586, 112.
211 BT-Drucks. 18/4095, 159: Der Bundesrat hatte sich in seiner Stellungnahme zum GKV-Versorgungsstärkungsgesetz in diesem Fall für 52 Wochen ausgesprochen.

geversicherung im Rahmen der Leistungsbeträge die Aufwendungen für Grundpflege und für soziale Betreuung sowie der medizinischen Behandlungspflege zu tragen waren. Vor diesem Hintergrund erfordert der neue Pflegebedürftigkeitsbegriff, der neben den somatisch bedingten Einschränkungen nunmehr auch die kognitiv bedingten Einschränkungen der Selbstständigkeit besser als bisher berücksichtigt, für die leistungsrechtliche Beschreibung und Einordnung teilstationär zu erbringender Sachleistungen der Pflegeversicherung keine grundsätzliche Neuorientierung, sondern vor allem eine begriffliche Klarstellung.[212] Zur Wirkung des Gewährung des ambulanten neben dem teilstationären Budget für die Fortentwicklung der sozialen Pflegeversicherung vgl. [→ Rn. 332 ff],

§ 41 SGB XI – Tages- und Nachtpflege (monatliches Leistungsbudget), (in Klammern Werte bis 31.12.2016):

Pflegestufe 0/eA	= Pflegegrad 2	689,00 €	[231,00 €]
Pflegestufe I	= Pflegegrad 2	689,00 €	[468,00 €]
Pflegestufe I/eA	= Pflegegrad 3	1.298,00 €	[689,00 €]
Pflegestufe II	= Pflegegrad 3	1.298,00 €	[1.144,00 €]
Pflegestufe II/eA	= Pflegegrad 4	1.612,00 €	[1.298,00 €]
Pflegestufe III	= Pflegegrad 4	1.612,00 €	[1.612,00 €]
Pflegestufe III/eA	= Pflegegrad 5	1.612,00 €	[1.995,00 €]

b) § 42 SGB XI – Kurzzeitpflege

Anspruch auf Kurzzeitpflege in dem in § 42 SGB XI geregelten Umfang haben ab der **299** Einführung des neuen Pflegebedürftigkeitsbegriffes ausschließlich Pflegebedürftige der **Pflegegrade 2 bis 5.** Unberührt davon bleibt der Anspruch auf den **Entlastungsbetrag** nach § 45 b SGB XI, nach dem unter anderem auch für Aufwendungen, die im Zusammenhang mit der Inanspruchnahme von Leistungen der Kurzzeitpflege entstanden sind, eine Kostenerstattung erfolgen kann. Kurzzeitpflege soll dabei insbesondere auch auf **aktivierende Pflege** ausgerichtet sein.[213] Änderungen gegenüber den bisherigen Regelungen ergeben sich nicht.

> **Praxishinweis:** Nur im Rahmen des Entlastungsbetrags nach § 45 b Abs. 1 Satz 3 **300** SGB XI haben Pflegebedürftige des **Pflegegrades 1** Zugang zu Leistungen der Kurzzeitpflege nach § 42 SGB XI.

§ 42 SGB XI – Kurzzeitpflege (jährliches Leistungsbudget), (in Klammern Werte bis 31.12.2016):

1.612,00 €   [1.612,00 €]

Unter Anrechnung auf das Verhinderungspflegebudget, § 39 SGB XI kann der Leis- **301** tungsbetrag auf 3.224,00 € [3.224,00 €] **verdoppelt** werden, soweit Verhinderungspflege noch nicht in Anspruch genommen wurde, § 42 Abs. 2 Satz 3 SGB XI.

---

212 BT-Drucks. 18/5926, 126.
213 BT-Drucks. 18/5926, 126.

c) § 39 c SGB V – Kurzzeitpflege durch die Krankenkasse

302   Seit Einführung der sozialen Pflegeversicherung besteht ein Problem in der Finanzierung der pflegerischen Versorgung von Versicherten mit einer schweren Krankheit oder bei einer akuten Verschlimmerung einer Krankheit, insbesondere nach einem Krankenhausaufenthalt, nach einer ambulanten Operation oder nach einer ambulanten Krankenhausbehandlung, die nicht mehr krankenhausbehandlungsbedürftig und nicht (oder noch nicht) pflegebedürftig sind, da es in diesen Fällen meist an der Dauerhaftigkeit („voraussichtlich für mindestens sechs Monate", vgl. § 14 Abs. 1 Satz 3 SGB XI) der Pflegebedürftigkeit mangelt. Der Gesundheitsausschuss des Deutschen Bundestages hat bei den Beratungen des **Krankenhausstrukturgesetzes**[214] überraschend diese Lücke durch eine Erweiterung der Leistungsansprüche der häuslichen Krankenpflege [→ Rn. 285 ff.] und der Haushaltshilfe sowie einen **neuen Anspruch auf Kurzzeitpflege** geschlossen.

303   In § 39 c SGB V wird ein neuer Anspruch der Kurzzeitpflege bei fehlender Pflegebedürftigkeit geregelt, so dass Versicherte Anspruch auf die im Einzelfall erforderliche Kurzzeitpflege entsprechend § 42 SGB XI für eine **Übergangszeit** haben, wenn Leistungen der häuslichen Krankenpflege nach dem ebenfalls neu eingeführten § 37 Abs. 1 a SGB V bei schwerer Krankheit oder anderer krankheitsbedingter Probleme, nicht ausreichen, um ein Verbleiben in der Häuslichkeit zu ermöglichen. Der neue § 39 c SGB V ist im Rahmen der gesetzlichen Krankenversicherung eine **substanzielle systematische Erweiterung**. Leistungsrechtlich soll er zum Tragen kommen, wenn andere Leistungsansprüche den speziellen Bedarf der Versicherten bei schwerer Krankheit oder wegen akuter Verschlimmerung einer Krankheit, insbesondere nach einem Krankenhausaufenthalt, nach einer ambulanten Operation oder nach einer ambulanten Krankenhausbehandlung, nicht im erforderlichen Maße abdecken.

304   **Praxishinweis:** Im Rahmen des neuen § 39 c SGB V ist stets zu prüfen, ob nicht durch andere Leistungen, etwa der Grundpflege nach dem neuen § 37 Abs. 1 a SGB V, ein Verbleiben in der Häuslichkeit ermöglicht werden kann. Der Leistungsanspruch aus § 39 c SGB V wird nur **subsidiär** gewährt.

305   Nur wenn ein **besonderer Unterstützungsbedarf** besteht, kommt die neue Leistung der Kurzzeitpflege als Leistung der gesetzlichen Krankenversicherung in Betracht. Voraussetzung ist, dass keine Pflegebedürftigkeit im Sinne der §§ 14, 15 SGB XI eingetreten bzw. festgestellt ist. Zudem geht es gerade in diesen Fällen darum, Pflegebedürftigkeit zu vermeiden. Der Leistungsanspruch ist an die Kurzzeitpflege i.S.d. § 42 SGB XI angelehnt, so dass nach § 39 c Satz 2 SGB V die Regelungen des § 42 Abs. 2 Satz 1 und 2 SGB XI entsprechend gelten. Hiernach ist der Anspruch auf **vier Wochen** im Kalenderjahr beschränkt (§ 42 Abs. 2 Satz 1 SGB XI). **Leistungsinhalte** und **Leistungshöhe** richten sich nach § 42 Abs. 2 Satz 2 SGB XI, so dass die pflegebedingten Aufwendungen und die Aufwendungen der sozialen Betreuung bis zu dem gesetzlich festgelegten Höchstbetrag von derzeit 1612,00 € übernommen werden.

---

214 BT-Drucks. 18/6586, 94.

Praxishinweis: Durch die Beschränkung der Verweisung in § 39 c Satz 2 SGB V auf 306
§ 42 Abs. 2 Satz 1 und 2 SGB XI finden die Regelungen des § 42 Abs. 2 Satz 3 bis 5
SGB XI (Möglichkeit der Anrechnung der Verhinderungspflege nach § 39 SGB XI
mit Leistungs- und Zeitraumausweitung) **keine Anwendung**.

Zudem ist zu berücksichtigen, dass ein Anspruch auf medizinische **Behandlungspflege** 307
neben dem Anspruch aus § 39 c SGB V weiterhin bereits nach § 37 Abs. 2 SGB V besteht. In der Richtlinie des Gemeinsamen Bundesausschusses zur Verordnung häuslicher Krankenpflege (HKP-Richtlinie) wird bereits in der derzeit geltenden Fassung
bestimmt, dass für nicht pflegebedürftige Versicherte ein Anspruch auf Leistungen
der häuslichen Krankenpflege in Kurzzeitpflegeeinrichtungen bestehen kann (§ 1
Abs. 2 Satz 4 HKP- Richtlinie).

Der neue Anspruch auf Kurzzeitpflege in der gesetzlichen Krankenversicherung ist 308
aufgrund der gesetzlich festgelegten Leistungshöhe ein **Teilleistungsanspruch**. Er ist
insoweit dem Kurzzeitpflegeanspruch der sozialen Pflegeversicherung nachgebildet.
Zudem ist es gerade bei diesem systematisch neuen Leistungsanspruch in einer veränderten gesellschaftlichen Situation zur Deckung der genannten speziellen Bedarfe
sachgerecht, auch eine finanzielle Eigenverantwortung des Einzelnen zu erhalten. Ein
Teilleistungscharakter findet sich in der gesetzlichen Krankenversicherung auch in anderen Bereichen, etwa bei der künstlichen Befruchtung oder beim Zahnersatz,[215] ist
dieser also nicht ganz fremd.

Diese Leistungen können nach § 39 c Satz 3 SGB V in den nach den §§ 71, 72 SGB XI 309
zugelassenen Einrichtungen der Kurzzeitpflege bzw. **eingestreut** in vollstationären
Einrichtungen oder in anderen geeigneten Einrichtungen, die nach § 132 h SGB V für
diese Leistung einen **gesonderten Versorgungsvertrag** abschließen, erbracht werden.
Damit werden bestehende Strukturen einer qualitätsgesicherten Leistungserbringung
genutzt. Daneben besteht für geeignete Einrichtungen die Möglichkeit zum Abschluss
eines Versorgungsvertrages nach § 132 h SGB V. Ziel ist, dass der neue Leistungsanspruch nach § 39 c SGB V zeitnah umgesetzt und von den Versicherten genutzt werden kann.[216] Somit können alle geeigneten Einrichtungen, auch nicht nach dem
SGB XI zugelassene, für die Erbringung der neuen Leistung der Kurzzeitpflege bei
fehlender Pflegebedürftigkeit in Betracht kommen.[217]

Praxishinweis: Nach §§ 71, 72 SGB XI bereits zugelassene Einrichtungen sind da- 310
her zur Leistungserbringung ohne weitere Prüfung geeignet. Gleichwohl ist ein
Versorgungsvertrag nach § 132 h SGB V abzuschließen, um die **Vergütung** zu regeln. Dabei ist zu beachten, dass „ohne Pflegestufe" nicht gleich „Pflegestufe 0"
bedeutet. Die Vergütung hat sich am Versorgungsaufwand zu orientieren.

---

215 BT-Drucks. 18/6586, 113.
216 BT-Drucks. 18/6586, 120.
217 BT-Drucks. 18/6586, 113.

3. Vollstationäre Leistungen

a) § 43 SGB XI – vollstationäre Pflege

311 Vollstationäre Sachleistung erhalten Pflegebedürftige der **Pflegegrade 2 bis 5**. Eine geringe mit 125,00 € dotierte Kostenerstattungsleistung für Pflegebedürftige des Pflegegrades 1 ist im neuen § 43 Abs. 3 SGB XI geregelt. Im Rahmen der vollstationären Pflege ist von der Einrichtung eine **umfassende Versorgung** zu gewährleisten. Dies spiegelte sich bereits im bisher geltenden Leistungsrecht zumindest insoweit wider, als von der Pflegeversicherung im Rahmen der Leistungsbeträge die Aufwendungen für Grundpflege, für soziale Betreuung und medizinische Behandlungspflege zu tragen waren. Vor diesem Hintergrund erfordert der neue Pflegebedürftigkeitsbegriff, der neben den somatisch bedingten Einschränkungen nunmehr auch die kognitiv bedingten Einschränkungen der Selbstständigkeit besser als bisher berücksichtigt, für die leistungsrechtliche Beschreibung und Einordnung vollstationär zu erbringender Sachleistungen der Pflegeversicherung keine grundsätzliche Neuorientierung, sondern vor allem eine begriffliche Klarstellung.

312 Die vollstationären Leistungsbeträge werden in ihrer Höhe so zueinander gestaffelt, dass sie zusammen mit dem einrichtungseinheitlichen Eigenanteil [→ Rn. 403 ff] nach § 84 Abs. 2 SGB XI im Durchschnitt den in der vom Spitzenverband Bund der Pflegekassen beauftragten Studie der Universität Bremen zur Erfassung von Versorgungsaufwänden in stationären Einrichtungen[218] festgestellten **Aufwandsrelationen** entsprechen.[219] Unbestritten ist, dass eine qualitativ und quantitativ belastbare **Personalausstattung** ein wesentlicher Baustein für eine gute Qualität der Pflege ist. Zudem wird mit dem neuen Pflegebedürftigkeitsbegriff und dem neuen Begutachtungsinstrument die Pflegeversicherung insgesamt auf eine neue fachliche Grundlage gestellt. Ein in die praktische Versorgung umgesetztes wissenschaftlich fundiertes Verfahren, um den Personalbedarf in den vollstationären Pflegeeinrichtungen nach einheitlichen Grundsätzen qualitativ und quantitativ in Bezug auf den **Versorgungsaufwand** der einzelnen Pflegegrade zu bestimmen, liegt bisher nicht vor.[220] Dieser Missstand soll nach § 113 c SGB XI [→ Rn. 367] bis zum 30.6.2020 behoben werden. Bei der wissenschaftlichen Ermittlung sind der neue Pflegebedürftigkeitsbegriff und die neuen Pflegegrade ebenso zu berücksichtigen wie bereits vorliegende Untersuchungen und Erkenntnisse.[221]

---

218 *Rothgang* u.a. Versorgungsaufwände in stationären Pflegeeinrichtungen, Schriftenreihe Modellprogramm zur Weiterentwicklung der Pflegeversicherung Band 13, 2015, 29, 80 ff.
219 BT-Drucks. 18/5926, 127.
220 BT-Drucks. 18/5926, 103.
221 Die bekanntesten im Zusammenhang mit der Ermittlung des Personalbedarfs in Pflegeeinrichtungen diskutierten Instrumente sind:
1. Die Echtzeit- bzw. „Stoppuhr"-verfahren: PLAISIR (Planification Informatisée des Soins Infirmiers Requis), dazu *Höhmann/Ascher*, Realzeitmessung in einer stationären Altenpflegeeinrichtung des EVIM, 2004; RAI (Resident Assessment Instrument), dazu *Stolle*, Wirkungen und Effekte des RAI Home Care 2.0 in der ambulanten Pflege in Deutschlandet, (Dissertation) 2012;
2. Die Ermittlung des erforderlichen pflegerischen Personalbedarfs aufgrund von Pauschalen für indirekten Pflegebedarf addiert mit Einzelleistungen aus einem Maßnahmenkatalog: REFA (Verband für Arbeitsgestaltung, Betriebsorganisation und Unternehmensentwicklung; früher: Reichsausschuss für Arbeitszeitermittlung); PERSYS (PERsonalbemessungsSYStem – Leistungsgerechte Pflegesätze und Maßstäbe zur

§ 43 SGB XI – vollstationäre Pflege (monatliches Leistungsbudget), (in Klammern Werte bis 31.12.2016):

Pflegestufe 0/eA	= Pflegegrad 2	770,00 €	[231,00 €][222]
Pflegestufe I	= Pflegegrad 2	770,00 €	[1.064,00 €]
Pflegestufe I/eA	= Pflegegrad 3	1.262,00 €	[1.064,00 €]
Pflegestufe II	= Pflegegrad 3	1.262,00 €	[1.330,00 €]
Pflegestufe II/eA	= Pflegegrad 4	1.775,00 €	[1.330,00 €]
Pflegestufe III	= Pflegegrad 4	1.775,00 €	[1.612,00 €]
Pflegestufe III/eA	= Pflegegrad 5	2.005,00 €	[1.612,00 €]
Pflegestufe Härtefall	= Pflegegrad 5	2.005,00 €	[1.995,00 €]

Die Neufassung führt dazu, dass der bisherige § 43 Abs. 2 Satz 3 SGB XI a.F. wegfällt, nach der die Pflegeversicherung mit ihren Leistungsbeträgen nicht mehr als 75 Prozent des **Gesamtheimentgelts** in vollstationärer Pflege abdecken darf. In der Praxis fand die Regelung nur selten Anwendung, weil die Heimentgelte in der Regel um mehr als ein Drittel über den Leistungsbeträgen der Pflegeversicherung liegen. Mit dem vorgesehenen **einrichtungseinheitlichen Eigenanteil** am Pflegesatz sind nach Einführung des neuen Pflegebedürftigkeitsbegriffs alle vom Pflegebedürftigen zu zahlenden Komponenten des Heimentgelts in vollstationärer Pflege in den Pflegegraden 2 bis 5 absolut gleich hoch. Eine prozentuale Begrenzung der Leistungspflicht der Pflegeversicherung würde in den (wenigen) Anwendungsfällen dazu führen, dass die höheren Pflegegrade (wegen des höheren Anteils der Leistungsbeträge am Gesamtheimentgelt) von der Regelung betroffen wären, die niedrigeren aber nicht. Damit würde das Prinzip der einrichtungseinheitlichen Eigenanteile durchbrochen. Zusätzlich würde die Anwendung der Bestandsschutzregelungen in Kürzungsfällen erschwert. Angesichts dessen und vor dem Hintergrund von Hinweisen aus der Praxis, dass die Regelung im Rahmen der Überleitung wieder etwas häufiger zum Tragen käme, wird sie deshalb gestrichen.[223]

313

Durch § 141 Abs. 3 Satz 3 SGB XI stellte das PSG III allerdings klar, dass die Besitzstandsschutzregelung auch die **Mitfinanzierung** der Kosten für **Unterkunft und Verpflegung** über den Leistungsbetrag der Pflegeversicherung im bisherigen Umfang er-

314

Personalbemessung für die stationäre Pflege), dazu *Kieschnick*, Bürokratie in der Pflege – Inhalt und Aufwand indirekter Pflege in der stationären Altenhilfe, 2005;

3. Die Feststellung des Anteils der Tätigkeit pro Zeiteinheit durch Messungen in festgelegten Intervallen (hier: 5-Minuten-Abstände), welche Tätigkeit zum Messzeitpunkt durchgeführt wird: MMA (Methode der Multimomentaufnahme); G-DRGs (German Diagnosis Related Groups), dazu *Bartholomeyczik*, Adäquate Abbildung des Pflegeaufwands im G-DRG-System, 2008.

222 Nach § 123 Abs. 2 SGB XI a.F. waren Leistungen in vollstationären Pflegeeinrichtungen nicht vorgesehen worden. Aus Gleichbehandlungsgründen übernahmen die Pflegekassen jedoch bei Versicherten ohne Pflegestufe, aber mit festgestellter eingeschränkter Alltagskompetenz den Betrag von 231,00 € in entsprechender Anwendung des § 43 Abs. 4 SGB XI a.F. [bei nicht erforderlicher stationärer Pflege, werden nur Leistungen in Höhe der ambulanten Leistungen nach §§ 36, 123 SGB XI a.F. gewährt], auch dann, wenn eine vollstationäre Pflege erforderlich war. Vgl. Gemeinsames Rundschreiben zu den leistungsrechtlichen Vorschriften des GKV-Spitzenverbandes v. 19.12.2014, 245 (§ 43, 3).

223 BT-Drucks. 18/6688, 142.

halten bleibt. Damit wird eine finanzielle Schlechterstellung der betroffenen Pflegebedürftigen auch in diesen Fällen vermieden.[224]

§ 43 Abs. 2 Satz 3 SGB XI stellt darüber hinaus auch für die künftige Rechtsanwendung sicher, dass der Leistungsbetrag für vollstationäre Dauerpflege für Unterkunft und Verpflegung verwandt werden darf, soweit er die pflegerischen Aufwendungen und die Aufwendungen für medizinische Behandlungspflege übersteigt, etwa weil ein **negativer EEE** besteht.[225]

315 Bisher wurde geregelt, dass Pflegebedürftige, die vollstationäre Pflege wählen, obwohl diese nach Feststellung der Pflegekasse nicht erforderlich ist, zu den pflegebedingten Aufwendungen (lediglich) einen Zuschuss in Höhe des in § 36 Abs. 3 SGB XI für die jeweilige Pflegestufe vorgesehenen Gesamtwertes erhalten. Der dahinter stehende Gedanke ist, dass Pflegebedürftige nicht in den Genuss der – gegenüber der ambulanten Pflegesachleistung bislang höheren – Leistungsbeträge für die vollstationäre Pflege kommen sollen, da vollstationäre Pflege in ihrem Fall (noch) nicht erforderlich ist. Sie sollen aber auch nicht schlechter stehen als sie bei der Pflege in der eigenen Häuslichkeit stehen würden. Daher werden die Leistungsbeträge, die zu Hause für ambulante Pflegesachleistungen zur Verfügung stehen, als Zuschuss zu den Kosten des Heimaufenthalts gezahlt. Infolge der mit diesem Gesetz vorgenommenen **Neuordnung der Leistungsbeträge** für die ambulante und die vollstationäre Pflege kann diese Regelung nicht mehr aufrecht erhalten werden, da die Leistungsbeträge für ambulante Sachleistungen nun teilweise höher liegen als die Leistungsbeträge, die in dem gleichen Pflegegrad für die vollstationäre Pflege vorgesehen sind. Dies ist Ausfluss einerseits der wiederholt vorgenommenen **Stärkung der häuslichen Pflege** und andererseits der Einführung eines einrichtungseinheitlichen pflegebedingten Eigenanteils in der vollstationären Pflege.[226]

b) § 43 a SGB XI – Leistungen in Einrichtungen der Behindertenhilfe

316 Diese Leistungen stehen Pflegebedürftigen der Pflegegrade 2 bis 5 zu. § 43 a SGB XI nimmt eine sachlich gerechtfertigte **Differenzierung** vor, so dass aus den unterschiedlichen Budgets im Vergleich zum § 43 SGB XI keine Verletzung des Gleichheitssatzes (Art. 3 Abs. 1 GG) folgt.[227]

§ 43 a SGB XI – Leistungen in Einrichtungen der Behindertenhilfe, (monatliches Leistungsbudget), (in Klammern Werte bis 31.12.2016):

266,00 €   [266,00 €]

c) § 43 b SGB XI – Zusätzliche Betreuung und Aktivierung in stationären Einrichtungen

317 Pflegebedürftige in stationären Pflegeeinrichtungen haben nach Maßgabe von §§ 84 Abs. 8, 85 Abs. 8 SGB XI Anspruch auf **zusätzliche Betreuung und Aktivierung**, die

---

224 BT-Drucks. 18/10510, 124.
225 BT-Drucks. 18/10510, 109.
226 BT-Drucks. 18/6688, 142. Die zunächst in § 43 Abs. 4 vorgesehene Regelung einer Kürzung der Leistungen auf 80 %, wenn nach Feststellung der Pflegekassen eine „Pflegeheimbedürftigkeit" nicht besteht, wurde letztlich nicht umgesetzt, vgl. BT-Drucks. 18/5629, 127 f.
227 Dazu BSG 26.4.2001 – B 3 P 11/00 R.

über die nach Art und Schwere der Pflegebedürftigkeit notwendige Versorgung hinausgeht. Bislang ist die zusätzliche Betreuung und Aktivierung in stationären Pflegeeinrichtungen in § 87 b SGB XI a.f. lediglich als **vergütungsrechtliche Regelung** ausgestaltet. Danach haben stationäre Pflegeeinrichtungen Anspruch auf Vereinbarung leistungsrechtlicher Zuschläge zur Pflegevergütung, wenn bestimmte Voraussetzungen erfüllt sind. Erst mit der Zahlung des Vergütungszuschlags von der Pflegekasse an die Pflegeeinrichtung erhält die anspruchsberechtigte Person einen Anspruch auf Erbringung der zusätzlichen Betreuung und Aktivierung gegenüber der Pflegeeinrichtung (vgl. § 87 b Abs. 2 Satz 4 SGB XI a.F.). Ein **Individualanspruch** aus der Pflegeversicherung besteht bisher nicht. Dies wird mit der Neuregelung geändert.[228]

Dabei besteht unter Geltung des neuen Pflegebedürftigkeitsbegriffs, der körperlich, kognitiv und psychisch beeinträchtigte Pflegebedürftige sowohl bei der Einstufung in einen Pflegegrad als auch beim Zugang zu den Leistungen der Pflegeversicherung gleich behandelt, grundsätzlich kein Anlass, das Angebot auf zusätzliche Betreuung und Aktivierung des § 87 b SGB XI a.F. neben den Leistungen des § 43 SGB XI aufrecht zu erhalten.[229] Um jedoch sicherzustellen, dass auch zukünftig die **zusätzliche Betreuung und Aktivierung** stattfindet, wird der neue § 43 b SGB XI geschaffen. **318**

Daneben will der Gesetzgeber die in den letzten Jahren entstandene **Versorgungsstruktur** erhalten, um den anspruchsberechtigten Personen Maßnahmen der zusätzlichen Betreuung und Aktivierung anbieten zu können.[230] **319**

> **Praxishinweis:** § 43 b SGB XI ersetzt den bisherigen § 87 b SGB XI a.F. und gilt für alle stationären Einrichtungen, also neben den vollstationären Einrichtungen auch für die **teilstationären Einrichtungen**, und alle Pflegebedürftigen, die in diesen Einrichtungen versorgt werden, also auch für Pflegebedürftige des **Pflegegrades 1**. **320**

Der § 43 b SGB XI schafft so leistungsrechtlich einen **Individualanspruch** des Pflegebedürftigen gegenüber der Pflegeversicherung. Der Anspruch ist inhaltlich nicht geändert gegenüber dem Inhalt des bisherigen § 87 b SGB XI a.F. Das heißt, er zielt im Ergebnis darauf ab, zusätzliches Personal für dieses Betreuungsangebot in den Einrichtungen unter vollständiger Finanzierung durch die Pflegeversicherung bereit zu stellen. Zusätzliche Kostenbelastungen anderer Kostenträger, insbesondere der Träger der Sozialhilfe, sind trotz der Gestaltung als Individualanspruch weiterhin ausgeschlossen. Die regelhaft zu erbringenden Leistungen der Betreuung nach den §§ 41 bis 43 SGB XI (bisher soziale Betreuung) bleiben davon unberührt und werden nicht auf die zusätzlichen Betreuungskräfte verlagert. **321**

---

228 BT-Drucks. 18/5926, 128.
229 So auch die Empfehlung des Expertenbeirats zur Umsetzung des Pflegebedürftigkeitsbegriff v. 27.6.2013, 36.
230 Die Pflegestatistik des Statistischen Bundesamts 2013 (v. 12.3.2015), 23 führt 27.864 Beschäftigte für Leistungen nach § 87 b SGB XI auf.

322   **Praxishinweis:** Das SGB XI kennt so im teil- und vollstationären Bereich zwei Arten von Betreuung: Die **allgemeine** (vor dem 1.1.2017: soziale) **Betreuung** und die
zusätzliche Betreuung.

323   Das Nähere zur Qualifikation und zu den Aufgaben der zusätzlichen Betreuungskräfte wird in der entsprechenden Richtlinie gemäß § 53 c SGB XI[231] geregelt.

d) Palliativleistungen in vollstationären Pflegeeinrichtungen

324   Für vollstationäre Pflegeeinrichtungen ist die Zusammenarbeit mit einem **Hospiz-
und Palliativnetz** eine wichtige Voraussetzung, um ihre Aufgaben im Rahmen einer
qualifizierten Sterbebegleitung – deren Bedeutung durch die Ergänzungen in den
§§ 28 und 75 SGB XI betont wird – zu erfüllen. Die Vernetzung kann durch die be-
troffenenorientierte Zusammenarbeit regionaler Beratungs- und Versorgungsstellen
professionsübergreifend sichergestellt werden. Sie schließt die Zusammenarbeit mit
Ärztinnen und Ärzten ein, geht aber auch darüber hinaus, indem sie etwa ambulante
Hospizdienste, stationäre Hospize oder SAPV-Teams gem. § 37 b SGB V einbezieht.
Professionelle Angebote, kommunales und ehrenamtliches Engagement sollen sich
insgesamt ergänzen. Die für vollstationäre Pflegeeinrichtungen ab dem 1.7.2016 eingeführte **Informationspflicht** ist dabei komplementär zu der in § 39 a SGB V getroffenen Regelung, in den Rahmenvereinbarungen zu ambulanter Hospizarbeit die ambulante Hospizarbeit in stationären Pflegeeinrichtungen besonders zu berücksichtigen.
Relevante Änderungen bezüglich der Zusammenarbeit mit einem Hospiz- und Palliativnetz sind den Landesverbänden der Pflegekassen im Hinblick auf deren Informationspflicht nach § 115 Abs. 1 b SGB XI innerhalb von vier Wochen zu übermitteln.[232]

325   Jeder Mensch hat das Recht auf ein **Sterben unter würdigen Bedingungen**. Sterbende
Menschen benötigen eine umfassende medizinische, pflegerische, psychosoziale und
spirituelle Betreuung und Begleitung, die ihrer individuellen Lebenssituation und
ihrem hospizlich-palliativen Versorgungsbedarf Rechnung trägt. Ihre besonderen Bedürfnisse sind auch bei der Erbringung von Pflegeleistungen mit zu berücksichtigen.
Mit der Ergänzung wird klargestellt, dass pflegerische Maßnahmen der Sterbebegleitung zu einer Pflege nach dem allgemein anerkannten Stand medizinisch pflegerischer
Erkenntnisse in stationärer und ambulanter Pflege dazu gehören. Leistungen anderer
Sozialleistungsträger, insbesondere Leistungen der gesetzlichen Krankenversicherung
nach dem SGB V, sowie Leistungen durch Hospizdienste bleiben unberührt. Trotz der
erkannten Bedeutung dieser Leistungen, konnte sich der Gesetzgeber nicht durchrin-
gen, auch **finanzielle Budgets** aus dem Etat der gesetzlichen Krankenversicherung für
die vollstationäre Pflege einzuführen.

4. Dynamisierung

326   Nach § 30 SGB XI sollen die Leistungsbudgets in drei Jahresschritten, erstmals 2020,
dynamisiert werden. Allerdings ist Voraussetzung einer Anhebung – wie bisher auch

---

231 Richtlinien nach § 53 c SGB XI zur Qualifikation und zu den Aufgaben von zusätzlichen Betreuungskräften
     in stationären Pflegeeinrichtungen (Betreuungskräfte-RL vom 19.8.2008, in der Fassung vom 23.11.2016).
232 BT-Drucks. 18/5170, 32.

–, dass die Bundesregierung einen **Bericht zur Erforderlichkeit der weiteren Steigerung** abgibt. Als ein Orientierungswert soll dabei die kumulierte Preisentwicklung der vergangenen drei abgeschlossenen Jahre dienen, allerdings sicherzustellen, dass der Anstieg der Leistungsbeträge nicht höher ausfällt als die Bruttolohnentwicklung im gleichen Zeitraum. Außerdem sollen die gesamtwirtschaftlichen Rahmenbedingungen berücksichtigt werden. Für eine Anhebung durch Rechtsverordnung ist die Zustimmung des Bundesrates erforderlich. Eine **automatische Anpassung** – beispielsweise mittels Indexierung – wurde vermieden.

IV. Die Entwicklung der Leistungsbeträge – Der Paradigmenwechsel des Gesetzgebers

Aus dem Umstand, dass die **ambulanten Sachleistungsbudgets** des § 36 SGB XI in den Pflegestufen I und II in den letzten Jahren hinter den Budgets für vollstationäre Pflegeleistungen nach § 43 SGB XI blieben (in Pflegestufe III sind sie gleich), wurde gemeinhin abgeleitet, dass der in § 3 SGB XI beschriebene **Vorrang der häuslichen Pflege** nur ein gesetzgeberisches Ziel und nicht gesetzliche Realität sei.[233] Dabei ist die Bewertung, ob die Verwirklichung des gesetzlichen Grundsatzes des Vorrangs der ambulanten Pflege umgesetzt ist oder nicht, nicht nur durch einen Vergleich der Leistungsbudgets in der Eingangspflegestufe I bzw. dem Pflegegrad 2 zu erreichen. Nur in diesem Fall ist das Bild eindeutig und zeigt, dass eine Angleichung der Sachleistungsbudgets erst zum 1.1.2017 erfolgen wird, durch eine sprunghafte Erhöhung der ambulanten Sachleistung um 47 % und einer ebenso drastischen Absenkung der vollstationären Leistung um 28 %.

327

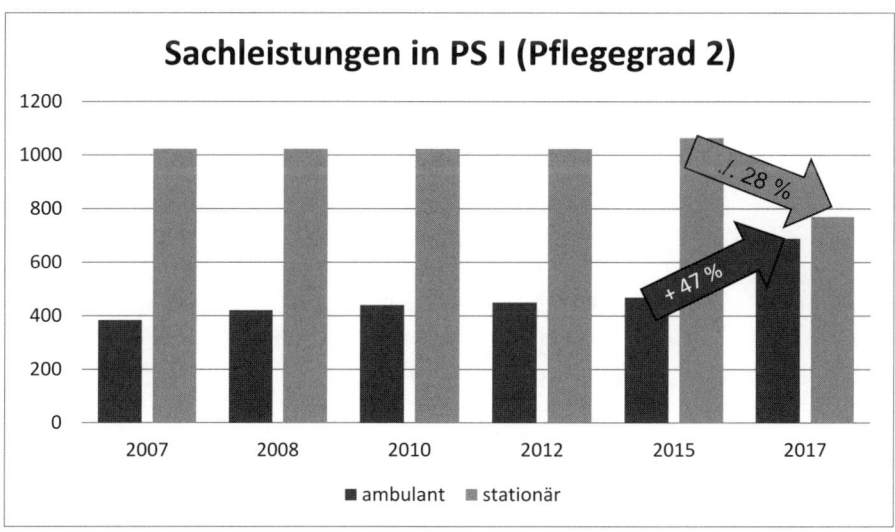

233 So spricht denn auch der Koalitionsvertrag für die 18. Legislaturperiode zwischen CDU/CSU und SPD vom 17.12.2013, S. 83, davon, dass die ambulanten und die stationären Leistungen „weiter aneinander angeglichen werden" sollen.

328 Dabei darf nicht vergessen werden, dass sich dieses Verhältnis zwischen ambulanter und stationärer Sachleistung – also den Budgets der §§ 36 und 43 SGB XI – bei Hinzurechnung der Übernahme der ärztlich verordneten Leistungen der häuslichen Krankenpflege nach § 37 SGB V durch die Krankenkasse des Versicherten im ambulanten Bereich zugunsten der ambulanten Leistungen weiter verbessert, da die **Behandlungspflege** stationär in den Budgets der Pflegeversicherung enthalten ist und mithin die Krankenkassen finanziell entlastet werden. An diesem Befund ändert auch das Zweite Pflegestärkungsgesetz (PSG II) nichts, da eine **Leistungsverschiebung** zwischen der sozialen Pflegeversicherung und der gesetzlichen Krankenversicherung nicht vorgenommen werden soll. Auch ohne die Hinzurechnung der ärztlich verordneten Behandlungspflege überholt das ambulante das stationäre Budget, wenn die Leistungsbudgets der Pflegestufe 2 bzw. des Pflegegrades 3 betrachtet werden:

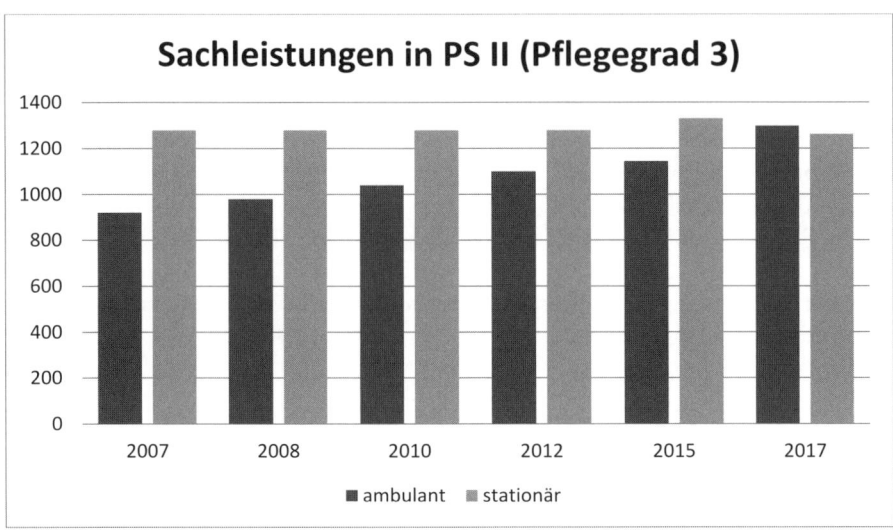

329 Dabei wurden in den diesen bildlichen Vergleich zwischen den ambulanten und stationären Sachleistungsbudgets die **Steigerungsbeträge** der Pflegestufen I und II aufgrund festgestellter eingeschränkter Alltagskompetenz durch § 123 SGB XI a.F. in den Jahren 2013 bis 2016 nicht einmal eingestellt. Insgesamt hat sich das Leistungsspektrum der ambulanten Versorgung in den letzten Jahren wesentlich verändert. Charakteristisch für die Leistungen der häuslichen Pflege ist inzwischen, dass den Versicherten und ihren Angehörigen eine Vielzahl unterschiedlicher Leistungen zur Verfügung steht, mit dem die pflegerische Versorgung **individuell** gestaltet werden kann. Die Ausübung der **Wunsch- und Wahlrechte** der Versicherten wurden dadurch gestärkt, dass bei einer Verhinderung der Pflegeperson das weitgehend freie Wahlrecht besteht, ob die stationäre Leistung der Kurzzeitpflege nach § 42 SGB XI oder die ambulante Leistung der Verhinderungspflege nach § 39 SGB XI in Anspruch genommen werden soll, da die jährlichen Leistungsbudgets (teilweise) von der einen Leistung auf die andere übertragen werden können.

Der Gesetzgeber erreichte so, dass sich die **jährlichen Leistungsbudgets** durch Umglie- 330
derung in eine andere Leistungsart bzw. die **Polung** auf eine gewünschte Leistungsart
vervielfachen. So sollen die Pflegebedürftigen bzw. ihre pflegenden Angehörigen entscheiden, wo die Leistung für sie konkret am sinnvollsten in der Unterstützung der
familiären, nachbarschaftlichen oder sonstigen ehrenamtlichen Pflege wirken. Die
Leistungen der sozialen Pflegeversicherung können so passgenauer für das jeweilige
„Pflegesetting" verwendet werden.

Praxishinweis: So kann etwas das in § 42 Abs. 2 Satz 2 SGB XI geregelte Jahres- 331
budget der stationären Kurzzeitpflege von bis zu 1.612,00 € durch Umgliederung
aus anderen Leistungsarten und Polung dieser Ansprüche auf die Kurzzeitpflege
nahezu **verdreifacht** werden.

Dazu muss sich der pflegende Angehörige entscheiden, sein jährliches Budget
nicht für den ambulanten Anspruch der Verhinderungspflege nach § 39 SGB XI
einzusetzen, sondern diesen Anspruch, wie § 42 Abs. 2 Satz 3 SGB XI regelt, im Bereich der Kurzzeitpflege zu verbrauchen. Wird so verfahren, so erhöht sich das
jährliche Budget in der Kurzzeitpflege auf 3.224,00 €.

Hinzutritt der Anspruch auf einen Entlastungsbetrag in der neuen Höhe von
125,00 € monatlich; § 45b Abs. 1 Satz 1 SGB XI. Nach § 45b Abs. 1 Satz 3 SGB XI
kann dieser Betrag auch für die Erstattung von Aufwendungen der Kurzzeitpflege
in Anspruch genommen werden, Somit besteht ein weiterer Anspruch auf Kostenerstattung für Leistungen der Kurzzeitpflege in der Gesamthöhe von
1.500,00 € (12 x 125,00 €).

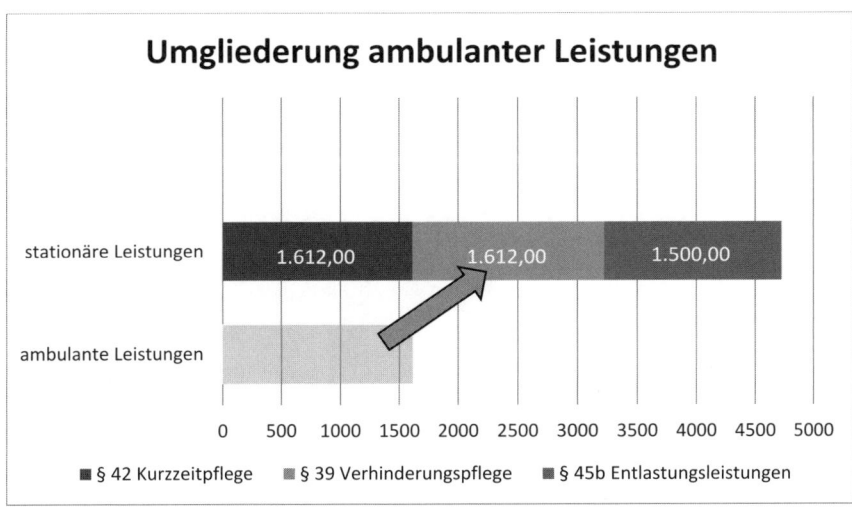

Natürlich können aber auch die stationären Leistungen für die ambulante Versorgung genutzt werden. So regelt § 39 Abs. 2 SGB XI, dass die Hälfte (806,00 €) des

jährlichen Budgets der Kurzzeitpflege nach § 42 SGB XI für den ambulanten Anspruch der Verhinderungspflege nach § 39 SGB XI eingesetzt werden kann.

Wichtig ist, dass die jeweiligen Leistungsvoraussetzungen der einzelnen Leistungen separat geprüft und der Anspruch insgesamt natürlich nur einmal zur Verfügung steht, gleich bei welcher Leistungsart er letztlich eingesetzt wird.

332 Besonderes Gewicht wird dabei in Zukunft dem **Zusammenspiel von ambulanten und teilstationären Leistungen** zukommen. Neben der häuslichen Pflege sollen teilstationäre Leistungen der Tages- und Nachtpflege hinzutreten. Damit soll zum einen der Pflegebedürftige aktiviert und mobilisiert und andererseits die familiären oder ehrenamtlich tätigen **Pflegepersonen** verlässlich **entlastet** werden. So wurden durch das Erste Pflegestärkungsgesetz (PSG I) die Leistungsbudgets der Pflegesachleistungen nach § 36 SGB XI oder des Pflegegeldes nach § 37 SGB XI vollständig von den Leistungen der teilstationären Tages- und Nachtpflege **entkoppelt**, § 41 Abs. 3 SGB XI. Zunächst musste sich der Pflegebedürftige bzw. die Pflegeperson entscheiden, ob Pflegesachleistungen bzw. Pflegegeld oder Leistungen der Tagespflege in Anspruch genommen werden. Ab dem 1.7.2008 wurde das Budget bei Inanspruchnahme beider Leistungsarten, also sowohl ambulanter als auch teilstationärer Leistungen auf 150 % erhöht. Durch den Wegfall der gegenseitigen Bezugnahme hat so der ambulant versorgte Pflegebedürftige seit dem 1.1.2015 monatlich je nach seinem Pflegegrad das ambulante und das teilstationäre Budget nebeneinander.

333 Die Entwicklung der im ambulanten Bereich kombinierbaren Sachleistungsbudgets zeigt dann folgendes Bild:

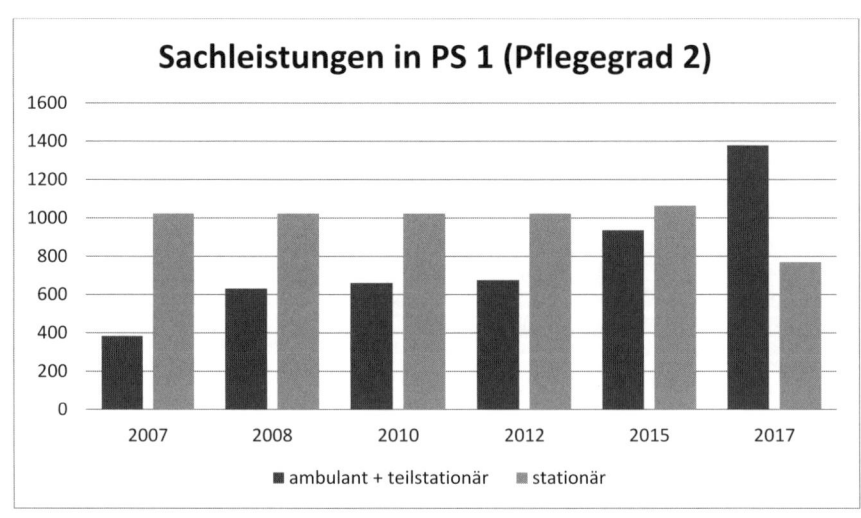

334 Im Vergleich dieser Budgets sind die Zuschläge wegen eingeschränkter Alltagskompetenz sowie die **Entlastungs- und Betreuungsleistungen** nach den §§ 45 a und 45 b SGB XI nicht enthalten. Diese würden das Ergebnis nochmals zugunsten der ambu-

lanten Sachleistungsbudgets verändern. **Vergleicht** man die Entwicklung des kumulierten Sachleistungsanspruchs eines Versicherten beispielhaft in Pflegestufe 2 auf Leistungen der ambulanten Pflegesachleistung, der teilstationären Tages- und Nachtpflege sowie der Zuschläge für eingeschränkte Alltagskompetenz und die Entlastungs- und Betreuungsleistungen im Zeitverlauf, so ist Folgendes festzustellen: Während 2008 noch der vollstationäre Leistungsanspruch des § 43 SGB XI das 1,39-fache des kumulierten ambulanten Leistungsanspruchs betrug, so hat sich das Verhältnis mit den Jahren in das Gegenteil verkehrt. Die kumulierten ambulanten und teilstationären Leistungen sind inzwischen **im Verhältnis 2 : 1 größer** als das vollstationäre Versorgungsbudget.[234]

Jahr	Pflegestufe	Art des Leistungsanspruchs	Monatlicher Leistungsanspruch in Euro		Verhältnis
			Ambulant aus §§ 36, 123, 41, 45 b SGB XI a.F.	Vollstationär aus § 43 SGB XI a.F.	
2007	PS II[235]	SL + TNP	921	1.279	1 : 1,39
2007	PS II + EA	SL + TNP + BL	959	1.279	1 : 1,33
2012	PS II	SL + TNP	1.650	1.279	1,29 : 1
2012	PS II + EA	SL + TNP + BL	1.750/1.850	1.279	1,37 : 1/ 1,45 : 1
2013	PS II	SL + TNP	1.650	1.279	1,29 : 1
2013	PS II + EA	SL (EA) + TNP + BL	1.975/2.075	1.279	1,54 : 1/ 1,62 : 1
2015	PS II	SL + TNP + BL	2.392	1.330	1,8 : 1
2015	PS II + EA	SL (EA) + TNP + BL	2.700/2.804	1.330	2,03 : 1/ 2,11 : 1

---

234 Tabelle von *Schölkopf/Hoffer*, NZS 2015, 521.
235 Abkürzungen: PS = Pflegestufe
EA = Personen mit erheblich eingeschränkter Alltagskompetenz (§ 45 a SGB XI)
SL = Sachleistungsanspruch (§ 36 SGB XI)
SL (EA) = Erhöhter Sachleistungsanspruch für EA (§ 123 SGB XI)
BL = Anspruch auf zusätzliche Betreuungs- und Entlastungsleistungen (vor dem 1.1.2015: Zusätzliche Betreuungsleistungen) nach Paragraf 45 b SGB XI
TNP = Anspruch auf Leistungen der Tages- und Nachtpflege (§ 41 SGB XI.).

335 Besonders in der graphischen Darstellung wird deutlich, wie die Entwicklung das ambulante Sachleistungsbudget gegenüber dem stationären Budget gestärkt hat:

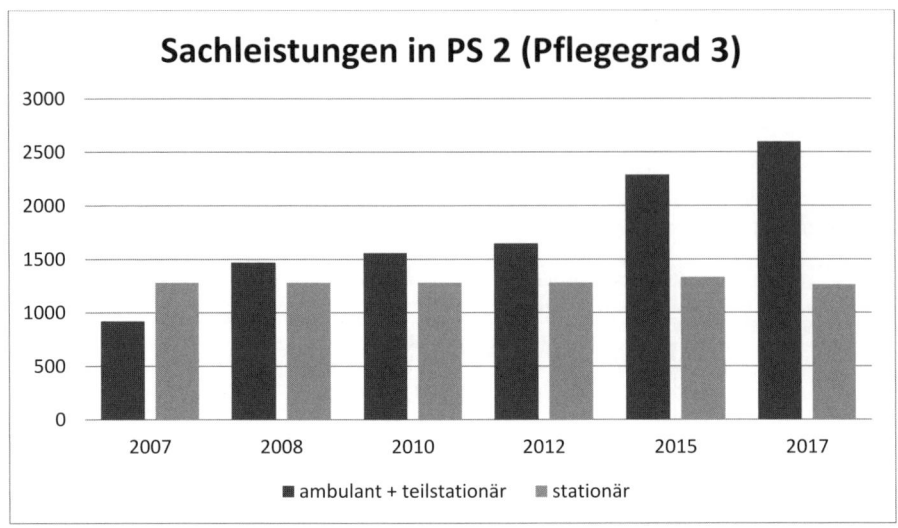

336 Bisher ist diese Tendenz nicht zum Nachteil der stationären Pflege bemerkbar geworden. Einer der Gründe war der zögerliche **Ausbau der Tages- und Nachtpflegeeinrichtungen**, so dass bisher nur ein kleiner Teil der Versicherten beide Leistungsbudgets parallel in Anspruch nehmen. Dies wird sich aber verändern, nachdem in den letzten Jahren auch vermehrt ambulante Leistungserbringer teilstationäre Einrichtungen gegründet haben bzw. diese betreiben. Allein im Zeitraum von Januar bis Oktober 2015 gingen bundesweit 326 neue Tagespflege-Einrichtungen mit knapp 5.000 Plätzen an den Markt. Spitzenreiter dieser Entwicklung war Sachsen-Anhalt mit allein 43 neuen Tagespflegen (+ 34 % auf 170 Einrichtungen); Schlusslicht ist Hamburg mit lediglich einer neuen Einrichtung (+ 3 % auf 37).[236]

337 Die **finanzielle Ausstattung** der verschiedenen Pflegegrade im Vergleich der ambulanten und stationären Sachleistungsansprüche folgt keinem logischen Muster: Im Pflegegrad 2 und 4 ist der stationäre Sachleistungsanspruch nach § 43 SGB XI größer als der ambulante. Beim Pflegegrad 3 ist der ambulante Sachleistungsanspruch nach § 36 SGB XI höher dotiert. Im Pflegegrad 5 sind die Budgets der Versicherten gleich.

---

236 Newsletter Pflegedatenbank.com, Oktober 2015.

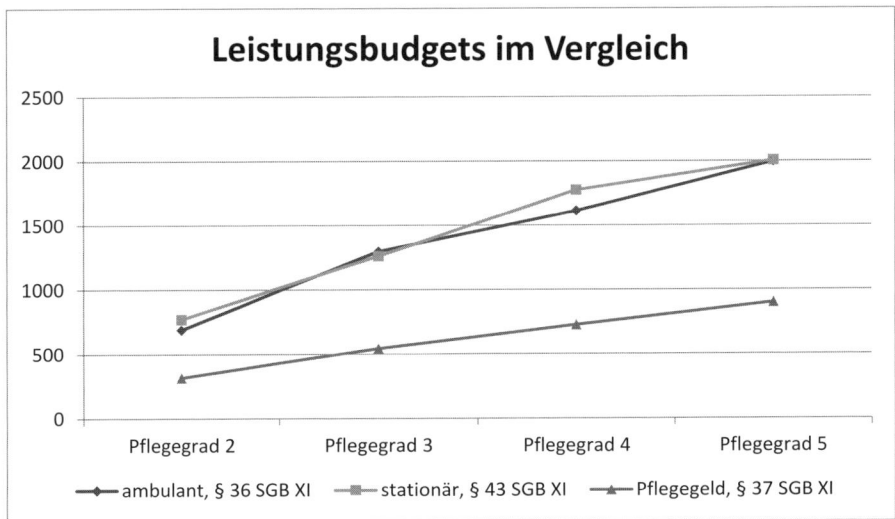

Für die **Verteilung der ambulanten und stationären Budgets** des Gesetzgebers auf die   338
verschiedenen Pflegegrade gibt es auch **keine einheitliche rechnerische oder logische
Erklärung**. Bei den ambulanten Budgets wurden schlicht die bisherigen Leistungsbudgets der Pflegesachleistungen sowie des Pflegegeldes um die bisherigen Zuschläge
nach § 123 SGB XI a.F. erhöht. Bei den stationären Budgets stand augenscheinlich die
Überlegung Pate, dass die Spreizung der Pflegesätze aufgrund des einrichtungseinheitlichen Eigenanteils [→ Rn. 403 ff] nur noch über die gesetzlichen Budgets des § 43
SGB XI möglich ist. So wurden die Äquivalenzziffern zur Berechnung des Personaleinsatzes in den verschiedenen Pflegegraden eingepreist, die mit den bisherigen Wer-
ten nichts zu tun haben.

G. Die Übergangsregelungen und der Bestandsschutz

I. Die wesentlichen Übergangsregelungen im Überblick

- Im Rahmen der Umstellung auf die fünf neuen Pflegegrade sollen Benachteiligungen für Betroffene, die bereits Leistungen beziehen, durch **Überleitungsregelungen** möglichst ausgeschlossen werden. 339

- **Grundsatz:** Kein Leistungsberechtigter, der vor der Einführung des neuen Pflegebedürftigkeitsbegriffs bereits Leistungen der sozialen Pflegeversicherung bezogen hat, soll nach der Umstellung betragsmäßig niedrigere Ansprüche erhalten.

- Umfangreiche Neubegutachtungen werden durch die **automatische Umstellung** vermieden, um eine Überlastung des MDK im Zuge der Umstellung zu vermeiden.

- Dies wird durch Vorgaben für eine **pauschale Überleitung** bereits Pflegebedürftiger ohne neue Begutachtung in die neuen Pflegegrade, die Festsetzung der entsprechenden Leistungsbeträge sowie begleitende Regelungen insbesondere für den stationären Bereich erreicht.

- Das PSG III hat umfangreiche Erweiterungen des Besitzstandsschutzes im stationären Bereich vorgenommen.

II. Der Übergangsstichtag

Der **Übergangsstichtag** für die neuen Regelungen der sozialen Pflegeversicherung war nach § 140 Abs. 1 SGB XI i.V.m. Art. 8 Abs. 2 PSG II der **31.12.2016, 24:00 Uhr.** 340

Die Feststellung des Vorliegens von Pflegebedürftigkeit oder einer erheblich eingeschränkten Alltagskompetenz nach § 45 a SGB XI a.F. und der weiteren für das Vorliegen einer Anspruchsberechtigung erforderlichen Voraussetzungen (etwa Vorversicherungszeiten) erfolgt jeweils auf der Grundlage des zum **Zeitpunkt der Antragstellung** geltenden Rechts. Dieser Grundsatz umfasst das **gesamte Verfahren** von Antragstellung über die Begutachtung bis zum Erlass des Leistungsbescheids und gilt auch für nachfolgende Widerspruchs- und sozialgerichtliche Verfahren. Für den Zeitpunkt der Antragstellung kommt es dabei auf den **Eingang des Antrags bei der (zuständigen) Pflegekasse** oder – sollte ein Fall des § 16 Abs. 2 SGB I vorliegen – bei einem unzuständigen Sozialleistungsträger, bei einer für die Sozialleistung nicht zuständigen Gemeinde oder bei einer amtlichen Vertretung der Bundesrepublik Deutschland im Ausland an.[237] 341

> **Praxishinweis:** Ein Antrag auf eine Ein- oder Höherstufung nach altem Recht war also (theoretisch) noch „vorab per Telefax" in der **Silvesternacht** 2016 vor Mitternacht möglich. Ging der Antrag rechtzeitig im alten Jahr (2016) ein, dann gilt für das gesamte Verfahren das alte Recht. 342

---

237 BT-Drucks. 18/5629, 140.

343   **Praxishinweis:** Ein Antrag auf Feststellung eines Pflegegrades ist so früh wie möglich zu stellen, da die Leistungen der Pflegeversicherung erst ab **Antragstellung** gewährt werden, frühestens jedoch von dem Zeitpunkt an, in dem die Anspruchsvoraussetzungen vorliegen; § 33 Abs. 1 Sätze 1 und 2 SGB XI. Nur dann, wenn der Antrag später als einen Monat nach Eintritt der Pflegebedürftigkeit gestellt wird, werden die Leistungen – so § 33 Abs. 1 Satz 3 SGB XI – vom Beginn des Monats der Antragstellung an gewährt.

Beispiel:

Antragstellung 5.2.; Feststellung, dass eine Pflegebedürftigkeit seit Dezember besteht: Leistungen ab 1.2. – Antragstellung 5.2.; Feststellung, dass eine Pflegebedürftigkeit seit Ende Januar besteht: Leistungen ab 5.2. abrufbar.

III. Automatischer Übergang in einen Pflegegrad für bisherige Leistungsbezieher

344   Um die Leistungsansprüche der bisherigen Leistungsbezieher ab dem 1.1.2017 eindeutig zu bestimmen, wurden mit § 140 Abs. 2 SGB XI Überleitungsregelungen geschaffen. Die Gestaltung der Überleitungsregelungen verfolgt zwei wesentliche **Ziele:** Zum einen sollen bisherige Leistungsbezieher durch die Einführung des neuen Pflegebedürftigkeitsbegriffs **nicht schlechter als bisher** gestellt werden. Daher erfolgt die Überleitung zum Übergangsstichtag grundsätzlich in einen Pflegegrad, mit dem entweder gleich hohe oder höhere Leistungen für jeden Bezieher von Leistungen der sozialen Pflegeversicherung als bisher verbunden sind. Damit wird durch die Regelungen des § 140 SGB XI sichergestellt, dass ein Leistungsberechtigter nach dem sog. **Stufensprung** insgesamt keinen geringeren Leistungsanspruch hat als vor der Umstellung auf das neue Recht. Eine zusätzliche Absicherung des Prinzips der Vermeidung von Schlechterstellungen soll für mögliche und derzeit nicht oder noch nicht absehbare Konstellationen durch verschiedene **Besitzstandsschutzregelungen** gewährleistet werden. Ist die Vermeidung der Schlechterstellung ausnahmsweise – wie im Fall der stationären Leistungen nach § 43 SGB XI – strukturell nicht möglich, wurden in § 141 Abs. 2 und 3 SGB XI weitere Regelungen zum Besitzstandsschutz geschaffen [→ Rn. 355 ff; 360 ff]. Zum anderen sollen durch die automatische Umstellung auf die neuen Pflegegrade umfangreiche Neubegutachtungen vermieden werden, um eine Überlastung des MDK im Zuge der Umstellung zu vermeiden.[238]

345   Für die **automatische Zuordnung** zu einem **Pflegegrad** gelten nach § 140 Abs. 2 Satz 2 SGB XI die folgenden Kriterien:

1. Versicherte, bei denen eine Pflegestufe nach den §§ 14 und 15 SGB XI a.F., aber **nicht** zusätzlich eine erheblich eingeschränkte Alltagskompetenz nach § 45 a SGB XI a.F. festgestellt wurde, werden übergeleitet

   a) von Pflegestufe I in den Pflegegrad 2,

   b) von Pflegestufe II in den Pflegegrad 3,

---

238 BT-Drucks. 18/5926, 140.

c) von Pflegestufe III in den Pflegegrad 4 oder

d) von Pflegestufe Härtefall in den Pflegegrad 5.

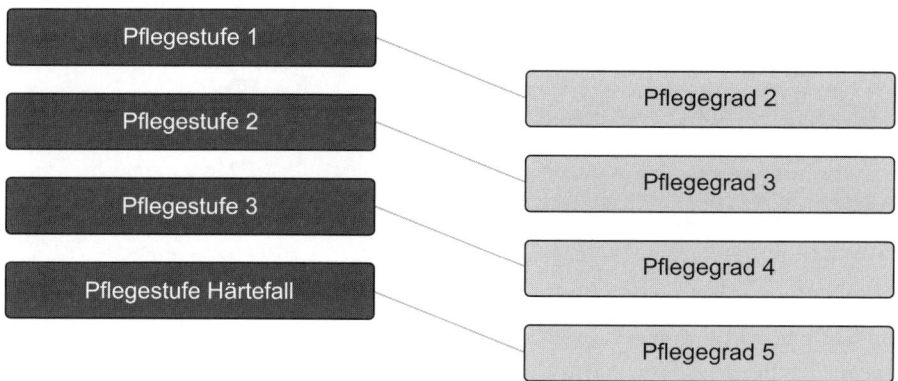

2. Versicherte, bei denen eine erheblich **eingeschränkte Alltagskompetenz** nach § 45 a SGB XI a.F. festgestellt wurde, werden übergeleitet

a) bei nicht gleichzeitigem Vorliegen einer Pflegestufe nach den §§ 14 und 15 SGB XI a.F. in den Pflegegrad 2,

b) bei gleichzeitigem Vorliegen der Pflegestufe I nach den §§ 14 und 15 SGB XI a.F. in den Pflegegrad 3,

c) bei gleichzeitigem Vorliegen der Pflegestufe II nach den §§ 14 und 15 SGB XI a.F. in den Pflegegrad 4,

d) bei gleichzeitigem Vorliegen der Pflegestufe III nach den §§ 14 und 15 SGB XI a.F., auch soweit zusätzlich der Härtefall (nach § 36 Abs. 4 oder § 43 Abs. 3 SGB XI a.F.) festgestellt wurden, in den Pflegegrad 5.

Dieser Personenkreis, der sich aus Pflegebedürftigen mit vorrangig psychischen oder kognitiven Beeinträchtigungen, etwa aufgrund einer demenziellen Erkrankung, zusammensetzt, wurde also regelhaft einen Pflegegrad höher eingestuft als Pflegebedürftige mit vorrangig körperlichen Beeinträchtigungen (sog. **doppelter Stufensprung**), um die Gleichstellung mit Personen mit vorrangig körperlichen Beeinträchtigungen auch im Rahmen der Überleitung so weit wie möglich zu verwirklichen.[239]

346

---

239 BT-Drucks. 18/5926, 140.

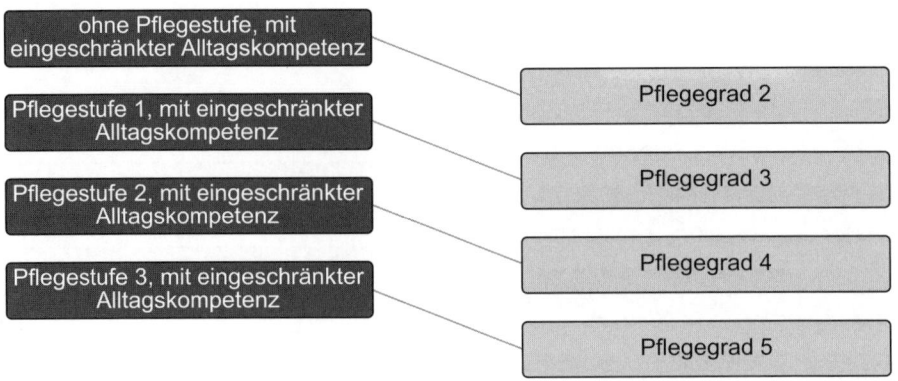

347 Im Ergebnis soll mit dieser Regelung erreicht werden, dass kein bisheriger Leistungs- bezieher schlechter gestellt wird, der bereits entweder in eine Pflegestufe eingestuft und/oder eingeschränkte Alltagskompetenz festgestellt worden war. Im Gegenteil: Insbesondere diejenigen Versicherten, die bis zur Umstellung Leistungen aufgrund einer erheblich eingeschränkten Alltagskompetenz i.S.d. § 45 a SGB XI a.F. bezogen haben, wurden – insbesondere im ambulanten Bereich – **deutlich besser gestellt** [→ Rn. 235].

348 Maßgeblich für die automatische Überleitung ist das Vorliegen einer Anspruchsbe- rechtigung auf Leistungen der Pflegeversicherung das zum **Zeitpunkt der Antragstel- lung** geltende Recht. Anspruchsberechtigt in diesem Sinne sind Versicherte, bei denen Pflegebedürftigkeit im Sinne der §§ 14 und 15 SGB XI a.F. oder eine erheblich einge- schränkten Alltagskompetenz nach § 45 a SGB XI a.F. festgestellt wurde und die die weiteren Anspruchsvoraussetzungen erfüllen. Insbesondere müssen die Anspruchs- voraussetzungen für mindestens eine der **regelmäßig wiederkehrenden Leistungen** des § 28 Abs. 1 SGB XI vorliegen. Diese Überleitungsregelung gilt auch für Versicherte, die bereits aufgrund des Art. 45 des PflegeVG bei Einführung der sozialen Pflegever- cherung übergeleitet wurden. Sie bezieht sich auf die Pflegestufe, die die Versicherten nach der Überleitung erhalten haben, soweit nicht zwischenzeitlich eine Neueinstu- fung erfolgt ist.[240]

IV. Dauerhaftigkeit des übergeleiteten Pflegegrades

349 Der sich aus der Überleitung ergebende Pflegegrad besteht nach § 140 Abs. 3 SGB XI grundsätzlich bis zu einer **erneuten Begutachtung**, unabhängig davon, ob die Begut- achtung aufgrund eines Höherstufungsantrags oder einer späteren Wiederholungsbe- gutachtung nach § 18 Abs. 2 Satz 5 SGB XI, die nach § 142 Abs. 1 Satz 1 SGB XI al- lerdings für einen Zeitraum von zwei Jahren – bis zum 1.1.2019 – ausgesetzt werden, auch wenn dies vom MDK oder anderen unabhängigen Gutachtern empfohlen wur- de, erfolgt. Dabei wurden die **Wiederholungsprüfungen** bereits ein halbes Jahr vor

---

240 BT-Drucks. 18/5926, 140.

der Umstellung des Pflegebedürftigkeitsbegriffes ausgesetzt, nämlich **ab dem 1.7.2016**, § 18 Abs. 2 a SGB XI.

Der automatisch zuerkannte Pflegegrad bleibt **auf Dauer** bestehen, wie § 140 Abs. 3 SGB XI regelt. Geändert wird der automatisch zuerkannte Pflegegrad nur dann, wenn auf Antrag des Versicherten in der Wiederholungsbegutachtung festgestellt wird, dass der Pflegegrad anzuheben ist oder die Feststellung getroffen wird, dass keine Pflegebedürftigkeit im Sinne der §§ 14, 15 SGB XI mehr vorliegt. Durch die Einführung des neuen Vorpflegegrades – Pflegegrad 1 (siehe zu den Leistungen § 28 a SGB XI) dürfte dies lediglich ein theoretisches Problem sein.

Damit wird auch für die Zukunft gewährleistet, dass Pflegebedürftige, die zum Umstellungsstichtag anspruchsberechtigt waren, aufgrund der Einführung des neuen Pflegebedürftigkeitsbegriffs nicht schlechter gestellt werden als nach dem bisherigen Recht.[241] **Kurzfristige Unterbrechungen** im Leistungsbezug lassen den Besitzstandsschutz jeweils unberührt, § 141 Abs. 1 Satz 4 SGB XI. **Wiederholungsbegutachtungen** können nach § 142 Abs. 1 Satz 2 SGB XI allerdings durchgeführt werden, wenn eine Verbesserung der gesundheitlich bedingten Beeinträchtigungen der Selbstständigkeit oder der Fähigkeiten, insbesondere aufgrund von durchgeführten Operationen oder Rehabilitationsmaßnahmen, zu erwarten ist. Es muss sich also um eine erhebliche, von Seiten der Kranken- und Pflegekasse finanzierte Leistung handeln, die zur Verbesserung geführt hat. Im Bereich der Kinderkrankenpflege wird als Beispiel das operative Schließen der Gaumenspalte benannt.[242] Für den Bereich der Altenpflege wurde vom Gesetzgeber nicht einmal ein Anwendungsbeispiel angegeben.

Versicherte behalten auch im Falle des **Kassenwechsels** nach dem Stichtag 31.12.2016 ihren im Wege der Überleitung erworbenen Besitzstandsschutz; § 140 Abs. 3 Satz 2 SGB XI. Ohne diese gesetzliche Anordnung würde ansonsten nach § 35 SGB XI das Erlöschen des Anspruchs per Gesetz eintreten mit der Folge, dass ein Neuantrag nach neuem Recht gestellt werden müsste. Gleiches gilt bei einem Wechsel zwischen privaten Krankenversicherungsunternehmen und einem **Wechsel von sozialer zu privater** sowie von privater zu sozialer **Pflegeversicherung**.[243]   350

V. Wirkung des § 48 SGB X bei Höherstufungsantrag nach dem 1.1.2017

Stellt ein Versicherter, bei dem das Vorliegen einer Pflegebedürftigkeit oder einer erheblich eingeschränkten Alltagskompetenz nach § 45 a SGB XI a.F. festgestellt wurde, ab dem 1.1.2017 einen erneuten Antrag auf Feststellung von Pflegebedürftigkeit und lagen die tatsächlichen Voraussetzungen für einen höheren als durch die Überleitung erreichten Pflegegrad bereits vor dem 1.1.2017 vor, so richten sich nach § 140 Abs. 4 SGB XI die ab dem Zeitpunkt der Änderung der tatsächlichen Verhältnisse zu erbringenden Leistungen im Zeitraum vom 1.11.2016 bis 31.12.2016 nach dem ab 1.1.2017 geltenden Recht. In diesem Fall soll nach § 48 Abs. 1 Satz 2 Nr. 1 SGB X   351

---

241 BT-Drucks. 18/5926, 140.
242 BT-Drucks. 18/5926, 115.
243 BT-Drucks. 18/6688, 146.

der **Zeitpunkt der wesentlichen Änderung** der Verhältnisse als maßgeblich angesehen werden. Entsprechende Leistungen wären rückwirkend ab diesem Zeitpunkt zu gewähren. Da sich in diesem Fall aufgrund des Zeitpunkts der Antragstellung die Feststellung über das Vorliegen von Pflegebedürftigkeit sowie die dazugehörigen Leistungen nach dem ab dem 1.1.2017 geltenden Recht bemessen, ist eine Regelung erforderlich, mit der festgelegt wird, wie die Leistungen im Zeitraum ab tatsächlicher Verschlechterung bis zum 31.12.2016 bemessen werden können. Da aus der Feststellung eines Pflegegrads keine empirisch begründbaren Aussagen darüber getroffen werden können, welche Pflegestufe ein Versicherter mit der gleichen gesundheitlichen Situation erhalten hätte, sollen sich in diesen Fällen die Leistungen auch dann nach dem neuen Recht bestimmen, wenn sie für den Zeitraum vor dem 1.1.2017 zu leisten sind. Die Wirkung dieser Regelung wird auf den genannten Zeitraum beschränkt, da die bisherige Begutachtungspraxis zeigt, dass Fälle, in denen tatsächliche Verschlechterung und Antragstellung zeitlich um mehr als einige Tage auseinanderfallen, nur in Einzelfällen mehr als zwei Monate zurückreichen.[244]

VI. Der ambulante und teilstationäre Besitzstandsschutz

352 § 141 Abs. 1 SGB XI regelt den erforderlichen Schutz des Besitzstandes für Leistungen der sozialen Pflegeversicherung ab dem 1.1.2017 im Bereich der **häuslichen** und **teilstationären Pflege**. Als Grundsatz gilt, dass die Versicherten für die regelmäßig wiederkehrenden Leistungen

- der ambulanten Pflegesachleistung (§ 36 SGB XI),
- des Pflegegeldes nach § 37 SGB XI,
- des Anspruchs der Kombinationsleistung aus Pflegesachleistung und Pflegegeld (§ 38 SGB XI),
- des Wohngruppenzuschlags des § 38 a SGB XI,
- Pflegehilfsmittel zum Verbrauch nach 40 Abs. 2 SGB XI,
- den Leistungen der Tages- und Nachtpflege (§ 41 SGB XI),
- zusätzlicher Leistungen bei Pflegezeit nach § 44 a SGB XI,
- zusätzliche Betreuungs- und Entlastungsleistungen nach § 45 b SGB XI a.F. soweit der Grundbetrag betroffen ist,
- die Übergangsregelung der §§ 123 und 124 SGB XI a.F.,

auf die sie am 31.12.2016 Anspruch hatten, als **Besitzstandsschutz in gleicher Höhe** weiterhin auch nach dem 1.1.2017 zustehen werden. Der Schutz des Besitzstands bezieht sich auf alle **monatlich** regelmäßig wiederkehrenden Leistungen. Keinen Besitzstandsschutz gibt es bei **einmaligen Leistungen**, etwa Zuschüssen zu wohnumfeldverbessernden Maßnahmen nach § 40 Abs. 4 SGB XI, weil insoweit keine Änderung in der Leistungshöhe erfolgt. Auch bei der Kurzzeitpflege des § 42 SGB XI hat ein Be-

---

244 BT-Drucks. 18/6688, 146 f.

sitzstandsschutz keine Bedeutung, weil der jährliche Leistungsbetrag nicht verändert wird. Für die Geltung und die Anwendung der Besitzstandsschutzregelungen nach § 141 Abs. 1 SGB XI sind nachfolgende Erwägungen und Grundsätze wesentlich:[245]

Voraussetzung für die Geltung des Besitzstandsschutzes ist stets, dass die allgemeinen Leistungsvoraussetzungen, die unabhängig von der Feststellung eines Pflegegrades vorliegen müssen, erfüllt sind. Das bedeutet auch, dass der **Besitzstandsschutz endet**, wenn **kein Pflegebedarf** mehr besteht. Allgemeine Leistungsausschlussregelungen, wie beispielsweise das **Ruhen von Leistungen** nach § 34 SGB XI, finden Anwendung. Der Besitzstand gilt sowohl in der sozialen als auch in der privaten Pflegeversicherung. Er soll auch faktisch bei der **Beihilfe** nachvollzogen werden, so wie die Beihilfe bisher immer Leistungsverbesserungen des SGB XI nachvollzogen hat. Verbindliche Vorgaben kann der Bundesgesetzgeber dem Landesbeihilferecht allerdings nicht machen, weil ihm die Gesetzgebungszuständigkeit hierfür fehlt.[246] Der Besitzstandsschutz bleibt auch dann erhalten, wenn eine pflegebedürftige Person den Versicherungsträger wechselt, also beim Wechsel von Pflegekasse zu Pflegekasse, von Versicherungsunternehmen zu Versicherungsunternehmen, von sozialer zu privater Pflegeversicherung oder von privater zu sozialer Pflegeversicherung. 353

Praxishinweis: Kurzfristige Unterbrechungen im Leistungsbezug unmittelbar vor Inkrafttreten des neuen Rechts zum 1.1.2017 sind für die Gewährung des Besitzstandsschutzes ohne Bedeutung; so können beispielsweise die Leistungen wegen eines Krankenhausaufenthaltes im Monat vor der Rechtsänderung ruhen. Kurzfristige Unterbrechungen nach Inkrafttreten des neuen Rechts lassen den Besitzstandsschutz ebenfalls unberührt. 354

VII. Der Besitzstandsschutz für den erhöhten Betrag des § 45 b SGB XI a.F., § 141 Abs. 2 SGB XI

Besitzstandsschutz genießen nicht nur die dauerhaften Leistungsbeträge, sondern auch die des **Übergangsrechts der §§ 123 und 124 SGB XI a.F.** Soweit Pflegebedürftige vor dem 1.1.2017 Anspruch auf den erhöhten Betrag nach § 45 b Abs. 1 SGB XI a.F. haben, richtet sich der Besitzstandsschutz nach § 141 Abs. 2 SGB XI. Der erhöhte Kostenerstattungsbetrag von 208,00 € monatlich des § 45 b Abs. 1 Satz 2 SGB XI a.F. ist die einzige Leistung, die mit dem 1.1.2017 wegen der Einführung eines für alle Pflegebedürftigen einheitlichen Entlastungsbetrages **ersatzlos gestrichen** wird. 355

Mit der Einführung des neuen Pflegebedürftigkeitsbegriffs werden die Belange von Versicherten mit dauerhaft erheblich eingeschränkter Alltagskompetenz bereits im Rahmen der Einstufung in einen Pflegegrad mit einbezogen, anstatt wie bisher getrennte Sonderbestimmungen (§§ 123, 45 b SGB XI a.F.) für sie vorzusehen. Bei der Überleitung in die neuen Pflegegrade wird bei Versicherten mit dauerhaft erheblich **eingeschränkter Alltagskompetenz**, die am 31.12.2016 Anspruch auf Leistungen der 356

---

245 BT-Drucks. 18/5926, 141.
246 BT-Drucks. 18/5926, 141.

Pflegeversicherung haben, zudem gemäß § 140 SGB XI ein sogenannter **doppelter Stufensprung** [→ Rn. 346] vorgesehen, um die **Gleichstellung** mit Pflegebedürftigen mit vorrangig körperlichen Beeinträchtigungen möglichst weitgehend zu verwirklichen. Hierdurch werden die Versicherten mit dauerhaft erheblich eingeschränkter Alltagskompetenz in Bezug auf ihre Anspruchsberechtigung auf Leistungen der Pflegeversicherung bereits in großem Umfang **besser gestellt** als sie bis zum 31.12.2016 standen. Infolgedessen schlägt sich der Verlust des Differenzbetrages zwischen dem bisherigen erhöhten Betrag in Höhe von 208,00 € monatlich und dem neu eingeführten einheitlichen Entlastungsbetrag in Höhe von 125,00 € monatlich – das sind 83,00 € monatlich – bei ihnen regelmäßig nicht im Wegfall von Leistungen nieder.

357 Stehen sich die Versicherten, die am 31.12.2016 Anspruch auf den erhöhten Betrag nach § 45 b SGB XI a.F. haben, nach dem für sie ab dem 1.1.2017 geltenden Recht trotz des sog. doppelten Stufensprungs nach § 140 SGB XI in Bezug auf einen der ihnen nach §§ 36, 37 oder 41 SGB XI zustehenden Ansprüche jedoch nicht **um mindestens jeweils 83,00 € monatlich besser**, so erhalten sie nach § 141 Abs. 2 SGB XI Besitzstandsschutz.[247] Die Höhe des monatlichen Zuschlags ergibt sich aus der Differenz zwischen 208,00 € und dem Leistungsbetrag, der in § 45 b Abs. 1 Satz 1 SGB XI (125,00 €) festgelegt ist, so dass der Zuschlag dann bei 83,00 € monatlich liegt.

Den Zuschlag erhalten nur diejenigen, die neben der eingeschränkten Alltagskompetenz in Pflegestufe III/Härtefall eingestuft waren und somit in den Pflegegrad 5 übergeleitet wurden. Der Leistungsbudgetvergleich für die Sachleistungen des § 36 SGB XI verdeutlicht den Befund (in Klammern das Budget bis 31.12.2016):

Pflegestufe 0/eA	= Pflegegrad 2	689,00 €	[231,00 €]
Pflegestufe I	= Pflegegrad 2	689,00 €	[468,00 €]
Pflegestufe I/eA	= Pflegegrad 3	1.298,00 €	[689,00 €]
Pflegestufe II	= Pflegegrad 3	1.298,00 €	[1.144,00 €]
Pflegestufe II/eA	= Pflegegrad 4	1.612,00 €	[1.298,00 €]
Pflegestufe III	= Pflegegrad 4	1.612,00 €	[1.612,00 €]
Pflegestufe III/eA	= Pflegegrad 5	1.995,00 €	[1.612,00 €]
Pflegestufe III, Härtefall/eA	= Pflegegrad 5	1.995,00 €	[1.995,00 €]

Nur im letzten Fall der Aufstellung – eingeschränkte Alltagskompetenz und Pflegestufe III/Härtefall – erfolgte durch die Reform zum 1.1.2017 keine Ausweitung der Budgets um mindestens 83,00 €, so dass der Zuschlag nach § 141 Abs. 2 SGB XI gezahlt wird.

Das Bestehen eines Anspruchs auf diesen Zuschlag ist den Versicherten **schriftlich mitzuteilen** und zu erläutern. Zur Vereinfachung für die Anspruchsberechtigten und die Rechtsanwender wird dieser Besitzstandsschutz nicht durch Aufrechterhaltung des aus dem bisherigen § 45 b SGB XI a.F. folgenden Anspruchs gewährt, sondern

---

247 BT-Drucks. 18/5926, 142.

durch Gewährung eines **Zuschlags auf den** Entlastungsbetrag nach § 45 b SGB XI gel-tenden Fassung. Dieser Zuschlag kann ebenso verwendet werden wie der in § 45 b SGB XI geregelte Entlastungsbetrag. Der monatliche Zuschlag kann insbesondere ebenso wie der Entlastungsbetrag gemäß § 45 b Abs. 2 SGB XI flexibel innerhalb des jeweiligen Kalenderjahres in Anspruch genommen und der nicht verbrauchte Betrag ebenfalls in das darauffolgende Kalenderhalbjahr übertragen werden. Der Zuschlag wird bei Bestehen eines Anspruchs auf den Entlastungsbetrag **automatisch** gewährt, er muss also nicht gesondert beantragt werden.[248]

Wird der Entlastungsbetrag des § 45 b SGB XI in der Folgezeit angehoben, **sinkt der Zuschlag entsprechend**, so dass stets eine Leistungshöhe von bis zu 208,00 € monat-lich für die früheren Leistungen nach § 45 b SGB XI a.F. erreicht wird.[249]   358

Praxishinweis: Die Leistungsbudgets für die häusliche Pflege steigen im Sach-leistungsanspruch des § 36 SGB XI [→ Rn. 235] mit einer Ausnahme durch den sog. doppelten Stufensprung um mehr als 83,00 € pro Monat. Die Übergangs-regelung hat daher nur für Versicherte eine **praktische Relevanz**, die mit einer fest-gestellten eingeschränkten Alltagskompetenz in Pflegestufe III eingestuft sind. In dieser Konstellation steigen die Leistungsbudgets durch die Umstellung nicht.   359

VIII. Bestandsschutz in der stationären Pflege

Da die automatische Überleitung in der stationären Pflege nur in einigen Konstella-tionen zu erhöhten Leistungsbudgets und in der wesentlichen Fallgruppe des Über-gangs von Pflegestufe I in den Pflegegrad 2 sogar zu einer **Leistungseinbuße** von 28 % führt, ist der Besitzstandsschutz in der stationären Pflege für Bewohnerinnen und Be-wohner, die bereits vor dem 31.12.2016 stationär versorgt wurden, von besonderer Bedeutung. Eine zusätzliche Aufgabe bildet der Wechsel in der Zusammensetzung des **Gesamtheimentgelts** durch die Neuregelung eines einrichtungseinheitlichen Eigenan-teils. Da dieser letztlich die finanzielle Belastung des Entgeltbestandteils der allgemei-nen Pflegeleistungen für den Versicherten bzw. seine Angehörigen darstellt, geht der Bestandsschutz von diesem Entgeltbestandteil aus. Ist bei Pflegebedürftigen der Pfle-gegrade 2 bis 5 in der vollstationären Pflege der **einrichtungseinheitliche Eigenanteil** in der automatischen Überleitung nach § 92 e SGB XI [→ Rn. 403 ff] oder in einer Vergütungsvereinbarung nach § 84 Abs. 2 Satz 3 SGB XI im Januar 2017 höher als der jeweilige **individuelle Eigenanteil** vor der Umstellung auf Pflegegrade, also im De-zember 2016, so ist zum Leistungsbetrag nach § 43 SGB XI **von Amts wegen** ein **Zu-schlag in Höhe der Differenz** von der Pflegekasse an die Pflegeeinrichtung zu zahlen, § 141 Abs. 3 Satz 1 SGB XI. Verringert sich die Differenz zwischen Pflegesatz und Leistungsbetrag in der Folgezeit, ist der Zuschlag entsprechend zu kürzen. Der Zu-schlag zum Ausgleich eines höheren Eigenanteils nach Einführung des neuen Pflege-bedürftigkeitsbegriffes wird in einer **fiktiven Berechnung** der Eigenanteile geprüft, da-   360

---

248 BT-Drucks. 18/5926, 142.
249 BT-Drucks. 18/5926, 142.

bei wird jeweils von ganzen Monaten ausgegangen und nicht von der tatsächlichen Anwesenheit des Versicherten.

361 Dies gilt entsprechend für Versicherte der privaten Pflege-Pflichtversicherung. Durch die Regelung des § 141 Abs. 3 SGB XI soll sichergestellt werden, dass durch die **Überleitung der Pflegesätze** bzw. deren Neuverhandlung kein Pflegebedürftiger in der vollstationären Pflege, der schon vor dem Januar 2017 vollstationäre Leistungen erhalten hat (**Bestandsfall**), einen höheren Eigenanteil am Pflegesatz entrichten muss. Der vorgesehene Zuschlag gleicht entsprechende Unterschiede ab dem Umstellungszeitpunkt aus. Er wird dauerhaft von Amtswegen gewährt, **ohne** dass ein gesonderter **Antrag** des Versicherten erforderlich ist. Ändert sich die Differenz zwischen dem Leistungsbetrag nach § 43 SGB XI und dem Pflegesatz in der Folgezeit, z.B. durch eine Anhebung des Pflegesatzes, ist dieser Anstieg vom Pflegebedürftigen zu tragen. Reduziert sich die Differenz, z.B. durch eine Anhebung des Leistungsbetrags, so ist der Zuschlag entsprechend abzuschmelzen. Der Zuschlag wird auf Dauer geleistet und verringert sich erst, wenn entweder der EEE aufgrund von neuen Vergütungsverhandlungen geringer wird oder das Leistungsbudget nach § 43 SGB XI angepasst wird. Dies ist nach der geltenden Dynamisierungsregelung des § 30 Abs. 1 Satz 1 SGB XI allerdings erst für 2020 zu erwarten. Die Zahlungspflicht gilt für private Versicherungsunternehmen in Höhe des tariflichen Erstattungssatzes entsprechend.[250]

362 **Beispiel:** A ist in Pflegestufe I eingestuft und lebt in einer stationären Pflegeeinrichtung. Für den Entgeltbestandteil „allgemeine Pflege" zahlt A im Dezember 2016 einen monatlichen Eigenanteil in Höhe von 350,00 €. (Daneben sind weiterhin die Entgeltbestandteile Unterkunft, Verpflegung, Investitionskosten zu zahlen.)

Nach Umstellung der Berechnung auf den einrichtungseinheitlichen Eigenanteil hätte A (auf den Pflegegrad der Pflegegrade 2–5 kommt es ab 1.1.2017 nicht mehr an) im Januar 2017 einen Eigenanteil in Höhe von 550,00 € zu zahlen. Aufgrund des Besitzstandsschutzes zahlt A aber weiterhin 350,00 € und seine Pflegekasse die Differenz von 200,00 € zusätzlich zu den in § 43 SGB XI geregelten Leistungsbudgets.

Im Januar 2018 erhöht der Träger der Pflegeeinrichtung die Preise und den einrichtungseinheitlichen Eigenanteil um 30,00 € auf 580,00 €. A zahlt ab diesem Zeitpunkt 380,00 € (350,00 € „alter Eigenanteil" und 30,00 € Erhöhung); die Pflegekasse weiterhin die Differenz von 200,00 €.

Im September 2018 wird A in den nächsthöheren Pflegegrad 3 eingestuft. Aufgrund des neuen einrichtungseinheitlichen Eigenanteils ändert sich an der Zuzahlung des A nichts. A zahlt weiterhin 380,00 €; die Pflegekasse die Differenz von 200,00 €.

363 Durch die Formulierung des § 141 Abs. 3 SGB XI waren einige praktisch sehr relevante Fälle nicht einbezogen worden, so dass diese Regelungen in den § 141 Abs. 3 a – 3 c SGB XI durch das PSG III ergänzt wurden.

So gab es aufgrund des Wortlauts keine **Mitnahmemöglichkeit des Zuschlags** bei einem **Umzug** des Bewohners in eine andere stationäre Pflegeeinrichtung. Wechselt der Pflegebedürftige die vollstationäre Pflegeeinrichtung, zieht also in eine andere

---

250 BT-Drucks. 18/5926, 143.

Einrichtung um, so wird nach § 141 Abs. 3 b Satz 1 SGB XI für den pflegebedürftigen Bewohner von der Pflegekasse an die neue Pflegeeinrichtung über das Leistungsbudget des § 43 SGB XI hinaus der Zuschlag des § 141 Abs. 3 SGB XI gezahlt, wenn folgende Voraussetzungen erfüllt sind:

- Der Bewohner wurde am 31.12.2016 vollstationär oder mit Kurzzeitpflege und ohne Unterbrechung in derselben Einrichtung mit vollstationärer Pflege versorgt.

- Der Bewohner zieht in dem Zeitraum zwischen dem 1.1.2017 und dem 31.12.2021 um.

- Der fiktive Vergleich zwischen einer individuellen Zuzahlung auf den Entgeltbestandteil „allgemeine Pflege" im Dezember 2016, die der Bewohner zu zahlen gehabt hatte, wenn er zu diesem Zeitpunkt in der neuen Einrichtung gelebt hätte sowie dem EEE der aufnehmenden Einrichtung im Januar 2017, ergibt eine (fiktive) Mehrzahlung im Januar 2017; § 141 Abs. 3 b Satz 1 SGB XI.

Wurde die Pflegeeinrichtung erstmalig ab dem 1.1.2017 **neu zugelassen**, wird keine fiktive Berechnung vorgenommen, da die Werte für Dezember 2016 und Januar 2017 dann nicht existieren. Der Bewohner nimmt dann den bisherigen Zuschlag nach § 141 Abs. 3 SGB XI mit; § 141 Abs. 3 b Satz 2 SGB XI.

Der Wechsel der vollstationären Pflegeeinrichtung unter Mitnahme oder fiktiver Neuberechnung des Zuschlags nach § 141 Abs. 3 SGB XI ist **mehrfach bis zum 31.12.2021** möglich.

364

Hat ein Bewohner am 31.12.2016 Leistungen der **Kurzzeitpflege** nach § 42 SGB XI in Anspruch genommen, so kann der Bewohner in Hinblick auf den Zuschlag nach § 141 Abs. 3 SGB XI auch in 2017 zunächst Leistungen der Kurzzeitpflege in Anspruch nehmen. Um die Entgelte zum Übergangszeitpunkt der Kurzzeitpflege, deren Entgeltbestandteile keinen EEE kennen, für die Versicherten praktikabel zu gestalten, erhalten die Bewohner, die am 31.12.2016 Kurzzeitpflegeleistungen bezogen haben, nach § 141 Abs. 3 a Satz 1 SGB XI die unmittelbar in 2017 im Anschluss angenommene Kurzzeitpflege zum gleichen Pflegesatz wie am 31.12.2016.

365

Bleibt der Bewohner nach Ende der Kurzzeitpflege **ohne Unterbrechung** des Heimaufenthaltes in derselben Einrichtung und werden im Anschluss Leistungen der vollstationären Pflege nach § 43 SGB XI bezogen, so wird ebenfalls ein Zuschlag nach § 141 Abs. 3 SGB XI ermittelt und zugunsten des Bewohners auf Dauer gezahlt; § 141 Abs. 3 a Satz 2 SGB XI. Dabei kann es nicht auf den konkreten Versorgungsvertrag der Einrichtung ankommen, so dass **eingestreute und solitäre Kurzzeitpflegeplätze** gleich behandelt werden müssen. Voraussetzung für den Bezug des Zuschlags ist der weitere Verbleib des Bewohners nach der Kurzzeitpflege beim selben Einrichtungsträger.

Ebenfalls im Zuge des PSG III schloss der Gesetzgeber weitere zwischenzeitlich erkannte Lücken. Nach § 43 Abs. 2 Satz 3 SGB XI darf der Leistungsbetrag für die vollstationäre Pflege für Unterkunft und Verpflegung verwandt werden, soweit er die pflegerischen Aufwendungen und die Aufwendungen für medizinische Behandlungs-

366

pflege übersteigt. Damit kann das volle Budget des § 43 SGB XI vom Versicherten auch dann eingesetzt werden, wenn der **EEE negativ** sein sollte. Die Regelung ersetzt die bisherige, sogenannte 75-Prozent-Regelung des § 43 Abs. 2 Satz 3 SGB XI a.F. Um eine finanzielle Schlechterstellung der betroffenen Pflegebedürftigen auch in diesen Fällen zu vermeiden, regelt § 141 Abs. 3 Satz 3 SGB XI, dass die Mitfinanzierung der Kosten für Unterkunft und Verpflegung über den Leistungsbetrag der Pflegeversicherung im bisherigen Umfang im Rahmen der Besitzstandsschutzregelung erhalten bleibt.

367 Die Umstellung der Pflegevergütungen im stationären Bereich durch Einführung des EEE ist in den Bundesländern sehr unterschiedlich vorgenommen worden mit entsprechend unterschiedlichen Regelungen. Es steht zu erwarten, dass der EEE im Laufe dieses Jahres teilweise erheblich nach oben korrigiert werden muss.[251] Dies trifft insbesondere Einrichtungen, die eine Quote ihrer Bewohnerinnen und Bewohner mit einer eingeschränkten Alltagskompetenz von über 80 % zur Umstellung gemeldet haben. Die Wirkung des neuen Vergütungssystems im stationären Bereich mit der vorgenommenen Entkoppelung der Umrechnung der Pflegesätze einerseits ohne Anpassung der Personalschlüssel andererseits, führt dazu, dass regelmäßig Einrichtungen mit einer Doppelsprungquote von über 80 % einen besonders niedrigen EEE haben. In diesen Fällen müsste der Personalschlüssel angehoben werden. Da der Gesetzgeber aber den Personalschlüssel erst wissenschaftlich evaluieren lassen möchte und daher seine Entscheidung und die Empfehlungen bis zum 30.6.2020 vertagt hat (§ 113 c SGB XI), werden diese Einrichtungen im Wege des **Erhöhungsverfahrens** tätig werden müssen. Um diejenigen Bewohnerinnen und Bewohner, die am 31.12.2016 in der Einrichtung wohnten, in dem Zeitraum vom 1.2.2017 bis 31.12.2017 vor höheren Eigenanteilen bei den pflegebedingten Zuzahlungen zu schützen, wird der **Besitzstandsschutz** durch § 141 Abs. 3 c SGB XI **erweitert**. Dabei sind alle Pflegebedürftigen erfasst, die erstmalig bzw. erneut einen höheren EEE im Vergleich zu ihrem jeweiligen individuellen Eigenanteil im Dezember 2016 zu tragen haben. Ausdrücklich werden alle Pflegebedürftigen der Fallkonstellationen des § 141 Abs. 3, 3 a und 3 b SGB XI mit erfasst; also solche, die bereits am 31.12.2016 in der Einrichtung lebten, nicht jedoch, die seit dem 1.1.2017 neu ins Haus eingezogenen Bewohner.

368 Mit der **Erweiterung** in § 141 Abs. 3 c SGB XI erhalten vollstationäre Pflegeeinrichtungen, die im Rahmen des Übergangsverfahrens zur Einführung des neuen Pflegebedürftigkeitsbegriffs keine neue Pflegesatzvereinbarung abgeschlossen haben und über die Auffangregelung der §§ 92 d ff SGB XI in das neue System gestartet sind, von Februar 2017 bis Dezember 2017 eine zeitlich begrenzte Möglichkeit, sich mit ihren Vereinbarungspartnern ebenfalls auf **Verbesserungen**, insbesondere bei der **Personalausstattung**, im Zuge der Umsetzung des neuen Pflegebedürftigkeitsbegriffs zu einigen, ohne dass dies zu höheren Zuzahlungen für die Pflegebedürftigen bei ihren pflegebedingten Aufwendungen führt. Ebenfalls werden bereits im Übergangsverfahren nach § 92 c SGB XI abgeschlossene Vereinbarungen mit mehrstufigen Umstellungen

---

251 BT-Drucks. 18/10510, 124 f.

auf den neuen Pflegebedürftigkeitsbegriff, die nach dem 1.1.2017 wirken, in dem vorgesehenen Zeitraum mitumfasst, um die davon betroffenen Pflegebedürftigen in diesen Pflegeeinrichtungen vor höheren Zuzahlungen im Vergleich zu Dezember 2016 zu bewahren.[252]

IX. Besitzstandsschutz für Einrichtungen ohne Vergütungsvereinbarung

Pflegebedürftige, die von zugelassenen Pflegeeinrichtungen versorgt werden, die **keine** **Vergütungsvereinbarung** mit den Pflegekassen getroffen haben, haben gem. § 91 Abs. 2 SGB XI Anspruch auf Erstattung der Kosten für die pflegebedingten Aufwendungen, jedoch begrenzt auf 80 % des Betrages, der ihnen aufgrund ihres Pflegegrades zustünde. Ist dieser Leistungsbetrag ab dem 1.1.2017 niedriger als der Leistungsbetrag, der ihnen am 31.12.2016 zustand, haben sie nach § 141 Abs. 8 SGB XI weiterhin Anspruch auf den höheren Leistungsbetrag. Der Besitzstandsschutz gilt auch für Versicherte der privaten Pflege-Pflichtversicherung; § 141 Abs. 3 Satz 6 SGB XI.[253]

369

X. Besitzstandsschutz für den Wohngruppenzuschlag

Der **Besitzstandsschutz** wird für diejenigen verlängert, die einen **Wohngruppenzuschlag** nach § 38 a SGB XI in der Fassung vom 31.12.2014 erhalten. Ändert sich an den tatsächlichen Veränderungen nichts, so wird nach § 144 Abs. 1 SGB XI dieser „Altzuschlag" künftig weiter geleistet.

370

XI. Besitzstandsschutz soziale Sicherung der Pflegeperson

Auch die Regelungen zur **Rentenversicherung** der familiären, nachbarschaftlichen oder sonstigen ehrenamtlichen Pflegepersonen erhalten grundsätzlich Bestandsschutz. Durch § 141 Abs. 4 SGB XI wird für Pflegepersonen, die als solche schon unmittelbar vor der Überleitung der Pflegestufen in Pflegegrade rentenversichert waren, eine Weiterzahlung von Rentenversicherungsbeiträgen auf Basis des am 31.12.2016 geltenden Rechts ab dem Umstellungszeitpunkt vorgesehen, wenn diese höher sind als nach neuem Recht. Dadurch werden zeitnahe Neubegutachtungen in großer Anzahl vor allem in den Fällen, in denen mehrere Pflegepersonen den Pflegebedürftigen anteilig pflegen, vermieden. Die beitragspflichtigen Einnahmen sowohl nach altem Recht als auch nach neuem Recht knüpfen an einen bestimmten Prozentwert der (dynamischen) Bezugsgröße an. Der Besitzstandsschutz greift, wenn die aus dem jeweiligen Prozentwert der aktuellen Bezugsgröße resultierenden beitragspflichtigen Einnahmen nach § 166 Abs. 2 und 3 SGB VI in der am 31.12.2016 geltenden Fassung (**Besitzschutzbetrag**) höher sind als die entsprechenden beitragspflichtigen Einnahmen aus § 166 Abs. 2 SGB VI in der ab 1.1.2017 geltenden Fassung.[254] Dieser Besitzstandsschutz gilt allerdings nicht unbegrenzt. Seine **Beendigung** wird in § 141 Abs. 5 SGB XI geregelt, etwa bei einer Änderung des „Pflegesettings" oder des Pflegegrades.

371

252 BT-Drucks. 18/10510, 125.
253 BT-Drucks. 18/10510, 125.
254 BT-Drucks. 18/5926, 143.

372   **Praxishinweis:** Für die pflegenden Angehörigen ist es künftig leichter geworden, Rentenversicherungsleistungen zu erhalten, da nicht mehr 14 Stunden wöchentlich familiäre, nachbarschaftliche oder sonstige ehrenamtliche Pflege geleistet werden muss, sondern nach § 44 Abs. 1 Satz 2 SGB XI nur noch **zehn Stunden**, verteilt auf **zwei Tage** in der Woche.

Rentenversicherungsanteile werden abgeführt, wenn der Pflegebedürftige mindestens in dem Pflegegrad 2 automatisch zugeordnet oder aufgrund einer Prüfung eingruppiert wurde.

XII. Besitzstandsschutz für nach Landesrecht anerkannte niederschwellige Leistungserbringer

373   Leistungserbringer, die nach Landesrecht **anerkannte niederschwellige Betreuungsleistungen** und niederschwellige Entlastungsangebote im Sinne der §§ 45 b und 45 c SGB XI a.F. erbringen, können **ohne eine erneute Zulassung** die Leistungen über den 31.12.2016 hinaus anbieten, so lange die Bundesländer nicht von ihrer neuen Verordnungsermächtigung Gebrauch gemacht haben; § 144 Abs. 2 SGB XI.

XIII. Besitzstandsschutz für sonstige Fälle

374   Durch die neue Nummerierung und sinnvolle Verlagerung des Anspruchs auf die (stationären) **zusätzlichen Betreuungsleistungen** von § 87 b SGB XI a.F. in die §§ 43 b, 84 Abs. 8, 85 Abs. 8 SGB XI hat sich inhaltlich auf den ersten Blick nichts verändert, außer dass der **Kreis der anspruchsberechtigten Personen eingeengt** wurde. Formulierte § 87 b Abs. 1 Satz 1 SGB XI a.F. bisher, dass anspruchsberechtigt die pflegebedürftigen Heimbewohner (dies sind also diejenigen, die zumindest in Pflegestufe 1 eingestuft waren) sowie die Versicherten, „die einen Hilfebedarf im Bereich der Grundpflege und hauswirtschaftlichen Versorgung haben, der nicht das Ausmaß der Pflegestufe 1 erreicht", waren. Mit anderen Worten: Bisher erhielten alle Bewohnerinnen und Bewohner den Zuschlag nach § 87 b SGB XI; erstaunlicherweise kam es auf eine Feststellung der eingeschränkten Alltagskompetenz seit der Änderung durch das PSG I zum 1.1.2015 nicht mehr an. Anspruchsberechtigt für Leistungen nach dem § 43 b SGB XI sind dagegen alle Versicherten, die den Pflegegrad 1 bis 5 haben. § 43 b SGB XI spricht lediglich von „Pflegebedürftigen".

In der Praxis bedeutet dies, dass die Bewohner, die automatisch in einen Pflegegrad übergeleitet wurden, also diejenigen aus der Pflegestufe 1 in den Pflegegrad 2 oder diejenigen mit eingeschränkter Alltagskompetenz aber ohne Pflegegrad in den Pflegegrad 2, weiterhin Leistungen erhalten, der Personenkreis der „Doppel-00" aber keine Leistungen mehr erhält, denn Bewohner ohne Pflegestufe und ohne eingeschränkte Alltagskompetenz (sogenannte **Doppel-00**) haben keinen Pflegegrad erhalten und haben mithin ab dem 1.1.2017 nach dem Gesetzeswort keinen Anspruch auf einen Zuschlag nach § 43 b SGB XI.

Dabei aber hat der Gesetzgeber in § 141 Abs. 1 SGB XI den Grundsatz für die Überleitung zum 1.1.2017 und den Besitzstandsschutz geregelt. Danach soll keinem Versicherten weniger an Leistung zur Verfügung stehen. Nimmt man diesen Grundsatz ernst, dann muss auch den Versicherten mit einer Doppel-00 der bisherige Anspruch weiter gegeben werden. Die Begründung des Gesetzgebers[255] führt wörtlich aus: „Der Anspruch ist inhaltlich nicht geändert gegenüber dem Inhalt des bisherigen § 87 b SGB XI a.F. Das heißt, er zielt im Ergebnis darauf ab, zusätzliches Personal für dieses Betreuungsangebot in den Einrichtungen bereitzustellen. Die Besonderheit der Leistung nach § 43 b SGB XI liegt demnach darin, dass sie von zusätzlichen Betreuungskräften unter vollständiger Finanzierung durch die Pflegeversicherung erbracht wird." Damit müssen auch diejenigen, die den Vergütungszuschlag nach § 87 b SGB XI a.F. am 31.12.2016 erhielten, diesen Vergütungszuschlag auch künftig – nun nach §§ 43 b, 141 Abs. 1 SGB XI – weiter erhalten.

XIV. Übertragung der Besitzstandsschutz-Regelungen auf die private Pflege-Pflichtversicherung

Der neue Pflegebedürftigkeitsbegriff ist für die **private Pflege-Pflichtversicherung** und   375
für die **ergänzende Pflegekrankenversicherung**, soweit diese an den Pflegebedürftigkeitsbegriff nach § 14 Abs. 1 SGB XI anknüpft, zu übernehmen. Um zu gewährleisten, dass der neue Pflegebedürftigkeitsbegriff auch für die private Pflege-Pflichtversicherung Anwendung findet, wird in § 143 SGB XI geregelt, dass aus diesem Anlass bei den betroffenen Versicherungsverhältnissen eine Anpassung der Allgemeinen Versicherungsbedingungen und der technischen Berechnungsgrundlagen entsprechend den bestehenden Regelungen (§ 203 VVG, § 12 b VAG) möglich ist. Gemäß § 12 b Abs. 1 VAG können die **Prämienänderungen** erst in Kraft gesetzt werden, nachdem ein unabhängiger Treuhänder der Prämienänderung zugestimmt hat. Dabei hat der unabhängige Treuhänder gemäß § 12 b Abs. 1 a VAG insbesondere darauf zu achten, dass vorhandene Mittel eines Unternehmens aus der gebildeten Rückstellung für Beitragsrückerstattungen zur Begrenzung von Prämienerhöhungen verwendet werden.[256]

XV. Besitzstandsschutz für Menschen mit Behinderungen

Einen weiten Blick nach vorn nimmt der § 145 SGB XI: Im Hinblick auf die Neuregelungen in § 43 a SGB XI *2020* und § 71 Abs. 4 SGB XI *2020*, die zum 1. Januar 2020   376
notwendig werden, weil zu diesem Zeitpunkt die Neuregelungen zur **Eingliederungshilfe** durch das **Bundesteilhabegesetz** in Teil 2 des SGB IX in Kraft treten, wird eine Besitzstandsschutzregelung eingeführt.

Sie betrifft Menschen mit Behinderungen, die im Sinne des SGB XI pflegebedürftig sind und die am Stichtag des 1.1.2017 dem § 43 a SGB XI in der zu diesem Zeitpunkt geltenden Fassung nicht unterfallen, sondern Anspruch auf **Leistungen bei häuslicher Pflege** nach §§ 36 ff SGB XI haben. Auf sie wird § 43 a SGB XI *2020* auch in der ab dem 1.1.2020 geltenden Fassung nicht angewendet, sondern sie behalten insofern Anspruch auf die Leistungen der Pflegeversicherung bei häuslicher Pflege.[257]

---

255 BT-Drucks. 18/5926, 128.
256 BT-Drucks. 18/5926, 145.
257 BT-Drucks. 18/9518, 82.

Dies gilt nach § 145 Satz 2 SGB XI auch, wenn sie künftig in eine andere Wohnform **wechseln**, die ebenfalls nicht dem § 43 a in der am 1.1.2017 geltenden Fassung unterfallen wäre (beispielsweise von einer ambulant betreuten Wohngruppe im Sinne des § 38 a SGB XI in einen Einzelhaushalt, in dem sie gepflegt werden, oder von einer ambulanten Wohngruppe zu einer anderen). Wechseln die pflegebedürftigen Menschen mit Behinderungen nach dem 1.1.2017 in eine Wohnform, auf die § 43 a SGB XI in der am 1.1.2017 geltenden Fassung Anwendung gefunden hätte, wenn sie zu diesem Zeitpunkt in einer solchen Wohnform gelebt hätten, dann gilt für die Dauer ihres Aufenthalts in dieser Wohnform der Besitzstandsschutz nach Satz 1 nicht.

Das bedeutet insbesondere: Solange sich die Pflegebedürftigen in einer Wohnform aufhalten, auf die am 1.1.2017 § 43 a SGB XI in der zu diesem Zeitpunkt geltenden Fassung Anwendung gefunden hätte, findet auch § 43 a SGB XI *2020* in der ab dem 1.1.2020 geltenden Fassung auf sie Anwendung. Verlassen sie eine solche Wohnform wieder, lebt der Besitzstandsschutz nach Satz 1 wieder auf.[258]

---

258 BT-Drucks. 18/9518, 82.

H. Die Beratung

Völlig unbestritten von allen Beteiligten ist, dass der Erfolg der sozialen Pflegeversicherung ganz wesentlich von der Kenntnis der Versicherten und ihrer (pflegenden) Angehörigen über die verschiedenen Leistungen, den bestehenden **Wahlmöglichkeiten** und weitere Leistungen anderer Sozialleistungsträger abhängt. Daher sind eine gute Information und eine auf die individuelle Lebenslage eingehende Beratung unerlässlich. Mit jeder Reform der sozialen Pflegeversicherung werden die Regelungen zur Beratung neu geordnet, die **Beratungsleistungen ausgebaut** und verbessert. **377**

Die wichtigsten Änderungen und Ergänzungen: Für die **Pflegeberatung** werden im Rahmen einer **Richtlinie** Mindestvorgaben zur Vereinheitlichung des Verfahrens, zur Durchführung und zu den Inhalten durch den Spitzenverband Bund der Pflegekassen unter Beteiligung der Medizinischen Dienste der Krankenversicherung mit breiter Beteiligung der Fachkreise gemeinsam und einvernehmlich erarbeitet (§ 17 Abs. 1 a SGB XI). Aufgrund des engen Sachzusammenhanges werden die bislang in § 92 c SGB XI a.F. vorgesehenen Rahmenvorgaben zur Beratung in und durch Pflegestützpunkte nahezu unverändert mit denen nun in den §§ 7 ff SGB XI stringenter gefassten Aufgaben und Verpflichtungen an die **Auskunft** (§ 7 SGB XI), die **Beratung** und Unterrichtung (§§ 7 a, 7 b und 7 c SGB XI) durch die Pflegekassen oder Pflegeberater und Pflegeberaterinnen zusammengeführt.[259] **378**

Kommunale Stellen erhalten zudem durch das PSG III **zeitlich befristet** bei **finanzieller Beteiligung** des Bundes die Möglichkeit, Pflegestützpunkte zu initiieren, wenn die Länder dies vorsehen. Es werden verpflichtende Rahmenverträge zur Arbeit und Finanzierung der Pflegestützpunkte einerseits und zur Zuständigkeit für die Koordinierung der Arbeit und die Auskunftspflicht andererseits unter Einbeziehung der kommunalen Spitzenverbände verankert. Das gesetzlich vorgegebene Aufgabenspektrum der Pflegestützpunkte wird um die Erbringung der Beratung nach § 7 a SGB XI ergänzt. § 7 c Abs. 2 SGB XI wird um „**Einrichtungen in der Kommune**" wie z.B. Seniorenbüros, Mehrgenerationenhäuser, Lokale Allianzen für Demenz und Freiwilligenagenturen ergänzt, denen eine Beteiligung an einem Pflegestützpunkt zu ermöglichen ist.

Es wird ein für die Länder optionales **Modellprojekt** mit einer Laufzeit von fünf Jahren eingeführt, in dessen Rahmen eine Anzahl von bis zu 60 „**Modellvorhaben Pflege**" zugelassen werden. In den Modellvorhaben können die für die Hilfe zur Pflege zuständigen Träger die Beratung nach den §§ 7 a bis 7 c, 37 Abs. 3 SGB XI und die Pflegekurse nach § 45 SGB XI von den Pflegekassen und sonstigen Beratungsstellen übernehmen. So erhalten die Kommunen die Möglichkeit, Beratung zur Pflege, Hilfe zur Pflege, Eingliederungshilfe und Altenhilfe aus einer Hand anzubieten. Die Modellvorhaben werden evaluiert und mit anderen Modellen zur Stärkung von Beratung und Vernetzung und mit Vergleichskommunen verglichen. In dieser Evaluation soll die Frage der **Wahlfreiheit der Beratung** besonders berücksichtigt werden. Zur besse-

---

259 BT-Drucks. 18/5926, 64.

ren Verzahnung der kommunalen Beratung im Rahmen der Daseinsvorsorge mit der Beratung der Pflegekassen werden die Zusammenarbeit der Träger der Sozialhilfe in § 4 SGB XII präzisiert. Darüber hinaus werden die Regelungen zur Altenhilfe nach § 71 SGB XII weiterentwickelt und konkretisiert.

379 Nach dem SGB XI bestehen derzeit folgende Beratungsansprüche/Beratungspflichten:

- allgemeine Beratung nach § 7 SGB XI für alle Versicherten; i.d.R. Erbringung durch Sachbearbeiter/innen der Pflegekassen bzw. in Pflegestützpunkten,

- individuelle Beratung nach § 7 a SGB XI; Erbringung durch qualifizierte Pflegeberater/innen bei Pflegekassen, Pflegestützpunkten oder unabhängigen Beratungsstellen (bei Erstantrag Anspruch auf Beratung innerhalb von zwei Wochen oder Beratungsgutscheine nach § 7 b SGB XI),

- Pflichtberatung nach § 37 Abs. 3 SGB XI (in der eigenen Häuslichkeit) beim Bezug von Pflegegeld; Erbringung in der Regel durch Pflegedienste, jedoch auch möglich durch Pflegeberater/innen nach § 7 a SGB XI,

- Pflichtberatung (in der eigenen Häuslichkeit) bei Umwidmung von Pflegesachleistungen in niedrigschwellige Angebote nach § 45 Abs. 3 SGB XI; Erbringung wie § 37 Abs. 3 SGB XI,

- Pflegekurse für Angehörige und ehrenamtliche Pflegepersonen nach § 45 SGB XI.

Nach dem SGB XII bestehen derzeit folgende Beratungsansprüche/Beratungspflichten, die im Zusammenhang mit Pflege und Pflegevermeidung stehen können:

- Beratung zur Erfüllung der Aufgaben nach SGB XII (§ 11 SGB XII),

- Beratung im Rahmen der Altenhilfe nach § 71 Abs. 2 Nr. 4 SGB XII,

- Beratung im Rahmen der Eingliederungshilfe durch das Gesundheitsamt oder die nach Landesrecht bestimmte Stelle nach § 59 SGB XII.

Weitere Beratungsansprüche/Beratungspflichten in kommunaler Verantwortung im Zusammenhang mit Pflege und Pflegevermeidung bestehen u.a. nach SGB I, BGB (rechtliche Betreuung) und den jeweiligen Landesgesetzen zum Öffentlichen Gesundheitsdienst.

Im Überblick:

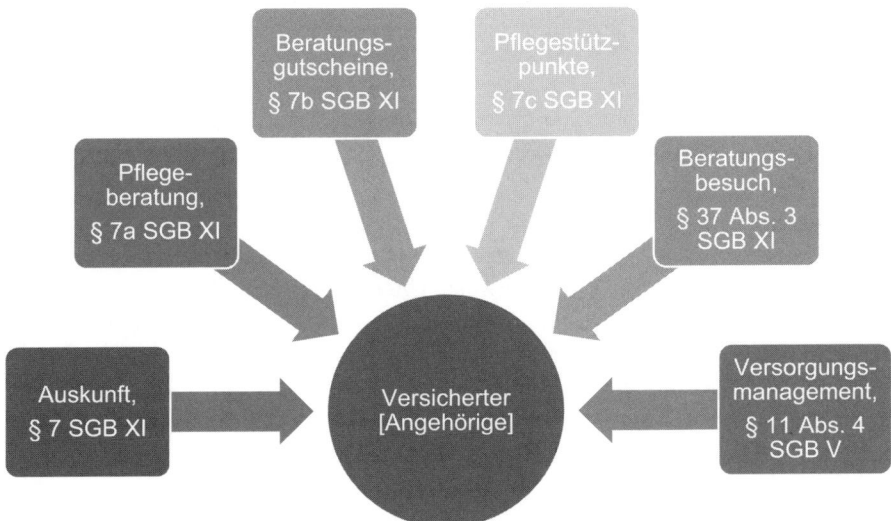

I. Die Auskunft, § 7 SGB XI

Die Verpflichtung der Pflegekassen nach § 7 SGB XI zur Information und Aufklärung 380
der Versicherten ist eine Konkretisierung der **Auskunft** nach § 15 SGB I für den Bereich der sozialen Pflegeversicherung[260] und umfasst auch die **allgemeine Beratung**
der Versicherten über ihre Rechte und Pflichten i.S.d. § 14 SGB I[261] und soll der Abgrenzung zur Pflegeberatung nach § 7 a SGB XI dienen.

> **Praxishinweis: Auskünfte** können auch durch Mitarbeiterinnen und Mitarbeiter 381
> der Pflegekassen **ohne Qualifikation** als Pflegeberaterin bzw. Pflegeberater i.S.d.
> § 7 a SGB XI erteilt werden.[262] Die Pflegekassen tragen die Haftung für eine fal-
> sche oder unvollständige Auskunft.

Die Auskunft und Information soll in **einfacher Sprache** erfolgen, so dass diese auch 382
für Versicherte und ihre Angehörigen verständlich ist, deren Muttersprache nicht
Deutsch ist. Dies gilt insbesondere auch für die schriftlichen Informationen der Pflegekassen.

Zur Unterstützung der pflegebedürftigen Person bei der Ausübung ihres Wahlrechts 383
nach § 2 Abs. 2 SGB XI sowie zur Förderung des Wettbewerbs und der Überschau-
barkeit des vorhandenen Angebotes hat die zuständige Pflegekasse nach § 7 Abs. 3
SGB XI der antragstellenden Person auf Anforderung eine **Leistungs- und Preisvergleichsliste** unverzüglich und in geeigneter Form zu übermitteln. Die Leistungs- und

---

260 BT-Drucks. 18/5926, 83.
261 BT-Drucks. 18/6688, 131.
262 BT-Drucks. 18/5926, 83.

Preisvergleichsliste wird von den Landesverbänden der Pflegekassen erstellt, **einmal im Quartal aktualisiert** und auf einer eigenen **Internetseite** veröffentlicht. Die Liste hat zumindest die jeweils geltenden Festlegungen der Vergütungsvereinbarungen nach dem 8. Kapitel (§§ 82 ff SGB XI) sowie die Angaben zu Art, Inhalt und Umfang der Angebote sowie zu den Kosten in einer Form zu enthalten, die einen **regionalen Vergleich** von Angeboten und Kosten und der regionalen Verfügbarkeit ermöglicht. Auf der Internetseite sind auch die nach § 115 Abs. 1 a SGB XI veröffentlichten Ergebnisse der Qualitätsprüfungen und die nach § 115 Abs. 1 b SGB XI veröffentlichten Informationen zu berücksichtigen. Damit soll die Transparenz und Vergleichbarkeit des pflegerischen Angebots auf örtlicher Ebene durch nutzerfreundliche Internet-Angebote der Pflegeversicherung verbessert werden. Um deren Vollständigkeit zu gewährleisten, werden auf Landesebene Rahmenvereinbarungen über die Zusammenarbeit in der Beratung eingeführt, in denen verbindliche Regelungen zu Informationsflüssen vereinbart werden. Auf deren Grundlage können beispielsweise die Länder bzw. die Kommunen der Pflegeversicherung umfassende und regelmäßige Übersichten etwa zu zusätzlichen Betreuungs- und Entlastungsangeboten zur Verfügung stellen.[263]

II. Die Pflegeberatung, § 7 a SGB XI

384   Eine umfassende Information und Beratung der Versicherten – möglichst durch eine Person oder Stelle ihres Vertrauens – ist eine immer wichtiger werdende Voraussetzung für eine an den Bedürfnissen der pflegebedürftigen Menschen und ihrer Angehörigen orientierte Unterstützung, Pflege und Betreuung. Dabei kommt es nicht allein auf die Breite des vermittelten Wissens an; wichtig ist, dass die Betroffenen in die Lage versetzt werden, aus den verschiedensten Angeboten unterschiedlicher Träger die für sie am besten **passenden Leistungsangebote** nach ihren Bedarfen und Wünschen zusammenstellen zu können. Ratsuchenden Leistungsbeziehern sollen die Pflegekassen vor Ort schnell, unbürokratisch und unverzüglich **feste Ansprechpartner** für eine individuelle Beratung benennen.[264]

385   **Praxishinweis:** Der Anspruch an die **Qualität der Beratung** durch die Pflegekassen wird neu gefasst und das Angebot für die Versicherten bzw. die pflegenden Angehörigen entscheidend **verbessert**:

Die Aufgaben der Pflegekassen im Überblick:

- Vor der erstmaligen Pflegeberatung wird eine für den Versicherten **zuständige** Pflegeberaterin/zuständiger Pflegeberater namentlich benannt. Diese Person soll auch für alle folgenden Beratungen und späteren Rückfragen zuständig sein,[265] mithin einen **festen Ansprechpartner** bilden und so das Vertrauen des Versicherten gewinnen.

---

263 BT-Drucks. 18/5926, 64.
264 BT-Drucks. 18/5926, 84.
265 BT-Drucks. 18/6688, 122.

- Der Antragsteller ist bei der Begutachtung nach § 18 Abs. 3 Satz 8 SGB XI auf die maßgebliche **Bedeutung des Gutachtens** insbesondere für eine umfassende Beratung, das Erstellen eines individuellen Versorgungsplans nach § 7 a SGB XI, das Versorgungsmanagement nach § 11 Abs. 4 SGB V und für die Pflegeplanung hinzuweisen.

- Das Gutachten wird dem Antragsteller ohne Weiteres durch die Pflegekasse **übersandt**, eines Antrags bedarf es nicht. Die Pflegeeinrichtung erhält das Gutachten über den Kunden bzw. Bewohner.

- Das Ergebnis des Gutachtens ist **transparent darzustellen** und dem Antragsteller **verständlich** zu erläutern.

- Der Pflegeberater hat den **Erfolg des Versorgungsplanes** zu beobachten.[266]

- Die weitere Ausgestaltung des Begutachtungsverfahrens wird sich aus der Pflegeberatungs-Richtlinie nach § 17 Abs. 1 a SGB XI ergeben.

Die entsprechende Hilfe und Unterstützung bei Auswahl und Inanspruchnahme von Unterstützungsangeboten im Sinne eines **Fallmanagements** werden künftig auf Basis der in den neuen **Pflegeberatungs-Richtlinien** nach § 17 Abs. 1 a SGB XI festgelegten Verfahrens-, Durchführungs- und inhaltlichen Maßstäbe und Grundsätze vorgenommen. Eine **personelle Kontinuität** in der Beratung wird die Begleitung der Betroffenen im Zeitablauf, die Beobachtung des Erfolges des Versorgungsplanes und der darin vorgesehenen Koordinierung unterschiedlichster Leistungsangebote zugunsten der Betroffenen deutlich zu Gute kommen. Auch bei Abwesenheit des Pflegeberaters bzw. der benannten Pflegeberaterin ist durch die Pflegekasse eine **Vertretung** zu gewährleisten, damit die zwei Wochen Frist für die Einräumung eines Beratungstermins nach Antragstellung auf Leistungen eingehalten wird, oder es ist eine sonstige Beratungsstelle zu benennen.[267] Die Rahmenvorgaben zur Beratung in und durch Pflegestützpunkte sollen nahezu unverändert mit den nun stringenter gefassten Aufgaben und Verpflichtungen an die Auskunft und die Beratung durch die Pflegekassen oder Pflegeberater und -beraterinnen zusammengeführt werden. Die Zwei-Wochen-Frist für die Benennung eines Beratungstermins durch die Pflegekasse gilt künftig nicht nur beim ersten Antrag auf Leistungen, sondern auch für die **Folgeanträge**. Darüber hinaus erhalten die **pflegenden Angehörigen** einen **eigenständigen Anspruch** auf Pflegeberatung, wenn die Pflegebedürftigen zustimmen. Damit erhalten die Angehörigen mehr Unterstützung für die Organisation der Pflege.[268]

Zur Gewinnung von Erkenntnissen über die Wirksamkeit und Entwicklung der Pflegeberatung (§§ 7 a, 7 b und 7 c SGB XI) und der Beratung in der eigenen Häuslichkeit (§ 37 Abs. 3 bis 8 SGB XI) erhält der Spitzenverband Bund der Pflegekassen eine dreijährliche **Berichtspflicht** gegenüber dem Bundesministerium für Gesundheit (§ 7 a Abs. 9).

386

387

---

266 BT-Drucks. 18/5926, 85.
267 BT-Drucks. 18/5926, 84 f.
268 BT-Drucks. 18/6688, 122.

III. Die weiteren Beratungsvorschriften, §§ 7 b und 7 c SGB XI

388 Die **Beratungsgutscheine** nach § 7 b SGB XI haben bisher in der Praxis überhaupt keine Rolle gespielt. Der Grund dafür ist allein in der dafür angebotenen Vergütung zu sehen, obwohl gerade die Konkurrenz durch unabhängige Berater das Beratungsverfahren insgesamt belebt und so die Qualität verbessert hätte. Ob die Ausweitung der **14-Tage-Regel** auch auf spätere Anträge bei der Pflegekasse, und nicht nur beim Erstantrag, die Nachfrage nach Beratungsgutscheinen belebt, bleibt abzuwarten.

Die bisher in § 92 c Abs. 1 bis 4 sowie 7 bis 9 SGB XI a.F. enthaltenen Regelungen zur Beratung in und durch **Pflegestützpunkte** werden aufgrund des engen Sachzusammenhangs mit den allgemeinen Vorschriften und Anforderungen an den Auftrag der Pflegekassen zur Aufklärung, Auskunft und Beratung nach den §§ 7 ff SGB XI in den § 7 c SGB XI verschoben. Eine inhaltliche Änderung oder Ergänzung wurde nicht vorgenommen. Gestrichen wurden lediglich zeitlich ausgelaufene Regelungen, wie etwa die **Anschubfinanzierung**.

IV. Die weitere Entwicklung der Beratung

389 Auch die jetzigen Änderungen werden in der Beratungspraxis nur so weit zur Verbesserung beitragen, wie die konkrete Umsetzung gelingt.[269] Entscheidend wird es darauf ankommen, ob es gelingen kann, die **Vertrauensbasis** insbesondere zwischen dem Versicherten und seiner Pflegekasse sowie dem MDK zu erhalten, in manchem Fall wieder herzustellen. Vor allem der **MDK** ist mit seinen verschiedenen Aufgaben – insbesondere der Beratung der Kranken- und Pflegekassen, der erstmaligen oder wiederholten Einstufung der Versicherten in einen Pflegegrad, den gutachterlichen Stellungnahmen nach § 275 SGB V zu ärztlichen Verordnungen, den Qualitäts- und Transparenzprüfungen der Pflegeeinrichtungen – bereits überfrachtet. Die Diskussion um eine Herauslösung des MDK aus dem Beziehungsgeflecht zu den Sozialleistungsträgern und der Entwicklung hin zu einer **unabhängigen Sachverständigenorganisation**, die auch den Versicherten und den Leistungserbringern direkt gegenübertritt und sich selbst verantworten kann, wird sicherlich wieder aufgenommen werden. Dabei muss der MDK inhaltlich sicherlich keine Konkurrenz scheuen, so dass der Versuch, auch andere Gutachter zu beteiligen, energisch verfolgt werden sollte; ggf. im Rahmen der „Modellkommunen Pflege".

390 In einem Entschließungsantrag hat der Bundesrat am 16.12.2016[270] festgestellt, dass die im PSG III in den §§ 123, 124 SGB XI getroffenen Regelungen nicht geeignet sind, den **sozialräumlichen Beratungsansatz**, den die Bund-Länder-AG mit den „Modellkommunen Pflege" verfolgte, in der Praxis zu realisieren. Eine Zielsetzung der **Bund-Länder-AG** war, die Bündelung von Beratungsstrukturen mit einem ganzheitlichen Beratungsansatz unter Federführung der „Modellkommune" zu ermöglichen. Die Beratung im engeren Pflegekontext soll dabei um weitere Elemente aus dem Be-

---

269 Ausführlich zu möglichst frühzeitigen Informationen und Beratungen vor der konkreten Antragstellung auf Eingruppierung in einen Pflegegrad: *Krahmer* ZfSH 2015, 486.
270 Entschließungsantrag des Bundesrates auf Antrag der Länder Rheinland-Pfalz, Baden-Württemberg, Hamburg, Niedersachsen, Schleswig-Holstein, Nordrhein-Westfalen, BR-Drucks. 760/3/16.

reich der kommunalen Infrastruktur, des breiten kommunalen Aufgabenportfolios und der Daseinsvorsorge ergänzt werden. Bestehende gut funktionierende Beratungsstrukturen vor Ort, auch solche der Pflegekassen, sollen in die „Modellkommune Pflege" integriert werden. Es geht darum, einen anderen integrativen Beratungsansatz im sozialräumlichen Kontext zu erproben und nicht darum festzustellen, ob Kassen oder Kommunen eine bestimmte Aufgabe besser wahrnehmen. Hierfür müssen die Kommunen aufgrund ihrer lokalen, sozialraumorientierten Verantwortung für die Bürgerinnen und Bürger die Federführung übernehmen.

Es ist daher damit zu rechnen, dass der Gesetzgeber das SGB XI zumindest an dieser Stelle auch im Jahr 2017 erneut ändert (korrigiert).

Dabei hat die Bund-Länder-AG folgende Bedarfe hinsichtlich der Beratung ausgemacht: Die bedarfsgerechte Versorgung älterer und pflegebedürftiger Menschen umfasst   391

- eine **neutrale, effiziente** und **wohnortnahe Beratung,** die die erforderlichen Informationen vermittelt und durch ein gutes **Fallmanagement** zur Verhinderung, Minderung und Bewältigung von Pflegebedürftigkeit beiträgt,

- ein breites Spektrum an Wohnformen, um **Wahlfreiheit** bezüglich des altersgerechten Wohnens zu sichern und dem Wunsch nach größtmöglicher Selbstständigkeit Rechnung zu tragen,

- eine leistungsfähige, ortsnahe und aufeinander abgestimmte ambulante und stationäre pflegerische Versorgung der Bevölkerung sowie

- die Gestaltung des Sozialraums / der Lebenswelt, in dem / der Familie, bürgerschaftliches Engagement und Nachbarschaftshilfe von Fachkräften sinnvoll ergänzt werden.

Nur im engen Zusammenwirken von Bund, Ländern, Kommunen, Pflegekassen und Pflegeeinrichtungen kann diese Aufgabe zum Wohle pflegebedürftiger Menschen und ihrer Angehörigen erfüllt werden. Gemeinsames Ziel ist es, so lange wie möglich den Verbleib in der vertrauten häuslichen und familiären Umgebung zu unterstützen und ein selbstbestimmtes Leben zu gewährleisten.

I. Die soziale Absicherung der Pflegepersonen

Die **rentenversicherungsrechtliche Absicherung** der Pflegepersonen – geregelt in § 44 392
SGB XI – wird grundlegend neugestaltet. Die Neugestaltung ist zwingende Folge der
Einführung des neuen Pflegebedürftigkeitsbegriffs, da der ausschließliche Anknüp-
fungspunkt des Zeitaufwands der pflegenden Angehörigen für pflegerische Verrichtungen wegfällt. Die soziale Pflegeversicherung entrichtet derzeit für pflegende Angehörige nach Maßgabe des § 166 Abs. 2 SGB VI Beiträge zur gesetzlichen Rentenversicherung, wenn diese wenigstens 14 Stunden wöchentlich pflegen, nicht bereits eine
Vollrente wegen Alters beziehen und eine Erwerbstätigkeit den Umfang von 30 Wo-
chenstunden nicht überschreitet.

> **Praxishinweis:** Die Sicherungsregelungen für Pflegepersonen wurden zur besse- 393
> ren Übersichtlichkeit neu sortiert:
>
> ■ Regelungen zur **Rentenversicherung** (SGB VI), § 44 Abs. 1 SGB XI
>
> ■ Regelungen zur **Unfallversicherung** (SGB VII), § 44 Abs. 2 a SGB XI
>
> ■ Regelungen zur **Arbeitsförderung** (SGB III), § 44 Abs. 2 b SGB XI

Alle Personen, die nicht erwerbsmäßig eine oder mehrere pflegebedürftige Personen 394
wenigstens **zehn Stunden wöchentlich**, verteilt auf **regelmäßig mindestens zwei Tage**
in der Woche, in häuslicher Umgebung pflegen, haben grundsätzlich einen Anspruch
auf die Entrichtung von **Rentenversicherungsbeiträgen** durch die Pflegeversicherung
des Pflegebedürftigen, wenn für diesen mindestens Pflegegrad 2 festgestellt wurde,
§ 44 Abs. 1 SGB XI. Diese Voraussetzungen werden vom MDK oder einem anderen
von der Pflegekasse beauftragten unabhängigen Gutachters ermittelt. Der Begriff Pflege wird für die Ermittlung der **Zehn-Stunden-Grenze** dem neuen Pflegebedürftigkeitsbegriff entsprechend so verstanden, dass er alle pflegerischen Maßnahmen in den in
§ 14 Abs. 2 SGB XI genannten Bereichen sowie Hilfen bei der Haushaltsführung umfasst. Umfasst sind künftig auch pflegerische Maßnahmen in Form von Betreuungsmaßnahmen. Voraussetzung ist zudem weiterhin, dass die Pflegeperson regelmäßig
nicht mehr als dreißig Stunden wöchentlich erwerbstätig ist. Wegen des geringen Umfangs des Pflegebedarfs ist die rentenrechtliche Absicherung **nicht** für Pflegepersonen
eröffnet, die einen Pflegebedürftigen des Pflegegrades 1 pflegen.[271]

In den Fällen, in denen zwei oder mehrere Pflegepersonen sich die Pflege eines Pflege- 395
bedürftigen teilen (**Mehrfachpflege**), hat der Gutachter im Hinblick auf deren Anspruch auf eine Absicherung in der gesetzlichen Rentenversicherung den Umfang der
jeweiligen Pflegetätigkeit je Pflegeperson im Verhältnis zum Umfang der von allen
Pflegepersonen zu leistenden Pflegetätigkeit (**Gesamtpflegeaufwand**) festzustellen. Er
legt dabei nach § 44 Abs. 1 Satz 4 SGB XI die Angaben der beteiligten Pflegepersonen
zugrunde. Da die Höhe des Gesamtanspruchs aller beteiligten Pflegepersonen auf

---

271 BT-Drucks. 18/5926, 129.

Zahlung von Rentenversicherungsbeiträgen durch die Pflegeversicherung gesetzlich festgelegt ist, bedarf es im Interesse der Verfahrensvereinfachung keiner Überprüfung der Angaben der beteiligten Pflegepersonen. Machen die beteiligten Pflegepersonen keine Angaben, findet nach § 44 Abs. 1 Satz 5 SGB XI eine **gleichmäßige Aufteilung** des Anspruchs auf alle Beteiligten statt. Können sich die Beteiligten nicht auf übereinstimmende Angaben verständigen, wird der Gutachter zunächst durch Vermittlung zu einer Einigung beitragen. Kommt es dennoch nicht zu übereinstimmenden Angaben, erfolgt eine gleichmäßige Aufteilung des Anspruchs auf die beteiligten Pflegepersonen. Es ist davon auszugehen, dass eine Einigung über die Aufteilung der Rentenversicherungsbeiträge in der Regel einvernehmlich möglich ist. Denn auch die Verwendung und Aufteilung des Pflegegeldes – und hier geht es finanziell um mehr – gelingt innerhalb der Familien ohne eine Einflussnahme durch die Pflegekassen.[272]

396 Eine weitere wesentliche Neuerung ist, dass für die Bemessung der Rentenbeiträge im höchsten Pflegegrad 5 künftig von bis zu **100 Prozent der Bezugsgröße** ausgegangen wird. Wegen des vergleichsweise geringen Umfangs des Pflegebedarfs ist die rentenrechtliche Absicherung nicht für Pflegepersonen eröffnet, die Pflegebedürftige des Pflegegrades 1 pflegen.

397 Im neuen § 44 Abs. 2 b SGB XI wird die Versicherungspflicht im Sicherungssystem der **Arbeitsförderung** geregelt. Pflegepersonen i.S.d. § 19 SGB XI sind künftig unter den Voraussetzungen des § 26 Abs. 2 b SGB III versicherungspflichtig und damit in das Leistungssystem der Arbeitsförderung einbezogen. Um die Voraussetzung nach § 26 Abs. 2 b SGB III zu erfüllen, muss die Pflegeperson unmittelbar vor der Übernahme der Pflege versicherungspflichtig beschäftigt gewesen sein oder eine als Arbeitsbeschaffungsmaßnahme geförderte Beschäftigung ausgeübt haben.

---

272 BT-Drucks. 18/6688, 143: Mit dieser Änderung wurde die zunächst beabsichtigte Prüfung einer Mindestgrenze am Gesamtpflegeaufwand von 30 % ebenso gestrichen, wie die Regelung eines addierten Mindestpflegeaufwands bei Pflege mehrerer Pflegebedürftiger der Pflegegrade 2 bis 5.

J. Die Vergütungsregelungen für ambulante und stationäre Pflegeeinrichtungen

I. Die wesentlichen Neuerungen in der Vergütung für ambulante und stationäre Pflegeeinrichtungen im Überblick

Die ambulanten Pflegeeinrichtungen haben die Kriterien der **Module 2, 3 und 6** preislich umzusetzen: **398**

- künftig werden die Bemessungsgrundsätze für die Vergütung in stationären Pflegeeinrichtungen **nicht** mehr in **drei Pflegeklassen** eingeteilt;

- am **Versorgungsaufwand** gemessen werden nach den zugrunde zu legenden fünf Pflegegraden **unterschiedliche Pflegesätze** vereinbart;

- in den Pflegegraden 2 bis 5 zahlen alle Bewohnerinnen und Bewohner den gleichen **einrichtungseinheitlichen Eigenanteil**;

- wie im Leistungsrecht gibt es künftig **keinen Härtefall** mehr;

- wurden bis zum September 2016 keine Vergütungsregelungen in Hinblick auf die Umstellung der Zusammensetzung des Gesamtheimentgelts für Januar 2017 getroffen, dann wurden die stationären Entgeltbestandteile am 30.9.2016 **automatisch** mit Wirkung vom 1.1.2017 **umgestellt**.

II. Die ambulanten Vergütungsregelungen

Die Vereinbarung von **Vergütungen in der ambulanten Pflege** haben nach der Umstellung des neuen Pflegebedürftigkeitsbegriffs die Leistungen für körperbezogene Pflegemaßnahmen, pflegerische Betreuungsmaßnahmen sowie Hilfen bei der Haushaltsführung zu umfassen. Die Leistungen für **körperbezogene Pflegemaßnahmen** entsprechen weitgehend den Kriterien der **Module 1 – Mobilität** und **4 – Selbstversorgung**, also den bisher als Verrichtungen der **Grundpflege** vereinbarten Leistungskomplexen. Zu beachten ist, dass die neuen Kriterien lediglich **exemplarische Ausschnitte** des benötigten Leistungsspektrums abbilden, um eine sachgerechte Eingruppierung in einen der Pflegegrade zu gewährleisten. Daher ist es Aufgabe der Vereinbarungspartner der **Vergütungsvereinbarung** daraus sinnvolle und praktikable Leistungspakete zu beschreiben. Dabei spricht vieles dafür, die bisher für diesen Bereich vereinbarten **Leistungskomplexsysteme** zu übernehmen. Gleiches gilt für die Hilfen bei der **Haushaltsführung**, die ebenfalls weitgehend den Beschreibungen in den bisherigen Vergütungsvereinbarungen nach § 89 SGB XI entsprechen dürften. **399**

Die Kriterien der **Module 2 – Kognitive und kommunikative Fähigkeiten** und **3 – Verhaltensweisen und psychische Problemlagen** sind teilweise den Fähigkeitsstörungen des § 45 a Abs. 2 SGB XI a.F. entlehnt, wobei die im Modul 3 beschriebenen herausfordernden Verhaltensweisen regelmäßig eine Beaufsichtigungsleistung wegen der Abwehr von **Fremd- und Eigengefährdung** benötigen. Sollten dazu – ggf. in Hinblick auf § 124 SGB XI a.F. – Leistungsbeschreibungen bestehen, können diese ebenfalls auch zukünftig Verwendung finden. Ob es bei einer Neuvereinbarung zur Beschrei- **400** bung von **Leistungskomplexen** kommt oder die **Zeitvergütung** [→ Rn. 36] für eine Erbringung der Leistungen gewählt wird, haben die Vertragspartner vor Ort zu entscheiden. Die Vergütungen können nach § 89 Abs. 3 Satz 1 SGB XI auch weiterhin, je nach Art und Umfang der Pflegeleistung, nach dem dafür erforderlichen **Zeitaufwand** oder unabhängig vom Zeitaufwand nach dem Leistungsinhalt des jeweiligen Pflegeeinsatzes, nach **Komplexleistungen** oder in Ausnahmefällen auch nach Einzelleistungen bemessen werden; sonstige Leistungen wie hauswirtschaftliche Versorgung, Behördengänge oder Fahrkosten können auch mit **Pauschalen** vergütet werden.

401 Zu zukünftigen Diskussionen in Hinblick auf eine Vergütungsregelung werden die Kriterien des **Moduls 5 – Bewältigung von und selbstständiger Umgang mit krankheits- oder therapiebedingten Anforderungen und Belastungen** [→ Rn. 74 ff.] führen. Dies liegt vor allem an der Überschneidung den Verrichtungen der ärztlich verordneten häuslichen Krankenpflege nach § 37 SGB V. Diese Leistungen des SGB V bleiben auch künftig unberührt von den Leistungen der Pflegeversicherung; § 13 Abs. 2 SGB XI. Dabei gilt aber auch, dass der Leistungsanspruch auf Leistungen der medizinischen **Behandlungspflege** beschränkt ist, wenn Einrichtungen entweder gesetzlich – beispielhaft ist auf § 43 SGB XI für die vollstationäre Pflege hinzuweisen – oder vertraglich verpflichtet sind, die Leistungen der medizinischen Behandlungspflege zu übernehmen.[273] Die vertragliche Verpflichtung kann sich aus dem individuellen Einrichtungsvertrag oder dem **Pflegevertrag** nach § 120 SGB XI sowie der kollektivrechtlichen **Vergütungsvereinbarung** ergeben. Sind also abrechenbare Leistungen für die im Modul 5 beschriebenen Kriterien in der Vergütungsvereinbarung geregelt, dann könnte bei Eintritt des Pflegegrades 2 ein Anspruch auf Abrechnung der Leistungen der medizinischen Behandlungspflege gesperrt sein. Zu untersuchen ist dann wegen des **Teilkaskocharakters** der Leistungen der sozialen Pflegeversicherung, ob eine solche Vergütungsvereinbarung nicht aus der Sicht des Pflegebedürftigen ein unzulässiger **Vertrag zu Lasten Dritter** wäre.

402 **Praxishinweis:** Besondere Wachsamkeit ist bei der Abfassung der Leistungsbeschreibungen von ambulanten Vergütungsvereinbarungen hinsichtlich der Kriterien des **Moduls 5 – Bewältigung von und selbstständiger Umgang mit krankheits- oder therapiebedingten Anforderungen und Belastungen** angezeigt. Daher sollten **weder** Leistungskomplexe **noch** Zeiteinheiten mit Kriterien aus Modul 5 gebildet, in der Beschreibung „angereichert" oder vereinbart werden.

III. Die einrichtungseinheitlichen Eigenanteile

403 Der Einführung eines **einrichtungseinheitlichen Eigenanteils** liegt folgende Problematik zugrunde: Während im Bereich der ambulanten Leistungen der Versicherte regelmäßig selbst für eine **Höherstufung** bzw. in eine höhere Eingruppierung eines Pflegegrades sorgt, indem ein entsprechender Antrag an die jeweilige Pflegekasse gerichtet wird, hat sich in der Praxis gezeigt, dass Bewohnerinnen und Bewohner bzw. insbe-

---

273 Ausführlich BSG 25.2.2015 – B 3 KR 10/14 R = PflR 2015, 417 m. Anm. *Richter*.

sondere deren Angehörigen bei einem verschlechterten Zustand einen Antrag bei der Pflegekasse auf Höherstufung scheuen. Dies dürfte damit zusammenhängen, dass im ambulanten Bereich sich der Preis für die Leistungen der Pflegeeinrichtungen nach den vereinbarten Leistungskomplexen oder der Zeiteinheit richtet und der Versicherte bei einer Höherstufung so in den Genuss von **Mehrleistungen** durch die Pflegekassen kommt. Im Gegensatz dazu stieg bisher in einer stationären Pflegeeinrichtung aber der mit den Pflegekassen vereinbarte Preis für den Entgeltbestandteil „**allgemeinen Pflegeleistungen**" mit der höheren **Pflegeklasse** für den Versicherten. Da die Pflegeklasse sich grundsätzlich nach der Pflegestufe richtete (§ 84 Abs. 2 Satz 3 SGB XI a.F.), bedeutete eine höhere Pflegestufe folgerichtig einen höheren Preis. Diese Differenz zum Heimentgelt in der höheren Pflegeklasse wurde in der Regel nicht durch die höheren Leistungsbudgets nach § 43 SGB XI aufgefangen, so dass die Zuzahlung der Bewohnerinnen und Bewohner stieg.

Der Gesetzgeber sah sich schließlich zur Einführung der **Antragsregelung** nach § 87 a Abs. 2 SGB XI veranlasst, weil die Erfahrungen gezeigt hatten, dass die Bewohner trotz entsprechender Hinweise durch den Träger der Pflegeeinrichtung einen Antrag auf Höherstufung ablehnen.[274] Mit einer weniger belastenden Regelung, etwa einer Beratung durch die stationäre Pflegeeinrichtung oder durch die Pflegekasse des Bewohners, war die Zielsetzung, den finanziellen Ausgleich für den regelmäßig höheren Versorgungs- und Betreuungsaufwand des Einrichtungsträgers zu sichern, nicht zu erreichen.[275]

Das **Gesamtheimentgelt** nach § 87 a Abs. 1 Satz 1 SGB XI besteht aus der **Addition** 404 **der Entgeltbestandteile:**

- allgemeine Pflegeleistungen (§ 84 SGB XI),

- den getrennt auszuweisenden Entgelten für Unterkunft und Verpflegung (§ 87 SGB XI) und

- den gesondert berechenbaren Investitionskosten (§ 82 Abs. 3 und 4 SGB XI).[276]

Der Aufbau des Gesamtheimentgelts aus der Addition der drei Entgeltbestandteile bleibt bestehen, doch wird der Entgeltbestandteil „allgemeine Pflegeleistungen" nicht mehr in verschiedenen **Pflegeklassen** vereinbart. Die **Abschaffung** der Kategorie der Pflegeklasse für die allgemeinen Pflegeleistungen in § 84 SGB XI bewirkt, dass auch dieser Entgeltbestandteil – wie bereits jetzt die weiteren Entgeltbestandteile (Unterkunft, Verpflegung und Investitionskosten) – **unabhängig vom Pflegegrad** des Bewohners für alle Bewohner einer stationären Pflegeeinrichtung gleich ist; dieser für alle

---

274 Zu weiteren Lösungsansätzen ausführlich *Richter* in: LPK-SGB XI § 87 a Rn. 11 f.
275 BT-Drucks. 14/5395, 62.
276 Damit ist der Begriff „Gesamtheimentgelt" für die Praxis irreführend: Die Entgelte für Zusatzleistungen (§ 88 SGB XI) und die sonstigen Leistungen sind nach dieser Regelung nicht Bestandteile des Gesamtheimentgeltes, obwohl die zusätzlichen Leistungen nach § 6 Abs. 3 WBVG im Einrichtungsvertrag beschrieben und die entsprechenden Entgeltbestandteile angegeben werden müssen. § 6 Abs. 3 WBVG bietet dazu eine Lösung an und nennt die Gesamtheit der Entgeltbestandteile abweichend von § 87 a Abs. 1 Satz 1 SGB XI „Gesamtentgelt".

Bewohner gleiche Entgeltbestandteil der allgemeinen Pflegeleistungen wird **einrichtungseinheitlicher Eigenanteil** genannt.

405 Der sich von Pflegegrad 2 zu Pflegegrad 5 für die stationäre Pflegeeinrichtung erhöhende **Versorgungsaufwand** und mithin auch der (kalkulatorisch) von Pflegegrad zu Pflegegrad höhere Personalschlüssel wird künftig allein durch die gesetzlich geregelten (und damit in der **Staffelung der Pflegegrade** nicht mehr verhandelbaren) Leistungsbudgets des § 43 SGB XI [→ Rn. 311 f] geregelt. Dies ist auch der Grund für das drastische Absenken des Leistungsbudgets im Pflegegrad 2.

406 Für die Pflegesätze im vollstationären Bereich sind in den Pflegegraden 2 bis 5 für die jeweilige stationäre Pflegeeinrichtung nach § 84 Abs. 2 Satz 3 SGB XI gleich hohe Beträge für die nicht von der Pflegeversicherung gedeckten Kosten vorzusehen (**einrichtungseinheitliche Eigenanteile**). Diese werden ausgehend von dem jeweiligen prospektiven Versorgungsaufwand abzüglich der Summe des Leistungsbetrags nach § 43 SGB XI für die Pflegegrade 2 bis 5 ermittelt. Damit wird erreicht, dass der von den Pflegebedürftigen bzw. vom zuständigen Träger der Sozialhilfe zu tragende Eigenanteil nicht mehr mit der Schwere der Pflegebedürftigkeit steigt. Dies ist im Rahmen der Reform insbesondere deshalb von Bedeutung, weil sonst Pflegebedürftige mit erheblich eingeschränkter Alltagskompetenz infolge des Erreichens höherer Pflegegrade höhere Eigenanteile als nach dem bisherigen Recht zu tragen hätten. Die vollstationären **Leistungsbeträge nach** § 43 SGB XI werden in ihrer Höhe so zueinander gestaffelt, dass sie zusammen mit dem einrichtungseinheitlichen Eigenanteil im Durchschnitt den Aufwandsrelationen entsprechen.[277] Um auch bei Änderungen der Leistungsbeträge der Pflegeversicherung – beispielsweise durch eine **Leistungsdynamisierung** – eine einheitliche Höhe der Eigenanteile zu gewährleisten, sind diese dann für die Pflegeeinrichtung neu zu ermitteln. Mit dem Übergang zu einrichtungseinheitlichen Eigenanteilen in den Pflegegraden 2 bis 5 wird für die finanzielle Planung der Pflegebedürftigen und ihrer Angehörigen Sicherheit geschaffen. Für sie ergibt sich eine Vereinfachung der Vergleichbarkeit und der individuellen Kalkulation. Die Entwicklung der einrichtungseinheitlichen Eigenanteile ist auch Gegenstand des wissenschaftlichen Monitoringprogramms nach § 18 c SGB XI.[278]

407 **Praxishinweis:** Der **einrichtungseinheitliche Eigenanteil** ist für die finanzielle Planung der Bewohnerinnen und Bewohner bzw. ihre Angehörigen vordergründig sicherlich vorteilhaft. Doch wird diese **Planungssicherheit** der Bewohner für die stationären Einrichtungen und letztlich auch den Bewohner teuer erkauft.

Die Steigerung der Personalschlüssel nach dem Versorgungsaufwand der erhöhenden Pflegegrade wird gesetzlich auf den 1.1.2017 **eingefroren** und wohl erst bei der nächsten **Dynamisierungsrunde** finanziell wieder angepasst. Damit sind aber zwischenzeitliche **Personalkostensteigerungen** nur so aufzufangen, dass sich jeweils die Staffelung der Personalschlüssel ändert. Die Personalschlüssel werden

---

277 Vgl. dazu ausführlich *Rothgang* u.a. Versorgungsaufwände in stationären Pflegeeinrichtungen, Schriftenreihe Modellprogramm zur Weiterentwicklung der Pflegeversicherung Band 13, 2015.
278 BT-Drucks. 18/5926, 137.

dabei immer weiter zusammenrücken müssen, auch wenn dies dem Versorgungsaufwand nicht entspricht.

Werden die Leistungsbudgets des § 43 SGB XI nicht zukünftig unterschiedlich (und keinesfalls prozentual!) erhöht, wird der einrichtungseinheitliche Eigenanteil in einen **„Einheits-Pflegepersonalschlüssel"** für alle Pflegegrade münden!

Für den Bewohner schließlich wirkt der einrichtungseinheitliche Eigenanteil wie eine **Quersubventionierung** zwischen den Versorgungsaufwänden der Pflegegrade.

In den **Erhöhungsverfahren** der Pflegesätze nach § 85 SGB XI wurden bisher die Entgeltbestandteile der Unterkunft und Verpflegung für alle Bewohnerinnen und Bewohner einheitlich verhandelt und ein nominal oder prozentual gleicher Erhöhungsbetrag ausgewiesen. Für den Entgeltbestandteil „allgemeine Pflege" galt diese Feststellung nicht. Gestaffelt nach den Pflegeklassen, kalkulatorisch unterlegt mit verschiedenen **Äquivalenzziffern** für den unterschiedlichen Personaleinsatz je nach Pflegestufe des Bewohners bzw. Pflegeklasse der Einrichtung, wurden unterschiedliche Erhöhungsbeträge ausgewiesen. Dabei waren zumindest in den letzten Jahren wegen der anziehenden **Tarifsteigerungen** die Steigerungen der höheren Pflegeklassen höher als die Steigerungsraten der niedrigeren Pflegeklassen. So konnten die tariflichen oder außertariflichen Personalkostensteigerungen nach dem unterschiedlichen Versorgungsaufwand auf die Bewohnerinnen und Bewohner umgelegt werden. Die Personalkostensteigerungen wurden so einerseits refinanziert und andererseits blieben die vereinbarten **Pflegeschlüssel** unangetastet. 408

Die Personalschlüssel (und mithin die Äquivalenzziffern) für die Unterscheidung der Personalkosten am **Versorgungsaufwand** der Pflegegrade 2 bis 5 werden durch die Einführung des einrichtungseinheitlichen Eigenanteils festgeschrieben, da die gesetzlichen Budgets des § 43 SGB XI den einzigen am Versorgungsaufwand orientierten „Teil-Entgeltbestandteil" bilden. In den **Erhöhungsverfahren** kann zwar der einrichtungseinheitliche Eigenanteil verhandelt werden, nicht jedoch die gesetzlich festgeschriebenen Budgets. Werden also die Personalkosten aufgrund einer neuen Vergütungsvereinbarung erhöht, so können diese zukünftig nicht mehr nach dem Versorgungsaufwand unterschieden auf die verschiedenen Pflegegrade umgelegt werden, sondern werden auf alle Bewohnerinnen und Bewohner über eine Steigerung des einrichtungseinheitlichen Eigenanteils gleichmäßig verteilt, obwohl der Versorgungsaufwand unterschiedlich ist. Sobald die wissenschaftlichen Studien nach § 113 c SGB XI unterschiedliche **Personalschlüssel** für die einzelnen Pflegegrade nachweisen, hat der Gesetzgeber an dieser Stelle nachzusteuern. 409

Von der geänderten Zusammensetzung der Pflegesätze ist natürlich auch die solitäre oder eingestreute **Kurzzeitpflege** betroffen. Für die Kurzzeitpflege hat der Gesetzgeber allerdings weder eine Umrechnung oder Neuverhandlung noch einen Bestandsschutz geregelt. Obwohl die §§ 92 c bis 92 f SGB XI ausdrücklich nur von der **vollstationären Pflege** sprechen, teilt die Kurzzeitpflege das Schicksal der vollstationären Pflege- 410 sätze. Die Vorgabe zur Vereinbarung von einrichtungseinheitlichen Eigenanteilen wurde ausschließlich auf die vollstationäre Dauerpflege konzentriert. Einrichtungen der Kurzzeitpflege sind von dieser Verpflichtung ausgenommen. Davon unbeschadet können sich die Vereinbarungspartner nach §§ 84 Abs. 2 Satz 3, 92 c Satz 4 SGB XI bei sogenannten **eingestreuten** Kurzzeitpflegeplätzen an der Vereinbarung der vollstationären Dauerpflegeeinrichtung orientieren.[279]

411 Durch die Einfügung in § 92 e Abs. 3 a SGB XI durch das Transplantationsregistergesetz wurde auch zur Bestimmung der Pflegesätze in der Kurzzeitpflege in Abweichung zum vollstationären Bereich eine **Berechnungsformel** geregelt. Diese setzt die Pflegesätze in der **Kurzzeitpflege** zueinander entsprechend der (geschätzten) Aufwandsverhältnisse in Beziehung, die für den Bereich der vollstationären Dauerpflege in der Studie der Universität Bremen zur Erfassung von Versorgungsaufwänden in stationären Einrichtungen[280] ermittelt und auch den durch das Zweite Pflegestärkungsgesetz in § 92 e SGB XI bereits getroffenen Berechnungsregeln zugrunde gelegt wurden. Für Kurzzeitpflegeeinrichtungen mit einem pflegegradunabhängigen Pflegesatz wird dieser unverändert fortgeschrieben. Beide Verfahren führen hochgerechnet auf den Kalendermonat, wie die Auffangregelung im vollstationären Bereich, zu einer budgetneutralen Überleitung.[281]

412 Für den Bereich der Kurzzeitpflege ergeben sich so aus § 92 e Abs. 3 a SGB XI – abweichend von § 92 e Abs. 2 SGB XI – die **übergeleiteten Pflegesätze** wie folgt:

$$PSPG2 = \sum PS \text{ dividiert durch } (PBPG2 + PBPG3 \times 1{,}36 + PBPG4 \times 1{,}74 + PBPG5 \times 1{,}91).$$

Dabei ist PSPG2 der Pflegesatz in Pflegegrad 2. Es gilt:

1. der Pflegesatz in Pflegegrad 3 entspricht dem 1,36-Fachen des Pflegesatzes in Pflegegrad 2,

2. der Pflegesatz in Pflegegrad 4 entspricht dem 1,74-Fachen des Pflegesatzes in Pflegegrad 2,

3. der Pflegesatz in Pflegegrad 5 entspricht dem 1,91-Fachen des Pflegesatzes in Pflegegrad 2.

413 Die Pflegesätze müssen auch weiterhin nach § 84 Abs. 2 Satz 1 SGB XI **leistungsgerecht** sein und – so führt § 84 Abs. 2 Satz 2 SGB XI aus – nach dem **Versorgungsaufwand**, den der Pflegebedürftige nach Art und Schwere seiner Pflegebedürftigkeit benötigt, entsprechend den fünf Pflegegraden eingeteilt werden. Dabei sind **Pflegesätze** nach der Legaldefinition in § 84 Abs. 1 SGB XI die Entgelte der Heimbewohner oder ihrer Kostenträger für die teil- oder vollstationären Leistungen des Pflegeheims, also der vereinbarte „Preis" oder die „Kosten".

---

279 BT-Drucks. 18/9083, 34.
280 *Rothgang* u.a. Versorgungsaufwände in stationären Pflegeeinrichtungen, Schriftenreihe Modellprogramm zur Weiterentwicklung der Pflegeversicherung, Bd. 13, 2015.
281 BT-Drucks. 18/9083, 34.

Der Pflegesatzanteil für die allgemeinen Pflegeleistungen ist nach § 84 Abs. 2 Satz 3 SGB XI davon ausgehend bei vollstationärer Pflege nach § 43 SGB XI für die Pflegegrade 2 bis 5 aufzuteilen, in die von den Pflegekassen zu zahlenden Budgets des § 43 SGB XI und die zu ermittelnden **einrichtungseinheitlichen Eigenanteile**; dies gilt auch bei Änderungen der Leistungsbeiträge. In der für die Vergütungen zentralen Regelung des § 84 SGB XI werden allerdings Details zur Berechnung oder Ermittlung des einrichtungseinheitlichen Eigenanteils nicht beschrieben. Eine Berechnungsformel findet sich lediglich im Übergangsrecht des § 92 e Abs. 2 SGB XI [→ Rn. 423]; die Vorschrift tritt allerdings automatisch mit dem 30.6.2017 außer Kraft.

Praxishinweis: Der einrichtungseinheitliche Eigenanteil wird in vier Schritten ermittelt: 414

1. Ermittlung des durchschnittlichen Gesamtbetrags der „Pflegesätze" für die Bewohner in den Pflegegraden 2–5 im Monat.

2. Abzug des Gesamtbetrags der von den Pflegekassen für die Bewohner der Pflegegrade 2–5 zu zahlenden Budgets im Monat.

3. Division des Ergebnisses durch die Anzahl der Bewohner der Pflegegrade 2–5.

4. Umrechnung auf Berechnungstage, § 87 a Abs. 1 SGB XI.

Durch das Aufeinandertreffen von täglich abgerechneten Pflegesätzen (§ 87 a Abs. 1   415
SGB XI) einerseits und pauschalen monatlichen Leistungsbeträgen nach § 43 SGB XI anderseits hat sich gezeigt, dass es **keine absolut einheitlichen Eigenanteile** zwischen den einzelnen Pflegegraden im gleichen Monat geben kann, ohne dass es monatlich zu finanziellen Über- und Unterdeckungen im rechnerischen Abgleich zwischen Pflegesatz pro Tag und einheitlichem Eigenanteil kommt. Grundsätzlich darf aber der Eigenanteil der Bewohner im Abrechnungszeitraum keinesfalls zwischen den Pflegegraden schwanken. Eine Schwankung des Eigenanteils pro Bewohner zwischen verschieden langen Monaten steht dem Gesetz nicht entgegen.

Praxishinweis: Zur praktischen Anwendung wurde gemeinsam folgende Vorge-   416
hensweise empfohlen:[282]

1. Die Pflegesätze und der einrichtungseinheitliche Eigenanteil (EEE) werden auf Grundlage einer monatlichen Durchschnittsbetrachtung auf Basis von 30,42 Tagen als täglicher und monatlicher Wert im Rahmen der Vergütungsvereinbarung ermittelt, d. h. es wird in der Regel mit einheitlichen und gleichen Monatsbeträgen gerechnet.

2. Bei der Ermittlung des durchschnittlichen monatlichen und täglichen EEE kommt es zwangsläufig zu **Rundungsdifferenzen** im Cent-Bereich, die aller-

---

282 Gemeinsame Empfehlungen des Bundesministeriums für Gesundheit sowie der Verbände der Leistungsträger und Leistungserbringer auf Bundesebene zur Umsetzung einer einheitlichen und rechtssichereren Vergütungsabrechnung in vollstationären Pflegeeinrichtungen vom 9.11.2016.

dings der gesetzlichen Anforderung nicht entgegenstehen, sondern als systembedingt akzeptiert werden.

3. Alle Entgeltbestandteile sollen zukünftig in Höhe des festgesetzten monatlichen Durchschnittswertes auf **Basis von 30,42 Tagen** unabhängig von der konkreten Anzahl der Kalendertage des Monats in Rechnung gestellt werden.

4. Bei Ein- und Austritt im laufenden Monat wird der in der Vergütungsvereinbarung vereinbarte Pflegesatz pro Tag als Basis für die Abrechnung der Anwesenheitstage genutzt.

5. Die Berechnung des Abschlags nach § 87a Abs. 1 Satz 7 SGB XI (Abzug von 25 %) zur Berücksichtigung von **Abwesenheitszeiten** erfolgt im Bereich des pflegebedingten Aufwands auf Basis des vereinbarten Pflegesatzes pro Tag unter Berücksichtigung der individuellen Landesregelungen. Der Monatsbetrag reduziert sich demnach um den Abschlagsbetrag für die relevanten Tage.

IV. Der Übergang der vereinbarten Pflegesätze, §§ 92 c bis 92 f SGB XI

417   In den übergangsweise nach Art. 8 Abs. 4 PSG II bis 30.6.2017 geltenden §§ 92 c bis 92 f SGB XI sind für den **Übergang der vereinbarten Pflegesätze** in zugelassenen voll- und teilstationären Pflegeeinrichtungen im Grundsatz **zwei Varianten** vorgesehen.

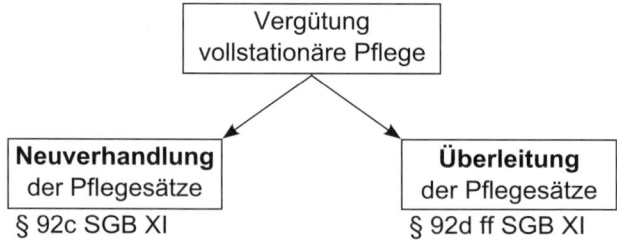

V. Die Neuverhandlung der Pflegesätze, § 92 c SGB XI

418   Die ab dem 1.1.2016 geltenden Pflegesatzvereinbarungen der voll- und teilstationären Pflegeeinrichtungen wurden von Gesetzes wegen **bis zum 31.12.2016 befristet**. Das gilt auch für ggf. in der Zeit vom 1.1. bis 31.12.2016 **neu abgeschlossene Pflegesatzvereinbarungen**, die noch auf der Grundlage des § 84 Abs. 2 SGB XI a.F. abgeschlossen wurden. Eine Geltung über den 1.1.2017 hinaus war für die „Alt-"**Vergütungsvereinbarungen** wegen der strukturellen Veränderung der Gesamtheimentgelte im Hinblick auf den einrichtungseinheitlichen Eigenanteil nicht möglich.

419   Bis zum 30.9.2016 waren nach der ersten Variante des Übergangs der vollstationären Pflegevergütung **Neuverhandlungen** der Pflegesätze eröffnet, die ab dem 1.1.2017 gelten sollten. Dieses Vorgehen folgte dem bewährten, einrichtungsindividuellen **Verhandlungs- und Vereinbarungsprinzip** und ermöglicht es den Vertragsparteien, mit der Flexibilität die sich die Verhandlungspartner beidseitig einräumen, im Hinblick

auf das Wirksamwerden des neuen Pflegebedürftigkeitsbegriffs am 1.1.2017 für die voll- bzw. teilstationäre Pflegeeinrichtung in **prospektiver** Weise Anpassungen und Vergütungssteigerungen vorzusehen. Bei den Neuverhandlungen sowie bei den folgenden Pflegesatzverhandlungen für den Zeitraum nach dem Inkrafttreten des neuen Pflegebedürftigkeitsbegriffs sind die von den Vereinbarungspartnern der **Landes-Rahmenverträge** nach § 75 SGB XI angepassten Vorgaben, insbesondere zur **Personalstruktur** und den **Personalrichtwerten** nach § 75 Abs. 3 SGB XI, sowie die neuen gesetzlichen Vorgaben des neuen Pflegebedürftigkeitsbegriffs und das darin enthaltene Verständnis von Pflegebedürftigkeit zu berücksichtigen, wenn eine (dringend notwendige) Anpassung auf Bundeslandebene bereits vorgenommen wurde. Bereits bei diesen Neuverhandlungen waren für die Pflegesätze im vollstationären Bereich in den Pflegegraden 2 bis 5 für die jeweilige Pflegeeinrichtung gleich hohe Beträge für die nicht von der Pflegeversicherung gedeckten Kosten vorzusehen (einrichtungseinheitliche Eigenanteile).[283]

Zur Förderung einer effektiven Vereinbarungspraxis werden hierbei vorrangig die **Pflegesatzkommissionen** nach § 86 SGB XI, soweit diese im jeweiligen Bundesland bestehen, sowie vergleichbare landesspezifische Gremien der Selbstverwaltung – regelmäßig Pflegesatz- oder **Grundsatzausschüsse** – ermutigt, ein **vereinfachtes Verfahren** für die über 13 000 voll- und teilstationären Pflegeeinrichtungen in den Ländern vorzusehen und das Nähere für einen schnellen und ausgewogenen Ablauf zu bestimmen. Dabei können die Vorgaben der §§ 92 d ff SGB XI zur alternativen Überleitung einbezogen werden. Für dieses vereinfachte Verfahren soll auch ausdrücklich ein **angemessener Zuschlag** für die voraussichtlichen Steigerungen im Hinblick auf die Personal- und Sachkosten vorgesehen werden. Kommt eine Einigung über ein vereinfachtes Verfahren in der Pflegesatzkommission nicht zustande, wäre dieses über die Verweisung auf § 85 Abs. 5 SGB XI **schiedsstellenfähig**. Eine Entscheidung der Schiedsstelle nach § 76 SGB XI dürfte in der Praxis indessen zeitlich zu spät kommen. Gleiches gilt für die alternativ berufenen, anderen landesspezifischen Gremien entsprechend. Die Pflegesatzkommissionen in den Ländern tragen nach Ansicht des Gesetzgebers in ihrer heterogenen Besetzung mit dieser zugewiesenen Aufgabe eine große Verantwortung und können einen wichtigen Beitrag für einen möglichst unbürokratischen Übergang in der voll- und teilstationären Pflege leisten.[284]

420

VI. Die Überleitung der Pflegesätze, § 92 d SGB XI

Für die voll- und teilstationären Pflegeeinrichtungen, die bis 30.9.2016 keine neue Vereinbarung nach § 92 c SGB XI geschlossen haben, sieht § 92 d SGB XI als **Auffangregelung** eine alternative Überleitung der Pflegesätze vor. Das Verfahren zur **Berechnung** ist in § 92 e SGB XI geregelt. Die **Pflichten** der Beteiligten im Rahmen des alternativen Überleitungsverfahrens ergeben sich aus § 92 f SGB XI. Mit der Auffangregelung wird in einem pauschalen Verfahren die leistungsgerechte, bisher nach Pfle-

421

---

283 BT-Drucks. 18/5926, 95.
284 BT-Drucks. 18/5926, 95.

geklassen abgestufte Vergütungsstruktur in das neue System überführt. Zugleich wird damit die neue Ausrichtung in der vollstationären Pflege auf einrichtungseinheitliche Eigenanteile in den Pflegegraden 2 bis 5 bereits mit der Überleitung erreicht. Diese grundlegende Umverteilung entspricht den Zielsetzungen, die der Gesetzgeber mit den neuen Vergütungsregelungen des SGB XI verfolgt. Die sich als Summe aus dem Leistungsbetrag der Pflegeversicherung und dem vom Pflegebedürftigen zu zahlenden Eigenanteil ergebenden Pflegesätze stehen im Durchschnitt aller Einrichtungen in den für den Stichtag ermittelten Relationen zueinander. Im Einzelfall können sich dazu Abweichungen ergeben.[285]

VII. Das Verfahren zur Umrechnung der Pflegesätze, § 92 e SGB XI

422 Das **Verfahren zur Umrechnung** der einem Pflegeheim am 30.9.2016 zustehenden Pflegesätze in die ab dem 1.1.2017 geltenden Pflegesätze ist in § 92 e SGB XI geregelt und bildet nur die **Auffanglösung**, wenn eine Vergütungsvereinbarung mit Pflegesätzen ab dem 1.1.2017 nicht vorgenommen wurde oder nicht gelungen ist.

423 Im ersten Schritt (§ 92 e Abs. 1 SGB XI) ermittelt das Pflegeheim, bezogen auf den Stichtag am 30.9.2016, ausgehend von seiner aktuellen **Belegungszusammensetzung** den Gesamtbetrag der Pflegesätze in den Pflegestufen I bis III nach § 43 SGB XI a.F. einschließlich der Härtefälle sowie Bewohnern ohne Pflegestufe aber mit erheblich eingeschränkter Alltagskompetenz. Die Hochrechnung aus dem Stichtag auf den Kalendermonat hat mit dem **Faktor 30,42** zu erfolgen.[286]

424 Im anschließenden **zweiten Berechnungsschritt** (§ 92 e Abs. 2 SGB XI) ist zur Aufschlüsselung des Gesamtbetrags der Pflegesätze zwecks Ermittlung des Zahlbetrages und damit des Eigenanteils für die Pflegegrade 2 bis 5 vorzunehmen: Zur Ermittlung der Höhe des einrichtungseinheitlichen Eigenanteils (**Zuschlags auf die Leistungsbeträge der Pflegeversicherung**) sind zunächst die Bewohner des Pflegeheims am **30.9.2016** entsprechend der Überleitungsregelung des § 140 SGB XI (fiktiv) den neuen Pflegegraden zuzuordnen. Multipliziert man diese mit den **neuen Leistungsbeträgen** nach § 43 SGB XI, so ergeben sich die dem Pflegeheim auf dieser Basis zufließenden Leistungsausgaben der Pflegeversicherung. Teilt man die Differenz zur Summe der zum Stichtag für alle Pflegebedürftigen gezahlten Pflegesätze durch die Zahl der Pflegebedürftigen der Pflegegrade 2 bis 5, so ergibt sich der einheitliche Zuschlagsbetrag (**einrichtungseinheitliche Eigenanteil**), der dafür sorgt, dass die Pflegesatzsumme die gleiche Höhe hat wie vor der Umstellung auf den neuen Pflegebedürftigkeitsbegriff und die neuen Pflegegrade. Die automatische Umrechnung geht davon aus, dass sich zum 31.12.2016 die voraussichtliche Zusammensetzung der zu versorgenden Pflegebedürftigen nicht ändert und die Personalausstattung gleichfalls unverändert bleibt. Die **Berechnung** des **einrichtungseinheitlichen Eigenanteils** ist nach folgender Formel vorzunehmen:

---

285 BT-Drucks. 18/5926, 96.
286 BT-Drucks. 18/5926, 97.

$$EA = \frac{(\sum PS - PBPG2 \times LBPG2 - PBPG3 \times LBPG3 - PBPG4 \times LBPG4 - PBPG5 \times LBPG5)}{PB(PG2 - PG5)}$$

Dabei sind: 425

EA =	der ab dem Tag der Umstellung geltende einheitliche Eigenanteil
$\sum$ PS =	Gesamtbetrag der Pflegesätze (PS) nach Absatz 1
PBPG2 =	Zahl der Pflegebedürftigen in Pflegegrad 2 entsprechend der Überleitungsvorschrift des § 140 in der ab dem 1. Januar 2017 geltenden Fassung am 30. September 2016
PBPG3 =	Zahl der Pflegebedürftigen in Pflegegrad 3 entsprechend der Überleitungsvorschrift des § 140 in der ab dem 1. Januar 2017 geltenden Fassung am 30. September 2016
PBPG4 =	Zahl der Pflegebedürftigen in Pflegegrad 4 entsprechend der Überleitungsvorschrift des § 140 in der ab dem 1. Januar 2017 geltenden Fassung am 30. September 2016
PBPG5 =	Zahl der Pflegebedürftigen in Pflegegrad 5 entsprechend der Überleitungsvorschrift des § 140 in der ab dem 1. Januar 2017 geltenden Fassung am 30. September 2016
PB (PG2 – PG5) =	Zahl der Pflegebedürftigen in Pflegegrad 2 bis 5 entsprechend der Überleitungsvorschrift des § 140 in der ab dem 1. Januar 2017 geltenden Fassung am 30. September 2016
LBPG2 =	vollstationärer Leistungsbetrag in Pflegegrad 2
LBPG3 =	vollstationärer Leistungsbetrag in Pflegegrad 3
LBPG4 =	vollstationärer Leistungsbetrag in Pflegegrad 4
LBPG5 =	vollstationärer Leistungsbetrag in Pflegegrad 5.

Zum Umstellungszeitpunkt gibt es aufgrund der Überleitungsregelungen keine Pflege-   426
bedürftigen in Pflegegrad 1. Für Neuzugänge in der voll- und teilstationären Pflege ist
daher eine Auffangregelung vorgesehen, nach der für neue Bewohner im **Pflegegrad 1**
eine Festsetzung in Höhe von **78 % des Pflegesatzes in Pflegegrad 2** vorgesehen ist;
§ 92 e Abs. 4 SGB XI.

Ebenso wie bei der konkreten Eingruppierung in einen Pflegegrad aufgrund der neu-   427
en sechs Module ist es auch im Hinblick auf die Umstellung des **Gesamtheimentgeltes**
und die Wirkung des **einrichtungseinheitlichen Eigenanteils** wichtig, sich durch verschiedene Berechnungen mit den neuen Regelungen vertraut zu machen. Daher soll
ebenso wie beim automatischen Übergang von der Pflegestufe in den Pflegegrad im
Vergleich zu einer Neueingruppierung in den Pflegegrad ein Beispiel veranschauli-
chen, wie der einrichtungseinheitliche Eigenanteil wirkt. Ergebnis wird hier sein, dass
jede stationäre Pflegeeinrichtung tunlichst eine Umstellung aufgrund der **Auffanglösung** nach §§ 92 d und 92 e SGB XI vermeiden sollte.

Beispiel: Sieht man sich auf den Homepages und den Informationsflyern stationärer Ein-   428
richtungen um, so ist auffällig, dass über alles gesprochen wird, nur nicht über die Preise.
Nur selten findet sich der Einleger in der Imagebroschüre mit dem Thema „**unsere Preise**"
oder ein entsprechender Button als Bestandteil der Internetpräsenz. Über Geld, Preise und

Kosten scheint man in der Pflege nicht sprechen zu wollen. Dabei sind die Preise der Pflegeeinrichtungen längst öffentlich verfügbar. Man braucht dazu nur die Internetportale der Pflegekassen, also den **Pflegelotsen** oder den **Pflegenavigator** hinzuzuziehen. Eine erste Aufgabe bei der Überlegung, wie zukünftig die Leistungen der vollstationären Pflege angeboten werden, ist es an dieser Stelle Transparenz zu schaffen und offensiv mit den Kosten der Pflege umzugehen. Im Pflegenavigator gibt es für jede Pflegeeinrichtung das folgende Bild:

Das Bild zeigt die **Kosten der Pflegeeinrichtung** insgesamt, also für die allgemeine Pflege, die Unterkunft und Verpflegung bereits abzüglich der von den Pflegekassen nach § 43 SGB XI a.F. gezahlten Leistungsbudgets. Wie bei jeder Pflegeeinrichtung ist auch in unserem Beispiel die Zuzahlung für die Bewohnerin oder den Bewohner bzw. die Angehörigen nach den Pflegeklassen unterschiedlich. Die Unterscheidung ist im Hinblick auf den unterschiedlichen Versorgungsaufwand zu begründen. Dieser ist in Pflegestufe 3 höher als in Pflegestufe 2.

429 Für die Errechnung des **einrichtungseinheitlichen Eigenanteils** aufgrund der **Formel** in § 92 e SGB XI ist sicherlich bereits durch die Verbände der Leistungserbringer informiert worden. Diese haben entsprechende Excel-Tabellen mit Formelhinterlegung verschickt. Bevor sich an die Bearbeitung der Tabelle und damit der Errechnung eines möglichst genauen einrichtungseinheitlichen Eigenanteils gemacht wird, kann mittels ganz einfacher Rechnung eine „**Daumenpeilung**" für den einrichtungseinheitlichen Eigenanteil vorgenommen werden. Aufgrund der Datenlage des Pflegenavigators eignet sich die Daumenpeilung auch dafür, den groben einrichtungseinheitlichen Eigenanteil der **Mitkonkurrenten** zu ermitteln. Der so ermittelte einrichtungseinheitliche Eigenanteil hat darüber hinaus einen Vorteil. Der Verbraucher, also der zukünftige Bewohner oder sein Angehöriger will nicht den einrichtungseinheitlichen Eigenanteil als Zuschlag auf den Entgeltbestandteil der allgemeinen Pflegeleistungen wissen, sondern den **Gesamtbetrag**, den er nach Abzug der Leistungsbudgets der sozialen Pflegeversicherung zahlen muss. Daher sind immer auch die Entgeltbestandteile Unterkunft, Verpflegung und Investitionskosten einzubeziehen. Nur der Gesamtbetrag interessiert den Kunden.

Für eine beispielhafte Errechnung benötigt man lediglich die Angaben im Pflegenavigator sowie die gesetzlichen Budgets für die stationäre Pflege im Rechtszustand bis zum 31.12.2016 sowie ab dem 1.1.2017. Des Weiteren wird davon ausgegangen, dass relevant nur die Umstellung aufgrund der Pflegestufe 1 sowie der Pflegestufe 3 sind, da die Bewohner nach Pflegestufe 2 ohnehin in der „Mitte" liegen. Wie gesagt: Die beispielhafte Errechnung gibt nur eine grobe Tendenz an, die allerdings den Charme hat, mit wenigen Schritten zu einem Ergebnis zu kommen. Außerdem wird der Träger der Einrichtung dann animiert, den genauen einrichtungseinheitlichen Eigenanteil zu berechnen.

Für die Pflegestufe 1 erhält unsere Mustereinrichtung das Budget aus der Pflegeversicherung, also derzeit 1.064,00 € und zuzüglich den im Pflegenavigator ausgewiesenen Eigenanteil nach Pflegestufe 1, also 1.503,10 €.

In Pflegestufe 3 beträgt das Budget der sozialen Pflegeversicherung 1.612,00 € und der im Pflegenavigator ausgewiesene Eigenanteil 2.308,40 €.

Mithin entsteht aus diesen beiden Bewohnern ein **Gesamtbudget** von 6.487,50 €.

Von diesem Gesamtbudget sind die Leistungsbeträge nach § 43 SGB XI nach der automatischen Umstellung der Versicherten nun in Pflegegrad 2 (vorher Pflegestufe 1) sowie Pflegegrad 4 (vorher Pflegestufe 3) abzuziehen, also die gesetzlichen Budgets der Pflegekassen: Im Pflegegrad 2 sind dies 770,00 €, im Pflegegrad 4 1.775,00 €.

Diese Beträge werden vom errechneten Gesamtbudget abgezogen, so dass als Ergebnis 3.942,50 € bleiben. Dieser Betrag ist durch die zwei Bewohner zu teilen, so dass ein **einrichtungseinheitlicher Eigenanteil**, der bereits die Entgeltbestandteile Unterkunft, Verpflegung und Investitionskosten enthält, von 1.971,25 €.

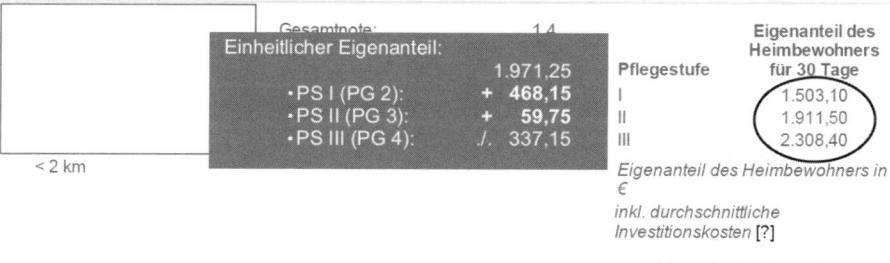

Die Abbildung zeigt die Wirkung des einrichtungseinheitlichen Eigenanteils. Bei bud- **430** getgleicher Umrechnung steigt zwangsläufig der einrichtungseinheitliche Eigenanteil für Bewohnerinnen und Bewohner in Pflegestufe I. Das Ergebnis konnte nicht anders sein: Schließlich ist der Pflegegrad 2 gegenüber der Pflegestufe I leistungsrechtlich um 28 % zurückgenommen worden.

Im Gegenzug sinkt die Belastung für Bewohnerinnen und Bewohner in den höheren Pflegegraden.

Natürlich sieht das Ergebnis anders aus, wenn nun die exakte Pflegestufenverteilung zugrunde gelegt wird. Ein anderer Faktor ist der im Bespiel völlig unberücksichtigte Doppelsprung, also die Berücksichtigung von Bewohnerinnen und Bewohnern, die zusätzlich zur Pflegestufe auch eine festgestellte **eingeschränkte Alltagskompetenz** haben. Je nach deren Berücksichtigung lässt sich rechnerisch der dann entstehende einrichtungseinheitliche Eigenanteil senken oder steigern. Wohl selten hatten die Träger vollstationärer Pflegeeinrichtungen eine solch große unternehmerische Freiheit. Diese sollte insbesondere in den Neuverhandlungen und -festsetzungen der Vergütungsvereinbarungen nach § 92 c SGB XI ausgeübt werden. Um die Freiheit in Bezug auf den Faktor der eingeschränkten Alltagskompetenz nicht zu groß werden zu lassen, hat der Gesetzgeber durch das Votum des Gesundheitsausschusses in letzter Minute noch einen neuen § 18 Abs. 1 Satz 3 SGB XI eingefügt. Darin wird der MDK verpflichtet, auch bei Versicherten in vollstationären Pflegeeinrichtungen **stets zu prüfen**, ob eine erheblich eingeschränkte Alltagskompetenz nach § 45 a Abs. 2 SGB XI a.F. vorliegt. Nach der Öffnung der Entgeltzuschläge nach § 87 b SGB XI a.F. für alle Bewohnerinnen und Bewohner, auch solche, die lediglich eine Pflegestufe haben, in der Alltagskompetenz aber nicht eingeschränkt sind, bestand für diese Feststellung eigentlich kein Bedarf mehr.

431   **Praxishinweis:** Die große zukünftige Frage insbesondere für die vollstationäre Pflege ist, mit welcher **Konzeption** zukünftig Bewohnerinnen und Bewohner versorgt werden sollen, welcher Personenkreis angesprochen werden soll und kann und ob untere Pflegegrade, also solche des Pflegegrades 2 und des Pflegegrades 3, überhaupt noch vollstationäre Leistungen nachfragen werden. Das Schöne an der Antwort ist, dass es regional sehr unterschiedlich sein dürfte und es immer auf die besondere Situation ankommt. Wichtig ist es gleichwohl, sich entsprechende Gedanken zu machen und dabei auch in den Blick zu nehmen, dass verstärkt Versicherte in den Pflegegraden 4 und 5 stationäre Leistungen nachsuchen werden. Daher stellt sich die Frage nach der Einrichtung von beschützenden (oder gar geschlossenen) Pflegestationen und Lebensbereichen, die Palliativ- und Hospizversorgung und ähnliches.

VIII. Die Pflichten der Beteiligten bei der Umrechnung der Pflegesätze, § 92 f SGB XI

432   Mit der **Auffangregelung** ist **keine Verhandlung** verbunden. Daher sind nach § 92 f SGB XI die wesentlichen Ausgangsdaten für die Ermittlung der Pflegesätze von der voll- bzw. teilstationären Pflegeeinrichtung an die Kostenträger mitzuteilen, die dann ihrerseits ohne schuldhaftes Zögern über Beanstandungen dieser Ausgangsdaten zu entscheiden und der Pflegeeinrichtung diese ggf. mitzuteilen haben. Soweit es die voll- bzw. teilstationäre Pflegeeinrichtung unterlässt, den Kostenträgern die notwendigen Daten mitzuteilen, sind diese zu einer **Schätzung** berechtigt und haben die Pflegeeinrichtung über die von ihnen vorgenommene Schätzung unverzüglich zu informieren. Dabei sind alle Umstände zu berücksichtigen, die für die Ermittlung der Pflegesätze von Bedeutung sind. So sind den Kostenträgern vorliegende Angaben einzubeziehen. Diese Regelung soll für die beschriebene Ausnahmesituation praktikabel die Überleitung der Pflegesätze gewährleisten.[287]

---

287 BT-Drucks. 18/5926, 97.

Die voll- bzw. teilstationären Pflegeeinrichtungen haben die Bewohnerinnen oder Bewohner bzw. die Tagesgäste spätestens bis **30.11.2016, schriftlich** über die neuen Pflegesätze der Pflegegrade 1 bis 5 in der Einrichtung zu informieren. In der vollstationären Pflege ist auch die Höhe des einrichtungseinheitlichen Eigenanteils in Form eines „**Erhöhungsschreibens**" mitzuteilen. Damit wird den **Informationspflichten** und dem Schutzinteresse für die Verbraucher nach § 9 Abs. 2 WBVG hinreichend nachgekommen. Zudem erfolgt ein Hinweis auf den Besitzstandsschutz nach § 141 Abs. 1 SGB XI [→ Rn. 352 ff]. **433**

Praxishinweis: Der einrichtungseinheitliche Eigenanteil bringt für die vollstationären Einrichtungen einen stärkeren Wettbewerb aufgrund der hohen „**Markttransparenz**" – nie waren die Einrichtungen (preislich) besser vergleichbar. **434**

Gleichfalls wird der einrichtungseinheitliche Eigenanteil zu einer wesentlichen **Kennzahl** für das Preisniveau einer Einrichtung.

Die gemeinsame Empfehlung gibt auf der Basis folgender (fiktiver) Daten **435**

Pflegebedürftiger		PG 2
Leistungsbetrag der Pflegekasse im PG 2[1]		770,00 €
Besitzstandsschutz gem. §141 SGB XI[1]		231,50 €
Bezeichnung	**Ermittlungsgrundlage**	**Wert[2]**
EEE monatlich	(Annahme[3])	580,00 €
EEE täglich	(580 € / 30,42)	19,07 €
Pflegebedingte Aufwendungen monatlich (ggf. inkl. Ausbildungsumlage)	(580 € + 770 €)	1350,00 €
Pflegebedingte Aufwendungen täglich (ggf. inkl. Ausbildungsumlage)	(1.350 € / 30,42)	44,38 €
Unterkunft monatlich	(17,50 € * 30,42)	532,35 €
Unterkunft täglich	(Annahme[3])	17,50 €
Verpflegung monatlich	(11,96 € * 30,42)	363,82 €
Verpflegung täglich	(Annahme[3])	11,96 €
Investitionskosten monatlich	(17,82 € * 30,42)	542,08 €

einen Hinweis zur Strukturierung der monatlichen Abrechnung. Diese könnte bei einer Anwesenheit des Bewohners für den gesamten Monat wie folgt aussehen:

Pflegebedingte Aufwendungen (ggf. inkl. Ausbildungsumlage)	1.350,00 €
Abzgl. Leistungsbetrag PG 2	770,00 €
EEE monatl.:	580,00 €
Abzgl. Besitzstandsschutz	231,50 €
Zu zahlende pflegebedingte Aufwendungen	348,50 €
Unterkunft	532,35 €
Verpflegung	363,82 €
Investitionskosten	542,08 €
Zu zahlendes Gesamtentgelt	1.786,75 €

Diese Empfehlung ist eine Hilfe für die Praxis und gleichwohl kritisch zu sehen:

Das Gesamtheimentgelt wird nach § 87 a Abs. 1 Satz 1 SGB XI berechnungstaggenau ("für jeden weiteren Tag") berechnet. Durch das Aufeinandertreffen von täglich abgerechneten Pflegesätzen einerseits und pauschalen monatlichen Leistungsbeträgen nach § 43 SGB XI andererseits hat sich gezeigt, dass es **keine absolut einrichtungseinheitlichen Eigenanteile** zwischen den einzelnen Pflegegraden im gleichen Monat geben kann. Augenscheinlich war diese gesetzliche Anordnung bei der Schaffung des einrichtungseinheitlichen Eigenanteils nicht bedacht worden. Die für die Abrechnungspraxis der Träger der Pflegeeinrichtung erzielte Vereinbarung jedenfalls folgt den Notwendigkeiten des einrichtungseinheitlichen Eigenanteils, **verstößt** aber eindeutig gegen den Wortlaut des § 87 a Abs. 1 Satz 1 SGB XI. Danach werden alle Entgeltbestandteile zukünftig in Höhe des festgesetzten monatlichen Durchschnittswertes auf **Basis von 30,42 Tagen** unabhängig von der konkreten Anzahl der Kalendertage des Monats in Rechnung gestellt werden. Damit wird zwar auf das Jahr gesehen rechnerisch eine Abrechnung der Berechnungstage ermöglicht. Unterjährig ist dies jedoch nicht der Fall. Besonders drastisch ist die Abweichung naturgemäß im Februar: 28 Kalendertage werden als Durchschnittswert von 30,42 Tagen abgerechnet.

Der klare Verstoß gegen die Abrechnungsvorschrift führt dazu, dass die nach der bundesweiten Empfehlung vorgenommenen Abrechnungen aus Verbraucherschutzsicht zumindest angreifbar sind. Richtigerweise hätte der Gesetzgeber selbst tätig werden müssen. Vereinbarungen zwischen Bewohnern und dem Träger der Einrichtung sind nach § 15 Abs. 1 Satz 2 WBVG nichtig, wenn sie nicht den aufgrund des „Siebten und Achten Kapitels des Elften Buches Sozialgesetzbuch", also den in §§ 69–92 f SGB XI, getroffenen Regelungen entsprechen.

IX. Die Umrechnung der Pflegesätze in teilstationären Pflegeeinrichtungen

436 Im teilstationären Bereich wird nach § 92 e Abs. 3 SGB XI zur automatischen **Bestimmung der Pflegesätze** in Abweichung zum vollstationären Bereich eine **andere Berechnungsformel** angewendet. Im teilstationären Bereich ist die Spreizung der Aufwände zwischen den Pflegegraden geringer als im vollstationären Bereich. In vielen Bundes-

ländern wurde bereits in der Vergangenheit **Einheitspflegesätze** vereinbart, also nicht nach den Pflegestufen der Tagesgäste bzw. Pflegeklassen unterschieden. Deshalb wird für die **Auffangregelung** die Spannbreite der bisherigen nach Pflegestufen differenzierten durchschnittlichen Vergütungen für die Pflegegrade 2 bis 4 herangezogen. Für Pflegegrad 5 wird wie im vollstationären Bereich von einem etwas höheren Aufwand als im Pflegegrad 4 ausgegangen. Die Ursache der insgesamt geringeren Spreizung im teilstationären Bereich ist einerseits ein höherer Grad an **gemeinschaftlicher Betreuung** im Vergleich zum vollstationären Bereich. Andererseits resultieren die Unterschiede zwischen dem durchschnittlichen Aufwand in den einzelnen Pflegegraden vermutlich aus den körperbezogenen Pflegemaßnahmen, die überwiegend außerhalb der üblichen Zeiträume der Tagespflege morgens und abends stattfinden.[288]

Die automatische Umrechnung im teilstationären Bereich findet nach folgender Formel statt: **437**

$$PSPG2 = \frac{\sum PS}{(PBPG2 + PBPG3 \times 1{,}2 + PBPG4 \times 1{,}4 + PBPG5 \times 1{,}5)}$$

Dabei ist PSPG 2 = der teilstationäre Pflegesatz in Pflegegrad 2   **438**

Es gilt der Pflegesatz …

1. in Pflegegrad 3 entspricht dem 1,2-fachen des Pflegesatzes in Pflegegrad 2,

2. in Pflegegrad 4 entspricht dem 1,4-fachen des Pflegesatzes in Pflegegrad 2,

3. in Pflegegrad 5 entspricht dem 1,5-fachen des Pflegesatzes in Pflegegrad 2.

X. Das Sonderkündigungsrecht

Weicht die **Relation** des in den Vergütungsverhandlungen kalkulatorisch angesetzten   **439** Personaleinsatzes **für die einzelnen Pflegegrade** stark von der **Relation der sich bei einrichtungseinheitlichem Eigenanteil** ergebenden von den Pflegebedürftigen zu zahlenden Pflegesätze ab, so kann sich bei deutlichen Änderungen der Zusammensetzung der Bewohner die Summe der gezahlten Pflegesätze stärker oder schwächer ändern als die Kosten des angesetzten Personalaufwands. Bereits nach dem bisherigen § 85 Abs. 7 SGB XI können die Vertragsparteien **bei wesentlichen, unvorhersehbaren Änderungen** in der Geschäftsgrundlage der Pflegesatzvereinbarung ausnahmsweise die Pflegesätze innerhalb der Laufzeit der Vereinbarung neu verhandeln. Im Hinblick auf die Einführung der einrichtungseinheitlichen Eigenanteile nach § 84 Abs. 2 Satz 3 SGB XI wird nach § 85 Abs. 7 Satz 2 SGB XI der Weg zu einer vertraglichen Anpassung bestehender Pflegesatzvereinbarungen ausdrücklich auch bei erheblichen Unterschieden zwischen der zugrunde gelegten, prospektiven Zusammensetzung der Bewohnerinnen und Bewohner und der tatsächlich gegebenen Bewohnerstruktur eröffnet. Hiermit können die Vereinbarungspartner insbesondere auch im Hinblick auf ihre bestehende Personalausstattung nachverhandeln. Gleichzeitig muss damit aber eine erhebliche Auseinanderentwicklung der Summe der gezahlten Pflegesätze und der dafür kalkulierten Personalkosten verbunden sein. Um den Einigungsprozess für

---

288 BT-Drucks. 18/6688, 134.

diese Neuverhandlung zu beschleunigen, kann in diesem Fall eine Festsetzung der Pflegesätze durch die **Schiedsstelle** zur effektiven Konfliktlösung abweichend von § 85 Abs. 5 Satz 1 SGB XI bereits nach **einem Monat** beantragt werden.

XI. Weitere Änderungen bei Vergütungsverhandlungen

440 Entsprechend der leistungsrechtlichen Integration der bisher in § 87 b SGB XI a.F. geregelten zusätzlichen Betreuung und Aktivierung in stationären Pflegeeinrichtungen in § 43 b SGB XI [→ Rn. 317 ff] erfolgt die Aufnahme der vertrags- und vergütungsrechtlichen Bestimmungen in die **allgemeinen Vorschriften** für die Vergütung der stationären Pflegeleistungen, so dass nun die §§ 84 Abs. 8 und 85 Abs. 8 SGB XI für die Berechnung einschlägig werden. Dabei bleibt die bisherige Ausgestaltung als zusätzliche, die Pflegebedürftigen finanziell nicht belastende Leistung, die durch zusätzliches Betreuungspersonal in den stationären Pflegeeinrichtungen erbracht wird, erhalten. Eine **Absenkung** der vereinbarten Pflegesätze, beispielsweise im Hinblick auf die soziale Betreuung der Pflegebedürftigen, ist mit der Vereinbarung der Vergütungszuschläge **nicht** verbunden. Die Qualifikationsanforderungen und die Aufgaben der zusätzlichen Betreuungskräfte in stationären Pflegeeinrichtungen ergeben sich aus den Betreuungskräfte-Richtlinien nach § 53 c SGB XI [→ Rn. 323]. Das Vereinbarungs- und Abrechnungsverfahren wird ebenfalls im Grundsatz unverändert beibehalten. Von allen voll- und teilstationären Pflegeeinrichtungen ist verpflichtend neben der Pflegesatzvereinbarung für die Finanzierung des zusätzlichen Betreuungspersonales ein separater Vergütungszuschlag zu vereinbaren.[289] Nach § 85 Abs. 8 Satz 1 Nr. 2 SGB XI wird in der Regel für jeden Pflegebedürftigen **5 % der Personalaufwendungen** für eine zusätzliche Vollzeitkraft finanziert; bisher sollte ein Personalschlüssel von 1 : 20 zugrunde gelegt werden.

441 **Praxishinweis:** Die bisherige Vereinbarung nach § 87 b SGB XI a.F. ist durch die Neufassung der Richtlinien nach § 53 c SGB XI zur Qualifikation und zu den Aufgaben von zusätzlichen Betreuungskräften in stationären Pflegeeinrichtungen (**Betreuungskräfte-RL**) vom 19.8.2008 in der Fassung vom 23.11.2016 abgelöst worden. Weitgehende inhaltliche Änderungen sind damit nicht verbunden. Die wesentlichen inhaltlichen Änderungen im Vergleich zu den bislang geltenden Richtlinien betreffen die folgenden Punkte:

■ In § 2 Abs. 4 Betreuungskräfte-RL wird konkretisiert, dass zusätzliche Betreuungskräfte weder regelmäßig noch planmäßig in körperbezogene Pflegemaßnahmen sowie hauswirtschaftliche Tätigkeiten eingebunden werden dürfen. Ebenfalls ergänzt wurde, dass die Einhaltung dieser Vorgaben der verantwortlichen Pflegefachkraft nach § 71 Abs. 3 SGB XI obliegt und den zusätzlichen Betreuungskräften bei Hinweisen zur Einhaltung dieser Vorgaben an die Verantwortlichen keine Nachteile entstehen dürfen.

---

289 BT-Drucks. 18/5926, 137.

■ In § 4 Abs. 1 Betreuungskräfte-RL wird ergänzend darauf hingewiesen, dass die Fortbildungsverpflichtung nur für Betreuungskräfte gilt, die sich in einem Beschäftigungsverhältnis befinden. Die Ergänzung „bei bestehendem Beschäftigungsverhältnis" stellt klar, dass während einer etwaigen vorrübergehenden Unterbrechung des Beschäftigungsverhältnisses keine Fortbildungen erfolgen müssen und dies für Betreuungskräfte nicht den Verlust ihrer Qualifikation bedeutet.

■ Gemäß § 4 Abs. 2 Betreuungskräfte-RL sind Praktikantinnen/Praktikanten in geeigneter Weise auf die Richtlinien hinzuweisen; gemäß § 4 Abs. 3 Betreuungskräfte-RL sind Betreuungskräfte im Rahmen des Aufbaukurses über die Richtlinien in Kenntnis zu setzen.

■ Die in der bislang gültigen Fassung beschriebenen Übergangsregelungen kommen nicht mehr zur Anwendung.

XII. Personaleinsatz und Personalkosten

Für **teilstationäre Pflegeeinrichtungen** der Tages- und Nachtpflege wird die Möglichkeit beibehalten, auch **geringfügig Beschäftigte** nach § 8 Abs. 1 SGB IV als zusätzliche Betreuungskräfte einzusetzen, um das zusätzliche Leistungsangebot auch in kleinen teilstationären Pflegeeinrichtungen mit der nötigen Flexibilität sicherzustellen. Dies folgt daraus, dass § 85 Abs. 8 Satz 1 Nr. 1 SGB XI die sozialversicherungspflichtige Beschäftigung nur für *voll*stationäre Pflegeeinrichtungen anordnet; was aber auch weiterhin nicht zu einer Verdrängung sozialversicherungspflichtiger Beschäftigungsverhältnisse führen soll.[290]   **442**

Der Vorwurf im PSG III an alle Beteiligten bei der Verhandlung und dem Abschluss der Vergütungsvereinbarungen, also die Pflegekassen, der Träger der Sozialhilfe sowie die Pflegeeinrichtungen und ihre Verbände, steht unverblümt in der Gesetzesbegründung:[291] Da der Wettbewerb um die Pflegefachkräfte bislang weder zu flächendeckenden **Tarifverträgen** und auch nicht zu einer flächendeckenden Anhebung der Gehälter von Pflegefachkräften auf das Niveau der Entlohnung vergleichbarer Fachkräfte geführt hat, musste der Gesetzgeber selbst tätig werden.   **443**

So regeln nun die §§ 84 Abs. 2 Satz 5, 89 Abs. 1 Satz 4 SGB XI, dass die Bezahlung von Gehältern bis zur Höhe tarifvertraglich vereinbarter Vergütungen **nicht als unwirtschaftlich** in den Vergütungsverhandlungen abgelehnt werden kann. Doch wie für tarifgebundene Einrichtungen bereits seit der Regelung im PSG I gibt es einen „Preis" für diese gesetzgeberische Selbstverständlichkeit: Die Möglichkeit Tariflöhne in den Vergütungsverhandlungen zu refinanzieren, ist mit einer entsprechenden **Nachweispflicht** verbunden. § 85 Abs. 3 Satz 5 SGB XI bestimmt, dass die voraussichtlichen Personalkosten einschließlich entsprechender Erhöhungen im Vergleich zum bisherigen Pflegesatzzeitraum „vorgewiesen" werden müssen. Personalangaben

---

290 BT-Drucks. 18/5926, 138.
291 BT-Drucks. 18/10510, 115.

sind dabei zu anonymisieren. Die Refinanzierung höherer Personalaufwendungen, also über tarifvertragliche Regelungen, ist möglich, muss allerdings begründet werden.

Die Neuregelung bringt daher lediglich einen Gleichklang der leistungsgerechten Entlohnung von Pflegekräften in **tarif- und nichttarifgebundenen Pflegeeinrichtungen**. Das Nachweisrecht – so wörtlich der Gesetzgeber[292] – erfüllt dabei allein den Zweck, Missbrauch zulasten von Beschäftigen sowie der Beitragsgemeinschaft zu verhindern.

444 Der Gesetzgeber setzt mit dieser Neuregelung im PSG III den Schlussstein einer rechtlichen Entwicklung, die mit dem **Markturteil** des Bundessozialgerichts begann. Das BSG[293] war damals davon ausgegangen, dass der Gesetzgeber des SGB XI die Sicherstellung einer ausreichenden und wirtschaftlichen Versorgung in erster Linie von einem funktionierenden **Wettbewerb** unter den Pflegeeinrichtungen erwartet. Zu den Personalkosten führte das BSG wörtlich aus: „Soweit als besondere **Gestehungskosten** ein ungünstiger Alterskegel des Pflegepersonals, besondere nicht für alle Einrichtungsträger geltende Tarifbindungen und übertarifliche Aufwendungen sowie eine teure Refinanzierung geltend gemacht werden, kann dies nach der gesetzlichen Abkehr vom Kostenerstattungsprinzip grundsätzlich keine Berücksichtigung mehr finden." Die Kritik an diesem Urteil war einhellig und wurde auch in den folgenden Jahren nicht in allen Bundesländern und von allen Schiedsstellen umgesetzt.

Allerdings mussten die tarifgebundenen Pflegeeinrichtungen neun Jahre warten, bis das BSG[294] sich selbst korrigierte. Nun wurde die Plausibilität der Gestehungskosten betont, so dass ausschlaggebend für den Grundsatz der wirtschaftlichen Betriebsführung ein **2-stufiges Verfahren** sein sollte:

1. Stufe die sich aus der Plausibilität der Kalkulation ergebende Vergütung sowie auf der

2. Stufe ein externer Vergleich mit der Vergütung anderer Einrichtungen.

Dabei sollte die Pflegevergütung so bemessen sein, dass sie bei wirtschaftlicher Betriebsführung die Kosten unter Zuschlag einer angemessenen **Vergütung des Unternehmerrisikos** und des Arbeitseinsatzes sowie einer angemessenen **Verzinsung des Eigenkapitals** deckt. So sollte das vereinbarte Entgelt der Pflegeeinrichtung die Möglichkeit bieten, einen Gewinn zu erzielen, der über die Auslastungsquote gesteuert werden kann.[295]

445 Bei der Prüfung auf der 1. Stufe, also der Plausibilität der Kosten der Einrichtung, ging das BSG seit 2009 davon aus, dass die **Einhaltung der Tarifbindung** und die Zahlung **ortsüblicher Gehälter** stets den Anforderungen an eine wirtschaftliche Betriebsführung genügen.[296] Diese Rechtsprechung ließ den Gesetzgeber zunächst im PNG gesetzlich klarstellen, dass die Pflegesätze es dem Pflegeheim auch ermöglichen

---

292 BT-Drucks. 18/10510, 115.
293 BSG 14.12.2000 – B 3 P 19/00 R = BSGE 87, 199.
294 BSG 29.1.2009 – B 3 P 7/08 R = BSGE 102, 227.
295 BSG 16.5.2013 – B 3 P 2/12 R = BSGE 113, 258.
296 Vgl. BSG 29.1.2009 – B 3 P 7/08 R = BSGE 102, 227; 17.12.2009 – B 3 P 3/08 R = BSGE 105, 126; 16.5.2013 – B 3 P 2/12 R = BSGE 113, 258.

müssen, seine Aufwendungen zu finanzieren,[297] um dann durch das PSG I § 84 Abs. 2 Satz 5 SGB XI neu einzufügen. Damit war – 15 Jahre nach dem „Radikalmarkt"-Urteil des BSG – die Bezahlung tarifvertraglich vereinbarter Vergütungen wie auch entsprechender Vergütungen nach kirchlichem Arbeitsrecht endgültig nicht mehr unwirtschaftlich. Die Anregung einer Sicherstellung der Anerkennung tariflicher bzw. kirchenarbeitsrechtlicher Entlohnung der Beschäftigten in Pflegeeinrichtungen kam aus den Bundesländern im Bundesrat.[298]

Die Änderungen im PSG III sollen nun privaten Einrichtungsbetreibern die Durchsetzung von Lohnerhöhungen für Pflegekräfte bis hin zum Tarifniveau in den Vergütungsverhandlungen mit Pflegekassen und Trägern der Sozialhilfe erleichtern. Die Verhandler der Kostenträger können so nun auch eine an Tarifverträgen oder entsprechende kirchliche Arbeitsrechtsregelungen **angelehnte höhere Entlohnung** nicht mehr als wirtschaftlich ablehnen.[299]   **446**

Voraussetzung für eine Verhandlung zur Refinanzierung derartiger tariflicher, oder in der Höhe ähnlicher, Personalaufwendungen ist es, den **Nachweis** der konkret gezahlten Personalkosten zu erbringen. Damit wird – und dies schränkt natürlich die unternehmerische Kalkulationsfreiheit erheblich ein – aus rein prospektiven Vergütungsforderungen jeweils ein bisher nicht bekannter **Abgleich der Ist-Kosten**, soweit dies die Personalkosten betrifft.   **447**

Künftig wird also prospektiv kalkuliert und verhandelt, in der dann nächsten Vergütungsvereinbarung aber möglicherweise ein Ist-Kostenabgleich der Personalkosten vorgenommen, um von dieser Basis aus wieder prospektiv zu verhandeln. Damit wird nicht zum **Kostenerstattungsprinzip**, also zur sog. Spitz-Abrechnung der Kosten einer Wirtschaftsperiode, zurückgegangen, aber mit einem „Markt-Preis" hat diese Art der Verhandlung nichts mehr zu tun. Wobei es allerdings auch bisher – ob gut oder schlecht, entscheiden persönliche oder partei-politische Präferenzen – keinen wirklichen Markt gab. Sonst hätte man die Vergütungsverhandlungen abschaffen und die freie Kalkulation der Entgelte zulassen müssen.

Über die Einzelheiten der Darlegung der gezahlten Gehälter sowie die Ausgestaltung einer „**angemessenen Vergütung des Unternehmerrisikos**" sollen die Vertragsparteien vor Ort entscheiden. Der Gesetzgeber setzt nur den Rahmen und überlässt die konkrete Ausgestaltung insbesondere den Pflegekassen einerseits und den Verbänden der Leistungserbringer andererseits. Diese müssen sich also beweisen und in den Verhandlungen der Rahmenverträge nach § 75 SGB XI Regelungen zur Darlegung der tatsächlichen Personalkosten für die zurückliegende Periode und ebenso Regelungen für ein Unternehmerrisiko finden. Diese Regelungen gelten für alle Pflegeeinrichtungen, also sowohl die tarifgebundenen als auch die nicht-tarifgebundenen Pflegeunternehmen.   **448**

---

297 BT-Drucks. 17/9369, 46; BT-Drucks. 17/10170, 17 f.
298 BT-Drucks. 18/2379, 10; BT-Drucks. 18/2909, 44.
299 BT-Drucks. 18/10510, 115.

Es wird darauf ankommen, klare und unkomplizierte Regelungen ohne einen großen bürokratischen Aufwand zu finden. Leicht zu erfüllende, unbürokratische Darlegungsregelungen, etwa über ein Testat eines Steuerberaters, Wirtschaftsprüfers oder Rechtsanwaltes helfen bei der Beschleunigung der Einzelpreisverhandlung, zur Not des Schiedsstellenverfahrens. Dabei werden sich die Pflegeeinrichtungen darauf berufen können, dass der Gesetzgeber in § 85 Abs. 3 Satz 5 SGB XI nicht von „nachweisen", sondern von **„vorzuweisen"** der geltend gemachten Personalkosten spricht. Ein Nachweis hat eine andere Qualität als eine Darlegung.

449 Bleibt die Regelung und Definition eines **Unternehmerrisikos**: Dieses ist mehr als ein Gewinnzuschlag, der ohnehin zu verhandeln ist. Das Unternehmerrisiko lässt sich in der ambulanten und stationären Pflege nicht im niedrigen einstelligen Prozentbereich bemessen. Einzupreisen sind die Kosten für die Besetzung eines Arbeitsplatzes, die Werbung der Interessenten, die erhöhten Personalaufwendungen für Zeitarbeitskräfte und Agenturen, um Krankheits- und andere Personalausfälle zu kompensieren, die manchmal (zeitlich) unendliche Diskussion mit dem Träger der Sozialhilfe, ob nun Hilfe zur Pflege gewährt wird und welche Angaben und Unterlagen der Angehörigen noch vorzulegen haben, bis hin zu den bekannten Pflegeheim-„Hoppern", die nach wenigen Monaten einfach wieder ausziehen, ohne die Eigenanteile bezahlt zu haben.

Ob ein derartiges Risiko in **Pauschalen** oder **konkret kalkuliert** werden soll und kann, werden die Verhandlungen der Rahmenverträge zeigen. Da die Rahmenverträge als sogenannte „Normsetzung durch Vertrag" für alle Pflegeeinrichtungen im jeweiligen Bundesland gelten, kommt es auf die Verbände an und darauf, dass diese möglichst mit einer Stimme sprechen.

450 Nach § 84 Abs. 2 Satz 4 SGB XI müssen die Pflegesätze so verhandelt und abgeschlossen werden, dass einerseits die Aufwendungen („**Gestehungskosten**") finanziert und so der Versorgungsauftrag erfüllt und andererseits eine angemessene Vergütung des Unternehmerrisikos erzielt werden kann. Hier ist die Kritik am Gesetzgeber angebracht: Das Unternehmerrisiko ist ein zentraler Begriff der Betriebswirtschaftslehre und wird gemeinhin in das allgemeine und besondere Unternehmerrisiko unterschieden. Das allgemeine Unternehmerrisiko hat keinen Bezug zum Unternehmen und trifft dieses daher als Ganzes. Unstreitig unter Betriebswirten ist, dass es sich damit kostenmäßig nicht erfassen lässt, vielmehr durch den Gewinn und die Gewinnerwartung abgegolten wird. Nach der Rechtsprechung des BSG[300] besteht ein Unternehmerrisiko, wenn der Erfolg des eigenen wirtschaftlichen Einsatzes ungewiss ist. Es bedeutet vor allem, dass das eingesetzte Kapital verloren gehen kann. Über die Höhe in der sogenannten Zuschlagskalkulation während der Vergütungsverhandlungen ist nichts bekannt. Wenn der Gesetzgeber in der Begründung der Änderungen angibt, dass die Pflegekassen sowie die Träger der Sozialhilfe bereits die Zahlung von Personalaufwendungen in Höhe der Tarife als unwirtschaftlich verweigert haben, dann müsste dem Gesetzgeber doch aufgegangen sein, dass die Verhandlungen über ein Unternehmerrisiko diesen nicht aufgegeben werden kann. Ein Hinweis, was sich die

---

300 BSG 13.7.1978 – 12 RK 14/78.

Pflegepolitiker darunter vorstellen, wäre mehr als hilfreich gewesen. Das Finden einer Formel für die Rahmenverträge nach § 75 SGB XI ist die Aufgabe der nächsten Zeit und wird sicherlich neben den Schiedsstellen auch die Rechtsprechung beschäftigen.

K. Die Regelungen zur Qualitätssicherung und Abrechnungsprüfung

I. Die wesentlichen Neuerungen der Qualitätssicherung im Überblick

■ Die wesentlichen Neuregelungen im Bereich der Qualitätssicherung und -darstellung zielen auf eine umfassende **Neustrukturierung der Entscheidungsstrukturen** ab.   451

■ Die bisherige Bundes-Schiedsstelle wird zu einem entscheidungsfähigen **Qualitätsausschuss**, der von einer auch wissenschaftlich qualifizierten Geschäftsstelle unterstützt wird.

■ Die Organisationen für die Wahrnehmung der Interessen und der Selbsthilfe pflegebedürftiger und behinderter Menschen wirken dabei beratend mit, haben aber kein Stimmrecht.

■ Durch die Erweiterung des Qualitätsausschusses um einen unparteiischen Vorsitzenden und zwei weitere unparteiische Mitglieder sollen die Voraussetzungen für eine **strukturierte und ergebnisorientierte Handlungsweise in der Selbstverwaltung** geschaffen werden.

■ Die Einrichtung der qualifizierten Geschäftsstelle soll zur fachlichen Steigerung bei der Behandlung der Themen Qualitätssicherung, Qualitätsmessung und Qualitätsdarstellung beitragen.

■ Die bisherigen PTVA und PTVS (Pflege-Transparenzvereinbarungen ambulant und stationär) sollen durch **Qualitätsdarstellungsvereinbarungen** ersetzt werden.

II. Der Qualitätsausschuss

Mit der Umgestaltung der bisherigen Schiedsstelle zu einem entscheidungsfähigen   452
Qualitätsausschuss, also einem Gremium der Selbstverwaltung mit quasi eingebautem Konfliktlösungsmechanismus, werden nach § 113 b SGB XI zügige Entscheidungen der Selbstverwaltungspartner ohne langwierige Schiedsstellenverfahren ermöglicht. Die Entscheidungsabläufe werden dadurch gestrafft und vereinfacht, daneben soll durch die Zusammensetzung des Qualitätsausschusses die Qualitätsorientierung in der ambulanten und stationären Pflege gestärkt werden.[301]

Die Zusammensetzung, Funktionsfähigkeit und Entscheidungsfindung der Schieds-   453
stelle einschließlich ihrer Geschäftsstelle in wechselnder Verantwortung der Selbstverwaltungspartner haben sich grundsätzlich bewährt. Mit dem Qualitätsausschuss, der daran anknüpft, wird deshalb keine neue bürokratische Institution geschaffen, sondern konkret und praxisnah nur die Form der Entscheidungsfindung geregelt. Mit dem Qualitätsausschuss und seiner potenziellen Erweiterung als „erweiterter Qualitätsausschuss" nach § 113 b Abs. 3 SGB XI finden die wichtigen Entscheidungen, die im Bereich der Qualitätssicherung, Qualitätsmessung und Qualitätsdarstellung in der

---

301 BT-Drucks. 18/5926, 66.

Pflege von den Vertragsparteien zu treffen sind, einen der Bedeutung des Handlungsfeldes Pflege angemessenen und aufgrund der Dringlichkeit der zu regelnden **Aufgaben** auch notwendigen konkreten Rahmen.[302] Die Vertragsparteien entscheiden zukünftig durch den Qualitätsausschuss über

- die Qualität der **Beratungsbesuche** nach § 37 Abs. 3 SGB XI (§ 37 Abs. 5 SGB XI),

- die **Maßstäbe und Grundsätze** zur Sicherung und Weiterentwicklung der Qualität in der Pflege (§ 113 SGB XI),

- die **Expertenstandards** zur Sicherung und Weiterentwicklung in der Pflege (§ 113 a SGB XI) und

- die **Qualitätsdarstellungsvereinbarungen** (§ 115 SGB XI).

454   **Praxishinweis:** Der Einrichtung des Qualitätsausschusses liegt eine **kritische Bestandsaufnahme** des Gesetzgebers zugrunde, dass die **pflegerische Selbstverwaltung** weitgehend **gescheitert** ist. Keine der notwendigen Entscheidungen, ob zu den Maßstäben und Grundsätzen oder zur PTVA und PTVS, konnte ohne ein anschließendes Schiedsstellenverfahren beschlossen werden. Dann aber können die Verhandlungen der Selbstverwaltungsparteien auch von Anfang an moderiert und mit einem **integrierten Schiedsstellenverfahren** verknüpft werden!

455   Der Qualitätsausschuss besteht nach § 113 b Abs. 2 SGB XI aus Vertretern des Spitzenverbandes Bund der Pflegekassen (**Leistungsträger**) und aus Vertretern der Vereinigungen der Träger der Pflegeeinrichtungen auf Bundesebene (**Leistungserbringer**) in gleicher Zahl; Leistungsträger und Leistungserbringer können **jeweils** höchstens **zehn Mitglieder** entsenden.

Auf der Seite der Sozialleistungsträger gehören auch ein Vertreter der Bundesarbeitsgemeinschaft der **überörtlichen Träger der Sozialhilfe** und ein Vertreter der **kommunalen Spitzenverbände auf Bundesebene** dem Qualitätsausschuss an; sie werden auf die Zahl der Sitze der Leistungsträger angerechnet. Dem Qualitätsausschuss kann auch ein Vertreter des **Verbandes der privaten Krankenversicherung e. V.** angehören; die Entscheidung hierüber obliegt dem Verband der privaten Krankenversicherung e. V. Mit der Entsendung eines Mitgliedes ist für den Verband der privaten Krankenversicherung e. V. eine Finanzierungsbeteiligung nach § 8 Abs. 4 SGB XI verbunden. Sofern der Verband der privaten Krankenversicherung e. V. ein Mitglied entsendet, wird dieses Mitglied auf die Zahl der Leistungsträger angerechnet.

456   Dem Qualitätsausschuss soll auch ein Vertreter der **Verbände der Pflegeberufe** angehören; er wird auf die Zahl der Leistungserbringer angerechnet.

Eine Organisation kann nicht gleichzeitig der Leistungsträgerseite und der Leistungserbringerseite zugerechnet werden. Jedes Mitglied erhält eine Stimme; die Stimmen sind gleich zu gewichten. Der MDS wirkt in den Sitzungen und an den Beschlussfassungen im Qualitätsausschuss **beratend** mit. Die auf Bundesebene **maßgeblichen Or-**

---

302   BT-Drucks. 18/5926, 100.

ganisationen für die Wahrnehmung der Interessen und der Selbsthilfe pflegebedürftiger und behinderter Menschen wirken in den Sitzungen und an den Beschlussfassungen im Qualitätsausschuss nach Maßgabe von § 118 SGB XI **beratend** mit.

Die Vertragsparteien der Selbstverwaltung erhalten durch den Qualitätsausschuss **457** einen neuen Rahmen für die ihnen übertragene Verantwortung. Wenn es in den Beratungen im Qualitätsausschuss **nicht** zu einer **einvernehmlichen Einigung** kommt, so kann der Qualitätsausschuss auf Verlangen mindestens einer Vertragspartei, eines Mitglieds des Qualitätsausschusses, aber auch des Bundesministeriums für Gesundheit nach § 113 b Abs. 3 SGB XI in einen „erweiterten Qualitätsausschuss" umgewandelt werden. Zur Verfahrensbeschleunigung und -beendigung tragen bei, dass für den erweiterten Qualitätsausschuss ein **unparteiischer Vorsitzender** und **zwei weitere unparteiische Mitglieder** hinzutreten. Außerdem gilt nunmehr das **Mehrheitsprinzip** für die Beschlussfassungen. Die unabhängigen Mitglieder übernehmen die Aufgaben als Ehrenamt. Der **unparteiische Vorsitzende** des erweiterten Qualitätsausschusses wird durch das Bundesministerium für Gesundheit **ernannt**. Dies entspricht der Bedeutung der Aufgabenstellung und sichert dem unparteiischen Vorsitzenden von Beginn an die größtmögliche Unabhängigkeit von den Mitgliedern des Ausschusses. Das Bundesministerium für Gesundheit kann bei der Benennung des unparteiischen Vorsitzenden einen Zeitraum für dessen **Amtszeit** bestimmen. Der **Stellvertreter des unparteiischen Vorsitzenden** und das weitere unparteiische Mitglied sowie deren Stellvertreter werden von den Vertragsparteien nach § 113 SGB XI **gemeinsam benannt**. Mitglieder des Qualitätsausschusses können nicht als Stellvertreter des unparteiischen Vorsitzenden oder der weiteren unparteiischen Mitglieder benannt werden.[303]

Die durch den erweiterten Qualitätsausschuss getroffenen Festsetzungen haben dabei **458** die **Rechtswirkung einer vertraglichen Vereinbarung** oder Beschlussfassung, wie sie durch die Vertragsparteien ohne Hinzuziehung der Unparteiischen einvernehmlich getroffen wird. Die durch den Qualitätsausschuss getroffenen Entscheidungen sind nach § 113 b Abs. 8 SGB XI dem Bundesministerium für Gesundheit zur **Genehmigung** vorzulegen. Das Bundesministerium für Gesundheit kann im Rahmen einer erforderlichen Prüfung Expertise einholen und im Ergebnis Auflagen erteilen. Bei Nichteinhaltung von Fristen bzw. bei Nicht-Beheben von Beanstandungen durch die Vertragsparteien im Qualitätsausschuss kann das Bundesministerium für Gesundheit den Inhalt der Vereinbarungen und der Beschlüsse selbst festsetzen. Aufgrund einer Festsetzung durch das Bundesministerium für Gesundheit sind die Vertragsparteien nicht gehindert, zukünftige fachlich gebotene Änderungen in den Vereinbarungen und Beschlüssen vorzunehmen.

III. Die Personalbemessung in ambulanten und stationären Pflegeeinrichtungen

Eine **qualitativ und quantitativ belastbare Personalausstattung** ist unbestritten ein we- **459** sentlicher Baustein für eine gute Qualität der Pflege. Dies gilt umso mehr als mit dem neuen Pflegebedürftigkeitsbegriff und dem neuen Begutachtungsinstrument die Pfle-

---

303 BT-Drucks. 18/5926, 100 f.

geversicherung auf eine neue fachliche Grundlage gestellt wird, aber ein wissenschaftlich fundiertes Verfahren, um den Personalbedarf in den Pflegeeinrichtungen nach einheitlichen Grundsätzen qualitativ und quantitativ zu bestimmen, bisher nicht vorliegt; § 113 c SGB XI. Daher werden die Vertragsparteien nach § 113 Abs. 1 Satz 1 SGB XI zur **Entwicklung und Erprobung** eines solchen Verfahrens bis zum 30.6.2020 verpflichtet. Dabei sind der neue Pflegebedürftigkeitsbegriff und die neuen Pflegegrade ebenso zu berücksichtigen wie bereits vorliegende Untersuchungen und Erkenntnisse, unter anderem zu Anforderungs- und Qualifikationsprofilen in der Pflege. Die Regelung bezieht sich sowohl auf stationäre als auch auf ambulante Pflegeeinrichtungen. Dabei sind insbesondere die historisch gewachsenen – teilweise sehr unterschiedlichen – Personalrichtwerte auf Landesebene in stationären Pflegeeinrichtungen sowie die Entwicklungen in der ambulanten Pflege zu berücksichtigen.[304]

460 Die in den **Landes-Rahmenverträgen** nach § 75 SGB XI vereinbarten **Personalschlüssel** stammen regelmäßig aus der Anfangszeit der sozialen Pflegeversicherung und sind nur behutsam, meist aufgrund von Entscheidungen der **Schiedsstellen** nach § 76 SGB XI angepasst worden. Ein Überblick, der keinen vollständigen neuesten Stand (Bayern beispielsweise hat die rechtlichen Grundlagen durch die AVPflWoqG geändert) bietet, sondern die Tendenz der gravierenden Unterschiede illustrieren soll. Daher konnte der Bundesgesetzgeber auch nicht einfach – ohne Zustimmung der Bundesländer – über den Bundesrat eine Festsetzung vornehmen:[305]

---

304 BT-Drucks. 18/5926, 103 f.
305 Die Tabelle entstammt: verdi [Hrsg], Personalbemessung in der stationären Pflege, 2009, 13 ff.

Bundesland	Vertrag vom/in Kraft	Personal-Richtwerte
Baden-Württemberg	Zuletzt ergänzt 12.9.2002	**Verhältnis Beschäftigte zu Pflegebedürftige** Pflegestufe I 1:3,96 bis 1:3,13 Pflegestufe II 1:2,83 bis 1:2,23 Pflegestufe III 1:2,08 bis 1:1,65 Bei schwer Demenzkranken Pflegestufe I 1:2,38 Pflegestufe II 1:1,70 Pflegestufe III 1:1,25 Beim Pflege- und Betreuungspersonal muss dabei eine **Fachkraftquote von 50 %** eingehalten werden. Der Anteil **geringfügig Beschäftigter** darf **nicht mehr als 20 %** betragen. Hauswirtschaft **1:5,9** Leitung und Verwaltung **1:30**
Bayern	1.10.1998	Nur allgemeine Regelung nach SGB XI und HeimPersV. Geringfügig Beschäftigte Anteil bis 20 % möglich. Werte, die bei den Pflegesatzverhandlungen zugrunde gelegt werden: **Verhältnis Beschäftigte zu Pflegebedürftige** Pflegestufe 0 **1:6,70** Pflegestufe I **1:3,00** Pflegestufe II **1:2,25** Pflegestufe III **1:1,90** Für Einrichtungen der Gerontoversorgung auch günstigere Personalrichtwerte möglich. Leitung und Verwaltung **1:30** Küche **1:18** Hausw./Wäsche **1:11,5** Hausmeister **1:80** Den Werten ist eine Arbeitszeit von 38,5 Stunden wöchentlich zugrunde gelegt.
Berlin	Zuletzt geändert 1.4.2005	**Verhältnis Beschäftigte zu Pflegebedürftige** Pflegestufe I **1:4,1** Pflegestufe II **1:2,5** Pflegestufe III **1:1,97** Verantwortliche Pflegekraft **1:100** Qualitätsmanagement-Beauftr. **1:200** Sozialarbeiter/-innen **1:200** Beim Pflege- und Betreuungspersonal muss dabei eine **Fachkraftquote von 52 %** eingehalten werden. Der Anteil **geringfügig Beschäftigter** darf **nicht mehr als 5 %** betragen.
Brandenburg	1.5.1997	Nur allgemeine Regelung nach SGB XI und HeimPersV. Berechnungsgrundlage für Pflegesatzverhandlung, Beispiel 80-Betten-Haus: **Verhältnis Beschäftigte zu Pflegebedürftige** Pflegestufe I **1:4,28** Pflegestufe II **1:3,04** Pflegestufe III **1:2,08** Härtefälle **1:1,8**
Bremen	Rahmenvereinbarung aus den 90ern	Personalrichtwerte für Pflegesatzverhandlungen, gestaffelt nach Größe der Einrichtung (21 Klassen mit Zugrundelegung einer Modellbelegungsstruktur). **Verhältnis Beschäftigte zu Pflegebedürftige** Pflegestufe 0 **1:6,79 bis 6,28** Pflegestufe I **1:4,08 bis 3,77** Pflegestufe II **1:2,55 bis 2,35** Pflegestufe III **1:2,04 bis 1,88**
Hamburg	Zuletzt geändert 6.12.2003	**Verhältnis Beschäftigte zu Pflegebedürftige** Pflegestufe I **1:4,22 bis 1:4,06** Pflegestufe II **1:2,48 bis 1:2,39** Pflegestufe III **1:1,76 bis 1:1,69** Zusätzlich 1 Stelle Pflegedienstleitung pro Einrichtung. Beim Pflege- und Betreuungspersonal muss dabei eine **Fachkraftquote von 50 %** eingehalten werden. Der Anteil **geringfügig Beschäftigter** darf **nicht mehr als 20 %** betragen.

Bundesland	Vertrag vom/in Kraft	Personal-Richtwerte
Hessen	Rahmenvertrag gemäß Beschluss der Schiedsstelle vom 14.10.2005	**Verhältnis Beschäftigte zu Pflegebedürftige** Grundlage der Berechnung ist ein Personalanhangswert von 1 : 3,40 bezogen auf die Pflegestufe I. Den übrigen Pflegestufen werden dazu Äquivalenzziffern zu diesem Wert zugeordnet. Pflegestufe 0 Äquivalenzziffer **0,70** Pflegestufe I Äquivalenzziffer **1,00** Pflegestufe II Äquivalenzziffer **1,40** Pflegestufe III Äquivalenzziffer **1,80** Durch einen aus der Belegung und den Äquivalenzziffern errechneten Wert ergibt sich ein Maximalwert für die Vollzeitstellen. Bis zu 10 % der Stellenanteile des Pflegepersonals können der Hauswirtschaft und bis zu 2 % der Leitung und Verwaltung zugeordnet werden. **Hauswirtschaft** Bei Pflegeheimen bis zu 40 Plätzen **1 : 5,3** Bei Pflegeheimen ab 41 Plätzen **1 : 5,9** **Leitung/Verwaltung** Bei Pflegeheimen bis zu 40 Plätzen **1 : 20,0** Bei Pflegeheimen ab 41 Plätzen **1 : 28,0**
Mecklenburg-Vorpommern	Schiedsstelle Spruch 3.5.2006	**Verhältnis Beschäftigte zu Pflegebedürftige** Pflegestufe I **1 : 4,71** bis **1 : 4,07** Pflegestufe II **1 : 3,38** bis 1 : **2,64** Pflegestufe III **1 : 2,24** bis **1 : 1,83** Nachtwachen im Verhältnis 1 : 1,9 Vollzeitkräfte (VK) Pflegedienstleitung bis 40 Heimplätze 0,5 VK, ab 40 Plätze 1 : 80 VK. Dabei ist ein Anteil für Qualitätsmanagement enthalten. Beim Pflege- und Betreuungspersonal muss dabei eine **Fachkraftquote von 50 %** eingehalten werden. Der Anteil **geringfügig Beschäftigter** darf **nicht mehr als 20 %** betragen. Hauswirtschaft 1 : 7 Leitung und Verwaltung: bis 15 Plätze 0,5 VK bis 23 Plätze 0,75 VK bis 29 Plätze 1 VK ab 30 Plätze 1 : 30 Auszubildende, Praktikanten, Zivildienstleistende und Teilnehmer am FSJ sind außerhalb dieser Werte zu berücksichtigen.
Nieder-sachsen	1.1.2009	**Verhältnis Beschäftigte zu Pflegebedürftige** Pflegestufe I **1 : 4,5** bis **1 : 3,65** Pflegestufe II **1 : 3,0** bis **1 : 2,43** Pflegestufe III **1 : 2,2** bis **1 : 1,82** Pflegestufe G **1 : 14,5** bis **1 : 12,16** Andere Werte für die Pflege von Bewohner/-innen mit dauerhaft eingeschränkter Alltagskompetenz. Zusätzlich 1 Stelle Pflegedienstleitung pro Einrichtung. Qualitätsmanagement **1 : 120** Beim Pflege- und Betreuungspersonal muss dabei eine **Fachkraftquote von 50 %** eingehalten werden.
Nordrhein-Westfalen	1.10.1999	Nur allgemeine Regelung nach SGB XI und HeimPersV. Geringfügig Beschäftigte Anteil bis 20 % möglich. Ermittlungsbogen für Versorgungsvertrag enthält Orientierungswerte: **Verhältnis Beschäftigte zu Pflegebedürftige** Pflegestufe 0 **1 : 8** Pflegestufe I **1 : 4** Pflegestufe II **1 : 2,5** Pflegestufe III **1 : 1,8**

Bundesland	Vertrag vom/in Kraft	Personal-Richtwerte
Rheinland-Pfalz	Zuletzt geändert 1.1.2007	**Verhältnis Beschäftigte zu Pflegebedürftige** Pflegestufe 0 **1:8,6** Pflegestufe I **1:4,2** Pflegestufe II **1:2,8** Pflegestufe III **1:1,8** Verantwortliche Pflegekraft **1:50**, soziale Betreuung **1:50** Für Pflegekonzepte zum Aufbau eines ehrenamtlichen Helfernetzes bis 50 Plätze **0,5 VK**, über 50 Plätze **1 VK.** Altenpflegeschüler/-innen Anrechnung auf **VK 1:7.** Beim Pflege- und Betreuungspersonal muss dabei eine **Fachkraftquote von 50 %** eingehalten werden. Der Anteil **geringfügig Beschäftigter** darf **nicht mehr als 20 %** betragen.
Saarland	Zuletzt geändert 1.9.2005	**Verhältnis Beschäftigte zu Pflegebedürftige** Pflegestufe I **1:3,92** Pflegestufe II **1:2,81** Pflegestufe III **1:2,07** Verantwortliche Pflegekraft gesondert berechnet. Bei den Pflegesätzen werden noch unterschiedliche Äquivalenzziffern für die Pflegestufen zugrunde gelegt. Für die Praxisanleitung für ersten Auszubildenden 0,2 je weitere 0,1. Qualitätsmanagementanteil gesondert. Heimleitung **1:60** Verwaltung **1:60** Küchenmeister/HWL **1:70** Küche/Speisesaal **1:19,25** Wäscherei **1:23,85** Raumpflege **1:23,85** Hausmeister **1:80**
Sachsen	1.10.1997	Nur allgemeine Regelung nach SGB XI und HeimPersV. Keine Richtwerte. Personalbemessung der Pflegesatzverhandlung vorbehalten.
Sachsen-Anhalt	Zuletzt geändert 23.4.2004	Nur allgemeine Regelung nach SGB XI und HeimPersV, aber geringfügig Beschäftigte Anteil bis 30 % möglich. Formular für Versorgungsvertrag enthält Richtwerte: **Verhältnis Beschäftigte zu Pflegebedürftige** Pflegestufe I **1:4,5** bis **1:3,65** Pflegestufe II **1:3,0** bis **1:2,43** Pflegestufe III **1:2,2** bis **1:1,82**
Schleswig-Holstein	1.7.1996	Nur allgemeine Regelung nach SGB XI und HeimPersV. Geringfügig Beschäftigte Anteil bis 20 % möglich. Grundlage für die Pflegesatzverhandlungen sind Personalrichtwerte: **Verhältnis Beschäftigte zu Pflegebedürftige** Pflegestufe 0 **1:12** bis **1:9** Pflegestufe I **1:6** bis **1:4,05** Pflegestufe II **1:4** bis **1:3,05** Pflegestufe III **1:2,8** bis **1:2,28** Leitende Pflegekraft **1:100** Qualitätsmanagement **1:200** Nachtwachen für erste 20 Plätze **1:2,29** Nachtwachen für weitere Plätze **1:20** Leitung **1:55**, maximal **1** Verwaltung **1:38** Hauswirts. Leitung **1:60**, maximal **1** Koch/Köchin **1:60** Küche **1:18** Wäsche **1:40**, Reinigung nach Quadratmetern Technischer Dienst **1:80** Für Praxisanleitung von Auszubildenden, Teilnehmern am FSJ, Zivildienstleistenden, Praktikanten ist zusätzliches Budget gesondert zu vereinbaren.
Thüringen	Zuletzt geändert 21.10.1998	Nur allgemeine Regelung nach SGB XI und HeimPersV. Keine Richtwerte. Personalbemessung der Pflegesatzverhandlung vorbehalten.

461 Das schier unglaubliche **Gefälle der Stellenbesetzung** in der stationären Pflege in den einzelnen Bundesländern für an sich sehr vergleichbare Leistungen der Grundpflege, der medizinischen Behandlungspflege, der sozialen Betreuung und der hauswirtschaftlichen Versorgung – also den in § 43 SGB XI normierten Leistungen – wird durch den direkten **Vergleich** von drei Bundesländern deutlich. Als Ausgangsbasis dient eine vollstationäre Pflegeeinrichtung mit 100 Bewohnerinnen und Bewohner. Für die immer gleich angenommene Pflegestufenverteilung werden die Personalschlüssel in Sachsen-Anhalt, Baden-Württemberg und Berlin verglichen.[306]

Bewohnerzahl 100		Sachsen-Anhalt		Baden-Württemberg		Berlin	
		Personal-richtwerte	Berechnung	Personal-richtwerte	Berechnung	Personal-richtwerte	Berechnung
Pflegestufe I	46	3,65	12,60	3,13	14,70	4,1	11,22
Pflegestufe II	40	2,43	16,46	2,23	17,94	1,5	26,67
Pflegestufe III	14	1,82	7,69	1,65	8,48	1,97	7,11
Zwischensumme			36,75		41,12		45,00
Hauswirtschaft				5,9	16,95		
Leitung/Verwaltung				30	3,33		
verantwortliche Pflegekraft						100	1
QM-B						200	0,5
Sozialarb.						200	0,5
Gesamt	100		36,76		61,40		46,49

Während in der Pflegeeinrichtung in Sachsen-Anhalt 36,75 Vollzeitstellen die Arbeit in allen Schichten des Tages verrichten, sind es in Baden-Württemberg 41,12 und in Berlin sogar 45,00 Vollzeitkräfte, also 22,4 % Vollzeitstellen mehr – für die mehr oder minder gleiche Arbeit. Dabei hat Baden-Württemberg die weiteren Stellen neben dem Pflegepersonal beschrieben, in den anderen beiden Bundesländern existieren derartige engmaschige Vorgaben nicht.

462 **Praxishinweis:** Letztlich ist die Frage der Personalrichtwerte rein finanziell zu lösen: Von der Personalbemessung hängt **unmittelbar** die **Höhe der Pflegesätze** ab und davon wiederum der Eigenanteil der Bürgerinnen und Bürger beziehungsweise der aufstockenden Leistungen der Sozialhilfe.[307] Daher muss die Frage „**was Pflege wert sein darf?**" an dieser Stelle beantwortet werden. Dabei ist zweifelhaft, ob diese Frage regional so unterschiedlich beantwortet werden kann!

463 Ziel ist es, ein Verfahren der Personalbemessung zu entwickeln und zu erproben, aus dem sich **Maßstäbe für die Personalausstattung** von Pflegeeinrichtungen ableiten lassen. Dieses Verfahren muss empirisch abgesichert und valide sein und eine Aktualisierung in bestimmten zeitlichen Abständen ermöglichen. Die Ermittlung von Maßstäben soll **Anhaltszahlen** für den Personalbedarf in der Unterscheidung nach berufli-

---

306 verdi [Hrsg], Personalbemessung in der stationären Pflege, 2009, 18.
307 Worauf der Bundesrat in seiner Stellungnahme ausdrücklich hinweis: BT-Drucks. 18/6182, 12.

chen Qualifikationen auch mit Bezug auf Gruppen von Pflegebedürftigen mit vergleichbarem Pflegeaufwand einbeziehen. Dabei sind die **fachlichen Ziele** des neuen Pflegebedürftigkeitsbegriffs (Stärkung der Fähigkeiten und der Selbstständigkeit der Pflegebedürftigen) ebenso wie die fachliche Angemessenheit und die Qualität der Maßnahmen zu berücksichtigen. Dabei ist auch der Zusammenhang zwischen der Qualität der Maßnahmen und der **Gehaltsstruktur der Beschäftigten** in den Blick zu nehmen. Die Ergebnisse hat die Selbstverwaltung auf Bundesebene in den weiteren verbindlichen Vorgaben für die pflegerische Versorgung zu berücksichtigen. Die Vertragsparteien nach § 113 SGB XI erhalten dabei Unterstützung durch die unabhängige qualifizierte Geschäftsstelle nach § 113 b Abs. 6 SGB XI.[308]

IV. Die Änderungen bei den Qualitätsprüfungen der Pflegeeinrichtungen

Der **Grundsatz der unangemeldeten Prüfung** besteht seit 2012 nur noch für stationäre Pflegeeinrichtungen. Hintergrund der **Ankündigungspflicht für Qualitätsprüfungen** in **ambulanten Pflegeeinrichtungen** war die Annahme, dass bei der Prüfung von ambulanten Pflegeeinrichtungen in der Praxis ohnehin vielfach eine Prüfankündigung am vorherigen Tag stattfindet, um die Anwesenheit der Pflegedienstleitung und die organisatorische Durchführung der jährlichen Regelprüfung sicherzustellen. Zukünftig wird jedoch durch die Neuregelung in § 114 a Abs. 1 Satz 3 SGB XI nach der Prüfungsart differenziert. **Anlassprüfungen** sollen bei ambulanten Pflegeeinrichtungen im Regelfall unangemeldet durchgeführt werden. Insbesondere wenn konkrete Hinweise auf **Gewalt in der Pflege**, schwere Fehler bei der Medikamentenversorgung, **unkorrekte Abrechnung** der erbrachten Leistungen oder Fehlverhalten im Gesundheitswesen i.S.v. § 47 a SGB XI vorliegen, ist die Durchführung von **unangemeldeten Anlassprüfungen** angezeigt. 464

Zum Schutz der Pflegebedürftigen muss bei bestimmten konkreten Anhaltspunkten ein unverzügliches Handeln der Landesverbände der Pflegekassen möglich sein. Zukünftig **sollen** daher Anlassprüfungen in ambulanten Pflegeeinrichtungen wieder unangemeldet durchgeführt werden, um Verdachtsfälle schnell und unbürokratisch aufklären zu können.[309]

Praxishinweis: Auch bei der Durchführung **unangemeldeter Anlassprüfungen** steht selbstverständlich die Versorgung der Pflegekunden im Vordergrund. Gleichwohl ist den Prüfern Zugang zu gewähren, wenn konkrete Hinweise auf ein Fehlverhalten behauptet und von den Prüfern dargelegt werden. 465

Damit **Qualitätsprüfungen** auch während der Vorbereitung auf ein neues, wissenschaftsbasiertes Qualitätssicherungsverfahren auf einer verbindlichen Rechtsgrundlage stattfinden, wird in § 115 a Abs. 3 SGB XI angeordnet, dass die am 31.12.2015 geltenden **Qualitätsprüfungs-Richtlinien** mit den schrittweisen Anpassungen nach 466

---

308 BT-Drucks. 18/6688, 136.
309 Die Gesetzesänderung kam auf Vorschlag des Bundesrates zustande: BT-Drucks. 18/6182, 18, 31; BT-Drucks. 18/6688, 137.

§ 115 a Abs. 4 und 5 SGB XI bis zum Inkrafttreten der neu zu schaffenden Richtlinien über die Durchführung der Prüfung der in Pflegeeinrichtungen erbrachten Leistungen und deren Qualität nach § 114 a Abs. 7 SGB XI fortgelten und für den MDK und den Prüfdienst des Verbandes der privaten Krankenversicherung e. V verbindlich sind. In § 115 a Abs. 4 SGB XI wird daher festgelegt, dass der Spitzenverband Bund der Pflegekassen die Qualitätsprüfungs-Richtlinien unverzüglich an die sich zum 1.1.2016 unmittelbar aus dem Gesetz für Qualitätsprüfungen ergebenden Änderungen – insbesondere in Bezug auf **Anlassprüfungen** und **Abrechnungen als Bestandteil der Qualitätsprüfung** – in einem ersten Anpassungsschritt anpasst. Die angepassten Richtlinien bedürfen der Genehmigung durch das Bundesministerium für Gesundheit.[310]

467   **Praxishinweis:** Die Richtlinien für die Prüfung der Qualität von ambulanten und stationären Pflegeeinrichtungen Qualitätsprüfungs-Richtlinien (**QPR**) wurden inzwischen überarbeitet und sind am 4.10.2016 vom Bundesministerium für Gesundheit genehmigt worden.

Einige Neu-Regelungen der QPR wie z.B. die Abrechnungsprüfung bei ambulanten Pflegediensten gelten seit dem 15.10.2016. Andere Regelungen sind zum 1.1.2017 in Kraft getreten.[311]

468   Nach § 114 Abs. 5 Satz 4 oder 5 SGB XI a.F. durften lediglich tatsächlich angefallene (veranlasste) **Kosten** einer **Wiederholungsprüfung** von den Pflegekassen gegenüber den Pflegeeinrichtungen abgerechnet werden, nicht jedoch Pauschalen oder Durchschnittswerte. Gleichfalls nicht gedeckt von den gesetzlichen Regelungen war die Geltendmachung von Kosten, die auch ohne eine Wiederholungsprüfung anfallen, etwa Verwaltungs- und Vorhaltekosten. Angesichts der **geringen praktischen Relevanz** der Regelungen – im Jahr 2013 waren sowohl im stationären als auch im ambulanten Bereich jeweils nur 1,2 % aller durchgeführten Prüfungen Wiederholungsprüfungen – werden die Regelungen daher aufgehoben. Zukünftig ist gesetzlich nicht mehr ausdrücklich geregelt, dass Pflegeeinrichtungen eine **freiwillige Wiederholungsprüfung** verlangen können, wenn ihnen unverhältnismäßige Schäden durch nicht mehr den tatsächlichen Gegebenheiten entsprechende Transparenzberichte drohen. Nach wie vor kann jedoch gemäß § 114 Abs. 5 Satz 4 SGB XI im Zusammenhang mit einer zuvor durchgeführten Regel- oder Anlassprüfung von den Landesverbänden der Pflegekassen eine Wiederholungsprüfung veranlasst werden, um zu überprüfen, ob die **festgestellten Qualitätsmängel** durch die nach § 115 Abs. 2 SGB XI angeordneten Maßnahmen **beseitigt** worden sind.[312]

---

310 BT-Drucks. 18/6688, 138.
311 Die QPR nebst Anlagen sind verfügbar unter: https://www.mds-ev.de/richtlinien-publikationen/richtlinien-grundlagen-der-begutachtung/qualitaetspruefungen.html.
312 BT-Drucks. 18/5926, 105.

V. Die Abrechnungsprüfung

Das Pflegestärkungsgesetz (PSG) II führte die **Abrechnungsprüfung** als Bestandteil der   469
regelmäßigen Qualitätsprüfung nach § 114 SGB XI ein; das PSG III ergänzt und verschärft die Regelung. So wurden die bestehenden Instrumente zur Prävention, Aufdeckung und Bekämpfung von **Abrechnungsbetrug** erweitert und zwar sowohl im Bereich der gesetzlichen Krankenversicherung als auch im Bereich der sozialen Pflegeversicherung. Die aufeinander abgestimmten Regelungen zielen insbesondere darauf
ab, bestehende Vorschriften bei der Qualitätsprüfung weiterzuentwickeln und diese
vor allem im Bereich der im SGB V finanzierten häuslichen Krankenpflege erstmalig
anwendbar zu machen. Mit der Erweiterung der Aufgaben des MDK in Bezug auch
auf Leistungen der häuslichen Krankenpflege um systematische **Qualitäts- und Abrechnungsprüfungen** werden die Patienten und ihre Angehörigen, aber auch die korrekt arbeitende und abrechnende große Mehrzahl der Pflegedienste, künftig besser
vor Falschabrechnungen und dem möglichen kriminellen Handeln einzelner Anbieter
geschützt.[313]

Praxishinweis: Die Abrechnungsprüfungen sind das Produkt der vielen Meldun-   470
gen der letzten Monate in Hinblick auf die betrügerischen und organisierten
Falschabrechnungen einiger ambulanter Pflegedienste. Spricht der Gesetzgeber
von „Abrechnungsprüfung", so ist eigentlich die **„Bekämpfung des Abrechnungs-
betrugs"** gemeint.

Die einmal jährlich unangemeldet durchzuführende Regelprüfung bezieht sich nach   471
§ 114 Abs. 2 SGB XI auf die Qualität der allgemeinen Pflegeleistungen und die medizinische Behandlungspflege, also die Leistungen der häuslichen Krankenpflege nach
§ 37 SGB V. Nach § 114 Abs. 2 Satz 7 SGB XI umfasst die Regelprüfung auch die Abrechnung der erbrachten Leistungen. An der Regelprüfung und mithin auch an der
Prüfung der Abrechnung der erbrachten Leistungen muss die zugelassene Pflegeeinrichtung nach § 112 Abs. 2 SGB XI **mitwirken**. Dies bedeutet, dass die Prüfung nicht
nur erduldet, sondern aktiv begleitet und gefördert werden muss.

Praxishinweis: Einen Rechtsanspruch darauf, dass eine unangemeldete Prüfung,   472
die gerade aus dienstlichen Gründen „nicht passt", **verlegt** wird, besteht nicht.
Natürlich kann das Prüfteam auf Hinweise der Pflegeeinrichtung eingehen, muss
es aber nicht.

Zu beachten ist aber, dass die Strafprozessordnung (StPO) sogar Verdächtigen bei
Durchsuchungen in ihren Unternehmen weitere Rechte einräumt, nämlich

- die Zuziehung des Inhabers, § 106 StPO und

- die Hinzuziehung eines Anwalts, § 137 StPO.

---

313 BT-Drucks. 18/9518, 43.

Daher gilt: Bei jeder Abrechnungsprüfung können die Einrichtungen davon ausgehen, dass ein Verdacht einer Straftat nicht vorliegt, sondern der MDK seinen beratungsorientierten Prüfungsansatz verfolgt.

Wenn aber Verdächtige einer Straftat diese Rechte haben, dann doch erst recht die Einrichtung bei einer Qualitäts- und Abrechnungsprüfung!

473   Zur Qualitätsverantwortung der Pflegeeinrichtung gehört, als Teil dieser Gesamtverantwortung, die **Abrechnungsverantwortung**. Damit bleiben auch die weiteren Zuständigkeiten bestehen: Die Pflegeeinrichtung wird unter der ständigen Verantwortung einer leitenden Pflegefachkraft („PDL") geführt (§ 71 SGB XI) und es sind die Anforderungen des § 72 Abs. 3 SGB XI einzuhalten, insbesondere ist ein einrichtungsinternes Qualitätsmanagement einzuführen und dieses weiterzuentwickeln. Dabei werden vom Gesetzgeber vier Bausteine für ein Qualitätssicherungskonzept herausgestellt und gesetzlich geregelt: Die Verpflichtung,

■ Maßnahmen zur Qualitätssicherung durchzuführen,

■ ein Qualitätsmanagement zu unterhalten,

■ Expertenstandards umzusetzen und

■ an Qualitätsprüfungen mitzuwirken.

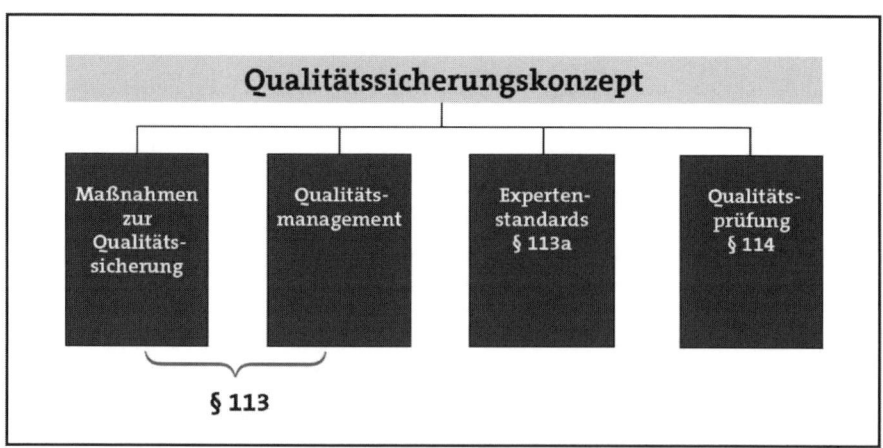

474   Der **Ablauf** und **Umfang** der **ambulanten** Abrechnungsprüfung wird in Ziff. 8 der Qualitätsprüfungsrichtlinien (QPR) Teil I konkreter beschrieben; er folgt in allen Schritten dem Ablauf der Qualitätsprüfungen. Nach Ziff. 8 Abs. 1 QPR-Teil I werden in die Abrechnungsprüfung alle in Rechnung gestellten Leistungen nach Ziff. 6 Abs. 3 QPR-Teil I einbezogen. Dies sind alle in die Regelprüfung einbezogenen **ambulanten** Leistungen, also

■ die körperbezogenen Pflegemaßnahmen,

■ pflegerischen Betreuungsmaßnahmen und

- die Hilfen der Haushaltsführung sowie

- die Leistungen der häuslichen Krankenpflege nach § 37 SGB V.

Die Regelprüfung bezieht sich in der **vollstationären** und **teilstationären** Pflege auf die Qualität und nach Ziff. 6 Abs. 4 QPR-Teil II der Abrechnung auf

- die allgemeinen Pflegeleistungen,

- die medizinische Behandlungspflege, einschließlich der nach § 37 SGB V erbrachten Leistungen der häuslichen Krankenpflege,

- die Betreuung,

- die zusätzliche Betreuung und Aktivierung im Sinne des § 43 b SGB XI,

- die Leistungen bei Unterkunft und Verpflegung nach § 87 SGB XI,

- die Zusatzleistungen nach § 88 SGB XI.

Die **ambulante** Abrechnungsprüfung erfolgt nach Ziff. 8 Abs. 2 QPR-Teil 1 für min-   475
destens **sieben Tage**, davon nach Möglichkeit **einschließlich eines Wochenendes** oder zweier Feiertage. Die Prüferin oder der Prüfer des MDK oder ein anderer von den Pflegekassen bestellter Gutachter kann eigenständig weitere Tage zur Sicherstellung des festgestellten Sachverhalts oder zur eindeutigen Klärung des Abrechnungsverhaltens einbeziehen.

> **Praxishinweis:** Achtung bei einer **Ausweitung der Prüfung**! Einbezogen werden   476
> können in die Regelprüfung nur weitere *Tage* der ausgewählten Kunden, nicht
> aber weitere oder andere Kunden!

Weitere Kunden können erst dann einbezogen werden, wenn der Prüfer im Rahmen   477
der Qualitätsprüfung Auffälligkeiten in der Abrechnung feststellt und daher die Regelprüfung in eine abrechnungsbezogene **Anlassprüfung** umwandelt.

> **Praxishinweis:** Wird die Prüfung als Anlassprüfung fortgesetzt, dann muss der   478
> *Anlass* oder Verdacht vom Prüfer **konkret benannt** werden. In diesem Fall können
> auch weitere Kunden in das Prüfgeschehen einbezogen werden.

Einbezogen werden in die **ambulante** Abrechnungsprüfung diejenigen Kunden, so   479
Ziff. 8 Abs. 3 QPR-Teil 1, die sich aus der Personenstichprobe für die Regelprüfung ergeben. Ziff. 6 Abs. 7 und 8 QPR-Teil 1 geben vor, dass

- drei Personen aus dem Pflegegrad 2,

- drei Personen aus dem Pflegegrad 3 und

- zwei Personen zusammen aus den Pflegegraden 4 und 5 einbezogen werden.

- Personen unterhalb Pflegegrad 2 werden nicht in die Prüfung einbezogen.

Kann die erforderliche Mindestzahl von Pflegebedürftigen nicht erreicht werden, beispielsweise weil weniger Pflegebedürftige vom ambulanten Pflegedienst versorgt werden oder ihr Einverständnis zur Einbeziehung in die Stichprobe nicht erteilt haben, so hat der MDK bzw. der PKV-Prüfdienst im Rahmen der verbleibenden Möglichkeiten die Qualitätsprüfung trotzdem durchzuführen und die Ergebnisse im Prüfbericht auszuweisen. Die Stichprobe wird, so regelt es Ziff. 6 Abs. 8 der QPR ambulant, nicht aus anderen Pflegegraden ergänzt. Das Unterschreiten der vorgesehenen Personenzahl ist im Prüfbericht zu begründen.

480 **Praxishinweis:** Die **Stichprobe** im ambulanten Bereich wurde gerade für größere Pflegedienste und Sozialstationen nahezu halbiert. Sah die PTVA bisher die Prüfung von 10 Prozent, maximal 15 Kunden vor, so sind es jetzt nur noch 8 Kunden, die geprüft werden. Der Effekt eines „Ausreißers" ist damit wesentlich größer.

481 In der **vollstationären** und **teilstationären** Pflege werden Bewohner nach Ziff. 6 Abs. 7 QPR-Teil 2 zufällig ausgewählt und in die Prüfung einbezogen:

- Insgesamt zwei Bewohner aus den Pflegegraden 1 und 2
- Zwei Bewohner aus dem Pflegegrad 3
- Drei Bewohner aus dem Pflegegrad 4
- Zwei Bewohner aus dem Pflegegrad 5.

Kann die erforderliche Mindestzahl von Bewohnerinnen und Bewohnern nicht erreicht werden, beispielsweise weil weniger Bewohnerinnen und Bewohner von der Einrichtung versorgt werden oder ihr Einverständnis zur Einbeziehung in die Stichprobe nicht erteilt haben, so hat der MDK bzw. der PKV-Prüfdienst im Rahmen der verbleibenden Möglichkeiten die Qualitätsprüfung trotzdem durchzuführen und die Ergebnisse im Prüfbericht auszuweisen. Die Stichprobe wird, so regelt es Ziff. 6 Abs. 8 der QPR stationär, nicht aus anderen Pflegegraden ergänzt.

482 Die **Einwilligung** des Kunden oder Bewohners nach § 114 a Abs. 2 und 3 SGB XI ist auch für eine Einsichtnahme in die Pflegedokumentation sowie in **abrechnungsrelevante Unterlagen** notwendig. Sie muss in einer Urkunde oder auf andere zur dauerhaften Wiedergabe in Schriftzeichen geeigneten Weise abgegeben werden, die Person des Erklärenden benennen und den Abschluss der Erklärung durch Nachbildung der Namensunterschrift oder anders erkennbar machen (**Textform;** gesetzlich geregelt in § 126 b BGB). Ist der Pflegebedürftige einwilligungsunfähig, ist die Einwilligung eines hierzu Berechtigten einzuholen. Ist ein Berechtigter nicht am Ort einer unangemeldeten Prüfung anwesend und ist eine rechtzeitige Einholung der Einwilligung in Textform nicht möglich, so genügt ausnahmsweise eine mündliche Einwilligung, wenn andernfalls die Durchführung der Prüfung erschwert würde; § 114 a Abs. 3 a SGB XI. Die mündliche Einwilligung des Berechtigten sowie die Gründe für ein ausnahmsweises Abweichen von der erforderlichen Textform sind von den Prüfern schriftlich zu dokumentieren. Dabei muss die Einwilligung vor der Einbeziehung des Pflegebedürftigen in die Prüfung vorliegen.

483 Eingeführt durch das PSG III wurden § 114 a Abs. 3 a Sätze 1 – 4 SGB XI, da dem Gesetzgeber „vermehrt Informationen bekannt gewordenen sind, wonach Qualitäts-

prüfungen des MDK bei ambulanten Pflegediensten durch die Vorlage **standardisierter Widersprüche** der von diesen betreuten Personen verhindert wurden".[314] Dabei sei unter Zuhilfenahme auch datenschutzrechtlicher Argumente der Versuch unternommen worden Qualitätsprüfungen zu erschweren oder unmöglich zu machen, in dem mit Verweis auf standardisierte Widersprüche der Kunden der Zugang zu personenbezogenen Daten verweigert wurde.

Die betreffenden Pflegedienste haben sich im Rahmen der Prüfungen geweigert, dem MDK Listen mit den Namen der von dem Pflegedienst versorgten Personen für die Auswahl der in die Prüfung einzubeziehenden Personen vorzulegen, da die Kunden in die Prüfungen nicht eingewilligt hätten und daher datenschutzrechtliche Bedenken bestehen würden. Für die Prüfer bestand hier keine Transparenz über den versorgten Personenkreis. Zudem konnte der MDK nur sehr eingeschränkt eine Personenstichprobe für die Prüfung zusammenstellen.

Durch die Änderungen werden die Pflichten der Pflegeeinrichtungen und die Aufgaben der Prüfer des MDK, des Prüfdienstes des Verbandes der privaten Krankenversicherung und der von den Landesverbänden der Pflegekassen bestellten Sachverständigen konkretisiert. Die **Anforderungen an die Aufklärung** orientieren sich bei Anpassung an den Rahmen und die Erfordernisse der Qualitätsprüfungen an den Regelungen des § 630e BGB über die Aufklärungspflichten im Rahmen eines Behandlungsvertrages. Die Einwilligung oder die Verweigerung der Einwilligung nach § 114a Abs. 2 oder Abs. 3 SGB XI kann **nicht im Vorfeld** der Prüfung abgegeben werden, sondern muss **nach Bekanntgabe** der Einbeziehung der Person in die Stichprobe gegenüber den Prüfern abgegeben werden.

Dabei muss die **Aufklärung** nach § 114a Abs. 1 Satz 4 SGB XI so **rechtzeitig** erfolgen,   **484** dass die durch Inaugenscheinnahme in die Prüfung einzubeziehende Person ihre Entscheidung über die Einwilligung **wohlüberlegt** treffen kann. Damit die von dem Pflegedienst versorgten Personen am Tag der Qualitätsprüfung nicht mehr als notwendig mit neuen Informationen konfrontiert werden, wäre es hilfreich und sachdienlich, wenn Pflegekassen beispielsweise im Zusammenhang mit Leistungsbescheiden bereits regelmäßig in verständlicher Weise über den Schutzzweck der Qualitätsprüfungen informieren und auf die Notwendigkeit der Durchführung von Qualitätsprüfungen zum Erhalt des Qualitätsniveaus bzw. zur Identifizierung von Verbesserungspotentialen hinweisen würden.[315]

Der **Datenschutz** in den Qualitäts- und Abrechnungsprüfungen wird allgemein über-   **485** schätzt! Nach § 97 Abs. 1 Satz 1 SGB XI darf der MDK **personenbezogene Daten** für Zwecke der Pflegeversicherung erheben, verarbeiten und nutzen, soweit dies für die Prüfungen, Beratungen und gutachtlichen Stellungnahmen nach den §§ 18, 38a, 40, 112, 113, 114, 114a, 115 und 117 SGB XI erforderlich ist.

Neben den Einstufungen in einen Pflegegrad, dem Wohngruppenzuschlag und den wohnumfeldverbessernden Maßnahmen ist also eine Erhebung, Verarbeitung und

---

314 BT-Drucks. 18/10510, 119.
315 BT-Drucks. 18/10510, 120.

Nutzung von personenbezogenen Daten in der Qualitäts- und Abrechnungsprüfung möglich. Allerdings nur soweit die begehrten Daten für die konkrete Prüfung benötigt werden („erforderlich").

Allerdings dürfen diese Daten nicht ohne entsprechende **Anonymisierung** weitergegeben und daher keinesfalls von den Kranken- und Pflegekassen bei Vergütungsverhandlungen verwendet werden.

486   Nach § 114 Abs. 1 Satz 4 SGB XI haben die Pflegeeinrichtungen die **ordnungsgemäße Durchführung der Prüfungen** zu ermöglichen. Die Rechte der Prüfer und Rechte der Pflegeeinrichtung bzw. der weiteren Betroffenen – insbesondere der Kunden und Bewohner – werden im SGB XI geregelt. Schweigt das Gesetz, so sind allgemeine Rechtsnormen, vertragliche Regelungen oder der Vergleich mit anderen Gesetzen innerhalb unserer Rechtsordnung heranzuziehen.

487   **Praxishinweis:** Offensichtliche **Ausnahmefehler** in der Planung oder Dokumentation (beispielsweise ein fehlendes Handzeichen) führen nicht zu einer negativen Beurteilung des Kriteriums oder der Gesamtbeurteilung der Pflegeeinrichtung, da sie beim pflegebedürftigen Menschen keine Auswirkungen haben.

488   **Praxishinweis:** Werden Rechte einer Partei im Gesetz nicht geregelt, schweigt also der Gesetzgeber, so steht dem Einzelnen **keinesfalls** ein **einseitiges Bestimmungs- oder Regelungsrecht** zu. Konkret bedeutet dies: Die Prüfer des MDK können sich weder in der (einseitigen, da nicht vereinbarten) QPR noch in der Prüfungssituation Rechte einfach nehmen!

489   Die Rechte der Prüfer bei der Durchführung der Qualitäts- und Abrechnungsprüfungen werden in § 114 a **SGB XI** geregelt. Daraus lässt sich eine **Checkliste der Prüferrechte** ableiten:

Abs. 1 Satz 1:   Zur Durchführung der Qualitätsprüfungen ist dem MDK **Zugang** zu den Pflegeeinrichtungen zu gewähren, überprüft wird „an Ort und Stelle".

Abs. 1 Satz 2:   Die Prüfungen werden stationär grundsätzlich **unangemeldet** durchgeführt.

Abs. 1 Satz 3:   Prüfungen in ambulanten Pflegeeinrichtungen sind grundsätzlich **am Tag zuvor anzukündigen;** Anlassprüfungen sollen unangemeldet erfolgen.

Abs. 2 Satz 1:   Die Prüfer sind bei **stationären** Pflegeeinrichtungen berechtigt:

die für das Pflegeheim benutzten **Grundstücke und Räume** jederzeit **zu betreten,**

sich mit den **Pflegebedürftigen,** ihren Angehörigen, vertretungsberechtigten Personen und Betreuern **in Verbindung zu setzen,**

die **Beschäftigten** und die Interessenvertretung der Bewohnerinnen und Bewohner **zu befragen.**

Abs. 2 Satz 2:   **Prüfungen zur Nachtzeit,**[316] wenn und soweit das Ziel der Qualitätssicherung zu anderen Tageszeiten nicht erreicht werden kann.

Abs. 2 Satz 3:   **Räume, die einem Wohnrecht der Heimbewohner unterliegen,** dürfen nur betreten werden, wenn

deren **Einwilligung** vorliegt

oder dies **zur Verhütung dringender**[317] Gefahren für die öffentliche Sicherheit und Ordnung erforderlich ist.

Abs. 2 Satz 4:   Bei der **ambulanten** Pflege kann die Qualität der Leistungen des Pflegedienstes mit **Einwilligung** der von dem Pflegedienst versorgten Person auch in deren **Wohnung** überprüft werden.

Abs. 3 Satz 1:   **Inaugenscheinnahmen** des gesundheitlichen und pflegerischen Zustands von durch die Pflegeeinrichtung versorgten Personen.

Abs. 3 Satz 2:   **Befragung** der in die Prüfung einbezogenen Personen, Beschäftigten der ambulanten und stationären Pflegeeinrichtungen, Betreuer und Angehörige sowie Mitglieder der heimrechtlichen Interessenvertretungen der Bewohner zum gesundheitlichen und pflegerischen Zustand.

Abs. 3 Satz 3:   Darüber hinaus sind zur Beurteilung der Pflegequalität die **Pflegedokumentation,** die in Augenscheinnahme der Pflegebedürftigen und die Befragung der Beschäftigten der Pflegeeinrichtungen sowie der Pflegebedürftigen, ihrer Angehörigen und der vertretungsberechtigten Personen **angemessen** zu berücksichtigen.

ABER:

Abs. 3 Satz 4:   Die Teilnahme an Inaugenscheinnahmen und Befragungen ist **freiwillig.**

Abs. 3 Satz 5:   Durch eine Ablehnung dürfen **keine Nachteile** entstehen.

Abs. 3 Satz 6:   Inaugenscheinnahmen und Befragungen sowie die damit jeweils zusammenhängende **Erhebung, Verarbeitung und Nutzung personenbezogener Daten** von Pflegebedürftigen zum Zwecke der Erstellung eines Prüfberichts bedürfen der **Einwilligung** der betroffenen Pflegebedürftigen.

---

316 Der Zeitraum zwischen 22:00 Uhr abends und 8:00 Uhr morgens; vgl. BT-Drucks. 16/7439, 87.
317 Zur Klarstellung wurde der Gefahrenbegriff an die Begrifflichkeit des Art. 13 Abs. 7 GG angeglichen; BT-Drucks. 18/10510, 119.

490 Durchgeführt wird die Abrechnungsprüfung im Zuge der Qualitätsprüfung, so dass auch für die Prüfung der **Abrechnung** die **Prüfungsfragen** des Prüfkatalogs der Pflegetransparenzvereinbarung ambulant (PTVA) sowie stationär (PTVS) gelten.

Die Abrechnungsprüfung ist in der neuen PTVA in Ziff. 14 geregelt; während die PTVS dazu noch keine besonderen Regelungen kennt. Auftakt ist die Frage, ob für den geprüften Abrechnungszeitraum ein gültiger Pflegevertrag vorliegt. Dabei wird in der Ausfüllanleitung ambulant die Frage 14.1.1 wie folgt erläutert:

„Das Kriterium ist mit „Ja" zu beantworten, wenn ein schriftlicher von der Pflegeeinrichtung und vom Pflegebedürftigen unterschriebener Vertrag vorliegt, dieser die tatsächlich zu erbringenden Leistungen enthält und die daraus resultierenden Kosten ausweist."

491 … und damit beginnt das Problem: Diese einseitige von den Pflegekassen und dem MDK vorgegebene Antwort auf die Prüfungsfrage stimmt mit den gesetzlichen Regelungen nicht überein und ist daher als rechtswidrig zu verwerfen.

Der Wortlaut der „Pflegevertragsregelung" des § 120 Abs. 1 Satz 1 SGB XI weist jedenfalls kein **Formerfordernis** für einen **Pflegevertrag** aus, ausdrücklich muss ein Pflegevertrag – auch wenn dies empfohlen wird – nicht schriftlich gefasst werden. Auch im weiteren Text des § 120 SGB XI heißt es lediglich, dass bei häuslicher Pflege der zugelassene Pflegedienst spätestens mit Beginn des ersten Pflegeeinsatzes auch gegenüber dem Pflegebedürftigen die Verpflichtung, diese nach Art und Schwere seiner Pflegebedürftigkeit, entsprechend den von ihm in Anspruch genommen Leistungen der häuslichen Pflegehilfe im Sinne des § 36 SGB XI, zu versorgen, übernimmt. § 120 Abs. 3 Satz 2 SGB XI sagt, was ggf. schriftlich vorgelegt werden muss. Wörtlich:

„Der Pflegedienst hat den Pflegebedürftigen vor Vertragsschluss … in der Regel schriftlich über die voraussichtlichen Kosten zu unterrichten."

492 **Praxishinweis:** Ist ein schriftlicher Pflegevertrag mit dem Kunden geschlossen worden, so soll dieser natürlich in der Prüfung vorgelegt werden. Für die Prüfung sind aber auf folgende Fragen Antworten vorzubereiten:

- Der Pflegedienst übernimmt am berühmten Freitagnachmittag einen Neukunden aus dem Krankenhaus. Ein Pflegevertrag wird erst Tage später geschlossen; lag also bei Leistungsbeginn noch nicht vor.

- Der Kunde wählt spontan andere Leistungen (Duschen statt Baden).

- Der Kunde möchte von vornherein täglich weitgehend **spontan wählen**.

- Der Kunde will den Pflegevertrag erst seiner Schwiegertochter, einer entfernt wohnenden Rechtsanwältin, zur Prüfung vorlegen usw.

493 Im **Abschlussgespräch** wird die Pflegeeinrichtung anhand erster Ergebnisse in Fragen der Qualitätssicherung mit dem Ziel beraten, ggf. festgestellte Qualitätsmängel direkt abzustellen, Qualitätsmängeln rechtzeitig vorzubeugen und die Eigenverantwortung der Pflegeeinrichtung für die Sicherung und Weiterentwicklung der Pflegequalität zu

stärken. Das Abschlussgespräch dient auch der Darlegung festgestellter Mängel. Sofern die Pflegeeinrichtung im Rahmen der Prüfung zu Prüfergebnissen abweichende Meinungen geäußert hat, werden diese im Abschlussgespräch von der Prüferin/vom Prüfer dargelegt.

Eine **abweichende Einschätzung** der einbezogenen Pflegefachkraft der Pflegeeinrichtung zur Erfüllung des jeweiligen Kriteriums wird als Vermerk „**abweichende fachliche Einschätzung**" protokolliert und inhaltlich zusammenfassend dargestellt, Ziff. 4 Abs. 4 und 5 QPR.

Während die Regelprüfung der Qualität und Abrechnung stichprobenartig im jährlichen Rhythmus durchgeführt wird, kann zusätzlich, wenn **tatsächliche Anhaltspunkte** dafür bestehen, dass die Pflegeeinrichtung **fehlerhaft** abrechnet, eine Wirtschaftlichkeits- und Abrechnungsprüfung nach § 79 Abs. 4 SGB XI durchgeführt werden. Diese (große) Abrechnungsprüfung bezieht sich auf die Abrechnung aller Leistungen, die zulasten der Pflegeversicherung erbracht oder von dieser im Wege der Kostenerstattung finanziert werden.   494

Bei dieser Wirtschaftlichkeits- und Abrechnungsprüfung geht es um die Schutzinteressen der Pflegebedürftigen sowie der Solidargemeinschaft der Versicherten. Mitumfasst von der Prüfung ist aber auch die Prüfung zur Qualifikation des eingesetzten Personals sowie etwaiger Ausbildungszuschläge als Bestandteil der Pflegevergütung. Die Pflegekassen können dabei im Einzelfall auch mit dem Stellen zur Bekämpfung von Fehlverhalten im Gesundheitswesen zusammenarbeiten.

Praxishinweis: Auskunft über den Prüfungszweck und -umfang gibt der **Prüfungsauftrag**. Dieser ist stets zu Prüfungsbeginn vorzulegen.   495

M/Info	
1.4	**Prüfungsauftrag nach § 114 SGB XI**
a.	☐ Regelprüfung
b.	☐ Anlassprüfung (Beschwerde Pflegebedürftiger, Angehörige o.ä.) ☐ Anlassprüfung (Hinweise von anderen Institutionen) ☐ Anlassprüfung (sonstige Hinweise)
c.	☐ Wiederholungsprüfung nach Regelprüfung ☐ Wiederholungsprüfung nach Anlassprüfung
d.	☐ nächtliche Prüfung

Voraussetzung der Wirtschaftlichkeits- und Abrechnungsprüfung nach § 79 Abs. 4 SGB XI ist das Vorliegen tatsächlicher **Anhaltspunkte** für ein fehlerhaftes Abrechnen. Vage und wenig konkrete Hinweise reichen somit für die Veranlassung dieser Prüfungen nicht aus. Die Anhaltspunkte müssen die Pflegekassen vielmehr zu der Überzeugung kommen lassen, dass die Pflegeeinrichtung fehlerhaft abrechnet. Die **Anhalts-**   496

punkte müssen der betroffenen Pflegeeinrichtung vor Beginn der Prüfung **benannt** werden. Das Weitere sollen die Verbände der Pflegeeinrichtungen im jeweiligen Bundesland im Landesrahmenvertrag nach § 75 SGB XI regeln.

497 Bei ambulanten Leistungserbringern, mit denen die Krankenkassen Verträge nach § 132 a SGB V geschlossen haben, und die keiner Regelprüfung nach § 114 Abs. 2 SGB XI unterliegen, da vom jeweiligen Pflegedienst nur Leistungen der häuslichen Krankenpflege – etwa der Intensivpflege – erbracht werden, unterliegen ab dem 1.1.2017 einer Regelprüfung durch den MDK. § 275 b SGB V regelt nun, dass die Vorschriften über die Regelprüfung nach § 114 Abs. 2 SGB XI insoweit entsprechend gelten. Dabei wird auch geprüft, ob der jeweilige ambulante Pflegedienst derartige Versorgungen, bei denen aufgrund eines erhöhten Pflegeaufwandes oder einer Bedrohung der Vitalfunktion des Versicherten die ununterbrochene Anwesenheit einer Pflegefachkraft erforderlich ist, den Krankenkassen **angezeigt** hat. Dies gilt nur, wenn diese Leistungen für mindestens zwei Versicherte in einer durch den Pflegedienst oder einen Dritten organisierten Wohneinheit erbracht werden (§ 132 a Abs. 4 Satz 12 SGB V). Eine derartige Regelung galt bisher lediglich für die hessischen Pflegedienste aufgrund des § 10 Abs. 5 HGBP-Hessen. Damit sollen die Krankenkassen in die Lage versetzt werden, sofort zu erkennen, dass möglicherweise mehrere Intensivpatienten in räumlicher Nähe versorgt werden, um entsprechend niedrigere Personalschlüssel zu vereinbaren und zu finanzieren.

498 Um fehlerhafte Abrechnungen im Bereich der häuslichen Krankenpflege schnell und einfach zu identifizieren, sind die **Einsatzzeiten** zu dokumentieren. Dadurch soll ein **Plausibilitätscheck** der abgerechneten Leistungen in der angegebenen Zeit des Einsatzes ermöglicht werden. Daher ist nach § 302 Satz 2 SGB V bei der Abrechnung der Leistung der häuslichen Krankenpflege nach § 37 SGB V die Zeit der Leistungserbringung, also der Leistungsbeginn und das Leistungsende anzugeben. Werden verschiedene Leistungen, also etwa SGB V- und SGB XI-Leistungen nebeneinander in einem Einsatz erbracht, dann ist die Gesamtzeit anzugeben, also keine Aufteilung zwischen SGB XI-Leistungen und SGB V-Leistungen vorzunehmen. Gleiches gilt, wenn verschiedene Leistungen der häuslichen Krankenpflege erbracht werden. Dokumentiert werden soll der Gesamteinsatz, nicht einzelne Leistungen.

499 Der neue § 302 Satz 2 SGB V für Leistungen der häuslichen Krankenpflege bringt eine Regelung, die in vielen Bundesländern bereits für die Leistungen der Grundpflege und Betreuung gelten, vgl. § 105 Abs. 1 Satz 1 Nr. 1 SGB XI (Aufzeichnung der „**Zeit der Leistungserbringung**"). So regelt beispielsweise § 3 Abs. 4 Satz 2 Vergütungsvereinbarung-Niedersachsen: „Die Leistungserbringung für Leistungen der Grundpflege und der Betreuung nach Zeitaufwand ist **minutengenau** zu erfassen."

Der Einsatz beginnt mit dem Betreten und endet mit dem Verlassen der Wohnung/des Hauses. Die Dokumentationszeit der SGB XI-Leistung ist am Leistungsort abrechenbare Zeit.

Praxishinweis: In vielen Vergütungsvereinbarungen ist bei einer Abrechnung auf   500
Zeitbasis eine sog. **Mindesteinsatzdauer** geregelt worden:

> **Beschäftigung und Beaufsichtigung**
> - Vorlesen
> - Spielen
> - Unterhaltungen
> - Biografiearbeit (Erinnerungsarbeit)

Einsatzmindestdauer: 15 Min.

Punktzahl: 600 Punkte je Stunde
              10 Punkte je Minute

Beispiel: Darf ein solcher Einsatz abgerechnet werden, auch wenn dieser keine
15 Minuten gedauert hat, da dokumentiert wurde am „Tag X" von **9:43 bis 9:54**
Uhr vor Ort? Darf in der Rechnung trotzdem stehen:

Tag X: **Beschäftigung 150 Punkte** [15 Min. Mindesteinsatz x 10 Punkte]

Dazu ist die Vertragsregelung auszulegen („Was ist damit gemeint?"): Während
wörtlich wohl beide Antworten (Abrechnung ja/nein) möglich sind, wenn die Einsatzmindestdauer nicht erreicht wird, dürfte bereits die systematische Auslegung
(im Kontext der Normen) zu einem eindeutigen Ergebnis kommen. Meist wird die
vorgenannte Vertragsklausel im Zusammenhang mit der Abrechnung auf der
Leistungskomplexbasis geregelt. So führt § 3 Abs. 4 Satz 1 VV-Niedersachsen dazu
aus: „Die Gesamtpunktzahl ist abrechenbar, unabhängig davon, ob bei jedem Einsatz alle Leistungen erbracht worden sind." Das Ergebnis wird untermauert von
Überlegungen zum Zweck der Regelung: Diese bietet zunächst einen Schutz der
ambulanten Pflegedienste und Sozialstationen in Form einer „Mindestdauer"
oder eines „Mindestumsatzes" vor Kleinsteinsätzen. Die Regelung ist so eine ver-
fahrensökonomische Abrechnungsbasis durch Pauschalierung.

Und schließlich ist eine Abrechnung im „15 Minuten-Takt" auch in anderen Branchen üblich, wenn nicht 15 Minuten geleistet wurden.[318] Allerdings liegt sicher
kein Verstoß gegen eine überraschende Klausel in allgemeinen Geschäftsbedin-
gungen (§ 307 BGB) vor, wenn dieser Fall im Pflegevertrag ausdrücklich vereinbart
wird.[319] Ansonsten ist zu raten: Es wird nur das abgerechnet, was auch erbracht
wurde! Im Beispiel also die dokumentierten 11 Minuten.

Die Regelungen zur Abrechnungsprüfung werden flankiert von einem Ausbau des   501
Schutzes vor unlauteren Anbietern auf dem Pflegemarkt. Dazu werden in den Landes-
rahmenverträgen nach § 75 SGB XI ausdrücklich die Regelungsinhalte für die Vertragsvoraussetzungen und Vertragserfüllung erweitert. Ausgangspunkt bildet hierbei
die gesetzlich vorgegebene Zulassungsvoraussetzung nach § 72 Abs. 3 Satz 1 Nr. 2

---

318   So: BGH 21.10.2010 – IX ZR 37/10 = NJW 2011, 63 – anwaltliche Vergütungsvereinbarung; anders noch
      die Vorinstanz: OLG Düsseldorf 18.2.2010 – 24 U 183/05.
319   OLG Karlsruhe 28.8.2014 – 2 U 2/14 – anwaltliche Vergütungsvereinbarung.

SGB XI, wonach die Pflegeeinrichtungen jederzeit die Gewähr für eine leistungsfähige und wirtschaftliche pflegerische Versorgung bieten müssen. Dies umfasst im rechtmäßigen Geschäftsverkehr eine **ordnungsgemäße Vertragserfüllung** und deren Abrechnung. Damit können nähere Kriterien zur **Geeignetheit** und **Zuverlässigkeit** des Inhabers, des Gesellschafters, des Geschäftsführers oder der verantwortlichen Pflegefachkraft der Pflegeeinrichtung bestimmt werden. Zudem können auch geeignete **Rechnungslegungs- und Buchführungsunterlagen** einschließlich der Leistungsnachweise einbezogen werden. Damit soll eine effektive Vorsorge getroffen werden, in denen bereits auffällig gewordene Anbieter sich einer gegebenenfalls drohenden Kündigung ihres Versorgungsvertrages entziehen, um stattdessen eine neue Zulassung – unter eigenem Namen oder durch einen „Strohmann" – zu erlangen.[320]

VI. Die Qualitätsdarstellungsvereinbarungen

502 Die von den Vertragsparteien bisher nach § 115 Abs. 1 a SGB XI getroffenen Pflege-Transparenzvereinbarungen für den ambulanten und für den stationären Bereich sollen auf wissenschaftlicher Grundlage durch einen grundsätzlich neuen Ansatz abgelöst werden. Die Vertragsparteien der Selbstverwaltung nach § 113 SGB XI werden daher verpflichtet, ein **Instrument zur vergleichenden Qualitätsberichterstattung**, das die Qualität in Pflegeeinrichtungen differenziert und nutzergerecht darstellt, auf wissenschaftlicher Basis neu zu entwickeln und umzusetzen. Zur Sicherstellung der Wissenschaftlichkeit beschließen die Vertragsparteien nach § 113 SGB XI unverzüglich die Vergabe der Aufträge nach § 113 b Abs. 4 Satz 2 Nr. 1 bis 4 SGB XI:

Die ausgewählten wissenschaftlichen Einrichtungen oder Sachverständigen werden beauftragt, insbesondere

1. bis zum 31.3.2017 die Instrumente für die Prüfung der Qualität der Leistungen, die von den stationären Pflegeeinrichtungen erbracht werden, und für die Qualitätsberichterstattung in der stationären Pflege zu entwickeln, wobei

   a) insbesondere die 2011 vorgelegten Ergebnisse des vom Bundesministerium für Gesundheit und vom Bundesministerium für Familie, Senioren, Frauen und Jugend geförderten Projektes Entwicklung und Erprobung von Instrumenten zur Beurteilung der Ergebnisqualität in der stationären Altenhilfe und die Ergebnisse der dazu durchgeführten Umsetzungsprojekte einzubeziehen sind und

   b) Aspekte der Prozess- und Strukturqualität zu berücksichtigen sind;

2. bis zum 31.3.2017 auf der Grundlage der Ergebnisse nach Nr. 1 unter Beachtung des Prinzips der Datensparsamkeit ein bundesweites Datenerhebungsinstrument, bundesweite Verfahren für die Übermittlung und Auswertung der Daten einschließlich einer Bewertungssystematik sowie für die von Externen durchzuführende Prüfung der Daten zu entwickeln;

---

320 BT-Drucks. 18/9518, 72.

3. bis zum 30.6.2017 die Instrumente für die Prüfung der Qualität der von den ambulanten Pflegeeinrichtungen erbrachten Leistungen und für die Qualitätsberichterstattung in der ambulanten Pflege zu entwickeln, eine anschließende Pilotierung durchzuführen und einen Abschlussbericht bis zum 31.3.2018 vorzulegen;

4. ergänzende Instrumente für die Ermittlung und Bewertung von Lebensqualität zu ermitteln.

Die Ergebnisse der wissenschaftlichen Untersuchungen bilden die Grundlage für die Vereinbarungen zur Qualitätsdarstellung (**Qualitätsdarstellungsvereinbarungen**). Für den stationären Bereich sind zur Darstellung der Ergebnisqualität insbesondere die nach Maßgabe der Vereinbarung nach § 113 SGB XI ausgewerteten Daten des **Indikatorenmodells** zu berücksichtigen. Als weitere Bestandteile der Qualitätsberichterstattung sind auch ergänzende Daten zur Struktur- und Prozessqualität darzustellen, die aus Qualitätsprüfungen auf der Grundlage der Richtlinien nach § 114 a Abs. 7 SGB XI gewonnen werden. Die Vertragsparteien sollen prüfen, inwieweit diese Daten um weitere Informationen zu ergänzen sind. Die Vertragsparteien vereinbaren als weiteren Bestandteil der Qualitätsdarstellungsvereinbarungen die Form der Darstellung und eine Bewertungssystematik, die es den Pflegebedürftigen und ihren Angehörigen ermöglicht, eine vergleichende und übersichtliche Einschätzung der Qualität von Pflegeeinrichtungen zu gewinnen. Die weiteren Regelungen zur Berücksichtigung der Art der Prüfung bei der Darstellung der Qualität sowie zur Gestaltung der Aushänge in den Pflegeeinrichtungen bleiben unverändert.[321] Die Vereinbarungen sind an den medizinisch-pflegefachlichen Fortschritt anzupassen. Das neu entwickelte Instrument für die Qualitätsberichterstattung, das in den Qualitätsdarstellungsvereinbarungen zu bestimmen ist, ersetzt den sog. **Pflege-TÜV**, lösen also die bisherigen Pflege-Transparenzvereinbarungen ab, die noch bis zum Inkrafttreten der Qualitätsdarstellungsvereinbarungen weiter gelten, § 115 Abs. 1 a SGB XI.

Praxishinweis: Die **Qualitätsdarstellungsvereinbarungen** ersetzen die Pflege-Transparenzvereinbarungen (**PTVS**) für den stationären Bereich bis zum 31.12.2017 und für den ambulanten Bereich (**PTVA**) bis zum 31.12.2018.   503

Es steht nicht zu erwarten, dass der Abschluss der Qualitätsdarstellungsvereinbarungen innerhalb des ambitionierten gesetzlichen Zeitrahmens gelingt. Dafür sind zu viele und aufwendige Vorarbeiten notwendig. So werden die bisherigen PTVA und PTVS nach § 115 a Abs. 1 SGB XI auf die neuen Regelungen formal angepasst, aber nicht inhaltlich überarbeitet oder geändert. Für die so **übergeleiteten Pflege-Transparenzvereinbarungen** passen die Vertragsparteien nach § 113 SGB XI die Pflege-Transparenzvereinbarungen an den Gesetzesstand in der am 1.1.2017 geltenden Fassung an.   504

Die Regelung in § 115 a SGB XI schafft die notwendige sichere Rechtsgrundlage für Qualitätsprüfungen in dem **Übergangszeitraum** zu einer neuen Form der Qualitäts-   505

---

321 BT-Drucks. 18/5926, 106.

messung, Qualitätsprüfung und Qualitätsberichterstattung. Die **Pflege-Transparenz-vereinbarungen** und die Richtlinien über die Prüfung der in Pflegeeinrichtungen er-brachten Leistungen und deren Qualität nach § 114 SGB XI (**Qualitätsprüfungs-Richtlinien**) beziehen sich in den am 31.12.2015 bestehenden Fassungen auf die zum 1.1.2017 abzulösenden Pflegestufen; insbesondere liegt den Stichprobenregelungen die Einteilung in Pflegestufen zu Grunde. Mit Ablösung der Pflegestufen durch Pflege-grade zum 1.1.2017 durch die Einführung des neuen Pflegebedürftigkeitsbegriffs und des neuen Begutachtungsinstruments sind die Qualitätsprüfungs-Richtlinien und die Pflege-Transparenzvereinbarungen in den vorliegenden bisherigen Fassungen nicht mehr anwendbar. Mit dieser Übergangsregelung wird sichergestellt, dass die Quali-tätsprüfung und Qualitätsdarstellung an diese Veränderungen angepasst werden. Die Vertragsparteien nach § 113 SGB XI sind verpflichtet, die betreffenden Regelungen der PTVA und PTVS an die **Überleitung von Pflegestufen in Pflegegrade** anzupas-sen.[322]

506 **Praxishinweis:** Die angepassten und so **übergeleiteten PTVA und PTVS** gelten **ab 1.1.2017 bis zum Abschluss** der in § 115 Abs. 1a SGB XI vorgesehenen Qualitätsdar-stellungsvereinbarungen.

VII. Der Erstattungsbetrag bei Rückstufungen

507 Der **Erstattungsbetrag bei Rückstufung** nach § 87a Abs. 4 SGB XI wird an die neuen Leistungsbeträge angepasst. Er entspricht mit 2.952,00 € der Differenz aus den Leis-tungsbeträgen der Pflegegrade 3 und 2 innerhalb eines Halbjahreszeitraumes.[323] Mit dem Erstattungs- oder **Anerkennungsbetrag** soll das überobligatorische Bemühen ei-nes Trägers einer vollstationären Einrichtung belohnt werden, wenn ein Bewohner zurückgestuft wird bzw. eine niedrigere Pflegestufe erhält. Da aber die **aktivierende Pflege** nach §§ 11 Abs. 1 Satz 2, 28 Abs. 4 Satz 1 SGB XI eines Pflegebedürftigen schon zum allgemeinen Pflegestandard gehört, ist die Zahlung des Anerkennungsbe-trages nach Sinn und Zweck der Regelung nur dann gerechtfertigt, wenn das Heim ein erkennbares „Mehr" als das gesetzliche Mindestmaß an pflegerischen Maßnah-men erbracht hat. Dass dies so geschehen ist, hat der Träger der Pflegeeinrichtung nachvollziehbar darzulegen und ggf. zu beweisen. Es muss allerdings nicht den Nach-weis erbringen, dass dieses überobligatorische Bemühen im Einzelfall auch kausal für die Rückstufung des Versicherten war.[324]

---

322 BT-Drucks. 18/6688, 137f.
323 BT-Drucks. 18/5926, 138.
324 BSG 30.9.2015 – B 3 P 1/14 R.

L. Die Finanzierung der Reform

Zeitgleich mit der Einführung des neuen Pflegebedürftigkeitsbegriffs wurde der **Bei-** 508
tragssatz der sozialen Pflegeversicherung um weitere 0,2 Beitragssatzpunkte auf
2,55 % erhöht, § 55 Abs. 1 Satz 1 SGB XI.[325] Die Anhebung des Beitragssatzes führt
im Jahr 2017 planmäßig zu **Mehreinnahmen** von rund 2,5 Mrd. €. Bis 2020 sollen
die jährlichen Mehreinnahmen auf rund 2,7 Mrd. € steigen. Dem stehen im Jahr
2017 **Mehrausgaben** infolge der Einführung des neuen Pflegebedürftigkeitsbegriffs
einschließlich der Neufestsetzung der Leistungsbeträge von ca. 3,7 Mrd. € und 2,4
bis 2,5 Mrd. € jährlich in den Folgejahren gegenüber. Darüber hinaus entstehen
durch die Überleitung der pflegebedürftigen Personen von den Pflegestufen auf die
Pflegegrade zusätzlich Überleitungskosten von insgesamt etwa 3,6 Mrd. € in einem
Zeitraum von vier Jahren. Hinzu kommen zusätzlich Bestandsschutzkosten im vollstationären Bereich von knapp 0,8 Mrd. €. Die Gesamtfinanzierung dieser Maßnahmen wird aus der vorgesehenen Beitragssatzanhebung und dem **Mittelbestand** der
Pflegeversicherung sichergestellt, ohne dass die notwendige Mindestreserve dafür verwendet werden muss.[326] Mit anderen Worten werden für die Finanzierung des Be-
standsschutzes der **Rücklage** ca. 4 Mrd. € entnommen, während gleichzeitig zur
Dämpfung der zu erwartenden demografischen Effekte mit jährlich rund 2,5 Mrd.
€ (0,2 Beitragssatzpunkte) ein **Pflegevorsorgefonds** (§§ 131 ff SGB XI) aufgebaut
wird.

Nach der Planung soll der angehobene Beitragssatz von 2,55 Prozent bis in das Jahr
2022 hinein stabil gehalten werden.[327]

---

325 Hinzu kommt der sog. Kinderlosen-Zuschlag nach § 55 Abs. 3 und 3 a SGB XI in Höhe von 0,25 Beitrags-
satzpunkten.
326 BT-Drucks. 18/5926, 70.
327 BT-Drucks. 18/5926, 67.

M. Die Hilfe zur Pflege – Leistungen der Sozialhilfe

Die bisherigen Leistungen der Hilfe zur Pflege bleiben erhalten, allerdings korrespon- **509** dieren die künftigen Leistungsinhalte mit dem erweiterten Verständnis von Pflegebedürftigkeit. Dementsprechend wird die **Hilfe zur Pflege** unter Geltung des neuen Pflegebedürftigkeitsbegriffs auch besondere Betreuungsleistungen erbringen, die bisher nur für versicherte Pflegebedürftige nach den Vorschriften der §§ 45 b und 87 b SGB XI a.F. erbracht werden.

Im Sinne der Betroffenen und der Rechtsanwender wird das Siebte Kapitel zur besseren Lesbarkeit und Verständlichkeit vollständig überarbeitet. Dabei nimmt der Umfang der Regelungen enorm zu: **Aus 6 Vorschriften werden 21!** Zur Anpassung an die Systematik des Dritten und Vierten Kapitels des SGB XII wird der Personenkreis der Leistungsberechtigten in einer eigenen Vorschrift am Anfang des Kapitels geregelt.

I. Neue Systematik der Hilfe zur Pflege

Die **Systematik** des Siebten Kapitels der SGB XII-Hilfe zur Pflege: **510**

§ 61 SGB XII	Leistungsberechtigte
§ 61 a SGB XII	Begriff der Pflegebedürftigkeit
§ 61 b SGB XII	Pflegegrade
§ 61 c SGB XII	Pflegegrade bei Kindern
§ 62 SGB XII	Ermittlung des Grades der Pflegebedürftigkeit
§ 62 a SGB XII	Bindungswirkung
§ 63 SGB XII	Leistungen für Pflegebedürftige
§ 63 a SGB XII	Notwendiger pflegerischer Bedarf
§ 63 b SGB XII	Leistungskonkurrenz
§ 64 SGB XII	Vorrang
§ 64 a SGB XII	Pflegegeld
§ 64 b SGB XII	Häusliche Pflegehilfe
§ 64 c SGB XII	Verhinderungspflege
§ 64 d SGB XII	Pflegehilfsmittel
§ 64 e SGB XII	Maßnahmen zur Verbesserung des Wohnumfeldes
§ 64 f SGB XII	Andere Leistungen
§ 64 g SGB XII	Teilstationäre Pflege
§ 64 h SGB XII	Kurzzeitpflege
§ 64 i SGB XII	Entlastungsbetrag bei den Pflegegraden 2, 3, 4 oder 5
§ 65 SGB XII	Stationäre Pflege
§ 66 SGB XII	Entlastungsbetrag bei Pflegegrad 1

II. Pflegebedürftigkeit in der Hilfe zur Pflege

Die zentrale Vorschrift ist der § 61 a SGB XII, mit dem der neue Pflegebedürftigkeits- **511** begriff auch in das SGB XII eingeführt wird. Die Vorschrift regelt in Anlehnung an den Regelungsbereich des bisherigen § 61 Abs. 1 Satz 1 SGB XII a.F. die grundsätzlichen Voraussetzungen für eine Leistungsberechtigung im Rahmen der Hilfe zur Pflege.

Leistungsberechtigt nach den Vorschriften der Hilfe zur Pflege sind Pflegebedürftige,

1. die **finanziell bedürftig** sind und nicht in der sozialen Pflegeversicherung versichert sind,

2. deren Pflegebedürftigkeit voraussichtlich **nicht für mindestens sechs Monate** besteht und die aus diesem Grunde keine Leistungen nach dem SGB XI erhalten und

3. deren pflegerischer Bedarf durch die Leistungen der sozialen Pflegeversicherung nicht sichergestellt ist. Mit dem neuen Pflegebedürftigkeitsbegriff erfolgt keine Vollabsicherung des Pflegerisikos durch die Leistungen der sozialen Pflegeversicherung. Die Höhe der Versicherungsleistungen nach dem SGB XI ist auf gesetzlich festgesetzte Höchstbeträge begrenzt (**Teilleistungssystem**).

Bei den Pflegebedürftigen kann daher auch nach Einführung des neuen Pflegebedürftigkeitsbegriffs im SGB XI ein darüber hinausgehender Bedarf an Pflegeleistungen bestehen, der bei finanzieller Bedürftigkeit durch die Sozialhilfe im Rahmen der Hilfe zur Pflege gedeckt werden muss. Darüber hinaus werden die Kosten für Unterkunft und Verpflegung von der gesetzlichen Pflegeversicherung nicht übernommen, das heißt im Falle der finanziellen Bedürftigkeit werden auch diesbezüglich die Kosten von den Trägern der Sozialhilfe bei häuslicher Pflege nach dem Dritten oder Vierten Kapitel des SGB XII und bei stationärer Pflege zu tragen sein, während die Leistungen zur Pflege in stationären Einrichtungen eine umfassende Versorgung beinhalten, gegliedert nach den **Fachleistungen** und den existenzsichernden **Leistungen zum Lebensunterhalt** (Unterkunft und Verpflegung). Gegenüber dem geltenden Recht unverändert setzen die Leistungen der Hilfe zur Pflege neben einer Pflegebedürftigkeit aufgrund des allgemeinen Nachranggrundsatzes des § 2 SGB XII für Leistungen der Sozialhilfe auch bei Pflegebedürftigen eine finanzielle Bedürftigkeit voraus.[328]

512 **Pflegebedürftig** sind nach § 61 a Abs. 1 SGB XII Personen, die gesundheitlich bedingte Beeinträchtigungen der Selbstständigkeit oder der Fähigkeiten aufweisen und deshalb der Hilfe durch andere bedürfen. Gegenüber dem bisherigen § 61 Abs. 1 Satz 1 SGB XII a.F. bedeutet dies eine deutliche Erweiterung, als nicht mehr vorrangig nur Menschen mit körperlichen Beeinträchtigungen als pflegebedürftig im Sinne der Hilfe zur Pflege eingestuft werden, sondern auch Personen mit kognitiven und psychischen Beeinträchtigungen, soweit dies Beeinträchtigungen der Selbstständigkeit oder Fähigkeiten verursacht.

§ 61 a Abs. 1 SGB XII ist mit Ausnahme der zeitlichen Untergrenze des SGB XI inhaltsgleich mit § 14 Abs. 1 SGB XI. Gegenüber dem geltenden Recht werden damit die Voraussetzungen weiter aneinander angeglichen. Der geltende Pflegebedürftigkeitsbegriff des SGB XII ist insoweit **umfassender** als der geltende Pflegebedürftigkeitsbegriff des SGB XI, als auch Leistungen in den Fällen erbracht werden können,

---

328 BT-Drucks. 18/9518, 83.

in denen voraussichtlich **für weniger als sechs Monate** die Voraussetzungen einer Pflegebedürftigkeit vorliegen.

Darüber hinaus erhielten nach § 61 Abs. 1 Satz 2 SGB XII a.F. auch die Personen Hilfe zur Pflege, die einen **geringeren Hilfebedarf** aufwiesen, als ihn die Pflegeversicherung voraussetzt, also weniger als 45 Minuten der Grundpflege bedurften, oder die der Hilfe für **andere** als die gewöhnlichen und regelmäßig wiederkehrenden **Verrichtungen** bedürfen. Diese Erweiterung des Pflegebedürftigkeitsbegriffs ist im Zuge der Umstellung von drei Pflegestufen auf fünf Pflegegrade weggefallen, da der Gesetzgeber die Leistungssysteme von SGB XII und SGB XI angeglichen hat. Als pflegebedürftig im Sinne der Hilfe zur Pflege gelten daher nur solche Personen, die in einen Pflegegrad eingestuft werden. Personen, die im Begutachtungsverfahren weniger als 12,5 gewichtete Gesamtpunkte erhalten und daher keinen Pflegegrad erreichen, werden künftig **keine Leistungen der Hilfe zur Pflege** erhalten. Ob damit gegenüber dem geltenden Recht wirklich keine Verschlechterung verbunden ist, wie der Gesetzgeber meint,[329] wird sich zeigen müssen. Unbestritten ist, dass der neue Pflegebedürftigkeitsbegriff, den der § 61a SGB XII übernimmt, weiter reicht, als die eng körperbezogen definierte bisherige Pflegebedürftigkeit. Daher war der Beirat zur Überprüfung des Pflegebedürftigkeitsbegriffs in seinem Umsetzungsbericht[330] davon ausgegangen, dass Personen, deren ermittelter Gesamtpunktwert unter dem Schwellenwert von 15 Punkten (jetzt: 12,5 gewichtete Gesamtpunkte) liegt, lediglich geringfügige Selbstständigkeitseinbußen aufweisen, die aus pflegewissenschaftlicher Sicht keine Leistungen rechtfertigen. Mit dieser Aussage waren aber die Leistungen der sozialen Pflegeversicherung gemeint und nicht die Sozialhilfe, die stets einzusetzen hat, wenn die Voraussetzungen für einen Bedarf bekannt werden; § 18 Abs. 1 SGB XII.

Ein pflegerischer Bedarf, der Leistungen der Hilfe zur Pflege auch unterhalb dieses Gesamtpunktwertes erfordert, kann zwar pflegewissenschaftlich nicht begründet werden. Andere Leistungen der Sozialhilfe, wie etwa die Hilfe zur Weiterführung des Haushalts, bleiben aber möglich.

Praxishinweis: Mit der Neuregelung ist die Erweiterung der Leistungen der Hilfe zur Pflege gegenüber dem SGB XI auf den Bedarf, der in der Prognose keinen Zeitraum von 6 Monaten aufweist, beschränkt worden. Die bisherige **Öffnungsklausel** des § 61 Abs. 1 Satz 2 SGB XII a.F. entfällt.

Die Hilfe zur Pflege büßt so ihre **Auffang- oder Garantiefunktion**[331] für den Personenkreis, der keinen Pflegegrad erhält, weitgehend ein. Die Praxis wird sich insoweit mit anderen sozialhilferechtlichen Ansprüchen helfen müssen.

513

514

---

329 BT-Drucks. 18/9518, 84.
330 Bericht des „Beirats zur Überprüfung des Pflegebedürftigkeitsbegriffs" vom 29.1.2009. Der Umsetzungsbericht des Beirats wurde im Mai 2009 veröffentlicht, 19.
331 Ausführlich: BVerwG 15.6.2000 – 5 C 34.99 =BVerwGE 111, 241.

515 Die bisherige Einteilung nach Pflegestufen wird durch eine Einstufung nach Pflegegraden in § 61 b Abs. 1 SGB XII ersetzt. Die Einteilung nach Pflegegraden in der Hilfe zur Pflege entspricht der des § 15 Abs. 3 Satz 3 SGB XI.

Die bisher in der Praxis benannte „Pflegestufe 0" (= Grundpflegebedarf unter 45 Minuten täglich) gibt es als **„Pflegegrad 0"** nicht.

§ 61 b Abs. 2 SGB XII enthält die Sonderregelung für besondere Bedarfskonstellationen; § 61 c SGB XII die Sonderregelungen für Kinder.

III. Verfahren zur Ermittlung und Feststellung des Bedarfs

516 Nachdem bisher im Siebten Kapitel des SGB XII keine ausdrückliche Regelung, nach welchem Verfahren die Pflegebedürftigkeit zu beurteilen ist, enthalten war, wird mit dem neuen § 62 SGB XII nunmehr festgelegt, dass auch in Fällen, in denen ausschließlich Leistungen nach dem Siebten Kapitel des SGB XII in Betracht kommen, jedoch keine Leistungen nach dem SGB XI, das **Begutachtungsinstrument** nach § 15 des SGB XI zur Ermittlung des Grades der Pflegebedürftigkeit eingesetzt werden muss. Die Anwendung eines identischen Begutachtungsverfahrens zur Ermittlung des Grades des Pflegebedürftigkeitsbegriffs ist zur Sicherstellung der Anwendung einheitlicher Kriterien und Maßstäbe zwingend.

517 Bereits bisher regelte § 62 SGB XII a.F. die **Bindungswirkung.** Die Träger der Sozialhilfe hatten die Entscheidung der Pflegekasse über das Ausmaß der Pflegebedürftigkeit ihrer eigenen Entscheidung im Rahmen der Hilfe zur Pflege zugrunde zu legen, soweit sie auf Tatsachen beruht, die bei beiden Entscheidungen zu berücksichtigen sind.

In der Praxis war zum Teil umstritten, wie der Begriff „Ausmaß" zu verstehen sei. Zur Klarstellung bestimmt der neue § 62 a SGB XII, dass die Entscheidung der Pflegekasse, in den Fällen, in denen sie auf Tatsachen beruht, die bei beiden Entscheidungen zu berücksichtigen sind, nicht nur zugrunde zu legen, sondern **bindend** ist. Die Bindungswirkung betrifft nur die **Einordnung in den Pflegegrad; Inhalt** und **Umfang** der Leistungen der Träger der Sozialhilfe ergeben sich aus den Vorschriften des Siebten Kapitels. Damit wird eine unterschiedliche Beurteilung desselben Sachverhalts durch Pflegekasse und Träger der Sozialhilfe ausgeschlossen. Die gesetzliche Bindungswirkung dient zugleich auch der Entbürokratisierung und Beschleunigung des Verwaltungsverfahrens, indem Doppelbegutachtungen in den weitaus überwiegenden Fällen vermieden werden können.

§ 62 a Satz 2 SGB XII regelt die Fälle, in denen keine Entscheidung der Pflegekasse über das Ausmaß der Pflegebedürftigkeit vorliegt. Die Träger der Sozialhilfe haben in diesen Fällen in eigener Verantwortung den Grad der Pflegebedürftigkeit unter Einsatz des Begutachtungsinstruments nach § 62 SGB XII zu ermitteln. Dazu können Sachverständige hinzugezogen werden. Als Sachverständiger kommt hier insbesondere der MDK in Betracht, der gem. § 18 SGB XI von den Pflegekassen mit der Prüfung beauftragt werden kann, ob die Voraussetzungen der Pflegebedürftigkeit bei Versicherten erfüllt sind und welcher Pflegegrad vorliegt.

Der Träger der Sozialhilfe hat im Rahmen der Hilfe zur Pflege Leistungen für Pflege- 518
bedürftige zur Deckung des notwendigen pflegerischen Bedarfs zu erbringen (**Be-
darfsdeckungsprinzip**). Bisher wird der notwendige pflegerische Bedarf an Leistungen
der Hilfe zur Pflege für die gewöhnlichen und regelmäßig wiederkehrenden Verrichtungen aus dem **Zeitaufwand,** den eine Pflegeperson für die entsprechenden Verrichtungen der Grundpflege und hauswirtschaftlichen Versorgung durchschnittlich pro
Tag benötigt, abgeleitet. Zusätzliche Ermittlungen des Trägers der Sozialhilfe zum Bedarf in Form eines zusätzlichen Gutachtens waren daher nur erforderlich, soweit Pflegebedürftige keine Leistungen der Pflegeversicherung erhalten, einen höheren Bedarf
haben oder Hilfe bei anderen Verrichtungen benötigen.

Mit Einführung des neuen Pflegebedürftigkeitsbegriffs und des neuen Begutachtungsinstruments in der Pflegeversicherung wird der Grad der Selbstständigkeit zum Maßstab für die Einstufung in die Pflegegrade. Dadurch können in der Pflegeversicherung
körperliche, kognitive und psychische Erkrankungen erstmals gleichermaßen berücksichtigt werden. Zudem soll der Aspekt der Stärkung der Selbstständigkeit stärker in
den Vordergrund gerückt werden. Der erforderliche Zeitaufwand für pflegerische
Maßnahmen wurde daher in den Gewichtungen der Bewertungssystematik zwar mit
berücksichtigt, ist aber aufgrund der neuen fachlichen Zielsetzung nur ein Gewich-
tungsaspekt neben anderen (z.B. der Häufigkeit oder der Schwere der Belastung).
Dementsprechend enthält der Bescheid zur Feststellung der Pflegebedürftigkeit keine
gesonderte und individuelle Ermittlung des notwendigen Zeitaufwands für die Pflege.
Aus dem Ergebnis der Feststellung der Pflegebedürftigkeit sind daher keine unmittelbaren Rückschlüsse auf den notwendigen Bedarf der Pflegebedürftigen an pflegerischen Leistungen möglich.[332]

In der Hilfe zur Pflege kann die Feststellung des notwendigen Bedarfs an Leistungen
der häuslichen Pflege nicht alleine durch Übernahme des Begutachtungsergebnisses
der Pflegeversicherung erfolgen. Insbesondere für die Leistungen der häuslichen Pflegehilfe nach § 64 b SGB XII, die anders als das Pflegegeld nach § 64 a SGB XII und
der Entlastungsbetrag nach den §§ 64 i und 66 SGB XII der Höhe nach nicht begrenzt sind, sondern vielmehr bedarfsdeckend zu erbringen sind, wird der Träger der
Sozialhilfe daher zur Festsetzung des Umfangs der Leistungen der häuslichen Pflege
nach § 63 a SGB XII den **notwendigen pflegerischen Bedarf** zu **ermitteln** und **festzustellen** haben.

Praxishinweis: Da der MDK im Gutachten zur Einstufung in einen Pflegegrad 519
weder den zeitlichen Bedarf noch die Häufigkeit der einzelnen Kriterien ermittelt,
muss nun der Träger der Sozialhilfe den notwendigen pflegerischen Bedarf ermitteln und feststellen.

Wie die Ermittlung vorgenommen wird, regelt das SGB XII nicht. Daher kann der
Träger der Sozialhilfe die **Ermittlung** frei gestalten, also etwa durch **Hausbesuche,**

---

332 BT-Drucks. 18/9518, 90.

aus **Pflegetagebüchern** der pflegenden Angehörigen oder Kostenvoranschlägen der Pflegeeinrichtungen den notwendigen Bedarf feststellen.

IV. Die Leistungen der Hilfe zur Pflege

520 Durch den Begriff der Pflegebedürftigkeit und das neue Begutachtungsinstrument, wird der Rahmen für Umfang, Arten und Inhalte der Leistungen der Pflegversicherung gesetzt. Der § 63 SGB XII nennt daher die **Leistungen der Hilfe zur Pflege**, unterteilt in diejenigen der Pflegegrade 2–5 (§ 63 Abs. 1 SGB XII) und diejenigen des Pflegegrades 1 (§ 63 Abs. 2 SGB XII). Der Umfang der Leistungen korrespondiert grundsätzlich mit dem Grad und damit der Schwere der Pflegebedürftigkeit. Bezüglich Art und Inhalt der Leistungen werden diejenigen Maßnahmen der Grundpflege, hauswirtschaftlichen Versorgung und häuslichen Betreuung konkretisiert, die mit den im Begutachtungsinstrument beschriebenen Beeinträchtigungen übereinstimmen. Die Leistungen der Hilfe zur Pflege entsprechen weitgehend den Leistungsarten der Pflegeversicherung. Gegenüber dem geltenden Recht der Hilfe zur Pflege werden die Leistungen im neuen Recht der Hilfe zur Pflege aber nach dem Umfang der Leistungsarten merklich erweitert.

Zugleich wird aufgrund der **weitgehend identischen Pflegebedürftigkeitsbegriffe** von SGB XI und SGB XII der Inhalt der Leistungen der Hilfe zur Pflege auf die sog. Betreuungsleistungen erstreckt. Die Träger der Sozialhilfe werden zur Umsetzung des neuen Pflegebedürftigkeitsbegriffs sowohl ambulant als auch stationär entsprechende Betreuungsleistungen **bedarfsdeckend** erbringen. Entscheidend bleiben im Rahmen der Hilfe zur Pflege die **Besonderheiten des Einzelfalls** (§ 9 SGB XII).

521 Der **Leistungskatalog** des § 63 SGB XII ist abschließend. Unberührt bleiben weitere Leistungen nach anderen Vorschriften des SGB XII außerhalb der Hilfe zur Pflege. Die näheren Einzelheiten der einzelnen Leistungen der Hilfe zur Pflege werden in den neuen §§ 64 a ff SGB XII geregelt. Der Nachrang der Sozialhilfe (§ 2 SGB XII) bleibt unberührt.

Im Hinblick darauf, dass die Beeinträchtigungen der Selbstständigkeit oder der Fähigkeiten im Sinne des § 61 a SGB XII bei Personen des Pflegegrades 1 gering ausgeprägt sind, werden die Leistungen der Hilfe zur Pflege – wie auch im vorrangigen System der sozialen Pflegeversicherung – grundsätzlich für die Pflegegrade 2, 3, 4 oder 5 gewährt. Die Hilfe zur Pflege umfasst nach § 63 Abs. 1 SGB XII für Pflegebedürftige der **Pflegegrade 2, 3, 4 oder 5**

1. **häusliche Pflege** in Form von

   a) Pflegegeld (§ 64 a SGB XII),

   b) häuslicher Pflegehilfe (§ 64 b SGB XII),

   c) Verhinderungspflege (§ 64 c SGB XII),

   d) Pflegehilfsmitteln (§ 64 d SGB XII),

e) Maßnahmen zur Verbesserung des Wohnumfeldes (§ 64 e SGB XII),

f) anderen Leistungen (§ 64 f SGB XII),

2. **teilstationäre Pflege** (§ 64 g SGB XII),

3. **Kurzzeitpflege** (§ 64 h SGB XII),

4. einen **Entlastungsbetrag** (§ 64 i SGB XII) und

5. **stationäre Pflege** (§ 65 SGB XII).

Die Hilfe zur Pflege schließt Sterbebegleitung mit ein.

Für Pflegebedürftige des Pflegegrades 1 gewährt § 63 Abs. 2 SGB XII folgende Leistungen

1. **Pflegehilfsmittel** (§ 64 d SGB XII),

2. **Maßnahmen zur Verbesserung des Wohnumfeldes** (§ 64 e SGB XII) und

3. einen **Entlastungsbetrag** (§ 66 SGB XII).

Aufgrund der nur geringen Ausprägung der Beeinträchtigungen der Selbstständigkeit oder der Fähigkeiten erhalten Pflegebedürftige des **Pflegegrades 1 nur eingeschränkte Leistungen** entsprechend dem Leistungskatalog des § 63 Abs. 2 SGB XII. Erbracht werden Leistungen der Hilfe zur Pflege, die dazu beitragen sollen, den Verbleib in der häuslichen Umgebung auch für Pflegebedürftige sicherzustellen. Wie andere Pflegebedürftige können auch Pflegebedürftige des Pflegegrades 1 sowohl Pflegehilfsmittel als auch Maßnahmen zur Verbesserung des Wohnumfeldes erhalten. Darüber hinaus erhalten Pflegebedürftige des Pflegegrades 1 nach Maßgabe des neuen § 66 SGB XII einen Entlastungsbetrag in Höhe von maximal 125,00 € monatlich. Mit diesen Leistungen wird der notwendige pflegerische Bedarf nach den Vorschriften Hilfe zur Pflege begrenzt auf diesen Betrag abgedeckt. | **522**

Darüber hinaus haben Pflegebedürftige des Pflegegrades 1 daher **keinen weiteren Anspruch** auf weitere Leistungen im Rahmen der Hilfe zur Pflege. Unberührt bleiben Leistungen nach anderen Vorschriften des SGB XII wie z.B. die Hilfe zur Weiterführung des Haushalts nach § 70 SGB XII, die auch Pflegebedürftigen des Pflegegrades 1 gewährt werden können, ebenso wie beispielsweise Leistungen der Hilfe zum Lebensunterhalt.[333]

Die Regelungen der Hilfe zur Pflege **schließen** also zwei Fallkonstellationen von den Leistungen der Hilfe zur Pflege **aus**. Diejenigen, die keinen Pflegegrad erreichen, also unter 12,5 gewichtete Gesamtpunkte bleiben, und die Pflegebedürftigen, die zwar Pflegegrad 1 erreichen, jedoch unter 27,0 gewichteten Gesamtpunkten bleiben und so nicht in Pflegegrad 2 eingestuft werden. Gegenüber der bisher geltenden Öffnungsklausel des § 61 Abs. 1 Satz 2 SGB XII eine eindeutige Verschärfung. Zwei Fragen drängen sich auf: | **523**

Folgt die Hilfe zur Pflege des SGB XII dem SGB XI und macht sich auf in ein **Teilleistungssystem**?

---

333 BT-Drucks. 18/9518, 89.

Tut sich an dieser Stelle eine **Gerechtigkeitslücke** auf, weil das SGB XII so seine Garantiefunktion verliert?

524   **Praxishinweis:** Da das SGB XII weitere Leistungen kennt, bleiben Pflegebedürftige mit Pflegegrad 1 und sog. Doppel-00, also Personen ohne Pflegegrad, nicht unversorgt. Die Einrichtungen müssen zur weiteren Versorgung allerdings entsprechende Vereinbarungen mit den Trägern der Sozialhilfe schließen. Folgende Möglichkeiten bestehen insbesondere:

- Abweichende Regelsatzfestsetzung nach § 27 a Abs. 4 SGB XII,

- Hilfe zur **Weiterführung des Haushaltes** nach § 70 SGB XII,

- Leistungen der **Altenhilfe** nach § 71 SGB XII oder

- Hilfe in **sonstigen Lebenslagen** nach § 73 SGB XII.

525   So wurden vor Jahren zwischen den Vertragspartnern in Bayern für derartig „rüstige" Menschen Vereinbarungen zur Versorgung auf der Grundlage der **Öffnungsklausel** des § 61 Abs. 1 Satz 2 SGB XII a.F. getroffen, die nun auf der Grundlage der Hilfe in sonstigen Lebenslagen nach § 73 SGB XII weitergeführt werden. Rüstige sind nach dieser Vereinbarung in der Regel alte Menschen, bei denen die Voraussetzungen für einen Pflegegrad nicht vorliegen und die sich nicht mehr oder nicht mehr ausreichend selbst versorgen können, z.B. einkaufen, kochen, die Wohnung sauber halten und/oder wegen fehlender Kontakte nach außen vereinsamen und einer stationären Unterbringung bedürfen.

Die von der Einrichtung zu erbringenden **Leistungen** müssen in jedem Einzelfall in Art und Umfang dem Hilfeanspruch nach den §§ 1 und 9 SGB XII entsprechen. Sie müssen gem. § 76 Abs. 1 Satz 3 SGB XII ausreichend, zweckmäßig und wirtschaftlich sein und dürfen das Maß des Notwendigen nicht überschreiten. Die Einrichtung leistet die Hilfe entsprechend dem individuellen Bedarf des Menschen. Die einzelnen Leistungsbereiche beinhalten:

- Betreuung, Beratung, Teilhabe am gemeinschaftlichen Leben und Pflege,

- Unterkunft und Verpflegung,

- die Bereitstellung der betriebsnotwendigen Anlagen einschließlich ihrer Ausstattung,

- Leistungen der Leitung und Verwaltung,

- sonstige personelle und sächliche Leistungen aufgrund gesetzlicher Vorschriften,

- Maßnahmen der Qualitätsentwicklung und Öffentlichkeitsarbeit.

Dazu gehört insbesondere die Bereitstellung von adäquatem Wohnraum, Zubereitung und Bereitstellung von Getränken und Speisen, Wäscheversorgung der hauseigenen und persönlichen Wäsche und Kleidung, Hausreinigung, Hausmeisterservice und Hauswartung sowie Instandhaltung der Gebäude, Außenanlagen, Ausstattung, der technischen Anlagen, Versorgung mit Wasser, Energie sowie Entsorgung von Abwasser und Abfall und ggf. der Fahrzeuge. Die Ernährung wird nach ernährungsphysiologischen Gesichtspunkten in ausreichendem und ausgewogenem Maß sichergestellt. Sonderernährung muss entsprechend dem individuellen Bedarf gewährleistet werden. Die Reinigung und Pflege der Wäsche und Kleidung, der Räumlichkeiten, der Ausstattung und der Außenanlagen wird entsprechend der Erfordernisse unter Berücksichtigung der gesetzlichen Vorschriften erbracht.

V. Persönliches Budget

§ 63 Abs. 3 SGB XII übernimmt im Wesentlichen inhaltsgleich den bisherigen § 61   **526** Abs. 2 Satz 3 und 4 SGB XII a.F., mit dem Pflegebedürftigen die Teilnahme an der Leistungsform des **Persönlichen Budgets** eröffnet wird. Wesentliches Ziel des Persönlichen Budgets ist es, den Leistungsberechtigten zu unterstützen, ein möglichst selbstständiges und selbstbestimmtes Leben zu führen. Leistungsberechtigte können durch das Persönliche Budget selbst entscheiden, welche Hilfen sie in Anspruch nehmen, wann sie diese Hilfen in Anspruch nehmen sowie wie und durch wen. Im Interesse der Pflegebedürftigen wird die bisherige Ausgestaltung als Ermessensvorschrift („Kann") dahingehend verschärft, als dass künftig die Leistungen auf Antrag als Teil eines Persönlichen Budgets zu erbringen sind, ohne dass dem Leistungsträger diesbezüglich ein Ermessen zukommt.

VI. Die Leistungskonkurrenz

Ziel des § 63 b SGB XII ist eine möglichst klare **Abgrenzung** zwischen den Leistungen   **527** der Hilfe zur Pflege (§§ 61 ff SGB XII) und den Leistungen der Eingliederungshilfe (§§ 53 ff SGB XII), um damit die Handhabung der Vorschriften für die Praxis zu erleichtern und den Inhalten für die Betroffen besser verständlich darzustellen. Darüber hinaus werden die bislang bestehenden grundsätzlichen Leistungsverpflichtungen nach den jeweils einschlägigen Rechtsvorschriften der Hilfe zur Pflege und der Eingliederungshilfe nicht verändert.

Schnittstellen zwischen den Leistungen der Hilfe zur Pflege und der Eingliederungshilfe werden sich künftig vor allem bei den pflegerischen Betreuungsmaßnahmen im häuslichen Umfeld ergeben. Demgemäß ist zunächst danach abzugrenzen, ob eine zu erbringende Leistung dem häuslichen oder dem außerhäuslichen Umfeld zuzuordnen ist. Ist die Leistungserbringung dem häuslichen Umfeld im Sinne des § 36 SGB XI zuzuordnen, gilt für diese Leistungserbringung grundsätzlich der Vorrang der Hilfe zur Pflege, wenn bei der Maßnahme nicht die Eingliederungshilfe im Vordergrund steht. Das bedeutet für das häusliche Umfeld im Sinne des § 36 SGB XI, dass die Leistungen, deren Zweck vor allem in der pflegerischen Versorgung im Sinne der Hilfe zur Pflege besteht, in die Leistungssphäre der Hilfe zur Pflege fallen und mit den hierfür zur Verfügung stehenden ambulanten Leistungsarten abgedeckt werden.

Bei Leistungen im häuslichen Umfeld, die grundsätzlich im engen sachlichen und zeitlichen Zusammenhang mit der Erfüllung von Aufgaben der Eingliederungshilfe stehen, sind diese Leistungen abweichend vom Grundsatz des Vorrangs der Hilfe zur

Pflege insgesamt der Eingliederungshilfe zuzuordnen. Dies gilt insbesondere auch dann, wenn eine Maßnahme integraler Bestandteil von Leistungen der Eingliederungshilfe ist oder in unmittelbarem Zusammenhang damit steht, diese im Interesse der Betroffenen sachgerecht erbringen zu können. Davon ist auch auszugehen, wenn die Leistung der Eingliederungshilfe schwerpunktmäßig außerhalb des häuslichen Umfelds angesiedelt ist, aber in das häusliche Umfeld hineinreicht (wie etwa bei der Unterstützung beim Toilettengang, wenn der Betroffene zum Freizeitausflug von zu Hause abgeholt wird). Darüber hinaus kann auch die jeweilige fachliche Qualifikation, die benötigt wird, um die jeweilige Leistung sachgerecht erbringen zu können, ein wichtiges Zuordnungskriterium sein. Sind für die Leistungserbringung vor allem pflegefachliche Kenntnisse erforderlich, so ist diese in der Regel der Leistungssphäre der Hilfe zur Pflege zuzuordnen. Sind hingegen teilhabeorientierte Fachkenntnisse, beispielsweise pädagogische oder psychosoziale Kenntnisse erforderlich, ist die Leistungserbringung in der Regel der Sphäre der Eingliederungshilfe zuzuordnen.

Insgesamt soll damit vermieden werden, dass **einheitliche Lebenszusammenhänge** zerrissen werden. Folge der Regelung soll nicht sein, dass eine bisher praktizierte einheitliche Leistungserbringung durch einen hierfür qualifizierten Leistungserbringer in Zukunft in mehrere Bestandteile aufgesplittet wird, für die die Pflegebedürftigen dann unterschiedliche Leistungserbringer aus unterschiedlichen Leistungssystemen heranziehen müssten. Im Interesse der Betroffenen verbleibt es daher auch in Zukunft insoweit weiterhin bei einem Leistungsbezug „aus einer Hand". Notwendige Bedarfe der Leistungsberechtigten werden gedeckt.

Zugleich werden – wie bisher – Leistungen, bei denen die Aufgaben der Eingliederungshilfe im Vordergrund stehen, ohne dass dabei ein sachlicher Zusammenhang mit einer pflegerischen Versorgung im Sinne der Hilfe zur Pflege besteht, von der Eingliederungshilfe auch im häuslichen Umfeld weiterhin ungeschmälert erbracht. Von einer Leistungserbringung innerhalb des häuslichen Umfelds im Sinne des § 36 SGB XI wird in jedem Fall auszugehen sein, soweit ein enger räumlicher Bezug zur Wohnung der Pflegebedürftigen bzw. dem Haushalt, in dem die Pflegebedürftigen in der Regel gepflegt werden, besteht. Von einem Bezug zum häuslichen Umfeld ist auch in den Fällen auszugehen, in denen die Unterstützung in engem sachlichem Bezug zur Bewältigung und Gestaltung des alltäglichen Lebens im Haushalt und dessen räumlichen Umfeld steht und darauf ausgerichtet ist, die körperlichen, geistigen oder seelischen Kräfte der Pflegebedürftigen wiederzugewinnen oder zu erhalten. Keinen solchen Bezug hingegen weisen typischerweise Leistungen auf, die zur Unterstützung beim Besuch von Kindergarten oder Schule, bei der Ausbildung, Berufstätigkeit oder sonstigen Teilhabe am Arbeitsleben, bei der Wahrnehmung von Ämtern oder der Mitarbeit in Institutionen oder in vergleichbaren Bereichen dienen.[334]

Außerhalb des häuslichen Umfelds gehen die Leistungen der Eingliederungshilfe gegenüber den Leistungen der Hilfe zur Pflege vor, beispielsweise bei Ausflügen zu Freizeiten oder die Begleitung zu Behördengängen.

---

334 BT-Drucks. 18/9518, 90 f.

Zur Vermeidung der doppelten Leistung des **Entlastungsbetrags** nach SGB XI und   528
SGB XII an Pflegebedürftige ist der Wortlaut angepasst worden. Mit § 63 b Abs. 2
SGB XII soll sichergestellt werden, dass Pflegebedürftige entweder nur nach SGB XI
oder nur nach SGB XII Anspruch auf den Entlastungsbetrag haben. Die Nichtanrechnung gilt nicht bei Leistungen nach den §§ 64 i und 66 SGB XII.

§ 63 b Abs. 4 SGB XII regelt das **Arbeitgebermodell** in Form einer Legaldefinition,   529
wenn Pflegebedürftige mit einem Pflegebedarf ab Pflegegrad 2 ihre Pflege durch von
ihnen beschäftigte besondere Pflegekräfte sicherstellen.

Derartig Versorgte erhielten bereits nach § 63 Satz 4 SGB XII a.F. auch bei einem
Aufenthalt in einem Krankenhaus nach § 108 SGB V oder einer Vorsorge- oder Rehabilitationseinrichtung nach § 107 Abs. 2 SGB V weiterhin Leistungen. Die Praxis hat
hier gezeigt, dass die pflegerische Versorgung von behinderten Menschen während eines vorübergehenden Aufenthalts in den genannten Einrichtungen nicht im ausreichenden Maße sichergestellt ist.[335] Das dort beschäftigte Pflegepersonal ist weder von
der Ausbildung noch von den Kapazitäten her in der Lage, dem besonderen über die
Leistungen der Krankenhausbehandlung nach § 39 SGB V hinausgehenden pflegerischen Bedarf behinderter Menschen zu entsprechen. Besonders betroffen von dieser
Situation sind Menschen, die ihre Pflege außerhalb des Krankenhauses im Sinne des
§ 108 SGB V durch von ihnen beschäftigte besondere Pflegekräfte sicherstellen. Bei
diesen Personen kann der Wegfall der von ihnen beschäftigten besonderen Pflegekraft
während eines Aufenthalts in einem Krankenhaus im Sinne des § 108 SGB V zu Kom-
plikationen führen.

Die Ausnahmeregelung des § 63 b Abs. 4 SGB XII gilt aber **nicht** für Beschäftigungs-   530
verhältnisse, die zum Zwecke der pflegerischen Versorgung während eines **vorübergehenden Aufenthalts** in einem Krankenhaus begründet worden sind. Der Träger der
Sozialhilfe, der vor dem vorübergehenden Eintritt des Pflegebedürftigen in das Krankenhaus zur Leistung verpflichtet ist, ist auch künftig zur Weiterleistung der häuslichen Pflege auch während des vorübergehenden Krankenhausaufenthalts verpflichtet.
Dem Ziel, dass pflegebedürftige Menschen mit Behinderungen die von ihnen beschäftigten besonderen Pflegekräfte auch im Falle eines Aufenthalts in den genannten Einrichtungen weiter beschäftigen können, dient auch die Regelung in § 34 SGB XI, die
den Zeitraum der Weiterzahlung des Pflegegeldes auf die gesamte Dauer vorsieht.
Ebenso die Vorschrift des § 11 Abs. 3 SGB V, die für den Personenkreis der Pflegebedürftigen, die ihre Pflege durch von ihnen beschäftigte besondere Pflegekräfte sicherstellen, die Mitaufnahme von Pflegekräften bei einer stationären Behandlung in
einem Krankenhaus nach § 108 SGB V oder einer Vorsorge- oder Rehabilitationseinrichtung nach § 107 Abs. 2 SGB V vorsieht.[336]

Gemäß dem Nachrangprinzip der Leistungen der Hilfe zur Pflege im Verhältnis zu
den Leistungen nach dem SGB XI bestimmt § 63 b Abs. 4 Satz 2 SGB XI, dass das
nach dem SGB XI geleistete **Pflegegeld** auf die Leistungen der Träger der Sozialhilfe

---

335 LSG Niedersachsen-Bremen 25.2.2016 – L 8 SO 366/14 = PflR 2016, 741.
336 BT-Drucks. 18/9518, 91.

anzurechnen ist. Bei der Leistungsgewährung im Arbeitgebermodell kann der Träger der Sozialhilfe den Pflegebedürftigen nach § 63 b Abs. 6 SGB XII nicht auf die Inanspruchnahme von ambulanten Sachleistungen nach dem SGB XI verweisen.

531 § 63 b Abs. 5 SGB XII regelt, dass gleichzeitig als Leistungen neben dem Pflegegeld auch Leistungen der Verhinderungspflege oder gleichartige Leistungen nach anderen Rechtsvorschriften in Betracht kommen. In diesen Fällen kann das Pflegegeld nach § 64 SGB XII **um zwei Drittel gekürzt** werden.

Nach § 63 b Abs. 7 SGB XII sind die Träger der Sozialhilfe auch bei einer **vorübergehenden Abwesenheit** von der stationären Pflegeeinrichtung zur Erbringung von Leistungen der stationären Pflege verpflichtet. Ist die Abwesenheit durch einen Aufenthalt in einem Krankenhaus oder einer Rehabilitationseinrichtung begründet, wird der Zeitraum der Zahlungsverpflichtung für den Träger der Sozialhilfe um die Dauer dieser Aufenthalte verlängert.

532 Den Anspruch auf einen Entlastungsbetrag in Höhe von bis zu 125,00 € monatlich erhalten Pflegebedürftige der Pflegegrade 2 bis 5 nach § 64 i SGB XII und solche des Pflegegrades 1 nach § 66 SGB XII. Der **Entlastungsbetrag** kann über den notwendigen Bedarf hinausgehen. Vor dem Hintergrund des neuen Pflegebedürftigkeitsbegriffs wird hier eine über den notwendigen pflegerischen Bedarf hinausgehende, zusätzliche Leistung gewährt. Mit der Ausgestaltung als zusätzliche Leistung soll Pflegepersonen jedoch die Möglichkeit eröffnet werden, insbesondere niedrigschwellige Angebote in Anspruch nehmen zu können.

Die Leistungen nach § 45 b SGB XI sind zwar vorrangig. Es wird aber **keine Anrechnung** auf Leistungen der Hilfe zur Pflege vorgenommen, § 45 b Abs. 3 SGB XI.

VII. Stationäre Pflege

533 Soweit häusliche oder teilstationäre Pflege nicht möglich oder wegen der Besonderheit des Einzelfalls nicht in Betracht kommt, sind im Rahmen der Hilfe zur Pflege – gegenüber dem geltenden Recht insoweit unverändert – nach § 65 SGB XII Leistungen der **stationären Pflege** zu gewähren. Der Anspruch beinhaltet in Übereinstimmung mit § 43 Abs. 2 SGB XI auch Maßnahmen der medizinischen Behandlungspflege. Der Anspruch auf stationäre Pflege entspricht dem Inhalt des Anspruchs auf stationäre Pflege nach § 43 Abs. 1 SGB XI. Der Inhalt der Betreuungsmaßnahmen nach § 65 Satz 2 SGB XII entspricht weitgehend den pflegerischen Betreuungsmaßnahmen in der häuslichen Pflege.

VIII. Entlastungsbetrag Pflegegrad 1

534 Im Hinblick darauf, dass die Beeinträchtigungen der Selbstständigkeit oder der Fähigkeiten im Sinne der §§ 14 Abs. 1 SGB XI, 61 a SGB XII bei Personen mit Pflegegrad 1 gering ausgeprägt sind, werden die Leistungen der Hilfe zur Pflege grundsätzlich für die Pflegegrade 2 bis 5 gewährt. Aus pflegewissenschaftlicher Sicht ist ein uneingeschränkter Zugang zu den Leistungen der Hilfe zur Pflege bei Pflegebedürftigen

des Pflegegrades 1 nicht angezeigt.[337] § 66 SGB XII greift diesen Vorschlag insoweit auf, als dem Personenkreis der Pflegebedürftigen mit Pflegegrad 1 ein **Entlastungsbetrag** in Höhe von bis zu 125,00 € monatlich gewährt wird. Der Entlastungsbetrag soll die Pflegebedürftigen des Pflegegrades 1 befähigen, möglichst lange in ihrer häuslichen Umgebung verbleiben zu können.

Der Entlastungsbetrag ist nach § 66 Satz 2 Nr. 3 und 4 SGB XII zweckgebunden einzusetzen zur Inanspruchnahme von Leistungen der häuslichen Pflegehilfe im Sinne des § 64 b SGB XII, Maßnahmen zur Verbesserung des Wohnumfeldes nach § 64 e SGB XII, anderen Leistungen nach § 64 f SGB XII, Leistungen zur teilstationären Pflege im Sinne des § 64 g SGB XII sowie von Unterstützungsangeboten im Sinne des § 45 a SGB XI.

IX. Änderungen im Leistungserbringerrecht des SGB XII

Die Vorschrift über die Einrichtungen und Dienste erhält in § 75 Abs. 2 SGB XII [ab: **535** 1.1.2020: § 124 SGB IX *2020*] neue, erweiterte Voraussetzungen, insbesondere zum Schutz der Bürgerinnen und Bürger vor Straftaten. Der Gesetzgeber folgt so Art. 15 Abs. 2 UN-Behindertenrechtskonvention,[338] um so geeignete Maßnahmen zum Schutz von Menschen mit Behinderungen jeden Alters sowohl innerhalb als auch außerhalb der Wohnung vor jeder Form von Ausbeutung, Gewalt oder Missbrauch vorzunehmen. Nach § 75 Abs. 2 Satz 2 SGB XII sind nur solche Personen zur Beschäftigung und zur Erbringung von Leistungen der Eingliederungshilfe geeignet, die nicht wegen **Straftaten gegen die sexuelle und persönliche Selbstbestimmung** vorbestraft sind.[339] Geeignete Träger von Einrichtungen dürfen nur solche Personen beschäftigen oder ehrenamtliche Personen, die in Wahrnehmung ihrer Aufgaben Kontakt mit Leistungsberechtigten haben, mit Aufgaben betrauen, die nicht rechtskräftig wegen einer Straftat nach den §§ 171, 174 bis 174 c, 176 bis 180 a, 181 a, 182 bis 184 g, 225, 232 bis 233 a, 234, 235 oder 236 StGB verurteilt worden sind. Die genannten Straftaten berücksichtigen die Tatsache, dass auch erwachsene Menschen mit Behinderungen genauso wie Kinder und Jugendliche in einem besonderen **Abhängigkeits- und Vertrauensverhältnis** zur betreuenden Person stehen können. Die Leistungserbringer müssen in der Lage sein, die Geeignetheit des Personals zu prüfen und sich nicht nur auf eine Selbstauskunft der betroffenen Personen verlassen zu müssen.

Die Träger von Einrichtungen *sollen* sich von Fach- und anderem Betreuungspersonal, die in Wahrnehmung ihrer Aufgaben Kontakt mit Leistungsberechtigten haben, vor deren Einstellung oder Aufnahme einer dauerhaften ehrenamtlichen Tätigkeit und während der Beschäftigungsdauer in regelmäßigen Abständen ein **Führungszeugnis** nach § 30 a Abs. 1 BZRG vorlegen lassen. Mit der Vorlage eines erweiterten Führungszeugnisses erfolgt zwar ein Eingriff in das Persönlichkeitsrecht der Mitarbeiter oder der ehrenamtlich tätigen Mitarbeiter. Dieser Eingriff ist aber zum Schutz der

---

337 BT-Drucks. 18/9518, 98.
338 BGBl. II 2008, 1419.
339 BT-Drucks. 18/10523, 62.

Menschen mit Behinderungen vor sexuellen Übergriffen gerechtfertigt. Die Nutzung der Daten aus dem erweiterten Führungszeugnis muss aber restriktiv erfolgen. Soweit die Einsichtnahme erfolgt, darf der Leistungserbringer nur die relevanten Daten speichern, verändern und nutzen. Die Daten sind vor dem Zugriff unbefugter Dritter zu schützen.

536 **Praxishinweis:** Müssen sich jetzt alle ambulanten und stationären Pflegeeinrichtungen Führungszeugnisse ihrer Mitarbeiter und der ehrenamtlichen Kräfte vorlegen lassen?

Zwar spricht § 75 Abs. 2 Satz 4 SGB XII von „sollen", doch ist der gesetzgeberische Appell überdeutlich und wird wohl in ein „Muss" umgedeutet werden. Auch die Hinweise in der Gesetzesbegründung zur Eingliederungshilfe dürften täuschen: Nach § 75 SGB XII sind nur solche Personen zur Beschäftigung und zur Erbringung von Leistungen nach dem fünften bis *neunten* Kapitel geeignet, die nicht wegen Straftaten gegen die sexuelle und persönliche Selbstbestimmung vorbestraft sind.[340] Das neunte Kapitel des SGB XII ist die Hilfe zur Pflege, also die §§ 61 ff SGB XII. Daher ist die Verpflichtung, sich ein Führungszeugnis zu Beginn der Tätigkeit und dann in regelmäßigen Abständen vorlegen zu lassen, unstreitig für diejenigen Einrichtungen gegeben, die mit dem Träger der Sozialhilfe eine Vereinbarung nach § 75 Abs. 3 SGB XII geschlossen haben.

Keine Anwendung ist hingegen zu sehen, wenn lediglich Vergütungsvereinbarungen nach §§ 84, 85 SGB XI (stationär) oder § 89 SGB XI (ambulant) geschlossen wurden und der Träger der Sozialhilfe diese mitzeichnet. Gleiches gilt für Vereinbarungen zur Finanzierung der **Investitionskosten** nach § 75 Abs. 5 SGB XII. Die Investitionskosten sind nicht in den Kapiteln fünf bis neun SGB XII geregelt, so dass der Anwendungsbereich nicht gegeben ist.

---

340 BT-Drucks. 18/10523, 68.

Anhang

Einzelpunkte der Module 1 bis 6; Bildung der Summe der Einzelpunkte in jedem Modul

Modul 1: Einzelpunkte im Bereich der Mobilität

Das Modul umfasst fünf Kriterien, deren Ausprägungen in den folgenden Kategorien mit den nachstehenden Einzelpunkten gewertet werden:

Ziffer	Kriterien	selbständig	überwiegend selbständig	überwiegend unselbständig	unselbständig
1.1	Positionswechsel im Bett	0	1	2	3
1.2	Halten einer stabilen Sitzposition	0	1	2	3
1.3	Umsetzen	0	1	2	3
1.4	Fortbewegen innerhalb des Wohnbereichs	0	1	2	3
1.5	Treppensteigen	0	1	2	3

Modul 2: Einzelpunkte im Bereich der kognitiven und kommunikativen Fähigkeiten

Das Modul umfasst elf Kriterien, deren Ausprägungen in den folgenden Kategorien mit den nachstehenden Einzelpunkten gewertet werden:

Ziffer	Kriterien	Fähigkeit vorhanden/ unbeeinträchtigt	Fähigkeit größtenteils vorhanden	Fähigkeit in geringem Maße vorhanden	Fähigkeit nicht vorhanden
2.1	Erkennen von Personen aus dem näheren Umfeld	0	1	2	3
2.2	Örtliche Orientierung	0	1	2	3
2.3	Zeitliche Orientierung	0	1	2	3
2.4	Erinnern an wesentliche Ereignisse oder Beobachtungen	0	1	2	3
2.5	Steuern von mehrschrittigen Alltagshandlungen	0	1	2	3
2.6	Treffen von Entscheidungen im Alltag	0	1	2	3

Zif-fer	Kriterien	Fähigkeit vorhanden/ unbeeinträchtigt	Fähigkeit größtenteils vorhanden	Fähigkeit in geringem Maße vorhanden	Fähigkeit nicht vorhanden
2.7	Verstehen von Sach-verhalten und Infor-mationen	0	1	2	3
2.8	Erkennen von Risi-ken und Gefahren	0	1	2	3
2.9	Mitteilen von ele-mentaren Bedürfnis-sen	0	1	2	3
2.10	Verstehen von Auf-forderungen	0	1	2	3
2.11	Beteiligen an einem Gespräch	0	1	2	3

Modul 3: Einzelpunkte im Bereich der Verhaltensweisen und psychische Problemla-gen

Das Modul umfasst dreizehn Kriterien, deren Häufigkeit des Auftretens in den fol-genden Kategorien mit den nachstehenden Einzelpunkten gewertet wird:

Zif-fer	Kriterien	nie oder sehr selten	selten (ein- bis dreimal innerhalb von zwei Wochen)	häufig (zweimal bis mehr-mals wöchentlich, aber nicht täglich)	täg-lich
3.1	Motorisch geprägte Verhal-tensauffälligkeiten	0	1	3	5
3.2	Nächtliche Unruhe	0	1	3	5
3.3	Selbstschädigendes und auto-aggressives Verhalten	0	1	3	5
3.4	Beschädigen von Gegenstän-den	0	1	3	5
3.5	Physisch aggressives Verhalten gegenüber anderen Personen	0	1	3	5
3.6	Verbale Aggression	0	1	3	5
3.7	Andere pflegerelevante vokale Auffälligkeiten	0	1	3	5
3.8	Abwehr pflegerischer und an-derer unterstützender Maß-nahmen	0	1	3	5
3.9	Wahnvorstellungen	0	1	3	5
3.10	Ängste	0	1	3	5
3.11	Antriebslosigkeit bei depressi-ver Stimmungslage	0	1	3	5
3.12	Sozial inadäquate Verhaltens-weisen	0	1	3	5
3.13	Sonstige pflegerelevante inad-äquate Handlungen	0	1	3	5

Modul 4: Einzelpunkte im Bereich der Selbstversorgung

Das Modul umfasst dreizehn Kriterien:

Einzelpunkte für die Kriterien der Ziffern 4.1 bis 4.12

Die Ausprägungen der Kriterien 4.1 bis 4.12 werden in den folgenden Kategorien mit den nachstehenden Punkten gewertet:

Zif-fer	Kriterien	selb-stän-dig	über-wiegend selb-ständig	über-wie-gend unselb-ständig	unselb-ständig
4.1	Waschen des vorderen Oberkörpers	0	1	2	3
4.2	Körperpflege im Bereich des Kopfes (Kämmen, Zahnpflege/Prothesenreinigung, Rasieren)	0	1	2	3
4.3	Waschen des Intimbereichs	0	1	2	3
4.4	Duschen und Baden einschließlich Waschen der Haare	0	1	2	3
4.5	An- und Auskleiden des Oberkörpers	0	1	2	3
4.6	An- und Auskleiden des Unterkörpers	0	1	2	3
4.7	Mundgerechtes Zubereiten der Nahrung und Eingießen von Getränken	0	1	2	3
4.8	Essen	0	3	6	9
4.9	Trinken	0	2	4	6
4.10	Benutzen einer Toilette oder eines Toiletten-stuhls	0	2	4	6
4.11	Bewältigen der Folgen einer Harninkontinenz und Umgang mit Dauerkatheter und Urostoma	0	1	2	3
4.12	Bewältigen der Folgen einer Stuhlinkontinenz und Umgang mit Stoma	0	1	2	3

Die Ausprägungen des Kriteriums der Ziffer 4.8 sowie die Ausprägung der Kriterien der Ziffern 4.9 und 4.10 werden wegen ihrer besonderen Bedeutung für die pflegerische Versorgung stärker gewichtet.

Die Einzelpunkte für die Kriterien der Ziffern 4.11 und 4.12 gehen in die Berechnung nur ein, wenn bei der Begutachtung beim Versicherten darüber hinaus die Feststellung „überwiegend inkontinent" oder „vollständig inkontinent" getroffen wird oder eine künstliche Ableitung von Stuhl oder Harn erfolgt.

Einzelpunkte für das Kriterium der Ziffer 4.13

Die Ausprägungen des Kriteriums der Ziffer 4.13 werden in den folgenden Kategorien mit den nachstehenden Einzelpunkten gewertet:

Ziffer	Kriterium	entfällt	teilweise	voll-ständig
4.13	Ernährung parental oder überSonde	0	6	3

Das Kriterium ist mit „entfällt" (0 Punkte) zu bewerten, wenn eine regelmäßige und tägliche parenterale Ernährung oder Sondenernährung auf Dauer, voraussichtlich für mindestens sechs Monate, nicht erforderlich ist. Kann die parenterale Ernährung oder Sondenernährung ohne Hilfe durch andere selbständig durchgeführt werden, werden ebenfalls keine Punkte vergeben.

Das Kriterium ist mit „teilweise" (6 Punkte) zu bewerten, wenn eine parenterale Ernährung oder Sondenernährung zur Vermeidung von Mangelernährung mit Hilfe täglich und zusätzlich zur oralen Aufnahme von Nahrung oder Flüssigkeit erfolgt.

Das Kriterium ist mit „vollständig" (3 Punkte) zu bewerten, wenn die Aufnahme von Nahrung oder Flüssigkeit ausschließlich oder nahezu ausschließlich parenteral oder über eine Sonde erfolgt.

Bei einer vollständigen parenteralen Ernährung oder Sondenernährung werden weniger Punkte vergeben als bei einer teilweisen parenteralen Ernährung oder Sondenernährung, da der oft hohe Aufwand zur Unterstützung bei der oralen Nahrungsaufnahme im Fall ausschließlich parenteraler oder Sondenernährung weitgehend entfällt.

Einzelpunkte für das Kriterium der Ziffer 4.K

Bei Kindern im Alter bis 18 Monate werden die Kriterien der Ziffern 4.1 bis 4.13 durch das Kriterium 4.K ersetzt und wie folgt gewertet:

Ziffer	Kriterium	Einzelpunkte
4.K	Bestehen gravierender Probleme bei der Nahrungsaufnahme bei Kindern bis zu 18 Monaten, die einen außergewöhnlich pflegeintensiven Hilfebedarf auslösen	20

Modul 5: Einzelpunkte im Bereich der Bewältigung von und des selbständigen Umgangs mit krankheits- oder therapiebedingten Anforderungen und Belastungen

Das Modul umfasst sechzehn Kriterien.

Einzelpunkte für die Kriterien der Ziffern 5.1 bis 5.7

Die durchschnittliche Häufigkeit der Maßnahmen pro Tag bei den Kriterien der Ziffern 5.1 bis 5.7 wird in den folgenden Kategorien mit den nachstehenden Einzelpunkten gewertet:

Ziffer	Kriterien in Bezug auf	entfällt oder selbständig	Anzahl der Maßnahmen		
			pro Tag	pro Woche	pro Monat
5.1	Medikation	0			
5.2	Injektionen (subcutan oder intramuskulär)	0			
5.3	Versorgung intravenöser Zugänge (Port)	0			
5.4	Absaugen und Sauerstoffgabe	0			

Zif-fer	Kriterien in Bezug auf	entfällt oder selbständig	Anzahl der Maßnahmen		
			pro Tag	pro Woche	pro Monat
5.5	Einreibungen oder Käl-te- und Wärmeanwen-dungen	0			
5.6	Messung und Deutung von Körperzuständen	0			
5.7	Körpernahe Hilfsmittel	0			
Summe der Maßnahmen aus 5.1 bis 5.7		0			
Umrechnung in Maßnahmen pro Tag		0			
Einzelpunkte für die Kriterien der Ziffern 5.1 bis 5.7					
Maßnahme pro Tag		keine oder sel-tener als ein-mal täglich	mindestens einmal bis ma-ximal dreimal täglich	mehr als drei-mal bis maxi-mal achtmal täglich	mehr als achtmal täglich
Einzelpunkte		0	1	2	3

Für jedes der Kriterien 5.1 bis 5.7 wird zunächst die Anzahl der durchschnittlich durchgeführten Maßnahmen, die täglich und auf Dauer, voraussichtlich für mindestens sechs Monate, vorkommen, in der Spalte pro Tag, die Maßnahmen, die wö-chentlich und auf Dauer, voraussichtlich für mindestens sechs Monate, vorkommen, in der Spalte pro Woche und die Maßnahmen, die monatlich und auf Dauer, voraus-sichtlich für mindestens sechs Monate, vorkommen, in der Spalte pro Monat erfasst. Berücksichtigt werden nur Maßnahmen, die vom Versicherten nicht selbständig durchgeführt werden können.

Die Zahl der durchschnittlich durchgeführten täglichen, wöchentlichen und monatli-chen Maßnahmen wird für die Kriterien 5.1 bis 5.7 summiert (erfolgt zum Beispiel täglich dreimal eine Medikamentengabe – Kriterium 5.1 – und einmal Blutzucker-messen – Kriterium 5.6 –, entspricht dies vier Maßnahmen pro Tag). Diese Häufig-keit wird umgerechnet in einen Durchschnittswert pro Tag. Für die Umrechnung der Maßnahmen pro Monat in Maßnahmen pro Tag wird die Summe der Maßnahmen pro Monat durch 30 geteilt. Für die Umrechnung der Maßnahmen pro Woche in Maßnahmen pro Tag wird die Summe der Maßnahmen pro Woche durch 7 geteilt.

Einzelpunkte für die Kriterien der Ziffern 5.8 bis 5.11

Die durchschnittliche Häufigkeit der Maßnahmen pro Tag bei den Kriterien der Zif-fern 5.8 bis 5.11 wird in den folgenden Kategorien mit den nachstehenden Einzel-punkten gewertet:

Ziffer	Kriterien in Bezug auf	entfällt oder selbständig	Anzahl der Maßnahmen		
			pro Tag	pro Woche	pro Monat
5.8	Verbandswechsel und Wundversorgung	0			
5.9	Versorgung mit Stoma	0			
5.10	Regelmäßige Einmalkatheterisierung und Nutzung von Abführmethoden	0			
5.11	Therapiemaßnahmen in häuslicher Umgebung	0			
	Summe der Maßnahmen aus 5.8 bis 5.11	0			
	Umrechnung in Maßnahmen pro Tag	0			
Einzelpunkte für die Kriterien der Ziffern 5.8 bis 5.11					
Maßnahme pro Tag		keine oder seltener als einmal wöchentlich	ein- bis mehrmals wöchentlich	ein- bis unter dreimal täglich	mindestens dreimal täglich
Einzelpunkte		0	1	2	3

Für jedes der Kriterien 5.8 bis 5.11 wird zunächst die Anzahl der durchschnittlich durchgeführten Maßnahmen, die täglich und auf Dauer, voraussichtlich für mindestens sechs Monate, vorkommen, in der Spalte pro Tag, die Maßnahmen, die wöchentlich und auf Dauer, voraussichtlich für mindestens sechs Monate, vorkommen, in der Spalte pro Woche und die Maßnahmen, die monatlich und auf Dauer, voraussichtlich für mindestens sechs Monate, vorkommen, in der Spalte pro Monat erfasst. Berücksichtigt werden nur Maßnahmen, die vom Versicherten nicht selbständig durchgeführt werden können.

Die Zahl der durchschnittlich durchgeführten täglichen, wöchentlichen und monatlichen Maßnahmen wird für die Kriterien 5.8 bis 5.11 summiert. Diese Häufigkeit wird umgerechnet in einen Durchschnittswert pro Tag.

Für die Umrechnung der Maßnahmen pro Monat in Maßnahmen pro Tag wird die Summe der Maßnahmen pro Monat durch 30 geteilt. Für die Umrechnung der Maßnahmen pro Woche in Maßnahmen pro Tag wird die Summe der Maßnahmen pro Woche durch 7 geteilt.

Einzelpunkte für die Kriterien der Ziffern 5.12 bis 5.K

Die durchschnittliche wöchentliche oder monatliche Häufigkeit von zeit- und technikintensiven Maßnahmen in häuslicher Umgebung, die auf Dauer, voraussichtlich für mindestens sechs Monate, vorkommen, wird in den folgenden Kategorien mit den nachstehenden Einzelpunkten gewertet:

Ziffer	Kriterium in Bezug auf	entfällt oder selbständig	täglich	wöchentliche Häufigkeit multipliziert mit	monatliche Häufigkeit multipliziert mit
5.12	Zeit- und technikintensive Maßnahmen in häuslicher Umgebung	0	60	8,6	2

Für das Kriterium der Ziffer 5.12 wird zunächst die Anzahl der regelmäßig und mit durchschnittlicher Häufigkeit durchgeführten Maßnahmen, die wöchentlich vorkommen, und die Anzahl der regelmäßig und mit durchschnittlicher Häufigkeit durchgeführten Maßnahmen, die monatlich vorkommen, erfasst. Kommen Maßnahmen regelmäßig täglich vor, werden 60 Punkte vergeben.

Jede regelmäßige wöchentliche Maßnahme wird mit 8,6 Punkten gewertet. Jede regelmäßige monatliche Maßnahme wird mit zwei Punkten gewertet.

Die durchschnittliche wöchentliche oder monatliche Häufigkeit der Kriterien der Ziffern 5.13 bis 5.K wird wie folgt erhoben und mit den nachstehenden Punkten gewertet:

Ziffer	Kriterien	entfällt oder selbständig	wöchentliche Häufigkeit multipliziert mit	monatliche Häufigkeit multipliziert mit
5.13	Arztbesuche	0	4,3	1
5.14	Besuch anderer medizinischer oder therapeutischer Einrichtungen (bis zu drei Stunden)	0	4,3	1
5.15	Zeitlich ausgedehnte Besuche anderer medizinischer oder therapeutischer Einrichtungen (länger als drei Stunden)	0	8,6	2
5.K	Besuche von Einrichtungen zur Frühförderung bei Kindern	0	4,3	1

Für jedes der Kriterien der Ziffern 5.13 bis 5.K wird zunächst die Anzahl der regelmäßig und mit durchschnittlicher Häufigkeit durchgeführten Besuche, die wöchentlich und auf Dauer, voraussichtlich für mindestens sechs Monate, vorkommen, und die Anzahl der regelmäßig und mit durchschnittlicher Häufigkeit durchgeführten Besuche, die monatlich und auf Dauer, voraussichtlich für mindestens sechs Monate, vorkommen, erfasst. Jeder regelmäßige monatliche Besuch wird mit einem Punkt gewertet. Jeder regelmäßige wöchentliche Besuch wird mit 4,3 Punkten gewertet. Handelt es sich um zeitlich ausgedehnte Arztbesuche oder Besuche von anderen medizinischen oder therapeutischen Einrichtungen, werden sie doppelt gewertet.

Die Punkte der Kriterien 5.12 bis 5.15 – bei Kindern bis 5.K – werden addiert. Die Kriterien der Ziffern 5.12 bis 5.15 – bei Kindern bis 5.K – werden anhand der Summe der so erreichten Punkte mit den nachstehenden Einzelpunkten gewertet:

Summe			Einzelpunkte
0	bis unter	4,3	0
4,3	bis unter	8,6	1
8,6	bis unter	12,9	2
12,9	bis unter	60	3
60 und	mehr		6

Einzelpunkte für das Kriterium der Ziffer 5.16

Die Ausprägungen des Kriteriums der Ziffer 5.16 werden in den folgenden Kategorien mit den nachstehenden Einzelpunkten gewertet:

Ziffer	Kriterien	entfällt oder selbständig	überwiegend selbständig	überwiegend unselbständig	unselbständig
5.16	Einhaltung einer Diät und anderer krankheits- oder therapiebedingter Verhaltensvorschriften	0	1	2	3

Modul 6: Einzelpunkte im Bereich der Gestaltung des Alltagslebens und sozialer Kontakte

Das Modul umfasst sechs Kriterien, deren Ausprägungen in den folgenden Kategorien mit den nachstehenden Punkten gewertet werden:

Ziffer	Kriterien	selbständig	überwiegend selbständig	überwiegend unselbständig	unselbständig
6.1	Gestaltung des Tagesablaufs und Anpassung an Veränderungen	0	1	2	3
6.2	Ruhen und Schlafen	0	1	2	3
6.3	Sichbeschäftigen	0	1	2	3
6.4	Vornehmen von in die Zukunft gerichteten Planungen	0	1	2	3
6.5	Interaktion mit Personen im direkten Kontakt	0	1	2	3
6.6	Kontaktpflege zu Personen außerhalb des direkten Umfelds	0	1	2	3

Anlage 2

(zu § 15)

Bewertungssystematik (Summe der Punkte und gewichtete Punkte)

Schweregrad der Beeinträchtigungen der Selbständigkeit oder der Fähigkeiten im Modul

Module	Ge-wich-tung	0 Keine	1 Geringe	2 Erhebliche	3 Schwere	4 Schwerste	
1 Mobilität	10 %	0–1	2–3	4–5	6–9	10–15	Summe der Einzelpunkte im **Modul 1**
		0	2,5	5	7,5	10	**Gewichtete Punkte im Modul 1**
2 Kognitive und kommunikative Fähigkeiten	15 %	0–1	2–5	6–10	11–16	17–33	Summe der Einzelpunkte im **Modul 2**
3 Verhaltensweisen und psychische Problemlagen		0	1–2	3–4	5–6	7–65	Summe der Einzelpunkte im **Modul 3**
Höchster Wert aus Modul 2 oder Modul 3		0	3,75	7,5	11,25	15	**Gewichtete Punkte für die Module 2 und 3**
4 Selbstversorgung	40 %	0–2	3–7	8–18	19–36	37–54	Summe der Einzelpunkte im **Modul 4**
		0	10	20	30	40	**Gewichtete Punkte im Modul 4**
5 Bewältigung von und selbständiger Umgang mit krankheits- oder therapiebedingten Anforderungen und Belastungen	20 %	0	1	2–3	4–5	6–15	Summe der Einzelpunkte im **Modul 5**
		0	5	10	15	20	**Gewichtete Punkte im Modul 5**

Module	Gewichtung	0 Keine	1 Geringe	2 Erhebliche	3 Schwere	4 Schwerste	
6 Gestaltung des Alltagslebens und sozialer Kontakte	15 %	0	1–3	4–6	7–11	12–18	Summe der Einzelpunkte im Modul 6
		0	3,75	7,5	11,25	15	**Gewichtete Punkte im Modul 6**
7 Außerhäusliche Aktivitäten		Die Berechnung einer Modulbewertung ist entbehrlich, da die Darstellung der qualitativen Ausprägungen bei den einzelnen Kriterien ausreichend ist, um Anhaltspunkte für eine Versorgungs- und Pflegeplanung ableiten zu können.					
8 Haushaltsführung							

Stichwortverzeichnis

Die Angaben verweisen auf die Randnummern.